Et si tout s'était passé autrement

Du même auteur

La Décennie bordelaise. Quelle politique urbaine à l'heure des métropoles ? Entretiens avec Jean Viard, Éditions de l'Aube, 2012.

Demain est aujourd'hui. Récit amoureux de Bordeaux, Le Bord de l'eau, 2014.

Vincent Feltesse

Et si tout s'était passé autrement

Chronique secrète de l'Élysée
sous François Hollande

PLON
www.plon.fr

12, avenue d'Italie
75013 Paris
Tél. : 01 44 16 09 00
Fax : 01 44 16 09 01
www.plon.fr

Mise en page : Soft Office

Dépôt légal : novembre 2017

ISBN : 978-2-259-25985-9

« En somme, il s'était laissé gagner par la fièvre des conteurs qui jamais ne savent quelles histoires sont les plus belles : celles qu'ils ont réellement vécues et dont l'évocation ramène tout un océan d'heures passées, de sentiments délicats – félicités, dégoûts, incertitudes, vanités, écœurement de soi-même ; ou bien celles qu'on invente, qu'on taille à larges pans, où tout semble facile, mais qui, au fur et à mesure qu'on brode, ramènent – inexorablement – à ce qu'on a vécu ou rencontré. »

Italo Calvino, *Le Baron perché*.

« Au-delà des luttes politiques et de nos contradictions,
c'est à l'Histoire qu'il appartient maintenant
de juger chacun de nos actes. »

François Mitterrand, 10 mai 1981.

Prologue

Ça fait bizarre

23 avril 2017. 20 h 50. Enfin seul avec lui. Cela fait un peu de plus de quatre mois que j'ai quitté mon poste de conseiller politique à l'Élysée. Je ne suis pas très loin. À la Cour des comptes rue Cambon. Durant cette période si étrange, j'ai continué d'échanger, de voir celui qui n'est plus président de la République que pour quelques jours.

Le mardi de cette avant-dernière semaine d'avril, je me suis brièvement entretenu avec Jean-Pierre Jouyet, le secrétaire général de l'Élysée : « À ton avis, faut-il que je vienne ? » « Oui, ça lui fera plaisir. » Et donc, je suis là. Vote, le matin, chez moi à Bordeaux, et une nouvelle fois le train. J'arrive par le métro. Plus de chauffeur de la régulation pour venir me chercher à l'aéroport ou à la gare. Quelques rapides contrôles de sécurité à la porte du 55, rue du Faubourg-Saint-Honoré. Les gendarmes me reconnaissent. Depuis mon départ, il n'y a pas eu de changement de garde. L'Élysée est un lieu très particulier : de très fortes mesures de sécurité, mais, quand on vous connaît, on vous reconnaît. Dès lors, il est facile de rentrer. Une nouvelle fois, cette cour avec les gravillons impeccablement passés au râteau. Tout au long de ces années à l'Élysée, trois images se sont superposées dans mon esprit lorsque j'entrais ici. Souvent très tôt le matin – je suis excessivement matinal. Régulièrement le samedi, moments plus calmes pour travailler et déjeuner avec le Président. Parfois en courant, le cœur battant, la mort nous enveloppant avec les attentats. Presque toujours intensément, les drames du monde déboulant en permanence dans notre quotidien, pourtant déjà et toujours tumultueux.

Ces trois images sont incongrues.

Un jardin japonais. Calme, harmonieux. Mais, comme au Japon, derrière cet équilibre apparent et réel, une violence des événements, des rapports humains, des commentaires. Tout cela est difficilement perceptible de l'extérieur. Une sorte d'ineffabilité des responsabilités républicaines.

Une sous-préfecture de province. C'est Emmanuel Macron qui le premier m'a dit cela, peu de temps après mon arrivée : « Tu verras. Nous sommes au cœur du pouvoir de la cinquième puissance au monde, mais l'Élysée, c'est comme une sous-préfecture, qui plus est de l'époque de Flaubert. »

Et dernière image, l'intérieur d'un sous-marin nucléaire. Abrité, voyant tout, entendant peu. À l'extérieur les éléments qui se déchaînent. Peut-être même la guerre. La vraie.

De ces trois clichés qui chaque fois surgissent quand j'entre dans la cour de l'Élysée, je ne connais réellement que le jardin japonais. Les autres, ce sont des bouts de films, des projections que je me suis faites lors de mes innombrables lectures.

Bref, me voici à l'Élysée. Désert ou presque. Peu de caméras télé ou de journalistes à l'extérieur. Depuis le 1er décembre 2016 au soir, ce n'est plus ici que l'avenir immédiat du pays se joue.

La rampe pour les personnes handicapées sur le côté et les huissiers à l'accueil. En uniforme d'apparat.

Souvent, le dimanche, le Président les laisse porter une tenue du week-end. Dans la déconstruction permanente que François Hollande a faite de l'exercice de la fonction présidentielle, cela fait partie des petits détails. Pas aujourd'hui. Car c'est un jour particulier. Solennel. « Bonsoir, monsieur Feltesse. » Je ne suis pas en tenue de travail. Bien habillé, mais sans costume ni cravate. En revanche, comme au temps où j'étais conseiller, je suis toujours avec mon barda. Pendant ces trois années, j'ai fait d'innombrables allers-retours entre Bordeaux, où ma famille résidait, où je conservais mon mandat municipal, et Paris. Paris et Bordeaux, et presque toujours avec un sac : ordinateurs, dossiers, livres et vêtements divers et variés.

Je n'ai plus de bureau ici, donc mon barda ira au vestiaire. « C'est par ici, monsieur Feltesse. » Le par ici, c'est le rez-de-chaussée du château, comme on dit. Quelques conseillers sont dans la pièce jouxtant la salle des fêtes. À côté, dans le salon Murat accueillant les Conseils des ministres, quelques ordinateurs du ministère de l'Intérieur. Ils donnent des résultats fiables, mais sont toujours en retard d'une information. Les réseaux sociaux et les chaînes d'information en continu sont passés par là. Là, mais en retard. On dirait Grouchy à Waterloo.

Après quelques saluts, j'envoie un SMS à celui que j'appelle en le tutoyant François. « Je suis là. » Quelques secondes après, le SMS revient. « Monte. » L'usage de mes SMS avec le président de la République est codifié. La réponse est en général très rapide. Particulièrement lors des sommets internationaux. Lorsque la réponse tarde ou ne vient pas, c'est signe d'une contrariété. Souvent plus envers les événements qu'envers moi-même. L'usage du téléphone est encore plus codifié. Je ne sais pas pourquoi, je n'aime pas le téléphone. Le Président a dû le sentir. Et, quand on se parle, c'est en général que la situation n'est pas bonne. Pas bonne du tout. Finalement, on s'est parlé assez souvent durant ces trois années.

Je monte donc. Dis aux huissiers que le Président m'attend. On me fait patienter brièvement dans la pièce qui donne d'un côté sur le Salon vert et le bureau du président de la République, de l'autre sur le secrétariat et le bureau du secrétaire général. J'entre. J'ai un doute sur l'identité de l'huissier qui m'a conduit ce soir-là. Celui dont la tête me fait penser immanquablement à celle de mon grand-père maternel ? Comme un grand-père, il raconte des histoires. Celles avec François Mitterrand, car il était déjà dans les murs. Ou celui avec lequel je parle entraînement au marathon ? En tout cas, l'un des deux.

Dans le bureau, Boris Vallaud, ex-secrétaire général adjoint, Thomas Cazenave, nouveau secrétaire général adjoint, Jean-Pierre Jouyet et moi.

Cinq personnes. Cinq hommes, comme souvent. Mais juste pour quelques secondes.

Après, c'est comme dans ce très vieux film des Marx Brothers, *Une nuit à l'Opéra*. Lors d'une croisière en bateau, Groucho et Harpo sont dans leur cabine. Et toutes les minutes, un coup à la porte, une nouvelle personne qui entre. Très vite, la cabine déborde.

Ce n'est pas le cas. Nous sommes tout de même dans le bureau du président de la République. Mais du monde entre quand même. Beaucoup. Beaucoup trop à mon goût.

Des journalistes. Une dessinatrice. Gaspard Gantzer, responsable de la communication, en grand organisateur. Jusqu'au bout, François Hollande aura accepté une transparence quasi totale. Il est comme souvent d'une lucidité absolue sur les risques d'une telle démarche. Mais, comme souvent chez lui, la lucidité absolue n'entraîne pas forcément une action. Jamais un président de la République n'a laissé un tel accès aux journalistes, aux chroniqueurs. Jamais il ne leur a accordé une aussi grande liberté sur leur angle éditorial. Chaque fois, cela se fera à son détriment. Cette fois-là encore. La dessinatrice prendra une photo du chef de l'État devant les résultats à la télévision. Le score et le visage d'Emmanuel Macron. L'angle est tel qu'on a l'impression que François Hollande est seul. La photo sera immédiatement tweetée et donnera une coloration particulière à cette soirée. Pourtant, nous étions présents. Nombreux. Trop nombreux.

Dans ces cas-là, François Hollande parle. Beaucoup. Il anime. Lorsque je rentre dans son bureau, il s'amuse à nous interroger sur la rumeur d'un Mélenchon au second tour. Chacun y va de son commentaire. De son intuition. De ses informations.

C'est drôle. Toutes les journées de vote important se déroulent de la même manière. Les rumeurs occupent une grande partie de notre cerveau. Nous devenons, nous les politiques, pires que les Gaulois cherchant à lire l'avenir dans des entrailles de poisson. Chaque signe est interprété. Des dizaines de coups de fil passés, des centaines de SMS envoyés pour savoir comment le pays vote, quels visages sont venus, quels bulletins sont retrouvés dans les corbeilles à papier. Les réseaux sociaux ont permis de démultiplier les oracles. Les rumeurs vont bon train. Nous savons tous, ou en tout cas les plus aguerris, que ces signes ne veulent rien dire. Presque toujours.

Les choses commencent à changer en fin d'après-midi. Vers 18 heures. Les premières estimations, les premiers dépouillements… La gravité arrive. Ce soir-là, tous les bureaux ferment à 19 heures. Les SMS s'intensifient. Le Président passe quelques coups de fil dans des territoires qu'il connaît par cœur.

François Hollande connaît les résultats électoraux de chaque canton depuis des décennies. Je me souviens encore des sénatoriales de 2014. Il virevoltait avec les résultats. Je lui demandais depuis quand il se livrait à l'exercice. « Fin des années 1970 », me répondit-il. Depuis cette date, il lit scrupuleusement les suppléments du *Monde*. Et, comme il enregistre tout, il connaît tout. Il est probablement l'un des meilleurs spécialistes en France. Avait-il des compétiteurs ? Je compris que, depuis la mort de François Mitterrand, il estimait que non. Je m'enhardis à lui citer quelques noms d'experts électoraux. Je vis, à sa moue boudeuse, qu'ils ne concouraient pas dans la même catégorie que lui.

Nous sommes quelques dizaines, une petite centaine tout au plus, à avoir cette culture encyclopédique. J'en fais très timidement partie. Mais en CFA2. Lui en Ligue des champions. Cela constituera longtemps l'une de ses forces. Mais, dans un monde qui bouge terriblement, qui se craquelle à chaque instant, connaître parfaitement l'Histoire peut empêcher de voir les changements. C'est presque un filtre obscurcissant les ruptures, les irruptions, les disruptions, comme on dit maintenant.

Ce soir, pas encore d'analyses électorales. Mais des coups de fil, dont de nombreux à Bernard Cazeneuve. À Bernard Combes, celui qui lui a succédé à la mairie de Tulle. Cette ville et toute la Corrèze demeurent un baromètre absolu pour le Président. Ses appels lui permettent aussi d'être affairé. D'avoir une image à renvoyer. Car ils sont vraiment nombreux à être sur place. Journalistes. Chroniqueurs. Pourvoyeurs de chroniqueurs.

Ce François Hollande ne m'intéresse pas. Je connais trop son registre dans ces moments-là. J'attends donc qu'ils sortent. Ça prend du temps, mais ils sortent. J'essaie alors de l'attraper, de le saisir vraiment.

Je connais François Hollande depuis le début des années 2000. La première fois que je me suis retrouvé en petit comité avec lui, c'était lors de l'un des innombrables déjeuners qu'affectionnent les hiérarques socialistes, cette fois au Bistro de Paris. Quelques mois plus tôt, j'avais emporté à la surprise générale, et d'abord à la mienne, une commune qui avait toujours été à droite. Le contexte national était défavorable, j'y étais arrivé seulement quelques mois auparavant, n'y habitais pas, lors des scrutins précédents la gauche avait été séchée au premier tour avec des scores inférieurs à 30 % et… j'avais gagné. L'exception qui confirmait la règle. Cette victoire inattendue m'avait valu une toute petite notoriété, quelques plateaux télé nationaux et une progression de quelques cases dans le jeu de l'oie du parti socialiste.

C'était donc comme jeune maire que j'étais là. Nous étions quelques jours après la fameuse déclaration de Lionel Jospin sur un Jacques Chirac « usé, fatigué… ». Le Premier ministre avait dû faire des excuses. Le premier secrétaire d'alors estimait qu'il avait bien fait. En usant d'une explication psychologisante qui m'étonne avec le recul : « Lionel avait besoin de se soulager. Il n'assumait pas d'avoir dit cela. » Elle m'étonne car, durant ces trois années à l'Élysée, il y a eu un débat permanent. Faut-il dire ou pas ? Faut-il avouer ou non des regrets ? François Hollande ne le fera pas. Ou si peu. Lui n'avait pas besoin de se livrer. De se soulager.

Depuis 2001 donc, je fréquente François Hollande. Je l'ai côtoyé comme secrétaire national. Dans d'innombrables réunions. J'étais dans son bureau, regardant et commentant le débat à la primaire entre Ségolène Royal, Dominique Strauss-Kahn et Laurent Fabius. Je me souviens de lui levant les bras en l'air lors d'une bonne réplique de celle qui était encore sa compagne officielle. Il fait le même geste devant les plus beaux buts des matchs de foot.

Je l'ai quitté au moment du Congrès de Reims pour rester dans le sillage de Ségolène Royal. Je l'ai retrouvé début 2011 pour la campagne des primaires. À un moment où il n'était pas encore donné gagnant. J'ai fait la campagne de la présidentielle de 2012, rue de l'Arcade puis avenue de Ségur. Numérique et porte-à-porte. Le virtuel et en même temps le terrain, ai-je envie de dire.

Et je l'ai rejoint à l'Élysée en mai 2014 au moment du départ d'Aquilino Morelle. Pendant trois ans, j'ai fait plus que le côtoyer. J'ai probablement été l'une des cinq, six personnes à le voir le plus. Et durant toute cette période je l'ai très peu vu baisser la garde. Se livrer.

Je refais régulièrement l'exercice. Les doigts d'une main suffisent. Et ce soir-là, donc, je voulais savoir. Pas juste pour savoir. Surtout pas pour répéter. Non. Seulement pour aider éventuellement. Humainement.

Je lui posai alors la question: « Comment te sens-tu ? »

La réponse vint, immédiate : « Je ne peux pas le dire, mais ça fait bizarre. »

Oui, ça fait bizarre.

Toute cette histoire.

1

Au poney club

C'était la seconde fois que cela m'arrivait. Je m'y habituais. Le savourais presque. Plus d'appel. Plus de SMS. Plus de mails. Un des innombrables effets collatéraux d'une très sévère défaite aux élections municipales à Bordeaux.

Treize années auparavant, j'avais donc été la belle et bonne surprise de la gauche.

Mais, en ce mois de mars 2014, j'avais tout perdu ou presque. Séché brutalement au premier tour face à Alain Juppé. Une semaine après, la communauté urbaine de Bordeaux que je présidais depuis juillet 2007 avec Alain Juppé – lui encore – comme premier vice-Président basculait à droite. Pas qu'un peu. Des bastions de gauche étaient tombés. Certains résultats étaient attendus. D'autres beaucoup moins.

Nous étions dans le conte *Les Trois Petits Cochons*: les maisons de paille avaient été soufflées. Celles de bois aussi. N'avaient résisté que celles de brique. À leur tête souvent des femmes.

Le lendemain du second tour des élections municipales, Jean-Marc Ayrault démissionnait de son poste de Premier ministre. Dans le gouvernement Valls, Michèle Delaunay – dont j'étais le suppléant à la députation – n'était plus ministre. Et donc, moi, quatre semaines après, plus député. Quatre semaines dans les limbes de la République.

Le 11 mars au soir, je ne devins pas maire de Bordeaux.

Le 18 mars au soir, j'eus la confirmation que je ne serai plus président de la CUB et n'aurai même pas mon mot à dire dans la suite.

Le 21 mars à 18 heures, au moment de l'annonce du premier gouvernement Valls, je sus qu'il ne me restait que quatre semaines comme député. Le vide s'annonçait.

Celui-ci ne me faisait pas peur. Il me satisfaisait presque. J'ai connu l'ivresse des victoires. J'allais découvrir les lendemains de défaite. Avec, là encore, de la curiosité. La politique n'a jamais été pour moi une carrière. Diplômé d'HEC, c'est presque même une anticarrière. Mais le goût de l'action publique et un espoir d'utilité sociale m'y amenèrent. L'aspect romanesque de la politique aussi. Une des dernières parcelles de roman en ce début du XXIe siècle en France. Avec des rebondissements, des situations inattendues, des scénarios improbables.

Les mois qui suivirent me le prouvèrent allègrement. Durement aussi.

Bref, en ce début de mai 2014, j'avais du temps. Du temps pour les miens. Pour la famille. Comme souvent avec moi, à chaque moment de ma vie, des souvenirs de films, de livres surgissent. Ce fut les deux cette fois. Ils racontent d'ailleurs la même histoire. Le film. Depardieu. *Le Retour de Martin Guerre*. C'est le début de la Renaissance, mais cela pourrait être le Moyen Âge. Même les croisades. Pauvre Martin part à la guerre. Pour longtemps. Très longtemps. Il se bat. Survit. Vieillit. Et rentre. Mais la vie a été tellement rude que personne ne le reconnaît vraiment dans son village. *Le Colonel Chabert*, c'est la même trame. La guerre encore. Napoléonienne ce coup-ci. La promotion. Les combats. La charge de la cavalerie. Et la mort. Enfin, voilà ce que tout le monde crut. Mais lui aussi survécut. Et revint. Et ne fut pas reconnu.

Bref, chaque fois que je reviens chez moi et me remets à vivre, presque normalement, ces deux références me viennent inlassablement à l'esprit. Le quasi-étranger de retour dans sa maison. Je ne me souviens plus comment se concluent *Le Retour de Martin Guerre* et

Le Colonel Chabert. Pour moi, ça finit bien. La distance s'estompe. Rapidement.

Nous sommes donc au printemps 2014. Il fait beau. Je savoure le temps. Je me surprends même parfois à observer les aiguilles de l'horloge. Toutes. La petite, la grosse et la minuscule. Celle qui trotte. Je les regarde bouger et je me dis avec une réelle satisfaction : cela fait tant de secondes, de minutes, d'heures que je ne fais rien. Et c'est terriblement bon.

En cette fin de mois d'avril, je suis dans la carrière du club hippique de Blanquefort, mon ancienne ville. Je regarde mon fils s'essayer au poney. La leçon est finie. Nous prenons la voiture pour rentrer. Je m'assieds et ne sais pas trop pourquoi je mets la main dans le vide-poche côté conducteur. Il y a un objet qui, en général, m'accompagne tout le temps. Parfois avec son jumeau : mon téléphone. Cela doit faire trois, quatre jours qu'il traîne là, dans la voiture. La vie est devenue tellement banale que je me suis même remis à utiliser le fixe, un 05 56… comme il se doit dans la région bordelaise. L'appareil est là, presque déchargé. J'y jette un coup d'œil nonchalant. Pas trop de SMS récents. D'ailleurs peu importe. Mais un message d'un numéro que je ne connais pas. Il date d'il y a trois jours. J'arrête de faire mon snob, de jouer au Robinson et l'écoute.

« Bonjour, Jean-Pierre Jouyet à l'appareil. Le Président m'a parlé de vous. Auriez-vous la gentillesse de me rappeler ? » Le nouveau secrétaire général de l'Élysée cherche à me joindre un dimanche soir. Et moi, benoîtement, j'écoute son message trois jours après, tout occupé à mes intrigues avec mes aiguilles d'horloge. Je rappelle ce numéro que je ne connais donc pas : « Allô, bonjour, ici la Caisse des dépôts et consignations. Que puis-je faire pour vous ? » J'explique la raison de mon appel et là, je me fais presque engueuler – enfin, non, pas presque, je me fais engueuler : « Jean-Pierre Jouyet ne travaille plus ici, nous ne sommes pas le secrétariat de l'Élysée. » Et la conversation s'arrête.

Le reste fut plus classique. J'appelai le secrétariat de Jean-Pierre Jouyet, me présentai et obtins assez rapidement un rendez-vous, le

18 avril. Je sortis de ma torpeur de quelques semaines et retrouvai mes réflexes politiques, en partie guerriers. On fait souvent des parallèles entre la politique et la guerre. Ils valent ce qu'ils valent, mais, dans les deux cas, il est toujours intéressant de repérer le terrain. Connaître les vallons, les chausse-trappes, les alliés, les ennemis, les riens. C'est ce que je fis en prenant rendez-vous avec Stéphane Le Foll et Julien Dray, les deux politiques sur lesquels François Hollande s'appuie depuis des années.

Comme souvent dans le système hollandais, ils sont assez antinomiques. Julien Dray et François Hollande ont à peu près le même âge, ont vécu le début des années quatre-vingt, le mitterrandisme. Ils ont incarné la forme d'audace qu'il y avait à cette époque-là. Pour le meilleur et pour le pire, d'ailleurs. Julien Dray inventa, avec d'autres, SOS Racisme. François Hollande fut son officier traitant à l'Élysée, avec l'aval du président Mitterrand et de Jean-Louis Bianco, le secrétaire général d'alors. Les deux ont un goût pour les coups, les pieds de nez… Depuis, ils ne se sont plus quittés. Julien s'est très régulièrement sacrifié pour François. Par admiration, par amitié, et non par calcul, puisque François Hollande remercie peu les siens – c'est presque même le contraire.

Je le sais. J'en fis les frais. En 2005, il me nomma secrétaire national au Numérique. J'inventai les adhérents par Internet, les 20 euros, n'eus aucun mal à convaincre Jack Lang, dont je dépendais, de la modernité de la chose. Je fus plus surpris quand il vendit le concept au premier secrétaire de l'époque, puis au bureau national. Personne ne croyait vraiment au succès de l'opération. Gaëtan Gorce, député de la Nièvre, m'expliqua assez doctement qu'il en avait fait, des campagnes d'adhésion, qui chaque fois avaient le même résultat : plus 20 000 socialistes. Ce coup-là, ce fut plus 100 000 à la fin. La politique commençait à changer. Ce n'était que les prémices. Chaque jour, nous enregistrions des milliers d'adhérents supplémentaires. Régulièrement, je tenais au courant François Hollande. Un mardi à 13 heures, je le croisai : « Alors ? Combien aujourd'hui ? », me dit-il avec son regard pétillant habituel.

Nous discutâmes, juste de ça. Plus tard, je compris qu'il sortait d'une réunion avec Henri Emmanuelli, Benoît Hamon, François

Rebsamen, Stéphane Le Foll sur les circonscriptions dites « féminisées ». Il venait de lâcher celle qui m'était destinée à une proche de Hamon. Je ne fus pas député en 2007. Tout cela contribua à me former politiquement et à découvrir d'autres facettes de François Hollande. Julien Dray en connaît bien plus que moi, lui qui a été bien plus souvent sacrifié. Mais ils sont amis. Réellement. Plus tard, dans les innombrables papiers que j'ai lus à l'Élysée, très souvent se voyaient cités Untel ou Untel comme étant l'ami de François Hollande ; c'était le plus souvent faux. Mais pour Dray, c'est réellement le cas. Ils ne se connaissent pas que politiquement. Personnellement aussi.

Stéphane Le Foll, c'est différent. Il n'est pas possible de dire qu'ils sont amis. Et pourtant ils sont indissociables. Ils travaillent ensemble depuis 1997. Au PS, comme dans les films, il y avait le bon et le mauvais flic. Stéphane avait le rôle ingrat de celui qui dit « non, tu n'as pas bien compris ». Il était aussi plus que cela. Le duo s'avérait terriblement efficace. Même si chacun pouvait peser à l'autre. Ils ont progressé ensemble et se sont séparés d'une certaine manière lors de l'entrée de Hollande à l'Élysée. La proximité demeurait, mais pas à chaque instant. Or, vu le rythme de la présidence, chaque instant compte.

Hollande, Dray et Le Foll forment une espèce de trio. Ils ne sont pourtant presque jamais ensemble. Ils ne le seront finalement qu'en novembre 2016, mais ce sera déjà trop tard.

Ce compartimentage permettait d'équilibrer les choses et, surtout, à François Hollande, de conserver sa liberté. On ne comprend rien à l'ex-Président si on ne mesure pas son amour immodéré pour la liberté, et d'abord la sienne. Dans les manuels de psychologie, on dit souvent que la fin de l'enfance est le moment des renoncements, l'intériorisation que tout n'est pas possible, qu'il existe plusieurs portes devant soi, mais qu'on doit en choisir certaines. Il est étonnant d'écrire cela d'un homme de plus de soixante ans, d'un politique considéré comme roué, d'un ancien chef de l'État honni mais qui n'a pas vacillé, y compris dans des circonstances tragiques. Oui, c'est étonnant, mais il demeure quelque chose d'enfantin chez

François Hollande, l'homme qui cherche à préserver à tout prix sa liberté, et a du mal à renoncer. Et pas seulement au pouvoir.

Je fis comme Hollande. Je vis donc Dray et Le Foll séparément. Ils ne me dirent pas la même chose. Non sur l'analyse politique et sur Hollande, juste sur ce que serait mon poste. C'était assez normal. Il allait falloir me tailler mon petit royaume.

Le 18 avril 2014 au matin, j'arrivai donc à l'Élysée. Et fus conduit au bureau de Jean-Pierre Jouyet. Avant d'y accéder, je croisai deux personnes qui en sortaient. Très élégantes. Le premier était assez petit. Blond. Le regard bleu. Et surtout, je crois, des chaussures qui me parurent jaunes. C'était Emmanuel Macron. Je ne le connaissais pas encore. Olivier Mongin, le directeur de la revue *Esprit*, un ami commun, m'avait parlé de lui. Il se présenta à moi, avec son assurance, sa séduction et sa réputation qui commençait à s'envoler. « La Ferrari de Hollande », avait titré une pleine page portrait du *Monde* quelques semaines auparavant. Au contact avec « Emmanuel », je crus comprendre que j'occuperais un poste bénéficiant d'une certaine importance.

Le second, je le connaissais bien mieux. Il était brun et ténébreux. C'était Aquilino Morelle.

Je l'avais croisé du temps de la campagne des primaires, puis de la présidentielle. Je me souvenais notamment d'un soir où Hollande avait rejoint les web activistes dans un café du Xe arrondissement de Paris. Il sortait d'un débat télévisé des primaires qui s'était bien passé. Pour une fois, je repartis avec lui dans sa Renault Espace. Quelques dizaines de mètres après, il fit arrêter le véhicule parce qu'il devait appeler Aquilino afin de caler le ralliement de Montebourg au second tour.

Quelques mois après l'arrivée d'Aquilino à l'Élysée, et à l'occasion d'une des innombrables réorganisations du cabinet présidentiel, nous prîmes l'habitude de nous voir plus régulièrement. J'y venais avec quelques « députés de bonne volonté », un petit groupe de parlementaires que j'avais plus ou moins constitué. Il y avait, par ordre alphabétique, Luc Belot, Florent Boudié, Christophe

Castaner, Matthias Fekl, Daniel Goldberg, Régis Juanico, Axelle Lemaire, Audrey Linkenheld, Sandrine Mazetier, Thomas Thévenoud, Olivier Véran… J'entretenais donc d'assez bonnes relations avec lui. On s'était même parlé une fois de nos parcours communs, de nos origines familiales…

Ce matin-là, je demandai à Aquilino comment ça allait. Il était sombre. Agité. « Mal. » Mediapart venait de sortir l'histoire du cireur de l'Élysée et des supposées missions faites pour des laboratoires médicaux alors qu'il était inspecteur général des Affaires sociales. L'après-midi même, il démissionnait.

Je croisai sûrement d'autres personnes, puisque c'était la sortie de la réunion des chefs de pôle. J'y reviendrai. En attendant, je pénétrais dans le bureau de Jean-Pierre Jouyet.

« Écriture », « idées », « politique » furent les trois mots majeurs de l'entretien. Surtout « politique ». Compte tenu de ses écarts sarkozystes[1], Jean-Pierre Jouyet ne voulait pas s'en mêler. Un secrétaire général qui affirmait ne pas vouloir s'occuper de politique était un peu particulier. Et le dernier mot fut « date ». Quand pouvais-je me libérer ? Il fallait que je ne sois plus député. J'arriverais donc le 9 mai. Le jour de l'Europe.

Entre-temps, j'en appris plus. Pris quelques conseils. Essayai de m'organiser personnellement. Vis le Président. Et tentai de me préparer. Mentalement. Familialement. Concrètement.

---

1. Il avait été secrétaire d'État aux Affaires européennes des gouvernements Fillon 1 et 2, du 18 mai 2007 au 13 décembre 2008.

2
Les sept samouraïs

Le 8 mai 2014 est publiée ma nomination au *Journal officiel*: conseiller. Nous avons échangé quelque temps avec le président de la République et le secrétaire général sur mon titre exact; ce n'est jamais totalement neutre. Et nous avons justement choisi le terme le plus neutre pour bénéficier du plus de latitude possible.

Dans l'organigramme interne, je me trouve dans le bloc du haut, composé de ceux que l'on nomme dans le jargon de la maison les «chefs de pôle». Le cabinet présidentiel est une petite Administration. Il n'y a qu'une quarantaine de conseillers, conseillers adjoints et chargés de mission. Mais c'est tout de même une Administration, et nous sommes en France. La hiérarchie administrative n'est donc jamais loin.

Nous sommes en tout sept autour du Président. Les sept samouraïs, disais-je parfois en plaisantant. Il y a le secrétaire général et deux secrétaires généraux adjoints. Emmanuel Macron, déjà mentionné. Qui a en charge tout ce qui est économie, fiscalité, budget, industrie… Et qui est bien plus que cela. Il anime quelques cercles de réflexion et participe aussi à la rédaction des discours structurants. Son alter ego est Nicolas Revel. Ancien directeur de cabinet de Bertrand Delanoë à la mairie de Paris, il a en charge tout le reste, sauf le régalien. C'est assez monstrueux: social, sport, culture, santé… mais pas vraiment un problème pour lui. Emmanuel et lui sont arrivés en même temps en mai 2012 et auront été assez complices durant ces premières années de présidence déjà chaotiques ; ils formeront même une sorte de trio avec Aquilino, avec et aussi contre Pierre-René Lemas, le précédent secrétaire général de l'Élysée.

Durant ces deux premières années, les coups et contrecoups à l'intérieur du palais furent innombrables. En essayant de comprendre le fonctionnement de ces vingt-quatre premiers mois, je fus assez vite saisi d'une espèce de vertige. Vingt-quatre mois de douce folie. De guérilla interne aussi.

La nomination d'un nouveau Premier ministre, d'un nouveau gouvernement, d'un nouveau premier secrétaire du parti socialiste et d'une nouvelle équipe à l'Élysée devait donc permettre de repartir sur de bonnes bases. « La fin du stage », pour reprendre l'expression d'une journaliste politique.

Il n'en fut rien ou presque. La folie continua. Les coups et contre-coups perdurèrent. Ils changèrent juste de terrain. De l'intérieur à l'extérieur. Puis, dans les derniers mois, ils vinrent de partout. Nul répit.

Mais nous n'en sommes pas encore là. Nous sommes à l'époque des bonnes résolutions. Une équipe renouvelée, organisée et se parlant.

La diplomatie est supervisée par Paul Jean-Ortiz, arrivé à l'Élysée le même jour que le Président. Je ne le connais pas du tout. Le deuxième lundi suivant mon entrée, je me retrouve dans un ascenseur dérobé menant à l'étage du chef de l'État avec lui. C'est probablement la seule fois que je prends cet ascenseur, ignorant la géographie des lieux. Je me présente à lui. Il me répond d'une voix éraillée. Je lui demande s'il a attrapé froid lors de la tournée du Président en Azerbaïdjan, Arménie et Géorgie. Il me répond avec son humour très pince-sans-rire : « Non, cancer du larynx. » Paul ne restera que quelques jours supplémentaires au palais : il voulut tenir jusqu'à la commémoration du Débarquement, l'occasion d'un ballet diplomatique de haute tenue. Je ne fis que quelques réunions avec lui. Et me souviens encore d'une de ses phrases en sortant de la réunion des chefs de pôle avec le Président. Jean-Pierre Jouyet y avait été un peu malmené par ce dernier – comme souvent – et, comme toujours, sans conséquence. « Ça y est. Il le fait tourner en bourrique. Comme pour son prédécesseur. » À peine arrivé à l'Élysée, j'étais donc confronté à un second départ de conseiller. Dans de tout autres circonstances, il est vrai.

Durant mes trois années, il ne s'est pas passé un trimestre sans qu'un changement plus ou moins important survienne. Avec un rituel presque toujours identique. Un peu comme dans toutes les entreprises, il y a l'enveloppe qui circule pour le cadeau de départ, le pot agrémenté de discours plus ou moins marquants. J'assisterai à plusieurs d'entre eux. Pour Paul Jean-Ortiz, cela s'est déroulé avec une attention et une délicatesse toutes particulières. François Hollande l'accompagnera jusqu'à la fin, Paul conservera son titre de conseiller diplomatique jusqu'au jour de son décès. J'appris un peu plus, alors, de son parcours, de son rôle, de son attachement à la Chine. Et de l'exfiltration de nombreux dissidents chinois qu'il permit après les événements de Tianan men.

Deux femmes aussi sont arrivées le 15 mai 2012.

D'abord la directrice de cabinet, Sylvie Hubac, conseillère d'État passée par la direction de cabinet de Jack Lang et d'autres postes dans la culture. À l'Élysée, elle s'occupait de la direction de cabinet, autrement dit de la vie de la maison, et de toutes les questions régaliennes, justice, sécurité, réforme de l'État… Elle supervisait aussi une partie des discours. C'était une des « promotions Voltaire », vocable découvert durant la campagne des primaires. Jusque-là, François Hollande était à mes yeux un homme politique talentueux, ayant fait le choix de s'implanter en Corrèze, en couple avec une femme politique tout aussi talentueuse. Ils avaient en plus quatre enfants. Cela me fascinait. Avec des responsabilités bien plus faibles, seulement trois enfants et une base électorale correspondant à mon lieu de vie, les acrobaties me paraissaient déjà difficilement supportables pour tout concilier !

À l'occasion de ces primaires, donc, je commençai à découvrir d'autres aspects du parcours de François Hollande. La sédimentation de son carnet d'adresses : HEC, *Matin de Paris* entre autres… Et cette ENA promotion Voltaire, donc.

Enfin, il y avait la cheffe de cabinet Isabelle Sima, une fidèle, cochant à la fois les cases Solférino et Corrèze, filière que je connaissais bien mieux.

Un autre homme est arrivé en même temps que moi, plus jeune lui : Gaspard Gantzer. Filière mairie de Paris. Il avait aussi travaillé avec Delanoë. Puis avec Laurent Fabius au Quai d'Orsay. Il avait même été quelques jours directeur adjoint du cabinet de Stéphane Le Foll au porte-parolat. Son titre : chef du pôle communication et médias.

Les chefs de pôle ont des pôles plus ou moins importants, plus ou moins vastes, mais ils bénéficient d'un avantage : ils sont dans les réunions autour du Président. Celles-ci étaient à l'époque au nombre de trois : celle du lundi matin qui permettait de balayer toute la semaine, celle du mercredi matin juste avant le Conseil des ministres, et le déjeuner du samedi midi, plus long, autorisant à parler un tout petit peu de stratégie et à essayer de réfléchir. Ces réunions n'étaient bien sûr pas les seules, tant beaucoup d'entretiens en tête à tête, de rencontres en plus petites configurations existent.

Les réunions collectives avaient un côté vertigineux. Et un déroulé quasiment toujours identique. D'abord une petite synthèse introductive du Président. Très souvent lumineuse. En général détachée. Presque toujours drôle. Avec trois échappatoires à ces règles, trois manières de se défouler, trois boules antistress : les discours, l'agenda et les commentaires sur les autres. Ensuite, la parole était donnée à la personne la plus importante, le secrétaire général en l'occurrence. Puis venait le tour de table. Vertigineux donc. Chacun parlait. Brièvement. De son domaine et de ses interlocuteurs. Et en quelques minutes tous les dossiers nationaux et internationaux se trouvaient évoqués. Avec une rapidité extrême. Une recherche de précision et de densité des propos. Et une diversité et des différences d'enjeux assez incroyables. Nous passions des tensions en Ukraine au débat sur la modulation des allocations familiales, enchaînions sur la nomination d'Untel à la tête d'une grande entreprise publique, faisions un détour par l'interview à venir de tel ou tel ministre, les prévisions électorales, et bien sûr l'agenda et les discours.

L'international y occupait toujours une place importante. En ce mois de mai 2014, la guerre se situait en Syrie, mais surtout en Ukraine, et nous étions plus préoccupés par celle-ci que par la première. Bien sûr, nous suivions la progression de l'État islamique, mais ne mesurions peut-être pas encore tout à fait ce que cela représentait. Quand, fin juin, Daech proclama le rétablissement du califat, Laurent Fabius fit un long exposé en Conseil des ministres sur la nécessité ou non d'utiliser cette expression d'« État islamique ».

Seuls le secrétaire général de l'Élysée et le secrétaire général du gouvernement assistaient au Conseil des ministres. À l'issue de celui-ci, Jean-Pierre Jouyet nous dressait un compte rendu scrupuleux. Cela pouvait être au cours d'un déjeuner qui se tenait au sein de l'appartement dit de permanence, dans son bureau ou parfois au téléphone. Dans tous les cas, il avait sous les yeux ses notes, prises d'une grosse écriture parfaitement lisible, habitude qu'il tenait de Jacques Delors et visant à ne pas faire perdre de temps à ses collaborateurs ou secrétaires.

Les attentats en France n'étaient pas encore là, mais la dureté des dossiers internationaux était déjà palpable. Quand Paul Jean-Ortiz quitta l'Élysée, avant de malheureusement tout quitter, il fut remplacé par Jacques Audibert. Comme pour les principaux conseillers, lui aussi eut droit à quelques articles dans la presse. Je retins deux choses : il avait été le directeur politique du Quai d'Orsay sous Juppé, et il avait la réputation d'être très dur en négociation internationale, notamment avec l'Iran. Jacques avait une hantise : il pensait que la France surjouait sa place dans le monde et que notre disparition de la scène diplomatique s'avérait quasi inéluctable. À l'en croire, le roi était totalement nu depuis des années. Mais les chocs que nous allions encaisser, l'absence d'autres acteurs et notamment des États-Unis depuis la non-intervention en Syrie ont fait que, durant ces trois années, nous continuâmes d'être là. Bien là, même.

Ce passage en revue de l'actualité, de l'infiniment petit à l'infiniment grand, se retrouve dans très peu d'autres endroits. Il y a la réunion des directeurs de cabinet à Matignon, mais les questions internationales et militaires y sont beaucoup moins présentes. On doit observer la même ambiance durant les conférences de rédaction d'un grand média. Mais, à l'Élysée, nous ne sommes pas là pour analyser, expliquer, rapporter, mais pour décider, agir et, si possible, proposer des idées.

3

En réunion

Comme beaucoup de politiques ou de collaborateurs politiques de ma génération, j'adore la série *West Wing*. Elle raconte l'histoire d'un président des États-Unis et de ses plus proches collaborateurs, ceux abrités dans l'aile ouest de la Maison Blanche. La série a connu sept saisons diffusées entre 2000 et 2006. Je ne l'adore pas parce qu'elle narre un monde politique quasi idéal : un président, ancien prix Nobel d'économie, doté d'une culture vertigineuse, au temps où le terrorisme n'était pas encore là… Je ne l'adore pas non plus parce que le parallèle est frappant avec ce que j'allais vivre comme une poignée de collaborateurs. Je ne l'adore toujours pas parce qu'elle se déroule au moment où les téléphones portables et les réseaux sociaux commencent juste à apparaître et donc que le temps de la réflexion peut encore se déployer. Non, je l'adore pour une chose particulière : les réunions, ou les non-réunions. Dans *West Wing*, la plupart d'entre elles se déroulent debout et ne durent jamais plus de quelques minutes.

Il n'en est rien en France. Les réunions sont nombreuses, et plus ou moins « prestigieuses ». Il y eut, sous François Hollande, une montée en puissance d'un phénomène déjà connu sous Nicolas Sarkozy : plus la réunion est prestigieuse, plus elle se retrouve dans la presse. Ce nouveau quinquennat socialiste est aussi celui du plein déploiement des chaînes d'information en continu et des réseaux sociaux. Nous en avions largement profité durant la campagne de

2012. Chacune des déambulations de campagne était couverte, chaque grand discours était retransmis en direct. Nous dominions les réseaux sociaux et développions en direct nos arguments. Nous pensions être en avance. Mais n'étions en avance de rien du tout. Nous avions juste compris la puissance de ces outils. Et pas du tout anticipé qu'ils signifiaient l'avènement de l'ère de la transparence totale. Souvent mortifère.

Cette transparence, François Hollande l'a poussée à son maximum. Je ne sais s'il est possible de revenir en arrière en cadenassant et en essayant de tout faire rentrer dans un joli scénario, tentative d'Emmanuel Macron et de ses équipes depuis leur arrivée au pouvoir. Il est encore trop tôt pour savoir si cette volonté aboutira ou non ; je table plutôt sur l'échec. Le Moloch médiatique me semble trop fort. On ne peut lutter contre lui.

Mais il ne faut probablement pas s'y soumettre – presque avec délectation, comme nous l'avons fait. Il existe à mon sens un tiers chemin.

En tout cas, durant ce quinquennat et même ces trois années, la plupart des réunions auxquelles je participais se retrouvaient dans la presse. Avec, comme toujours, des propos tronqués, déformés… Ayant plutôt une culture du secret, cela m'a stupéfié. J'ai dû m'y habituer. Plus ou moins.

Ma semaine était donc rythmée par moult réunions.

La ribambelle commençait le lundi après-midi par le bureau national du PS, précédé d'une réunion de préparation. Y participaient, sous la houlette de Jean-Christophe Cambadélis, les principaux secrétaires nationaux du PS, Yves Colmou de Matignon – qui était mon correspondant attitré – et moi. Les rituels étaient un peu les mêmes qu'à l'Élysée. Jean-Christophe Cambadélis débutait lui aussi par un propos introductif. Avec une capacité d'analyse toujours aussi plaisante à écouter. Un raffinement très poussé. La péroraison revêtait presque un côté artistique quand il s'agissait du parti communiste ou du Front national. Sur la droite ou les autres composantes de la gauche, le propos se révélait plus convenu, mais toujours de haute tenue. Comme l'art, c'était très beau. Pas forcément juste. Car les analyses, presque toujours convaincantes sur le moment, quand on les reprenait plusieurs semaines après, perdaient de leur superbe une fois confrontées à la dure réalité des faits. Elles n'en demeuraient pas moins plaisantes à attendre ! Et entendre.

La suite du tour de table était rarement du même acabit. Et c'était fréquemment bien pire au bureau national. À partir du congrès de Reims, beaucoup de ténors avaient décidé de le quitter pour faire émerger de nouvelles générations. Avec plus ou moins de bonheur. Ainsi Fabius, Hollande, Delanoë, Mauroy, et beaucoup d'autres n'y siégeaient plus. Et le niveau de discussion s'était abaissé, avachi même. Un signe avant-coureur parmi d'autres. Chaque fois que je pénétrais dans la salle Marie-Thérèse-Eyquem de Solférino, celle qui accueille le bureau national précisément, je me remémorais ce bon mot de François Rebsamen : « Le bureau national du PS, avant on se battait pour y siéger. Maintenant, on se bat pour ne plus y siéger. » J'y assistais cependant plus ou moins régulièrement. Écoutais plus ou moins attentivement les propos des uns et des autres. Admirais souvent Camba pour sa patience. Mais, le plus important à mes yeux, c'étaient les quelques minutes d'avant. Celles des discussions dans la cour. Où l'on avait l'occasion d'échanger, de donner, de glaner des informations. Des instants d'entre-deux en général précieux, qui peuvent constituer des moments de régulation. Mais, assez vite, la machine s'est grippée ; y compris dans l'informel ; y compris dans le relationnel.

Le mardi, dans les rituels de la Ve République, est toujours une journée importante. Donc la pire pour moi, avec un tunnel de réunions. Dont et d'abord le petit déjeuner de la majorité à Matignon, que j'avais indirectement connu sous Jospin et qui me fascinait alors.

L'ambiance de Matignon est assez différente de celle de l'Élysée. Le quinquennat, l'accélération du temps ont beau avoir fait converger le rythme des deux maisons, chacune garde sa spécificité. Cela se sent dès la cour. Elle est beaucoup plus petite, plus encaissée. Et souvent remplie de véhicules. Il n'y a pas la majesté de l'Élysée. Pour aller à l'étage où se situent les bureaux du Premier ministre, de sa directrice de cabinet, de son chef de cabinet et de quelques salles de réunion, il faut entrer par la droite. C'est cette petite entrée que l'on voit régulièrement sur les chaînes d'information ou sur Internet. Un perron d'angle. Étroit. De biais. Qui donne ensuite sur une autre entrée tout aussi étroite. Là, on a le choix; passer par un couloir, lui aussi sur la droite, et pénétrer dans la plus vaste salle de réunion, celle des accords de Grenelle, de Nouméa, des réunions de ministres. Si on va en face, on enquille une succession de salons, mais sans dénicher d'escalier qui descende directement de l'étage. Sans vaste hall comme à l'Élysée. Dès lors, Matignon paraît plus pressurisé. Comme s'il fallait faire sentir que le rythme est à la fois intense et permanent. Les conseillers y sont encore moins bien logés qu'à l'Élysée, avec un éclatement des bureaux à travers tous les bâtiments plus incroyable que de l'autre côté de la Seine. Seul le jardin accorde du répit.

Le petit déjeuner de la majorité se tenait à l'étage de Matignon. Dans une salle d'angle. Parmi les tableaux qui ornaient le salon, un du père du Premier ministre, Xavier Valls. Les protagonistes de la réunion étaient presque toujours les mêmes: Le Premier ministre, le premier secrétaire du PS, le président de l'Assemblée nationale Claude Bartolone, le président du Sénat – tant qu'il resta à gauche – Jean-Pierre Bel, les deux présidents de groupe Bruno Le Roux pour l'Assemblée nationale et Didier Guillaume pour le Sénat, le porte-parole du gouvernement Stéphane Le Foll, le ministre des Relations avec le Parlement Jean-Marie Le Guen, quelques collaborateurs de Matignon et moi, pour l'Élysée.

La configuration put changer au fil du temps. Après quelques crispations, les radicaux furent représentés. Cela donna lieu à de notables contorsions: qui mettre du PRG dans ce cénacle? Les deux présidents de groupe d'alors, Roger-Gérard Schwartzenberg pour l'Assemblée et Jacques Mézard pour le Sénat? Le compromis fut rendu au profit du président du PRG, c'est-à-dire Jean-Michel Baylet. Une des gymnastiques intellectuelles fréquemment pratiquées dans la politique consistant à apporter une logique à des décisions qui ne le sont pas, cette fois, ce fut le poids des groupes respectifs, sans dire cela de manière vexante, qui l'emporta. En février 2016, Jean-Michel Baylet entra au gouvernement et abandonna donc cette table de petit déjeuner. Comme elle quittait le gouvernement, Sylvia Pinel participa donc par la suite à ces réunions du mardi matin. Le jeu de Rubik's Cube se poursuivit. Il s'enrichit même avec l'implosion du groupe écologiste et l'entrée au cabinet d'Emmanuelle Cosse et Barbara Pompili. François de Rugy se mit alors, à son tour, à y participer. Si ces petits déjeuners perdurent, il doit toujours en faire partie. À une place plus centrale, puisque comme président de l'Assemblée nationale désormais.

Sans doute Bruno Le Maire, l'actuel ministre de l'Économie, doit-il aussi y être, lui qui les a aussi connus. C'était il y a un peu plus longtemps, comme directeur de cabinet de Dominique de Villepin, alors Premier ministre. Ancien monde, nouveau monde, les acteurs ne changent pas tant que cela.

La République se prolonge par ses locaux, ses acteurs, mais aussi, et surtout, par ses rites. Cela m'avait marqué lors de la victoire de François Hollande. Le soir même, à la Bastille, nous avions senti que nous étions dépossédés de lui. Le jour de la passation de pouvoirs fut encore plus marquant. Petit à petit, on fait rentrer le Président dans le moule, on le prive de toute liberté, il doit se conformer. Ou se rebeller. Consciemment ou pas. Fort ou à bas bruit. François Hollande, en vérité, ne s'est jamais totalement soumis à ces usages. Mais, comme pour le reste, il n'a jamais assumé la part de transgression que pouvait avoir son propre exercice du pouvoir. Au-delà d'un hyperconformisme, d'un ultraclassicisme au risque d'en devenir terne, demeurait néanmoins toujours en lui une part de liberté.

Tous les participants du petit déjeuner de la majorité avaient eux-mêmes déjà fréquenté ces lieux. Plus ou moins intensément. Depuis plus ou moins longtemps.

Manuel Valls était pour la troisième fois à Matignon. Les deux premières en tant que collaborateur, de Michel Rocard puis de Lionel Jospin. Yves Colmou avait eu la même expérience. Claude Bartolone siégeait déjà comme député en 1981, avait été à plusieurs reprises ministre et presque actif dans tous les congrès du PS. Jean-Christophe Cambadélis, quoique venant de l'extrême gauche, avait réellement fait ses gammes sous François Mitterrand, notamment durant la campagne présidentielle de 1988. Bruno Le Roux avait été le directeur de cabinet de Pierre Mauroy à Solférino. Didier Guillaume était un ancien collaborateur de Jean Glavany, lui-même ancien chef de cabinet de Mitterrand avant de devenir ministre. Stéphane Le Foll avait bien sûr été le directeur de cabinet de François Hollande et avait travaillé auparavant avec Daniel Vaillant.

Moi-même, je n'échappais pas à la règle. C'est d'ailleurs l'une des choses que Camba appréciait chez moi. Je connaissais les protagonistes et leurs histoires, petites ou grandes. Dans ces conversations du mardi matin, il y avait immanquablement une allusion aux années, voire aux décennies passées. Le très faible nombre de femmes autour de la table pouvait même laisser croire qu'on avait été catapulté avant les lois sur la parité. Dans les années 1980-1990 !

La réunion ne durait pas plus d'une heure. Souvent, je retournais à l'Élysée, passais une tête chez le Président pour lui faire un compte rendu. Il le comparaît, en général, avec celui que lui avait dressé entre-temps le Premier ministre.

Le mardi matin était occupé par la réunion du groupe socialiste. Nous n'étions plus du tout dans le théâtre classique. Les chaînes d'information en continu et les réseaux sociaux avaient, là aussi, fait sauter la règle des trois unités. L'unité de temps, par exemple, avait été bousculée. Autrefois, la réunion de groupe débutait par des déclarations aux médias des uns et des autres, avant qu'ils s'engouffrent dans la salle Victor-Hugo, située au sous-sol de la rue de l'Université. Mais la chronologie des médias est devenue tellement ramassée que leur parole se voit dorénavant immédiatement diffusée. Twitter a également fait exploser l'unité de lieu. La réunion se tenait à la fois dans la salle et sur les réseaux. Les uns et les autres – pas tous, loin de là, mais un certain nombre tout de même – mettaient en ligne leurs déclarations. Ou envoyaient des SMS à des journalistes qui s'en chargeaient. Quant à l'unité d'action, elle n'avait jamais existé en réunion de groupe – ce qui m'avait étonné lorsque je siégeais comme député. En réunion de groupe, des dizaines de sujets sont évoqués. Des obligatoires : les questions d'actualité à poser, entre trois et cinq selon les séances ; les amendements à discuter sur des textes souvent fort techniques. Mais les sujets de fond se voyaient peu abordés, passés à la trappe ou relégués en fin de réunion.

Le mandat 2012-2017 a été assez douloureux pour les élus socialistes. Et pas juste parce qu'il s'est mal terminé. En vérité, il avait tout aussi mal commencé. La session extraordinaire de l'été 2012 avait été quasi vide, comprenant juste un texte sur le harcèlement, un projet de loi de finances rectificatif – qui consistait essentiellement à défaire des mesures prises par Nicolas Sarkozy dans les derniers mois de sa mandature ; aussi, lorsque nous partîmes en vacances, nous n'avions pas eu de combat commun qui aurait pu forger une solidarité et développer une fierté. La rentrée fut presque pire, avec le vote du traité sur la stabilité, la coordination et la gouvernance européenne (TSCG), puis l'amendement de fin d'année sur le crédit d'impôt pour la compétitivité et l'emploi (CICE).

Au printemps 2014, l'ambiance dans le groupe n'est pas bonne. De très nombreux députés ont été défaits aux élections municipales. Beaucoup ne s'attendaient pas à un tel séisme, à une telle corrélation entre le bilan du début du quinquennat et le travail de terrain. Il s'agissait des signes avant-coureurs de ce qui allait se passer aux législatives de 2017.

En ce mois de mai 2014, plus de cent d'entre eux issus de différents courants ont signé une tribune demandant une inflexion de la politique menée. Christian Eckert a par exemple validé le texte, ce qui ne l'empêcha pas de devenir quelques jours plus tard secrétaire d'État au Budget. La lézarde entre les élus et le pouvoir s'agrandissait. Et nous n'avons jamais réussi à rétablir l'unité du groupe, ni à donner du plaisir, de la fierté à celles et ceux qui sacrifiaient leurs nuits sans compter. En général pas les plus illustres, juste les plus précieux pour la bonne avancée des choses. Ceux qui étaient sur le terrain, c'est-à-dire les commissions, l'hémicycle. Pas les plateaux télé.

L'après-midi s'enchaînait sur les questions d'actualité, et les mardis se concluaient par les innombrables réunions puis le dîner de la majorité. La configuration était similaire au petit déjeuner de la majorité, mais en cercle plus restreint : pas d'autres partis, pas de collaborateurs, pas de ministre des Relations avec le Parlement. Je n'y étais donc pas, me contentais de préparer un fil conducteur que le Président suivait plus ou moins. Et je courais, le soir, après les comptes rendus de ces réunions. Ce que m'en disait le Président, le mercredi matin, était souvent lapidaire. Le premier secrétaire se montrait, lui, plus disert.

Il y eut juste une époque où le chef de l'État passa me voir après ces dîners. C'était en octobre-novembre 2016, au plus fort de la tempête, des doutes, quand les convives s'abîmaient en reproches, voire parlaient de destitution. Ces mardis soir-là, je les passais avec Julien Dray. En parallèle. Le Président le savait, qui, au sortir de son propre repas devenu si particulier, nous rejoignait. Sans doute avait-il besoin d'un moment de respiration, de confiance. Enfin je l'espère.

Après le 1er décembre 2016, je lui ai demandé si on continuait à planifier le dîner de la majorité. Je me souviens parfaitement de son : « Ah non ! C'est fini tout cela. » Et du fait qu'il souriait.

Le reste de la semaine était plus calme en réunions. Externes du moins, car presque chaque jour d'autres se déroulaient autour du Président ou, à défaut, du secrétaire général. Sans oublier, le vendredi, la réunion plénière du cabinet de la présidence. Animée par le SG, elle comprenait les quelque quarante conseillers, occasion pour les uns et les autres d'obtenir un peu d'informations transversales, autres que celles lues dans la presse. Un rendez-vous auquel je n'étais pas forcément assidu.

Il y avait évidemment encore les réunions au sein de mon pôle. À savoir les rencontres avec les sondeurs, dont l'activité se trouvait aussi dans mon portefeuille, les rendez-vous avec les intellectuels – moments qui n'étaient pas prévus mais que je développais à forte allure –, et les entretiens avec tous les politiques, locaux et nationaux, petits et grands, socialistes ou pas, de gauche beaucoup et parfois de droite. Et toutes celles avec mon équipe, Adrien, Ambre, Amin, Bernard, Olivier, Vanessa…

Il y avait enfin – et trop rarement – les allers-retours à Bordeaux, histoire de revoir un peu les miens, de revenir chez moi. De savourer ma ville.

4

Aurélie, Suzanne, Hakim…
et tous les autres

Habituellement, je n'écris rien ou presque. Même lycéen, même en classe préparatoire, même après. Lorsque je le fais, lorsque je prends des notes, c'est pour m'occuper les mains. Et ensuite je déchire. Je me souviens encore de la révision de mes concours en prépa : j'étais à la campagne avec un ami. Lui, avec plein de fiches, très bien faites, et moi rien ou presque. Nous avons finalement intégré l'un et l'autre l'école souhaitée. Cela a continué longtemps.

J'ai radicalement changé en arrivant à l'Élysée. Une amie me l'avait conseillé : « Tu vas vivre l'Histoire. » Je me suis alors mis à tout garder, conserver, noircir. Sur des cahiers d'écolier. Chaque fait, je l'inscrivais. Pour être précis dans les comptes rendus que je faisais au Président. Pour être affûté dans les éléments de langage que je donnais aux parlementaires et autres responsables politiques. Pour confronter à quelques jours de distance les analyses et les intuitions des uns et des autres. Pour être sûr de ne pas être devenu fou. Souvent quand je lisais dans la presse le résumé de telle ou telle réunion, j'avais l'impression de ne pas avoir vécu la même chose. Mes écrits me rassuraient par rapport aux travestissements si fréquents. Car la mémoire trahit toujours, déforme sous des apparences d'intangible vérité. Pour plus tard aussi. Je me souviens d'une image dans une série qui m'a bien plu : chaque fois qu'on va chercher un souvenir, on le déforme et on le range ensuite à un endroit différent. Cette fois, je ne voulais pas que cela arrive. Je me suis donc mis à gratter. Souvent douloureusement, car je n'aime pas écrire. Physiquement, j'entends. Je ne sais pas pourquoi, mais c'est ainsi.

Ces petits cahiers m'étaient fournis par l'Élysée. J'ai cru lire un jour que Claude Guéant aussi écrivait tout. Que cela l'a même perdu dans certaines affaires dans lesquelles son nom était évoqué. Je me suis souvent demandé si c'était sur le même type de carnet qu'il couchait ses journées, à la fois différentes et proches des miennes. Peut-être que oui. Car, au-delà des lieux, des rites, il y a beaucoup de permanence à l'Élysée. Notamment le personnel.

Lorsque j'arrivai le 9 mai, je découvris à la fois mon bureau et les personnes avec lesquelles j'allais travailler.

Mon bureau était situé dans ce qu'on appelle l'« aile Madame », l'aile est. Je m'y retrouvai en raison d'un arbitrage géographique savant. Une amie du Président avait suggéré que Gaspard et moi partagions le bureau d'angle, l'ancien espace d'Aquilino, autrefois celui d'Henri Guaino et même de Valéry Giscard d'Estaing. Comme souvent avec les présidents de la République, ce dernier avait tenu à pratiquer la rupture ou la démarcation avec ses prédécesseurs, qui passa entre autres par le changement de bureau.

Je me souviens encore de la discussion avec cette amie. J'étais confortablement installé dans le canapé en cuir de son agence quand je l'entendis me dire : « Un open space à l'Élysée, ça aurait de la gueule non ? » Mais l'argument de la modernité porte peu, ou portait peu à l'Élysée. Le Président fut loin de se montrer convaincu, même pas intéressé à vrai dire. Et comme, quelques semaines plus tard, ce bureau d'angle fit l'objet d'une belle et piquante description par une journaliste sous le titre – qui resta – du « Bureau qui rend fou », il demeura au final vide. Enfin, pas tout à fait : il servait de seconde salle de réunion ou d'autre bureau, plus calme, pour François Hollande. Une fois élu, Emmanuel Macron ne joua pas la rupture sur ce point : il en a fait le même usage, dit-on. Le « Bureau qui rend fou » est donc devenu un havre de paix pour présidents de la République.

Quant à Gaspard et moi, nous fûmes séparés avant même d'avoir été réunis. Il reprit le bureau de Franck Louvrier, ancien responsable de la communication de Nicolas Sarkozy, un espace assez petit, assez sombre, mais installé à un angle stratégique : il est situé au premier étage et donne sur la cour centrale. Avec, au fond de la cour, le perron. Ce qui permet de voir beaucoup. En tout cas lorsque la visite est officielle et que la personne arrive ou sort par le 55, rue du Faubourg-Saint-Honoré.

Car l'Élysée est un peu comme le ministère de l'Intérieur place Beauvau, il y a plein de manières d'y pénétrer. Au moins six entrées étaient utilisées à un moment ou à un autre lorsque j'y travaillais. Donc Gaspard avait repris ce bureau. La continuité était là.

Pour moi, elle était plus délicate à trouver. J'occupais en effet le bureau de Danielle Mitterrand et de Bernadette Chirac. À cause de la fameuse aile Madame, partie privée de l'Élysée. Un jour, Gilbert Mitterrand, que je connais bien, Gironde oblige, passa me voir. Et me décrivit l'installation des mêmes bureaux du temps de sa mère. Ainsi que quelques autres anecdotes, dont le fait que mon bureau avait connu une déchéance relative à partir de Cécilia Sarkozy, délaissé alors au profit d'une pièce d'apparat, bien plus prestigieuse, le salon des Fougères. Son discrédit demeure jusqu'à ce jour, en tout cas en ce qui concerne les compagnes des trois derniers chefs d'État.

Il revêtait en revanche nombre d'avantages pour moi. D'abord en termes de symbole, même si je n'étais pour rien dans le choix du lieu. Je ne me trouvais pas, en effet, dans l'aile de la plupart des conseillers, mais dans un endroit préservé et proche du Président. J'appréciais beaucoup cette quiétude, même si peu à peu le couloir menant à mon bureau se remplit des personnes travaillant pour moi.

Avantage majeur, il donnait sur la rue, ou les rues. J'avais donc l'impression de voir ce qui se passait à l'extérieur. Un extérieur bien particulier, puisqu'il s'agissait de la rue de l'Élysée et de celle du Faubourg-Saint-Honoré. N'empêche, je pouvais à l'occasion apercevoir des voitures, voir des gens marcher, téléphoner, se parler, s'engueuler, s'embrasser, des enfants pleurer ou rire… La vie, quoi. Il donnait aussi sur la porte de l'aile est. La porte par laquelle la plupart des invités sortaient s'ils étaient en voiture. Le mercredi matin, le ballet des véhicules m'indiquait la fin du Conseil des ministres. Les autres jours et soirs, je pouvais mesurer la durée des dîners, rencontres, échanges.

De l'autre côté du mur de ce bureau, il y avait aussi la fameuse salle à manger que les Pompidou avaient fait refaire par Pierre Paulin. Ce sont aussi les Pompidou qui avaient installé la petite salle de cinéma au sous-sol. Et, derrière cette salle, le salon d'argent. Où est toujours posée la lettre d'abdication de Napoléon Bonaparte. Sa seconde abdication. Signée d'une grosse écriture avec, en haut à gauche, la date : 22 juin 1815. Avec aussi le titre, centré, « Déclaration au peuple français », et le dernier paragraphe au verso : « Je m'offre en sacrifice à la haine des ennemis de la France. Puissent-ils être sincères dans leurs déclarations et n'en avoir jamais voulu qu'à ma personne. Unissez-vous tous pour le salut public et pour rester une nation indépendante. Je proclame mon fils sous le nom de Napoléon II, empereur des Français. »

Mon bureau n'était pas aussi chargé de souvenirs, mais c'était un bel endroit. Dans un lieu d'histoire, donc. Beau mais absolument pas fonctionnel. Ce qui était le cas de tous, ou presque, sur place. Le palais de l'Élysée, comme son nom l'indique, est un palais. Et un palais est fait, à l'origine, pour donner à voir, savourer, recevoir, et pas vraiment travailler. Résultat, nous étions tous éclatés. Les seuls lieux de réunion opérationnels étaient le bureau du secrétaire général et les espaces attenants. En période de crise, comme lors des attentats de 2015, le Salon vert – qui se situe entre les bureaux du Président et du secrétaire général – a pu devenir une sorte de *war room*. Mais il arrivait que le palier occupe cette fonction.

L'absence de fonctionnalité allait bien au-delà. Presque rien, à l'Élysée, n'était dématérialisé. Les mails circulaient bel et bien, mais ils étaient sans doute les seuls à signifier que nous étions au XXIe siècle. Pas de signature électronique. Pas d'espace de travail collaboratif. Quelques jours après mon arrivée, à un moment où je n'étais pas encore submergé, j'avais fait venir un cabinet de conseil très prestigieux. Je voulais voir comment améliorer les process internes. Mais rien n'avançait. Je me heurtai vite aux problèmes de marchés publics et à la faible appétence des uns et des autres pour ces questions, cette envie de travailler collectivement avec les nouveaux outils. Je ne suis pas sûr que cela ait progressé depuis.

En fait, nous étions peu à l'Élysée, et tous très occupés. Avec, qui plus est, des responsabilités écrasantes. Donc nous ne pouvions pas trop nous pencher sur la manière de faire évoluer les méthodes de travail. Quelques mois plus tard, nous essaierons néanmoins, avec Constance Rivière, alors directrice de cabinet adjointe, de lancer le programme des Innovateurs de la République. Qui visait à reprendre l'une des idées mises en place par les équipes de Barack Obama : convier des gens du privé, plutôt de la Silicon Valley, pour faire bouger la Maison Blanche. Parmi nos propres innovateurs, il y avait Mounir Mahjoubi, aujourd'hui secrétaire d'État au Numérique. Espérons qu'il parviendra à faire davantage bouger les lignes que nous.

Pour accéder à mon bureau, il fallait remonter un couloir. Un long couloir. Un très long couloir. Juste avant d'atteindre celui-ci, se trouvait l'espace de mes secrétaires. Elles étaient deux à mon arrivée : Suzanne et Aurélie. Qui me firent découvrir une partie du fonctionnement de l'Élysée, ses us et ses coutumes, sa galaxie incroyable de personnalités, de métiers, de talents et de dévotions envers la République.

Suzanne travaillait sur place depuis près de trente ans, avait été l'assistante d'Hubert Védrine lorsqu'il occupait le poste de secrétaire général. Elle avait ensuite aidé plusieurs conseillers. Je ne la connus que quelques mois puisqu'elle prit sa retraite à l'été 2014. Aurélie, elle, était arrivée plus récemment. Elle venait du ministère de l'Intérieur et avait découvert l'Élysée en même temps que les équipes de Nicolas Sarkozy. Elle avait travaillé successivement pour Henri Guaino, Aquilino Morelle, avait été affectée aux conseillers politiques, spéciaux. Ce parcours m'étonna, mais il en allait de même pour tout le monde, ici, à l'exception du Président : l'Élysée était une Administration et, comme toute Administration, bougeait peu.

Les médias se focalisent toujours sur le Président – ce qui est bien normal –, sur les conseillers – ce qui l'est moins –, mais très peu sur le reste de la ruche. Sous François Hollande, nous étions 850, chiffre en nette diminution par rapport au passé, exemplarité budgétaire oblige. Mais, sur ces 850 personnes, seule une cinquantaine était de passage. Les autres étaient attachées à la République, à son palais et à ses valeurs. Avec un sens du devoir et un professionnalisme assez stupéfiants. Donc avoir pour secrétaire l'ancienne collaboratrice d'Henri Guaino ne posait aucun problème.

Tout ce personnel exerce des métiers d'une diversité incroyable. Il y a beaucoup de militaires, mais pas uniquement. Œuvrent aussi dans les locaux des pâtissiers, des tapissiers, des relieurs, des fleuristes, un coach sportif (Hakim). Pas d'horlogers, car le travail extrêmement précis qui fait que toutes les pendules du bâtiment sont à la bonne heure est externalisé. À une seule famille, qui perpétue cette tradition de génération en génération, de président en président.

Une partie du personnel s'active dans une annexe du palais. À côté du quai Branly. Où se trouvent le service de la correspondance présidentielle et des logements. J'y avais moi-même un petit studio, que je louais. C'était la cinquième pointe de ma vie parisienne, puisque mon pentagone quotidien était constitué de l'Élysée, de l'Assemblée nationale, de Matignon, de Solférino et de cette annexe !

5

Dans la lessiveuse

Mon premier cahier commence donc le 12 mai 2014. Chaque carnet représente à peu près deux semaines de cette vie si particulière. Des écrits plus ou moins développés, plus ou moins pertinents, mais qui m'ont aidé et accompagné pendant ces trois années. Des sources encore là, aujourd'hui. Si utiles.

Première réunion du lundi matin avec le Président. Balayage rapide de l'agenda. Préparation du déplacement de la fin de la semaine en Asie centrale. Interrogation sur la manière de se rendre à Tulle pour voter lors des élections européennes. Projection dans les cérémonies du 6 juin qui regrouperont des dizaines de chefs d'État. Passage en revue des discours à venir… Les thèmes ne manquaient pas.

Emmanuel Macron m'avait accueilli en comparant l'Élysée à une sous-préfecture. Le Président avait utilisé une autre image, plus industrielle, en recevant Jean-Pierre Jouyet : « L'Élysée, c'est d'abord une usine à discours. » Je vis que c'était vrai. Surtout avec François Hollande, pour qui chaque mot compte. Nous serons marqués par le nombre de fois où il nous fit refaire des discours, des communiqués presse. Impressionnés aussi par la précision demandée, par le travail sans cesse recommencé et presque toujours finalisé, voire réécrit par lui. Chaque mot était soupesé.

À l'automne 2016, nous serons donc stupéfaits en découvrant qu'il y avait un espace où les mots filaient. Sans protection. Sans retenue. Sans relecture. Des mots qui allaient directement de la bouche du chef de l'État au dictaphone de journalistes choisis et qui finissaient dans un livre, à la fois best-seller et arme de destruction politique : « *Un président ne devrait pas dire ça…* ».

Le tour d'actualité de mon premier lundi matin débuta justement par une polémique visant une amoureuse des mots. Quelques jours auparavant, Jean-François Copé avait lancé une nouvelle salve contre Christiane Taubira, la garde des Sceaux. Un bon écran de fumée destiné à enténébrer et cacher l'affaire Bygmalion, qui commençait à se dessiner. La ministre de la Justice n'aurait pas chanté *La Marseillaise* lors de la cérémonie de commémoration de l'abolition de l'esclavage, faisait mine de s'offusquer le leader de l'UMP. Il fut rapidement décidé de ne pas répondre. En tout cas, au niveau de la présidence. Christiane Taubira se fit inviter quelques jours plus tard par le Bondy Blog. Elle y expliqua de manière lumineuse et cultivée que, souvent, elle chantait *La Marseillaise*. Joyeusement d'ailleurs. Mais que, en ces moments particuliers, elle se recueillait plutôt. La polémique ne dura pas plus de quelques jours. Avant qu'une autre surgisse. Depuis le Mariage pour tous, mais aussi pour ce qu'elle était, Christiane fut régulièrement une cible privilégiée de la droite et de l'extrême droite.

Comme beaucoup, je m'étais enthousiasmé pour elle lors du débat sur le Mariage pour tous. Durant la campagne des municipales de Bordeaux, elle était venue soutenir une des idées que je lançais alors : la villa Montaigne. Inventer d'une certaine manière, dans cette ville d'un humanisme rare, les Lumières du XXIe siècle.

Souvent, à l'Élysée, j'ai entendu des critiques à son encontre. Sur la valse de ses collaborateurs – directeur de cabinet au premier chef –, sur une insuffisante maîtrise technique des dossiers. En fait, elle n'était surtout pas assez dans le moule. Effectivement et heureusement. Je me souviens de ses doutes, mais plus encore de sa loyauté. Je me remémore une très longue discussion avec elle dans son bureau à la chancellerie, un samedi après-midi. Pas loin, il y avait l'un de ses petits-enfants, pieds nus. Elle eut tôt fait de l'imiter et de se déchausser. Et m'expliqua ses rencontres en France, ses peurs. Plus tard, au moment du livre de Davet et Lhomme, « *Un président ne devrait pas dire ça…* », elle me parla longuement, simplement, finement et avec émotion, et me dit à quel point l'ouvrage l'avait blessée. Non pas pour elle, car les propos rapportés sont plutôt élogieux à son égard, mais par rapport à ce qu'étaient à ses yeux la République et son président. Mais jamais, jamais je ne l'ai entendue taper publiquement sur ce dernier. Malgré tout. Et je lui en sais incroyablement gré. Celle qui, incontestablement, maniait le mieux les mots dans ce gouvernement, dans cette génération de femmes et d'hommes politiques, était aussi celle qui les retenait. Un hommage à la fois à la République et aux mots.

Les informations continuaient d'arriver dru pendant cette première réunion.

Retour sur la prestation télévisuelle, la veille, du Premier ministre au JT de TF1, où il avait notamment été question de baisse d'impôts. François Hollande regardait, écoutait tout. Enfin tout ce qui concernait la politique. Il est loin d'être le seul, la plupart des politiques de haut niveau étant comme lui, chose qui m'a longtemps étonné. Nous baignons dedans presque en permanence, aussi, dès que j'ai un peu de temps, je cherche plutôt à m'en échapper. Je regarde très peu les émissions politiques par besoin de m'oxygéner. Je suis une exception. Presque tous le font. En abondance. Étonnamment, c'est Jean-Louis Triaud, ancien président des Girondins de Bordeaux, qui me donna un jour l'explication. Alors que je lui demandais comment il sélectionnait les joueurs, les découvrait dans d'autres clubs, il me répondit : « C'est simple, je regarde tous les matchs de foot que je peux. Des centaines, des milliers. En visionnant, je m'entraîne, les repère, les détecte. Beaucoup de sportifs sont comme cela. Ils observent leurs concurrents pour apprendre, les juger. Ils s'entraînent en regardant les autres faire, pensent à la manière dont ils auraient répondu à telle feinte, esquivé. » Les politiques sont identiques. Le match ne se joue pas une balle au pied, mais par mots interposés. Ils regardent, écoutent. Quelle technique reprendre ? Quelle faiblesse détecter pour un éventuel débat à venir ?

La prestation du Premier ministre fut plutôt jugée bonne. Un petit débat surgit malgré tout entre nous sur l'opportunité que ce soit lui qui annonce une baisse d'impôts et pas le Président.

Ce « Eux ou nous ? », « Lui ou lui ? », « Élysée ou Matignon » hantera l'Élysée de manière quotidienne.

Politique et économie seront les deux dominantes de nombre de ces réunions. Cette fois, c'est le budget de la Défense qui fut évoqué. Dans le *Journal du Dimanche*, Xavier Bertrand, pourtant dans l'opposition, avait annoncé la décision de coupes à venir d'un montant de deux milliards. Le « À qui profite le crime » nous occupa pas mal. Michel Sapin fut envoyé au feu pour désamorcer la polémique. Le débat rebondit quelques mois plus tard par une vraie fausse lettre de l'état-major menaçant de démissionner à ce sujet.

Puis discussion sur le 6 juin, la réforme territoriale et les élections européennes.

Première réunion et presque aucune intervention de ma part. Je fis attention à ne pas me griller tout de suite. Le reste de la journée fut occupé à comprendre le fonctionnement, la géographie des couloirs, à établir la liste des personnes à rencontrer. À retrouver aussi une partie de mon ancienne équipe web de campagne pour mettre en place quelques outils de communication élémentaires avec les parlementaires.

Ce lundi fut juste une mise en bouche. Dans les montagnes russes de l'Élysée, le lundi est le jour où l'on grimpe tout en haut. Le mardi, celui où la descente est vertigineuse. Après il y a un faux plat, le mardi soir, et de nouveau une chute : le mercredi. Normalement, à partir du jeudi, c'est un peu plus calme. Parce que les parlementaires ont regagné leurs territoires. Parce que les questions d'actualité au Palais-Bourbon sont passées, le Conseil des ministres également, parce que *Le Canard enchaîné* est sorti et, le jeudi, les news magazines aussi, qui clôturent le bal. Le dimanche, le *JDD* redonne le *la*. Et le rythme politico-médiatique reprend.

Il y a aussi tout le reste. Car, à l'Élysée, tout remonte ou presque. Les moindres soubresauts du pays. Toute l'émotion de la nation.

Elle me péta à la figure dès le mardi. Pas au petit déjeuner de la majorité, ni à la première réunion de groupe ou aux premières questions d'actualité, puisque dans ces deux cas je ne sus trop où me mettre, étant passé en quelques jours du statut de parlementaire à celui de conseiller. Rien de tout cela, non : dès mon deuxième jour à l'Élysée, c'est la mort qui surgit.

Juste après les mots, la mort. Certes – et malheureusement –, je l'avais pas mal pratiquée à titre personnel, l'ayant même en partie apprivoisée comme jeune maire. Je me souviens de ma terreur quand on m'expliqua, autrefois, que c'était le premier magistrat d'une ville, ou ses adjoints, qui devait assister à la levée des corps en cas de décès au domicile. Et j'ai encore en tête les cris, les pleurs, les visages de celles et ceux à qui j'annonçais de tels drames. J'avais juste trente-trois ans alors, tout cela demeurait rare – trop fréquent, mais rare. Mais, à l'Élysée, la mort est tout sauf rare.

Le 13 mai, François Hollande annonçait par communiqué le décès de Camille Lepage. Cette jeune, très jeune photoreporter de vingt-six ans, avait été tuée quelques jours auparavant à Bangui, et son corps était rendu aux forces françaises. Ce jour-là, je découvre la mécanique macabre qui se met en branle. L'appel aux familles, presque toujours par le Président lui-même. Puis les communiqués de presse de l'Élysée annonçant le drame. L'incroyable attention portée ensuite par le chef de l'État à la manière dont cela se passe pour les proches. L'hommage qu'il lui rendra au mois de septembre en inaugurant une exposition de ses photos au ministère de la Culture.

Cette confrontation permanente avec la mort, je ne l'avais pas anticipée. Après, les cadavres, les drames, les cris, les pleurs arriveront par tombereaux : morts au combat, attentats, catastrophes aériennes, accident de car… Celui-ci, il s'est produit chez moi en Gironde. Je me souviens de ce samedi après-midi où François Hollande appela les maires, puis les familles, car j'étais dans la pièce avec lui. Il trouvait presque chaque fois les mots. Comme il les trouva lors d'un de nos derniers entretiens à l'Élysée. C'était juste avant le premier tour. À la fin de notre discussion, Samia, l'une de ses secrétaires, passe une tête et lui dit : « Président, tu n'oublies pas d'appeler le compagnon du policier. » Le 17 avril, Xavier Jugelé avait été assassiné sur les Champs-Élysées. Et, bien sûr, il le fit, passa de nos analyses sur la campagne présidentielle à, une énième fois, le drame.

Durant son quinquennat, François Hollande a fait d'innombrables interviews. Peu sont personnelles. Celle accordée au magazine *Society* est une exception. « La mort habite cette fonction » fut l'un des principaux intertitres. En vérité, il aurait pu être en une. On a beau vouloir être normal, revendiquer l'optimisme comme arme, dans cette maison qu'est l'Élysée, la tragédie vous rattrape toujours à un moment ou à un autre.

Nous parlâmes donc de ce drame dans le bureau du secrétaire général, puis enchaînâmes.

Un ancien ambassadeur, Zaïr Kédadouche, se plaignait d'avoir été débarqué de son poste en raison d'un racisme latent du Quai d'Orsay. La polémique n'alla pas bien loin, mais elle nous avait été remontée. Pas de réaction.

De nouveau de l'international. La tragédie nous rattrapait. Laurent Fabius avait donné le matin même une conférence de presse où il accusait le régime syrien de continuer d'utiliser des armes chimiques. Il avait malheureusement raison. Et, dans ce climat de mort omniprésente, la Syrie occupa toujours une place particulière. Comme sujet de préoccupation quasi permanent. Avec d'innombrables tentatives pour résoudre le conflit et aucune totalement concrétisée. Ce dilemme constant entre realpolitik totale et posture morale, nous le vivions. On a beaucoup reproché à la France son intransigeance, sa fermeté obtuse face à la Russie ; après son départ pour le Conseil constitutionnel, on accusa Laurent Fabius d'avoir été outrageusement sur cette ligne dure, jugeant inutile l'embargo, ridicule l'épisode des Mistral. Pourtant, quand je vois les dernières images nous parvenant de ce pays, je pense que nous avions raison.

J'ai par ailleurs beaucoup reproché à François Hollande, plus ou moins directement, notre manque de générosité envers les réfugiés. Cette attitude était pour moi incompréhensible lorsque je la comparais à son implication au Mali, en Irak, en Syrie. Au plus fort du bombardement d'Alep par les avions russes, il envisageait sans plaisanter que l'aviation française aille seule affronter les différents protagonistes. Mais les réfugiés ?

Le flux d'informations continuait. Nous guettions tout. Nous devions tout commenter. Tout analyser. Parce qu'on ne savait jamais sur quoi l'actualité allait se focaliser. Et qu'il fallait anticiper. Heureusement, nous nous accordions aussi quelques digressions pour essayer de souffler. Les résultats de l'Eurovision et la victoire de la drag queen à barbe Conchita Wurst en furent une. Avant qu'émerge une autre polémique, pour utiliser ce mot que j'ai sans doute le plus entendu durant ces trois ans. De laquelle parler ? De la mise à pied de la directrice du musée Picasso par Aurélie Filippetti ? De la manifestation au Trocadéro en faveur des lycéennes enlevées par Boko Haram, avec NKM, Carla Bruni et Valérie Trierweiler ? Du rapport de la Cour des comptes sur la gestion « calamiteuse » de Areva par Anne Lauvergeon ? De l'interview du matin même où, toujours très en verve et parfois lumineux, le ministre de l'Économie Arnaud Montebourg avait préconisé le rapprochement de Bouygues et d'Orange ? Chaque sujet fut évoqué en quelques dizaines de secondes, quelques minutes au plus. Et c'était ma première réunion du mardi midi.

Le même jour, je me suis rendu à l'Assemblée nationale. À la buvette, où je continuais à déjeuner le mardi. Parce que mon statut d'ancien parlementaire me le permettait. Celui de conseiller à la présidence aussi. Pour voir les questions d'actualité, assurer les premiers rendez-vous. En fin d'après midi, il y a l'arrivée du *Canard enchaîné*, quelques heures avant la mise en kiosque. Cette fois, l'article le plus sanglant était consacré aux quais de la SNCF, trop larges pour le nouveau matériel roulant ! Presque drôle.

Le mercredi matin, réunion avant le Conseil des ministres : 8 h 30 dans le Salon vert. Selon les périodes, les régimes ou plutôt les rodomontades des médecins du Président, nous avions droit ou non aux viennoiseries. Toujours incroyablement bonnes. M'étant mis en tête de courir le semi, puis le marathon, j'avais besoin d'énergie. Alors j'étais celui qui les engouffrait allègrement. En accompagnement, café, jus d'orange et le fameux jus de pamplemousse de l'Élysée.

Les sept samouraïs étaient là. Le Président en face du secrétaire général. À sa droite, la directrice de cabinet. À sa gauche, moi. Autour du Président, Gaspard, le ou les secrétaires généraux adjoints. Et de son côté également la cheffe de cabinet.

Balayage très rapide des dossiers du Conseil. Cela a déjà été fait dans une autre configuration le vendredi soir précédent. Mais nous n'étions jamais à l'abri d'une ultime interrogation, crispation. Les nominations, qui constituent ce qu'on appelle les parties C des Conseils des ministres, sont particulièrement propices à cela. Puis rapide retour – et en général très bref – sur le dîner de la majorité de la veille. Les discours toujours. Et l'actualité (l'histoire des quais de la SNCF n'a pas du tout fait rire le Président). Un peu d'international avec beaucoup d'Ukraine, et les préparations des cérémonies du 6 juin qui arrivaient à grands pas. Des commentaires aussi, bien sûr, sur les futures élections européennes. Des sondages déjà catastrophiques pour le PS. Un FN triomphant et une UMP bien positionnée. Le lendemain, *Libération* dégoupillait la grenade Bygmalion. Les bruits nous étaient parvenus, mais interdiction formelle de commenter.

Ces réunions du mercredi matin étaient brèves. Dès 9 heures, le Premier ministre arrivait, traversait le Salon vert, nous saluait, envoyait selon les moments des commentaires et s'enfermait une heure durant avec le Président. Une heure de nouveau : les deux têtes de l'exécutif se voyaient énormément. Il y avait au moins, par semaine, le déjeuner du lundi, le dîner collectif du mardi soir, le tête-à-tête du mercredi matin, sans compter les réunions de ministres, presque toujours avec le Premier ministre, et les entretiens fréquents du week-end. Et, bien sûr, le téléphone.

En ce qui concerne les appels du chef de l'État, le tiercé gagnant des contactés comptait Manuel Valls en tête, suivi de Jean-Pierre Jouyet et Angela Merkel. J'en ajouterai un quatrième, moins avouable : Gaspard Gantzer, vu la boulimie du Président pour la presse. Quelques mois plus tard, Bernard Cazeneuve entrera dans le quintet.

Quant à nous, nous continuions – ou pas – la réunion dans le bureau de Jean-Pierre Jouyet. Et disposions, ensuite, d'un peu de temps avant le Conseil.

Quelques mois plus tard, une fois mes habitudes prises, il m'arriva fréquemment de passer quelques minutes dans la salle où tous les ministres attendaient le Président et le Premier ministre. D'y rester plus ou moins longuement. Plus ou moins habilement.

Mes notes ne me disent rien de ce « premier » Conseil des ministres. Et pour cause, peu de choses. Un texte sur Saint-Pierre-et-Miquelon. Une communication sur l'international, une autre sur la lutte contre la traite inhumaine des personnes et quelques nominations.

Durant le Conseil des ministres, Élysée et Matignon devenaient relativement tranquilles. Comme Président, Premier ministre et ministres étaient ensemble avec juste deux collaborateurs, tous les autres pouvaient travailler. À Matignon, se déroulait la réunion de cabinet. À l'Élysée, puisque le secrétaire général assistait au Conseil, se tenait la réunion agenda sous la houlette de la directrice, puis des directeurs de cabinet. Je la détestais, tant il était impossible de construire quoi que ce soit de solide, durable ou souple. L'agenda d'un président est en fait incroyablement contraint. Les déplacements et sommets internationaux y occupent une place incontournable ; quasiment impossible de les faire bouger puisqu'ils sont en plus planifiés des mois à l'avance. Ce qui empêche toute flexibilité au moment où, politiquement, il faudrait agir. Et puis, que faire des multiples rendez-vous impondérables, des remises de Légion d'honneur, des hommages… S'inscrire dans les plages qui restent, c'est difficilement faire sens. Et nous n'avons presque jamais réussi, tant les obligations présidentielles étaient nombreuses.

Le cauchemar ne s'arrêtait pas là. Il existait de multiples autres circuits pour faire remonter des propositions au Président. Et souvent il les acceptait. Nous houspillait de les avoir laissées passer, mais les avait acceptées. Et comme il n'aimait pas revenir sur un engagement, la réunion agenda se transformait en espèce de chemin de croix collectif.

Victimes, ensemble, de l'injonction paradoxale présidentielle, nous aurions pu nous serrer les coudes, travailler en équipe pour trouver les bonnes priorités. Mais un autre phénomène surgissait alors : tout conseiller présidentiel est habité d'une semi-crise existentielle permanente. À quoi je sers ? Comme pouvoir faire rencontrer le Président à un interlocuteur donne du lustre à la petite armée d'entremetteurs que nous étions, d'aucuns usaient voire abusaient.

Et pourtant, j'ai, nous avons essayé de discipliner l'agenda. Avec des notes de procédure. Des couleurs. Des calendriers prospectifs… tous plus inutiles les uns que les autres.

Faute de pouvoir faire de la stratégie, nous en étions souvent réduits à balayer les rendez-vous des jours à venir. Or, pour cette première fin de semaine, et avant de partir en Asie centrale, plusieurs rencontres concernaient la réforme territoriale.

6

«*XXX*»

Comme le pacte de responsabilité, la réforme territoriale avait été évoquée par le Président lors de sa conférence de presse du 14 janvier 2014. Mais les quelque trois cents journalistes présents avaient l'esprit ailleurs : *Gala*, le scooter, Julie Gayet, Valérie Trierweiler… Ils voulaient voir si la bête était encore debout. Elle l'était. Et elle le sera aussi lors de la conférence de presse du 14 septembre suivant, soit après le changement de gouvernement et la publication du livre de Valérie Trierweiler.

Ils n'eurent le droit qu'à une seule question. Pas plus. Le reste fut plus classique, mais leurs préoccupations étaient définitivement ailleurs.

C'est drôle, ou plutôt terrible : lorsque François Hollande annonçait des réformes d'importance, il le faisait à bas bruit. Sans impact. Pour réformer heureux, réformons cachés ?

Le 31 décembre 2013, il avait annoncé dans ses vœux le pacte de confiance et de solidarité ; personne n'avait percuté. Et même les plus initiés n'avaient pas compris cette nouvelle annonce : le CICE datait d'un an à peine, les évaluations n'étaient pas là, pourquoi cette proposition ? C'est plus tard, bien plus tard, lors d'une discussion à trois avec Stéphane Le Foll, qu'il nous expliqua son cheminement intellectuel : dès 2013, il avait annoncé le retournement de la fameuse courbe du chômage.

Or, fin décembre, il était clair que cela ne se ferait pas. Pour lui, il fallait donc accélérer les réformes.

Encore eût-il fallu le dire…

Ce fut pareil pour la réforme territoriale, voire pire. Or un tel sujet fait par excellence partie des dossiers pourris politiquement. Les Françaises et Français ne comprennent pas vraiment qui fait quoi. Ils sont attachés aux élus locaux plus qu'aux parlementaires et aux membres du gouvernement, mais se révèlent incapables de déterminer les rôles des uns et des autres. Seuls les associations, les entreprises et autres porteurs de projet connaissent le marécage, le parcours du combattant qu'impose la conduite d'un dossier de financement. Ils ont même un surnom pour cela : le manège infernal.

Les services de la région renvoient sur ceux du département, qui se défaussent sur l'intercommunalité, qui oblique sur les villes, et cela recommence comme dans la comptine pour enfants : « trois petits chats, chapeau de paille »… Si bien que cela peut ne jamais finir. Une complexité perçue par les Françaises et Français, mais ils éprouvent des doutes sur la capacité des gouvernements à simplifier un tel entrelacs. Dès lors, très compliqué d'avoir un point d'appui dans l'opinion à ce sujet.

De toute façon, François Hollande ne s'appuyait presque jamais sur l'opinion. Il aime les gens, mais se méfie aussi des effets de masse. Il y a chez lui un côté Voltaire, peu à l'aise avec les foules.

Entre les Français et le gouvernement, se trouvent les élus locaux. Je les connais bien. J'en suis un et j'ai pratiqué la plupart des strates. Ce qui me valut, d'ailleurs, de suivre plus particulièrement ce dossier à l'Élysée. Dès que l'on entre en discussion avec les élus locaux, il est impossible de trouver un compromis, tant les points de vue sont différents, hormis sur le désengagement financier de l'État. Chacun défend sa communauté, son territoire. Résultat, le rapport Mauroy de 2001 a été salué mais n'a débouché sur rien. La réforme Raffarin de 2003 ne déboucha pas sur grand-chose. Dans sa volonté de rupture, Nicolas Sarkozy avait décidé de frapper fort : ce fut le rapport Balladur. Salué et critiqué également. Il y eut ensuite un grand discours, une grand-messe à Saint-Dizier en octobre 2009. Avec plus de mille personnes, Président, Assemblée, Sénat, toutes les associations d'élus locaux... Et au bout du bout, pas grand-chose : la création d'un improbable conseiller territorial biface. Le lundi, c'était département, le mardi, c'était région...

François Hollande avait ces difficultés en tête. Il se souvenait de la campagne durant laquelle le PS, qui détenait pourtant presque toutes les collectivités, s'était montré incapable de déterminer une position commune. L'ambiguïté demeura.

Pourtant le calendrier des deux premières années de son quinquennat avait été riche en textes sur les collectivités territoriales. On les a vite oubliés, car ils sont toujours d'une technicité rebutante, mais, en 2013, les cantons ont été redécoupés et surtout les binômes inventés pour chacun d'entre eux. Cet attelage totalement baroque et inédit dans nos mœurs politiques permit le passage de 12 % de conseillers généraux femmes à 50 % de conseillers départementaux femmes. Un progrès qui valut aussi pour les postes de vice-président – mais pas de président. Les métropoles ont, aussi, été créées à cette occasion. De nouvelles institutions qui concernent à peu près 40 % de la population française. Et dont je mesure les effets chaque jour ici, à Bordeaux.

Mais cela n'était pas suffisant. Le président de la République souhaitait aller plus loin. Lui qui avait pratiqué tous les échelons locaux – conseiller municipal, général, régional, maire, président de département – allait complètement bouleverser les choses. Et là réside l'un de ses mystères : comment et pourquoi se mettre à dos ceux-là mêmes qui avaient contribué à sa victoire, ce qui constituait son identité ?

Le 6 mai au matin, François Hollande est l'invité de Jean-Jacques Bourdin sur BFM. Il répète qu'il y a trop de régions. Que leur nombre doit être divisé par deux. Je ne suis pas sûr que cela ait obtenu un grand écho ce jour-là. *Bis repetita.* Et pourtant, il continua avec une réelle obstination, alors que cette réforme avait quelque chose d'incongru.

Dès le 14 mai, il commença à recevoir les représentants des grands partis et des associations d'élus. J'étais à ses côtés pour presque tous ces rendez-vous. L'UMP, l'UDI, le PS, Le Front national, Europe Écologie Les Verts et quelques autres encore vinrent.

Chaque réunion se déroulait de la même manière : une brève et synthétique introduction de sa part, et puis la parole commençait à circuler. Le Premier ministre était parfois présent. La ministre de la Réforme territoriale aussi. Un autre collaborateur encore. Mais seuls les interlocuteurs s'exprimaient et lui concluait.

Pour les grands partis, le déroulé était à peu près identique. Beaucoup d'intervenants avaient en général des positions différentes selon leur responsabilité locale. Le responsable du mouvement reçu se montrait clair dès l'introduction : « Il y a des divergences de vues chez nous. » Jean-Christophe Cambadélis, Jean-François Copé et Jean-Christophe Lagarde utilisèrent quasiment ces mêmes mots en introduction. Fait terrible à noter, aucun d'entre eux n'avait vraiment travaillé le sujet en vue de déboucher sur quelque chose de clair et opérationnel.

Seules deux délégations se détachèrent par la limpidité de leurs propos. Les écologistes et le Front national. Les écologistes défendaient les régions, les métropoles et la suppression des départements. Le Front national préférait la nostalgie, s'arc-boutant sur les communes et les départements. Rien d'autre. Sa délégation, ramassée, comprenait Marine Le Pen, Florian Philippot, Nicolas Bay, un historique. Et c'était la deuxième fois que François Hollande recevait Marine Le Pen à l'Élysée ; il l'avait déjà accueillie après le rapport Jospin, en 2012, sur la réforme de la démocratie, et elle reviendra au moment des attentats.

La question de recevoir ou non la présidente du FN avait tout de suite été tranchée. Ce parti avait des représentants élus de manière démocratique, pas de choix contraire possible. Le Président mettait un point d'honneur à la traiter comme les autres. Il avait aussi besoin d'apprendre à la connaître, à la jauger. Et pour cela, d'une certaine manière, de toucher.

Plus tard, quand Alain Juppé apparut comme le favori dans les sondages et son probable compétiteur, il se mettra aussi à chercher les occasions de le croiser, de le tester. Il connaissait par cœur

Sarkozy, Copé, Fillon, les partenaires de gauche… Mais Juppé – et surtout Le Pen –, c'était différent.

François Hollande était donc contré mais à l'aise. Je l'étais beaucoup moins. Quelques jours après ces réunions, dans un papier de *L'Express* consacré à ces entretiens, les propos des représentants du FN à mon égard s'avéraient peu amènes. À les en croire, j'aurais été particulièrement désagréable. Je ne pris pas le reproche et l'article pour un titre de gloire, car je pense que nous nous trompons depuis des années dans la lutte contre le FN : l'arrogance, le mépris, la posture morale ne sont clairement pas la solution.

De tous ces entretiens, ce fut en tout cas celui avec le Front national qui nous impressionna le plus, avec le Président. Notamment car Marine Le Pen a une présence physique très particulière, dense et dotée d'une agressivité latente. Car, aussi, on ne vit aucune divergence au sein des membres de la délégation. Ce parti fut d'ailleurs le seul à nous remettre des propositions écrites. Rien à retenir, mais un réel professionnalisme !

Les concertations continuèrent les jours suivants. Il fallait désormais conclure. Nous eûmes un débat entre nous sur la forme du « verdict ». Je plaidais pour un grand discours pédagogique devant les élus. En vain. Frustration qui revint à plusieurs reprises, à trois exceptions près : les discours de Carcassonne, du Rond-Point et de Wagram.

Finalement, le principe de la tribune dans la presse quotidienne régionale fut retenu. Et là, un petit cauchemar débuta. D'abord dans la rédaction du texte. Je n'avais pas encore compris à quel point l'accouchement d'un écrit avec François Hollande était douloureux. Je me trouvai donc pris dans la baïne et fus presque noyé, comme tant d'autres. Cela me servit de leçon et me permit ensuite de prendre beaucoup de distance dès qu'il s'agissait d'écrire pour lui. Le texte fut finalement bouclé. Court, assez sec. Sans lyrisme. Avec l'expression d'une architecture simple : disparition des départements, accélération de la carte de l'intercommunalité et division par deux du nombre de régions.

Le regroupement de celles-ci donna lieu à une valse-hésitation dont nous seuls étions capables… Feydeau débarquait de nouveau à l'Élysée. Au sens figuré comme au sens propre. Quelle région devait se marier avec qui ? Durant la soirée d'arbitrage, les allées et venues se multiplièrent entre le bureau du Président, le Salon vert et le bureau de Jean-Pierre Jouyet… Les appels, SMS, visites impromptues enflaient… Jean-Yves Le Drian, Ségolène Royal, Michel Sapin, Jean-Paul Denanot, responsable PS du Limousin, s'en mêlaient. Le parti avait toutes les régions, donc l'Élysée toutes les pressions. Au fil de la soirée, Gaspard blêmissait, devenait littéralement transparent. Car toute la presse quotidienne régionale attendait la tribune. Les journaux risquaient de ne pas sortir.

Finalement, le texte fut envoyé avec un «XXX» pour indiquer le nombre de régions. Un traumatisme pour le nouveau responsable de la communication. Je me suis demandé si ce n'est pas pour cela qu'il fut, par la suite, longtemps distant avec la presse quotidienne régionale. À cause de ce souvenir trop cuisant.

Les jours qui suivirent furent terribles. On brocarda notre amateurisme, l'incapacité du Président à trancher. J'avais été nommé à ce poste car je connaissais bien les élus, qu'ils me connaissaient aussi. Presque tous m'appelèrent pour se plaindre. Finalement, la réforme se fit. Aux forceps. Sans visibilité. Ni gain politique.

Mais, après tout, elle se fit. Et réellement. Le nombre de régions fut divisé par deux. Les intercommunalités grandirent en peu de temps. Les départements n'ont pas été supprimés, mais ont vu leurs missions clarifiées.

J'ai rediscuté souvent de cette réforme avec le Président. J'ai cherché à comprendre son approche. Et j'ai cru discerner une conviction et deux coups tactiques dans sa démarche. La conviction, c'est que de plus grandes collectivités territoriales étaient nécessaires afin qu'une nouvelle vague de décentralisation puisse se faire. Grandes régions, métropoles, fortes intercommunalités et départements condamnés à évoluer constituaient à ses yeux le préalable nécessaire pour aller plus loin dans la réorganisation du pays. Quant aux convictions tactiques, il estimait que, sur un tel sujet, la synthèse n'est pas possible et qu'il faut trancher. Quel qu'en soit le coût. En s'efforçant aussi de faire relativement simple. C'est pour cette raison que le regroupement ne devait s'effectuer qu'au niveau des régions. Si on était entré dans le jeu du rapprochement à l'échelle du département, rien n'aurait abouti.

Il avait raison sur les aspects tactiques. La réforme est devenue réalité. Reste le prix ? Lourd. Les élus locaux se sentirent trahis. Et beaucoup étaient de gauche. Le texte passa en Conseil des ministres le 18 juin. Jour où devait arriver un autre texte, la loi de transition énergétique. Un combat supplémentaire.

7

« Commencer à droite pour finir à gauche »

Mais le 18 juin était encore loin. Très loin. Quatre semaines, imaginez. Quatre semaines, soit, dans le temps Élysée, au moins quatre mois voire plus dans le temps « normal ». La concentration des événements, le nombre de décisions sont tels que tout y est dilaté, accéléré, démultiplié, accentué…

L'essentiel de ma mission, en ces premiers jours, consistait à tenter de repriser les liens distendus voire rompus avec la majorité. Je n'étais pas le seul à m'en charger, mais probablement l'un des principaux. Depuis le début de la mandature, les relations entre l'Élysée et les élus n'avaient pas été simples.

Il est bien sûr possible de mettre en avant, pour l'expliquer, les changements de pied de François Hollande. Le premier vote significatif avait été sur le traité de stabilité et de convergence global, suite des accords prénégociés entre Angela Merkel et Nicolas Sarkozy. François Hollande avait réussi à y adjoindre un pacte de croissance. Mais, pour certains, cela s'avérait bien insuffisant. Conséquence, un premier vote, un peu oublié aujourd'hui, donna le *la* pour la suite : 39 socialistes ne votèrent pas le texte. Soit près de 15 % du groupe. Alors que nous étions moins de six mois après la victoire et que Bernard Cazeneuve, alors secrétaire d'État à l'Europe, avait accompli un travail pédagogique remarquable. Un travail d'autant plus crédible que lui-même avait voté non au traité constitutionnel européen, comme tous les proches de Laurent Fabius.

En vérité, la question européenne restait pendante au PS. Pas seulement depuis le référendum raté de 2005. Non, il est possible de faire remonter ce hiatus à beaucoup plus loin. Quasiment au milieu des années 1980 et en raison de certains choix stratégiques effectués par François Mitterrand. Depuis, la tectonique des plaques était en œuvre. Plus ou moins rapide. Plus ou moins visible. Entre les premiers débats des années 1980, la tension provoquée par le référendum de Maastricht à l'intérieur des deux grands partis d'alors – PS et RPR –, les difficultés rencontrées par Lionel Jospin durant son passage à Matignon sur ces mêmes thèmes – dont le traité d'Amsterdam à revoir, puis celui de Lisbonne –, les causes de crispations et de différends n'avaient pas manqué. La crise avait atteint son apogée lors du référendum de 2005, quand un schisme faillit se produire. Le vote militant en faveur du « oui » n'avait pas été suivi par une partie des cadres d'alors, à savoir Henri Emmanuelli, Laurent Fabius, Jean-Luc Mélenchon... Des compromis avaient été trouvés par la suite, notamment lors de la campagne de Ségolène Royal, mais le malaise, la faille demeuraient. Et si tous les socialistes sont pro-européens, les approches entre eux sont divergentes. Presque antagonistes parfois. Ces questions idéologiques latentes nous rattrapaient dans l'exercice du pouvoir. De plus en plus rapidement, de plus en plus violemment. À l'image de notre époque. Et c'est ce qui arriva.

La lézarde européenne n'était pas la seule raison des dissensions entre le PS, les élus et le Président. Deux autres m'avaient frappé à la fin de la campagne présidentielle et lorsque je siégeais moi-même au Palais-Bourbon.

D'abord, un problème de « gestion prévisionnelle des emplois et des compétences », comme on dit dans l'entreprise. En accédant au pouvoir, on vit l'aspiration d'un certain nombre de talents, plus ou moins grands, vers le gouvernement. Mais les rangs intermédiaires, eux, ne suivirent pas. Avec une composition des cabinets, des nouveaux secrétaires nationaux du parti, des piliers à l'Assemblée... plus faible qu'avant. Conséquence, la majorité était loin d'être efficace. Conséquence *bis* : les petits dysfonctionnements se multipliaient. Ils auraient pu n'avoir aucune importance si la situation avait été facile. Il n'en fut rien. Les traces de la crise financière de 2008 étaient plus que présentes en 2012. Tous les indicateurs économiques, sociaux et financiers s'écrivaient en rouge. Et, à partir de 2015, nous avons été secoués par le terrorisme, second assaut – terrible – qui ébranla le parti et entra en collision avec la politique de l'Élysée comme de Matignon.

Rétrospectivement, il est assez impressionnant de constater combien nous avons sous-estimé le risque terroriste. Un « nous » qui recouvre l'ensemble du pays et pas seulement le nouvel exécutif. La fin de la campagne de 2012 avait été marquée par la folie de Mohammed Merah, l'assassinat de jeunes enfants dans une école juive et de soldats français dans la région de Toulouse qu'il commit. Personne n'y décela le début d'une guerre, puisque la théorie du loup solitaire fut acceptée par presque tous. Quelques jours après mon arrivée à l'Élysée eut lieu l'attentat du musée juif de Bruxelles, le 24 mai exactement. En relisant mes notes d'alors, je constate que, bien sûr, l'événement est évoqué. Je parle de « Surprise », d'« Émotion », d'« Action » aussi puisque le tueur sera ensuite arrêté à Marseille. Mais pas plus.

L'Europe, les coups de boutoir… Une troisième cause explique cette morosité, ces déchirements : François Hollande lui-même.

Son leadership n'est jamais passé par l'autorité, ce poncif de la politique à la française. Pourtant, il avait obtenu de belles victoires. Celles de 2004, 2008 et 2011 tenaient au contexte, mais pas seulement. Le rejet de l'adversaire n'expliquait pas tout. Ses succès nombreux n'étaient certes pas le fruit d'une stratégie pensée, déclinée, mais ils reposaient – à titre personnel ou comme premier secrétaire du PS – beaucoup sur lui, sur ses qualités si particulières. À savoir l'empathie, le brio, la capacité à rebondir, à faire rire. Son incroyable connaissance du territoire, des hommes, des acteurs aussi. Pour que François Hollande puisse se déployer, comme je l'ai écrit plus haut, il lui faut toucher. Il peut ainsi être un excellent orateur en meeting – et pas seulement au Bourget – pour une raison simple : il interagit avec la salle. Selon un déroulé de discours presque toujours identique. Le début n'est pas forcément flamboyant – Hollande a un côté diesel –, puis il monte en puissance, car il rentre en osmose avec son public.

Or l'osmose est quasiment impossible à l'Élysée. Le palais est trop loin, le chef de l'État trop protégé. La Constitution abrite, mais étouffe. Un peu comme les armures des chevaliers au Moyen Âge. De très nombreuses fois, je l'ai d'ailleurs entendu manifester une certaine jalousie ou envie envers Angela Merkel. Pas sur les bons résultats économiques, pas sur la forte assise politique, non, mais parce qu'elle avait la possibilité d'aller au Parlement pour défendre ses réformes, les expliquer, les faire passer ! De nos jours, l'onction du suffrage universel ne peut se faire par transition, Nicolas Sarkozy et Emmanuel Macron le montrent bien. De ces trois chefs d'État, François Hollande est probablement celui qui était le moins à l'aise avec l'exercice monarchique du pouvoir. Il n'éprouvait même pas la jouissance et l'ivresse que peuvent provoquer cette fonction et ses attributs. Le moins à l'aise, mais, finalement, le plus respectueux des institutions. Du rôle des Premiers ministres notamment. Même si, dans les deux cas de ceux qu'il choisit, quelque chose n'a pas fonctionné. Jean-Marc Ayrault était sur une ligne très proche de celle du Président, mais n'avait pas la force de conviction nécessaire. Manuel Valls l'avait, mais n'était pas sur la même ligne par bien des aspects. François Hollande fut donc en permanence dans cet entre-deux : plus dans la proximité et pas assez dans l'incarnation classique de la présidentialité à la française. Probablement volontairement, d'ailleurs. S'il revêtit souvent le masque de cire du Président, il ne surjoua pas non plus son rôle. Il ne théorisera pas cette autre République rêvée, comme l'avait fait Lionel Jospin en arrivant en Peugeot 309 à Matignon, revendiquant par ce geste sa vie simple et prenant même comme slogan de campagne « Présider autrement ». Non, François Hollande ne fit et ne fera rien de cela. Il commettra juste un énorme acte manqué qui se nommera *« Un président ne devrait pas dire ça… »*, le livre fatal.

L'ambiance n'était donc pas bonne au sein du groupe. Depuis le début du quinquennat, ses députés manquaient de repères. Plus de doudou Président à toucher. Pas d'icône présidentielle classique à approcher. Pas non plus de grands combats fondateurs à mener.

Les députés se réfugièrent alors dans un triptyque qui devint assez vite le triangle des Bermudes des socialistes.

La première pointe fut celle de la technicité. Très vite les nouveaux parlementaires entrèrent dans les dossiers, les travaillèrent et produisirent des textes de bonne tenue. D'autant plus efficients que ceux-ci n'étaient pas à forts enjeux politiques. Ensuite, ils retrouvèrent certains réflexes. Réflexe des territoires, ce qui est plutôt une bonne chose. Réflexes de chapelle ensuite, ce qui est une très mauvaise chose. Le groupe comprenait presque 60 % de nouveaux élus. Mais, en creusant un peu, on se rendait vite compte que ceux-ci étaient d'anciens assistants parlementaires, des caciques des courants investis et ayant gagné pour cette seule raison. En 2002 et 2007, lors des investitures, une attention avait été portée à l'expression du renouvellement, des diversités sociologiques, d'origine, de parcours… Ce fut malheureusement bien moins le cas en 2012, avec des responsabilités partagées, d'ailleurs. Lorsqu'en 2017 j'examinai attentivement, avec François Hollande, les nouveaux députés LREM et leurs parcours, souvent nous nous dîmes de conserve : « Lui, on aurait dû l'investir. » Pas tous, mais beaucoup. Certes, mais nous ne l'avions pas fait auparavant. Résultat, tout le monde avait laissé la calcification du parti se faire. Ne pas brusquer pour ne pas casser mais, à la fin, sombrer. Ce qui est drôle, c'est que François Hollande n'hésita pas à brusquer, durant son quinquennat, les tabous idéologiques. Trop, probablement. Et beaucoup moins les appareils.

Un climat pas bon, une ambiance morose, un groupe récalcitrant et un contexte allant en empirant, 2014 vira vite au cauchemar. Le changement ou non de Premier ministre – polémique récurrente du microcosme – alimenta les débats, les journaux et laissa des traces. La défaite des élections municipales fut d'autant plus sévère qu'elle n'avait pas été anticipée.

Durant la campagne, l'accueil sur les marchés et lors des porte-à-porte n'était pas mauvais, simplement les gens ne parlaient pas. Ils gardaient leur message en eux. Le premier tour ne fut pas vraiment catastrophique, le second si. Or les municipales ont toujours été importantes pour le PS. C'est grâce à elles que les conquêtes débutaient ou que les défaites arrivaient. 1977 préfigurait 1981, 2008 annonça 2012. Tandis qu'à l'inverse 2001 fut considéré, rétrospectivement, comme le signe de 2012.

Le changement de Premier ministre, le 31 mars 2014, fut diversement apprécié. Il y avait à la fois un soulagement – Jean-Marc Ayrault était épuisé et n'avait jamais réussi à totalement s'imposer ; il en irait différemment avec Manuel Valls assurément –, mais, en même temps, tout le monde se souvenait de la ligne politique de ce dernier durant les primaires et de son score très faible. Heureusement, sa popularité compensait ce positionnement idéologique, mais le départ des écologistes du gouvernement ne fut pas bien pris par les parlementaires socialistes, lesquels éprouvent toujours une ambivalence à leur égard. Pas fiables, trop remuants, capables de coups de Jarnac, voire de traîtrises, certes, mais alliés. Bien sûr, Grenoble venait de tomber au profit d'une alliance entre écologistes et Front de gauche, mais, plus généralement, les premiers étaient devenus des partenaires, et la fibre écologique se développait chez les élus socialistes comme dans le pays.

Mon travail consistait également – en plus de garder le lien avec le PS et les élus – à traiter avec eux. Je les connaissais assez bien, par appétence idéologique. Par proximité géographique avec un Noël Mamère, élu dans l'agglomération bordelaise. Par des relations tumultueuses et cycliques aussi avec Cécile Duflot.

J'ai un vrai penchant pour l'écologie. En 2002, je m'étais arrangé pour intégrer la délégation française allant au sommet de Johannesbourg sur le développement durable. Les enjeux de l'environnement apparaissaient tout juste. Et si un drame personnel me fit quitter le sommet précipitamment et m'empêcha d'entendre le fameux discours de Jacques Chirac sur la « maison qui brûle », j'appréciais sa mise en garde et comprenais qu'il fallait bouger. J'étais et reste un lecteur régulier de Ellul, Illich, Gorz. Il y a même, chez moi, la conviction que la social-démocratie est la bonne réponse au capitalisme industriel et aux totalitarismes, mais qu'elle a un côté très XXe siècle. Qu'à la mondialisation financière, à la découverte de la finitude du monde, au temps des réseaux, l'écologie, avec une approche globale et multi-échelle du local au global, constitue la bonne réponse. Depuis la fin des années 1990, j'entretenais de bonnes relations avec Noël Mamère, que je fréquentais souvent. Il en allait de même avec José Bové, originaire lui aussi de Bordeaux.

Mes relations avec Cécile Duflot ont, elles, été plus tumultueuses. En mai 2014, nous étions en période de réchauffement. Nous échangeâmes même sur la capacité ou non de faire évoluer le système de l'intérieur. C'était mon pari, c'était son échec, mais elle comprenait mon choix. Nous déjeunâmes dans le jardin des Tuileries. Elle conservait une certaine affection pour le Président, mais se montrait en revanche très remontée contre Manuel Valls, le soupçonnant d'être à l'origine de la cabale qui détruisait alors son bilan comme récente ministre du Logement, et notamment la loi qu'elle avait portée, dite ALUR. Elle avait juste heurté trop d'intérêts d'un seul coup. Le système français de l'immobilier est certes pernicieux pour les Françaises et les Français – il n'y a qu'à comparer l'évolution des prix en France et en Allemagne depuis le début des années 2000 pour le constater –, mais il est extrêmement rentable pour ceux à l'intérieur du système. La réforme en profondeur du marché du logement, nous avons échoué à la faire. En août 2014, après son passage au gouvernement, nous sommes donc repartis sur un plan de relance classique, efficace d'une certaine manière, mais à côté de la plaque en termes de besoins. Ce qu'elle avait du mal à admettre.

Au-delà de Cécile Duflot, je connaissais et discutais avec le reste du groupe écologiste. Notamment ses deux co-présidents, François de Rugy et Barbara Pompili.

Nous conversions, discutions, échangions… et puis, plus tard, les relations se dégradèrent. Fortement. Avec une partie d'entre eux. On me soupçonna même d'être l'un des principaux dynamiteurs d'EELV. Ce jeune parti n'avait malheureusement pas besoin de moi. J'assistais, comme d'autres, un peu sidéré, à sa gauchisation, à sa surenchère radicale. La radicalité l'emportait sur le cœur des convictions et des combats.

Il y avait aussi le PCF. Pas encore le Parti de gauche. Le groupe communiste avait été sauvé grâce à une alliance avec les députés ultramarins. Leur président était le député de Clermont-Ferrand,

André Chassaigne, candidat à la primaire contre Jean-Luc Mélenchon, pour lequel il avait peu de considération – euphémisme.

Pour des raisons familiales, je parle assez bien la langue communiste. J'ai fréquenté durant des années la fête de l'Humanité à la Courneuve, ai même lu, à un moment, les comptes rendus des conseils nationaux dans *L'Humanité*. Parce que cela me ramenait en enfance. Lorsque, enfant, je m'endormais chez mes grands-parents maternels, il y avait en effet dans la bibliothèque devant mon lit les œuvres de Georges Marchais. La discussion fut donc aisée avec André Chassaigne. Tout comme avec Marie-Georges Buffet ou Pierre Laurent.

Aisée mais sans débouché. Au-delà de ces réminiscences d'enfance, je continue d'apprécier chez les communistes leur formation politique et leur capacité d'analyse. Je me souviens encore parfaitement de mon premier long entretien avec le président du groupe André Chassaigne. Il avait une théorie. À l'en croire, François Hollande avait bien étudié les expériences précédentes de gestion de la gauche et les raisons de son échec permanent ; il avait constaté la pente naturelle empruntée : commencer par des mesures de gauche dispendieuses et, avec l'exercice du pouvoir, en arriver à la gestion pure qui l'emportait sur le reste. Et cela se finissait mal. Pour lui, François Hollande avait décidé de faire le contraire : débuter par le plus dur, autrement dit une politique à la droite du PS l'autorisant à finir ensuite au centre de la gauche.

Comme toujours, je fis passer au Président un compte rendu, plus ou moins bref de ces entretiens, dont celui avec l'élu auvergnat. Je me souviens du retour de cette note. En marge de ce paragraphe, de sa petite écriture, toujours à l'encre bleue, il avait écrit : « Il a raison. » C'était probablement sincère. Après l'effort en début de quinquennat, la redistribution. Après des écarts avec les dogmes de la gauche, le retour au classique, à la réunion du môle.

Mais ce ne fut pas le cas. Vraiment pas.

L'Assemblée nationale comptait trois autres groupes que je devais pratiquer aussi. Les radicaux de gauche, dirigés par Roger-Gérard Schwartzenberg, le groupe UDI, dirigé par Philippe Vigier, et celui de l'UMP, qu'animait Christian Jacob. Je les rencontrais tous. Plus ou moins intensément. En vérité, je me trouvais assez à l'aise avec chacun. Lorsque je présidais la Communauté urbaine de Bordeaux, mon premier vice-président se nommait Alain Juppé et plusieurs autres vice-présidents étaient issus de la droite et du centre. Et j'ai la prétention de croire que nous avons, collectivement, eu une gestion assez efficace. Avec Alain Juppé, il y a même eu une véritable émulation et une capacité, chez l'un comme chez l'autre, à faire bouger nos propres groupes. Pourquoi ne pas continuer ainsi ?

Le Sénat appartenait bien évidemment aussi à mon périmètre, mais les rencontres que j'y faisais étaient plus d'ordre protocolaire. Car travaillait avec moi, à l'Élysée, Bernard Rullier, ancien administrateur du Sénat qui devint ensuite secrétaire général du groupe socialiste, puis directeur de cabinet de Jean-Pierre Bel. Je le laissais œuvrer.

8

Le premier parti de France et le risque de dislocation

Dix semaines séparaient le second tour des municipales des élections européennes. Durant le quinquennat, les scrutins intermédiaires n'allaient cesser de se succéder : mars 2014, juin 2014, sénatoriales de septembre la même année, départementales en mars 2015, régionales en décembre... Puis les primaires. L'accélération se mesurait aussi dans ce domaine.

Il n'y avait pas de raison que les résultats des européennes inversent la déculottée subie quelques semaines auparavant. Même avec un Manuel Valls chargé d'étrenner son nouveau rôle de leader de la majorité car Premier ministre. Il assura de nombreux meetings avec un talent oratoire évident. Si, aux municipales, le PS et le gouvernement avaient choisi de ne pas nationaliser la campagne – avec le résultat que l'on sait –, pour les européennes une autre approche fut décidée. La campagne se vit nationalisée. Avec le résultat – pire – que l'on saura.

Dans mon portefeuille, me revenait le suivi de l'opinion et des sondages. C'était à la fois de haute volée et sans moyens. De haute volée, car l'Élysée permet de rencontrer presque tout le monde, avantage qu'il faut largement utiliser, ce genre d'opportunité n'étant pas si fréquente dans une vie ! Sans moyens, car après les polémiques sur les sondages du palais sous Nicolas Sarkozy, François Hollande avait décidé que la présidence n'aurait plus aucun budget pour effectuer des enquêtes. La consigne fut suivie à l'euro près. Ce qui me laissa toujours un peu pantois. Nous étions en quelque sorte à l'aveugle. Sans possibilités d'outils de mesure forgés autour des questions que nous nous posions et qui nécessitent un suivi dans le temps et une confidentialité totale. Il arrivait que le parti socialiste commande des sondages avec des questions qui nous intéressaient. Le Service d'information du gouvernement, qui dépend de Matignon, bénéficiait aussi d'une flopée d'études, qui peuvent être utiles. Le Premier ministre bénéficiait des enquêtes, indices *and Co* qu'il souhaitait, pas nous. Comprenne qui pourra. J'avoue qu'une certaine jalousie me tenaillait à l'époque.

Pour autant, malgré ce petit agacement d'amour-propre, cette lacune n'était pas si grave. Car, contrairement à ce que l'on pense de François Hollande, le Président attachait une importance relative aux études d'opinion. Les médias, les rapports de force, les discussions, l'observation du regard des gens, le terrain comptent pour lui, mais je ne l'ai jamais vu prendre une décision en fonction des sondages.

Il n'empêche, les études se trouvaient dans mon escarcelle. J'avais suivi en cela les conseils de Gilles Finchelstein, le délégué général de la Fondation Jean-Jaurès : « Surtout, prends les sondages. Même contestés, ils sont tangibles. Plus, en tout cas, que ce qui relève de la stratégie politique. »

Je me mis donc à les lire très attentivement. Nous ne les commanditions pas, mais en recevions de multiples. Peut-être trop, même, car, à partir d'un moment, comme pour le reste, il convient de faire des choix. Je rencontrais en outre régulièrement les principaux sondeurs de France, devenus avec le temps chroniqueurs à part entière dans les médias. Un sondage ne coûte pas cher et constitue souvent un bon produit d'appel. Et certains instituts en viennent parfois à flirter avec les frontières de la déontologie sondagière pour privilégier, tels des journalistes, l'angle. Ce qui va faire du bruit. Autant le savoir et l'anticiper.

Ces échanges étaient des moments privilégiés. Toujours de bonne compagnie, les sondeurs – très masculins, eux aussi – possèdent une culture politico-historique impressionnante. Ils travaillent avec tous les partis et ont souvent un recul précieux. Parmi ceux, nombreux, avec lesquels je me suis entretenu et ai sympathisé, il y avait Stéphane Rozès. Qui n'appartenait plus à un institut mais continuait d'étudier, de discuter… Sa grille d'analyse, assez particulière, renvoyait d'une certaine manière aux forces telluriques de chaque pays, à l'inconscient collectif de chaque nation. Une sorte d'Halbwachs chez les sondeurs. Comme il avait aussi travaillé pour plusieurs présidents de la République, j'étais naturellement friand des comparaisons. Au-delà des parallèles ou divergences, Stéphane Rozès se montrait fin psychologue. Et me délivra quelques clés.

Il avait en général connu les présidents avant qu'ils soient élus. Et avait noté la même transformation une fois l'onction du suffrage universel obtenue : l'apparition d'un petit sourire en coin lors des séances de travail à l'Élysée. Qui signifiait : « Parle, parle, mais moi quinze, dix-sept, vingt millions de Français ont mis un bulletin à mon nom dans l'urne. » Tous devenaient moins réceptifs, avaient le sentiment d'avoir déniché le graal, mis au jour la pierre philosophale. Même un François Hollande, sans doute le plus lucide sur tout, avait succombé.

Une autre clé était universelle. Une fois à l'Élysée, chez chaque président, c'est le tempérament qui l'emporterait sur le reste, sa nature profonde qui constituerait le marqueur de son action, traduirait – trahirait ? – sa manière de gouverner.

Des décodages précieux pour mieux comprendre ma, notre fonction. Être très proche conseiller du président de la République a un côté exaltant, enthousiasmant, c'est évident. En même temps, le statut interroge sur son propre rôle, sur sa capacité à peser ou non sur les choix du chef. Lorsque, quelques mois plus tard, je lus le livre d'Aquilino Morelle sur son parcours à l'Élysée[1], différents passages me sautèrent aux yeux et me laissèrent interloqué. Pas la violence du propos, pas le côté règlement de comptes ou procès en trahison du président de la République qui a été présenté par les médias et auxquels j'étais malheureusement habitué, tant le

1. *L'Abdication*, Grasset, 2017.

« Hollande bashing » quotidien provenait de tous les côtés. Non, ce sont des aspects plus humains du texte qui m'avaient touché. D'abord, la découverte d'une sorte de dépit amoureux. Et aussi de l'espèce d'illusion sur ce qu'il avait été, sur ce que nous étions tous. Aquilino, dans son ouvrage, donne l'impression qu'il a pesé sur des grands choix stratégiques, qu'il arrivait à entrer dans le « cerveau » de François Hollande, qu'il représentait son « hémisphère gauche », pour reprendre le titre d'un article de presse lui ayant vraisemblablement tourné la tête – mais qui y échapperait ? Dans ce même papier était évoqué un hémisphère droit, Emmanuel Macron. Mais ce dernier était beaucoup plus lucide quant à son rôle, son poids, son influence, ses vraies marges de manœuvre. « Je ne suis qu'un conseiller », disait-il – et ce n'était pas une coquetterie, juste un constat conscient, sans illusion.

Les sondeurs ne me livraient aucun conseil en décryptage de la psychologie présidentielle, ils me donnaient des anticipations. Qui n'étaient pas bonnes. Pour nous. Pour la démocratie aussi, car un nouveau bond en avant du Front national était annoncé, ce spectre qui rôde depuis des décennies dans le pays avec la même famille, un fonds idéologique commun et que tous les partis ont une réelle difficulté à combattre. En 2012, nous disions entre socialistes qu'en cas d'échec, la prochaine fois, ce ne serait pas la droite qui exercerait le pouvoir mais l'extrême droite. Nous avons échoué. Cela n'a pas été la droite. Pas non plus le Front national. Mais après, si… ?

Durant tout le quinquennat, la pression du Front national a donc été forte. Assez rapidement, des sondages ont évoqué la possibilité de voir Marine Le Pen présente au second tour de la future élection présidentielle, une hypothèse très vite banalisée puis intégrée dans la plupart des états-majors, nous compris.

En mars-avril 2014, nous n'en étions pas encore là, mais les européennes de mai contribuèrent à ce sentiment de progression inéluctable. Le dimanche soir, le verdict nous assomma. Comme toujours, même si on sait que l'on va « en prendre une » – expression aussi hollandaise que triviale –, la baffe nous fit sacrément mal. D'abord à cause de la participation, toujours plus faible : à peine plus de 43 % des Françaises et Français s'étaient déplacés. Ensuite en raison de l'ordre d'arrivée : le Front national fut largement en tête, avec près de 25 % des suffrages. L'UMP, dont le cauchemar Bygmalion débutait, n'obtint pas du tout le score espéré quelques semaines plus tôt, à peine 21 %, mais arriva deuxième. Le PS, allié au PRG, poursuivit sa descente sur le toboggan avec 14 % des voix, résultat pire que celui de la liste Michel Rocard de juin 1994. L'UDI décrocha 10 %, les écolos – pourtant triomphants la fois précédente – à peine 9 % et le Front de gauche, qui comprenait à la fois le PC et le Parti de gauche, quasi 7 %. Sacrée dérouillée.

Alors le Front national, astucieux, développa immédiatement dans les médias l'argument d'être le premier parti de France.

Dès les résultats connus, différents échanges téléphoniques passés, les prises de parole plus ou moins organisées sur les plateaux télé, se pose la question d'une intervention télévisée du président de la République. J'y suis personnellement opposé. Tout comme les politiques avec lesquels j'ai pu en discuter. Pour une raison simple : que dire ? Qu'annoncer ? Les discussions au sein de l'équipe rapprochée se poursuivent. Emmanuel Macron, Nicolas Revel, Gaspard Gantzer…, tous y sont favorables. L'allocution est donc calée au lundi soir, à 20 heures.

Il est décidé de l'enregistrer dans la bibliothèque, cette pièce qui servit de cadre au portrait officiel de François Mitterrand. Nous calons les quelques angles du discours, puis le chef de l'État s'enferme pour le peaufiner. Les chaînes de télévision sont prévenues. Assez tard, privilège présidentiel oblige. L'intervention est enregistrée un peu avant sa diffusion et dure cinq minutes. Le Président dresse un constat lucide de la situation, épingle la progression des partis antieuropéens dans l'Union, mais plus fortement encore en France, énonce son engagement à continuer de réformer le pays et de réorienter l'Europe.

L'allocution fut assez fortement suivie : 15,5 millions de téléspectateurs. Mais eut un impact très faible.

Le Président avait en fait envie de s'exprimer. Le Front national est, chez lui, un sujet de préoccupation permanent. Peut-être plus que pour les autres acteurs politiques. Mélange très particulier d'optimisme et de pessimisme, François Hollande est d'abord optimiste pour lui, certain de sa « bonne étoile », de sa « baraka », pour reprendre deux des expressions journalistiques les plus usitées. Il a aussi un certain optimisme, ou plutôt une vraie fierté de la France, qu'il veut grande, forte, rayonnante. Il le dit et le dira de manière quasi systématique dans ses allocutions, ce qui sera aussi beaucoup moqué.

Grande, forte, certes, mais susceptible de trébucher aussi. Et le FN pourrait, à ses yeux, être l'instrument de cette déchéance. Nous avons parlé d'innombrables fois du mouvement d'extrême droite. Dans toutes les rencontres avec les élus que j'organisais de manière régulière, cette problématique apparaissait. Des dizaines d'apéritifs faits avec des parlementaires ou des élus locaux, c'est probablement celui avec des élus des territoires FN qui a suscité le plus de concentration de sa part. Plusieurs aïeux de François Hollande, du côté paternel, viennent du Pas-de-Calais. Lors d'une de ses innombrables visites sur le terrain, il retournera même dans la maison de son grand-père et discutera avec le maire des lieux. Bien sûr, des souvenirs, des anecdotes, mais aussi et surtout et toujours son besoin de comprendre. Mais pourquoi, sur place, vote-t-on tant Front national ? Dans cette cité pas isolée avec haut débit Internet, possibilité de se déplacer… ?

Au-delà de son envie de comprendre pour mieux combattre, François Hollande a toujours eu tendance à surestimer la possibilité pour le Front national de progresser, voire de l'emporter.

Certains pensent qu'il s'agissait d'un choix tactique : avoir le Front national comme adversaire aurait été la seule possibilité pour lui de ressouder son camp et de l'emporter à la présidentielle de 2017. L'argument peut s'entendre. Marine Le Pen faisait figure d'épouvantail crédible, les angles d'attaque commençaient d'ailleurs déjà à se roder. Ainsi, en octobre 2015, quand Angela Merkel et François Hollande viendront s'exprimer ensemble devant le Parlement européen, vingt-six ans après François Mitterrand et Helmut Kohl, dans les réponses des groupes, c'est Marine Le Pen qui se montrera particulièrement agressive à leur encontre. Et François Hollande qui lui répondra, plus que vertement, sous les applaudissements de la plupart des eurodéputés et le regard un peu médusé de la chancelière. Le Président débriefera cet événement et la réaction d'Angela Merkel. « Comme, chez elle, l'extrême droite n'est pas aussi présente, elle n'est plus habituée à cette violence. »

Mais l'attitude du Président face au Front national ne relevait pas uniquement de la tactique. Cette crainte de sa victoire traduit aussi le pessimisme, la noirceur, la peur qui existent en lui. Pas pour sa personne, pour la France. Pour ce pays fort et fragile, pour ce pays pouvant se dépasser mais aussi se fourvoyer ou trébucher.

Un autre thème habite alors François Hollande : la dislocation. Tout comme la France peut trébucher – cela lui est arrivé par le passé –, le pays peut se disloquer. Il redoute que ses différentes parties, composantes, s'éloignent, se heurtent, se déchirent. Un prisme toujours présent chez lui. L'Unité n'est pas un vain mot dans son propos. Sa croyance dans les corps intermédiaires ne traduit pas un côté *has been* à l'époque de la désintermédiation que permet le Net, elle exprime combien selon lui ceux-ci sont nécessaires, indispensables. Parce qu'ils constituent une forme de ciment national, parce qu'ils participent de la sédimentation.

En cet été 2014, pourtant, tous ces corps intermédiaires sont affaiblis. D'abord nous, l'exécutif, mais aussi le parti majoritaire. Celui-ci n'est pas encore en crise ouverte, mais des tensions fortes montent en son sein. Quant à la déception, elle est encore plus importante à l'extérieur du PS : les autres partis de gauche, qui ne sont pas en meilleur état, commencent à penser qu'il faut larguer les amarres et s'éloigner de Solférino. La pureté ou la mort. Ce sera, assez souvent, la mort. Les habitudes d'alliance volent en éclats. Les discussions en vue des élections sénatoriales confirment d'ailleurs ce qui a commencé à s'esquisser aux municipales et vont donner un avant-goût des futures départementales. Socialistes, radicaux, écologistes et surtout communistes décident de partir au combat seuls. Avec un coût électoral énorme.

La crise n'épargne pas la droite. Depuis la mi-mai, l'affaire Bygmalion pourrit littéralement le climat. Le 27, Jean-François Copé est poussé à la démission lors d'un bureau de l'UMP. Celle-ci est effective le 15 juin. À l'Élysée, le Président nous déconseille absolument non seulement de nous en mêler, mais même de commenter : « C'est un problème de la droite et un problème de droit », dit-il.

Ce délitement des corps intermédiaires se retrouve aussi, d'une certaine manière, dans les organisations syndicales, patronales comme de salariés. Au mois de juin 2014, sur fond de réforme ferroviaire à l'Assemblée nationale, débute un conflit dur à la SNCF. La CGT est à la pointe du combat – ou plutôt les CGT : Thierry Lepaon se voit débordé par sa base cheminote.

Le MEDEF, de son côté, s'enferme dans une sorte de surenchère. Les discussions sur le pacte de responsabilité et de solidarité ne se passent pas bien. Pierre Gattaz se voit à son tour débordé. Alors que, parfois, il attise lui-même le feu qui le consume.

Dans ce maelström politico-syndical, seules deux entités paraissaient donc solides. Pour le meilleur et pour le pire. Pour le meilleur, la CFDT qui demeurera toujours fiable. Exigeante, mais fiable. Et le Front national. À surveiller absolument.

Incroyable paysage !

9

Format Normandie

— Elle arrive quand ?

— La reine ? La veille. Je rentrerai tout juste du G7 à Bruxelles. Et avant je serai à Varsovie pour le vingt-cinquième anniversaire des élections libres en Pologne. Porochenko devrait être là.

Le samedi 30 mai, en réunion communication, nous étions quelques-uns autour du Président à débriefer, plaisanter et surtout essayer de planifier « la suite ».

La semaine qui venait de s'achever avait été une nouvelle fois non pas éprouvante, mais mauvaise pour le Président. La suite des élections européennes le lundi. Un aller-retour à Bruxelles le mardi pour une rencontre avec le PSE. Puis une réunion informelle du Conseil européen, occasion de revenir collectivement sur les résultats du dimanche et surtout d'envisager les prochains mois. Je ne participais quasiment jamais à ces moments, la vie à l'Élysée étant partagée en trois cercles plus ou moins poreux : la politique nationale – qui est le plus visible de l'extérieur –, les affaires de Défense nationale, et l'international. Ce dernier domaine était du ressort du Président et des « diplo ». Une coupure qui valait aussi pour la communication. Gaspard se concentrait sur la politique nationale, Claudine Ripert, elle, sur l'international. Et, dans l'international, par une espèce d'incongruité quand on sait à quel point la question européenne pèse sur les politiques nationales, il y avait l'Europe.

Je participerai parfois à ces réunions des chefs de gouvernement socialistes ou progressistes. Toujours à l'Élysée. Je me souviens d'une plus particulièrement. L'ambiance n'était bonne dans aucun pays, le débat sur l'austérité agitait les esprits partout, même si le mot n'avait pas le même sens dans chacun. Aléxis Tsípras, en Grèce, avait ouvert le feu. Tous les autres avaient emboîté le pas sur ce questionnement. Les responsables des différents mouvements socialistes ou progressistes étaient accompagnés presque toujours de leur conseiller diplomatique, ce n'était donc pas une spécificité nationale. La coupure artificielle avait bien atteint tout le monde. Parmi mes regrets, je garde celui de ne pas m'être plus imposé dans ce cénacle. Pour faire en sorte que les questions européennes ne soient pas trop techniques, que la politique y entre pleinement.

Le jeudi, le Président avait fait un saut à Clairefontaine, histoire de saluer l'équipe de France et de s'adonner à l'un de ses péchés mignons, le football. Lorsqu'il était premier secrétaire, j'avais déjà été impressionné par sa culture footballistique. Plus qu'encyclopédique, quasi parfaite. Il n'avait pas perdu ses habitudes. Bien au contraire.

On a beaucoup glosé sur la place de la promotion Voltaire dans l'entourage de François Hollande, or une autre grille pouvait être appliquée : celles des amoureux de football. En seconde moitié de quinquennat, de nombreux renforts étaient arrivés au palais. Jean-Pierre Jouyet égalait presque le chef de l'État dans la connaissance de tous les résultats sportifs. En foot, mais aussi en jeux Olympiques ou en Tours de France. Gaspard Gantzer, comme je le découvris vite, n'était pas mauvais non plus en la matière. Durant l'une de nos premières discussions, il fila même la métaphore footballistique pour comparer les équipes Élysée et Matignon. Autant avouer que je n'y ai pas compris grand-chose, si ce n'est que nous étions meilleurs.

Mais Jouyet et Gantzer n'étaient que des amateurs fort éclairés, car deux pros nous rejoignirent bientôt : Nathalie Iannetta, nouvelle conseillère sport, avec à son actif des années de journalisme sportif, puis Pierre-Louis Basse, en charge du suivi des grands événements. Un spécialiste de culture issu de la banlieue rouge et… également journaliste sportif avec option foot bien poussée.

Le vendredi, visite au musée Soulages de Rodez. Qui ne s'était pas bien passée en raison de heurts avec des membres de la Confédération paysanne et de l'usage des gaz lacrymogènes.

Nous étions donc à l'Élysée le samedi pour planifier la suite. Et chercher à reprendre de l'élan.

La semaine du 2 juin s'annonçait largement internationale une fois encore. Au terme de son mandat, le Président aura effectué 206 déplacements à l'étranger. Alors nous, en interne, nous avions tendance à considérer ces expéditions comme une contrainte… inéluctable.

L'international pouvait heureusement, aussi, avoir ses avantages. Notamment pour sortir le Président de la marmite lorsque celle-ci bouillait trop ! Souvent, nous faisions en sorte qu'il soit à l'étranger lors des élections… afin qu'il n'ait pas à les commenter. Pour lui permettre, en outre, d'essayer de forger sa stature. Or si, à l'intérieur, François Hollande n'a jamais su trouver la bonne distance avec sa fonction de président, l'international échappait à cette difficulté. Il y eut quelques épisodes malheureux – comme sa photo en chapka lors d'une visite au Kazakhstan qui fit la tournée des réseaux sociaux –, mais sa diplomatie fut plutôt active, pertinente, et cela fut même relevé. Un constat d'autant plus étonnant que, dans ce domaine, il était relativement ignare. Premier secrétaire, il voyageait peu et s'arrangeait pour que les séjours à l'étranger soient courts. Pire, qu'il puisse revenir dormir chez lui le soir ! Pourtant, dès les premières semaines à l'Élysée, il sut tenir le rang, trouver les bons angles. Pas sur tout, bien sûr – l'Europe a déjà été évoquée –, mais quand même ! Nous discutâmes souvent entre membres de l'équipe de cette étrangeté. Une explication revenait : à l'international, les contraintes sont beaucoup moins fortes, les pesanteurs de l'Administration moins présentes, les chausse-trappes politiciennes absentes. C'est le domaine des rapports de force, de la psychologie, sujets dans lesquels il excelle. Il faisait montre d'ailleurs d'une ténacité toute particulière en politique internationale. D'innombrables pays furent visités afin qu'ils deviennent de vrais alliés, notamment au moment de la COP21. Bien évidemment, ces sorties eurent elles aussi leur lot de polémiques. Comme en octobre 2015, lorsqu'il se rendit en

Arabie Saoudite pour présenter ses condoléances après la mort du roi Abdallah. Parce que quasi simultanément un blogueur était condamné à 100 coups de fouet, on lui reprocha ce voyage. On lui enjoignit d'en parler. François Hollande en dit peut-être un mot. Mais il avait surtout en tête de faire progresser la vente d'avions Rafale. Et les quelques minutes sur place – pas plus – lui permirent de nouer des contacts utiles. De la realpolitik.

En ce mois de juin 2014, l'obstination de François Hollande portait en vérité sur autre chose : l'Ukraine, au centre de toutes les attentions. Le 25 mai, Petro Porochenko avait été élu président de ce pays. Quelques semaines auparavant, celui qui n'était pourtant que candidat avait été reçu à l'Élysée. Parce qu'il était parmi les leaders pro-européens et que l'enjeu était fort : il s'agissait de profiter des cérémonies du 6 juin pour organiser une première rencontre officielle entre Vladimir Poutine et lui. Ce sujet fut au centre de la plupart des discussions avec les diplos durant les jours précédant le 6 juin. Le Président et la chancelière firent leur possible pour que cette rencontre ait lieu. Quelques jours plus tôt, lorsque François Hollande annonça à Poutine qu'il avait invité Porochenko aux cérémonies du débarquement, l'accueil de ce dernier avait été plus que glacial. Mais peu importe. Le 5 au soir, le Président dînait avec le leader russe à l'Élysée pour bien caler le déroulé du lendemain. Dans une ambiance tendue. Jusqu'à la fin, la fameuse rencontre faillit ne pas avoir lieu. Et puis elle aboutit. Si bien que les conférences téléphoniques dites « format Bénouville », du nom du château où eut lieu la poignée de main, se répétèrent à de très nombreuses reprises. Dans les périodes de crise – et elles ne manquèrent pas –, elles eurent même lieu presque chaque semaine. En février 2015, rebelote : nouvelles discussions de plus de seize heures entre les quatre mêmes leaders pour essayer de résoudre les problèmes du Donbass. Belle et utile performance.

En ce matin du 30 mai 2014, c'est donc bel et bien l'ensemble de la séquence que nous cherchons à articuler. Et l'enchaînement s'avère des plus périlleux. Car la reine d'Angleterre arrive le 5 pour le début d'une visite d'État. Barack Obama atterrit ce même jour et dîne avec le Président le soir même. Qui, ensuite, soupe avec Vladimir Poutine. Pas à la tour Eiffel, mais au restaurant Le Chiberta, proche de l'Arc de triomphe. De tels dîners d'État exigent tact et diplomatie. Et il en faut particulièrement quand il s'agit du Président américain. Avec lui, l'effet aimant étant terrible, tout le monde voulait y être. En novembre 2015, Barack Obama revint à Paris pour la COP21. Je me souviens de la colère du Président le lendemain du dîner, parce que trop de personnes qui n'avaient pas grand-chose à y faire se trouvaient à table.

La semaine se passa comme prévu, pour une fois. Avec, sur les plages du débarquement, pas moins de dix-neuf chefs d'État. Soit toutes les nations ayant combattu lors de l'opération Overlord !

C'est l'une des rares fois où je me suis autorisé à quitter mon bureau pour profiter d'un moment d'histoire hors de mon secteur. Ma présence n'était pas indispensable – pas non plus incongrue –, mais j'avais envie d'en être. Le temps était splendide. Pour une fois, et contrairement au 6 juin 1944. Face aux près de deux mille vétérans présents, je ne pus m'empêcher de me demander combien ils seraient au 80e anniversaire. Et le blues m'a pris : presque tous auront disparu.

Le discours du Président fut plus qu'à la hauteur. De fait, il le préparait depuis des semaines. Comme d'habitude, il avait reçu plusieurs versions… Celles issues du cabinet par le truchement de Sylvie Hubac et de Pierre-Yves Bocquet. Celles envoyées par des historiens, des journalistes. Et surtout la sienne, François Hollande mettant toujours un soin méticuleux à ses écrits, plus encore dans les discours mémoriels. Il en fera beaucoup, trop diront certains, mais je ne le pense pas. Car c'était alors un moment où le Président ancrait la France dans son histoire. Avec une attention particulière au XXe siècle, aux deux conflits mondiaux, à la décolonisation, aux conquêtes sociales et sociétales. Dans ses discours, il rappelait et cherchait toujours à rassembler, sédimenter, à dessiner un récit commun et partagé. Je le voyais, l'écoutais prononcer les bons mots.

Ce jour-là, devant moi à quelques mètres, je vis les chefs d'État, et combien sortait du lot Barack Obama. Aimanté, comme les autres, je m'approchai. Et pris une photo que j'envoyai à mes enfants, histoire de les narguer.

La cérémonie achevée, retour. Sur les quais de la gare, je croisai Rémi Dreyfus, que Jean-Louis Bianco m'avait présenté quelques mois plus tôt. Une émotion m'étreignit. Diplômé d'HEC en 1940, fils d'un banquier, il avait fait face aux premières mesures antisémites et était parti à Londres en 1942. Membre des Forces françaises libres, il revint le 6 juin 1944. « Pas à l'aube, mais dans l'après-midi », précise-t-il toujours. Plus tard, bien plus tard, il créera, à la demande de François Mitterrand, une association intitulée La Mémoire courte. Dont l'objet était d'éditer un petit bulletin destiné à rappeler aux uns et aux autres comment c'était « avant », et de répondre aux campagnes de presse contre Mitterrand. François Hollande était là aussi l'agent de liaison de cette histoire. En 2013, l'idée ressurgit, modernisée. Julien Dray, Jean-Louis Bianco, Robert Zarader, Rémi Dreyfus et moi-même rencontrâmes François Hollande. Pour voir si un dispositif semblable pouvait être relancé. Sans ronéo, bien sûr, mais grâce aux réseaux sociaux. L'accord fut obtenu, mais les moyens manquèrent. Les fonds secrets avaient disparu depuis quelques années.

La séquence des commémorations du débarquement fut donc plutôt réussie. Pour une fois, la presse ne nous accabla pas. Lors du petit déjeuner de la majorité, je crus même entendre quelques louanges. Et dans les dîners de la Hollandie, son positionnement fut considéré comme bon. Nous étions en train de reprendre un peu d'oxygène. Un tout petit peu.

Jusqu'au prochain choc.

10

Cinquante pour cent

Au bout de mon couloir, légèrement à gauche, un escalier. En face, une porte et, à droite, une autre porte, vitrée celle-ci. L'escalier monte aux appartements privés du Président. Il permet aussi d'accéder à la salle de bains de l'impératrice Eugénie et, ensuite, au premier étage. La porte, elle, débouche sur une pièce intermédiaire, qui donne ensuite sur le salon des portraits. C'est là qu'ont lieu les déjeuners du samedi ainsi que les dîners de la majorité. C'est là aussi que le Président installera son bureau lorsque le sien sera en cours de réfection à l'été 2016.

La discussion a été longue sur ce sujet. Est-il possible (souhaitable) de refaire le bureau présidentiel ? Le débat a été tranché de manière positive, les efforts d'économies sur le train de vie de l'Élysée ayant été suffisamment importants pour entamer une réfection sans déclenchement de polémique. Et ce fut – pour une fois – le cas.

Le chef de l'État a été particulièrement exemplaire en la matière. Une vertu qui, pour autant, ne lui rapporta rien. Et qui n'eut pas forcément d'effet d'entraînement ni de boost sur sa cote de popularité. Le fort de Brégançon avait ainsi été dé-présidentialisé, du moins en partie. Les visites avaient commencé depuis juin 2014 et les appartements privés préservés, mais on imaginait mal la cohabitation entre les touristes et François Hollande. C'était le signe de la gestion drastique que voulait le nouvel élu, le budget du palais diminuant de plus de 20 % au fil du quinquennat.

Mais chaque fois que la Cour des comptes délivrait un satisfecit à ce sujet, nous, les conseillers, soupirions. Que de moyens en moins pour nous cela signifiait ! Nicolas Revel aimait à dire que de « tous les rapports de la Cour, c'est celui-ci qui chaque fois le mettait le plus au supplice ». Alors nous nous vengions comme nous le pouvions. Une fois, lors d'un des apéritifs parlementaires récurrents où René Dosière faisait partie des invités, nous avons fait une blague quelque peu mesquine, j'avoue, mais bien symbolique. Au spécialiste du budget de l'Élysée, souvent pourfendeur mais que le Président, comme moi, aimait bien, comme aux autres invités, je mis un point d'honneur à ne faire servir que… de l'eau. Le service était d'ordinaire frugal ; cette fois il fut spartiate ! De quoi faire toucher du doigt, ou plutôt du palais, les efforts entrepris.

Mais c'est la porte vitrée qui m'intéresse ici. Car, située à quelques mètres du perron d'honneur, elle constitue un parfait point de vue sur les entrées. Durant ces mois de mai et juin 2014, à plusieurs reprises, j'y vis apparaître une femme élégante et élancée. Il s'agissait de Clara Gaymard, la responsable de General Electric en France.

Depuis avril 2014, le dossier Alstom est au cœur des préoccupations de l'Élysée. Je n'étais pas encore en poste quand une dépêche de l'agence Bloomberg révéla que l'américain GE négociait avec Alstom le rachat de toute sa division énergie – soit, au bas mot, 70 % du chiffre d'affaires du fabricant tricolore, pourtant considéré comme un fleuron national –, mais j'avais suivi l'affaire par médias interposés. Or le P-DG de l'entreprise, Patrick Kron, n'avait mis aucun membre de l'exécutif dans la boucle. De quoi renforcer sa bonne réputation au sein du pouvoir ! « Il y a une lettre de trop dans son nom », plaisantait-on avec mauvais goût. Évidemment, politiquement, cette annonce tombait mal. D'abord parce que notre patrimoine économique risquait d'être écorné. Ensuite parce que la politique industrielle était une question revenue sur le devant de la scène au moment de la présidentielle. Arnaud Montebourg, fort de ses 17 % aux primaires, avait exigé un grand ministère et un titre aussi ronflant que volontariste : le « redressement productif ». Enfin, parce que l'affaire de Florange avait laissé des traces. Dans l'opinion comme dans la majorité, et même au sein du gouvernement Ayrault. Le choc avait été majeur, l'antagonisme entre Arnaud Montebourg et l'ancien Premier ministre maximal. Pas question donc, quelques mois après le départ des écologistes du gouvernement, de risquer un nouveau choc et d'assister à un nouveau coup d'éclat d'un des deux ministres de Bercy.

Nous fûmes donc extrêmement attentifs au suivi du dossier, industriellement, stratégiquement et politiquement. Même si de nombreuses décisions furent actées à l'Élysée, nous prenions toujours soin de laisser le ministre se mettre en avant. Durant plusieurs jours, cette actualité nous occupa pleinement. Jean-Pierre Jouyet, depuis son passage au cabinet de Roger Fauroux, ministre de l'Industrie sous Laurent Fabius, avait conservé une appétence pour ces questions. Il y ajoutait une vigilance particulière pour les éventuels délits d'initiés. Je me souviens encore de filages, de comptes à rebours pour que l'information sorte à la bonne heure. Emmanuel Macron et plusieurs conseillers de son pôle suivaient aussi ces points avec une grande attention, tout comme le Président.

Durant des semaines, Arnaud Montebourg travailla à un scénario alternatif. Des contacts, nombreux, furent pris. Avec Siemens. Mitsubishi. Et, finalement, le 20 juin, l'État donna son accord au rachat d'Alstom par GE !

Le dossier rebondira quelques mois plus tard. Et ne montrera pas le meilleur visage de l'État actionnaire et des grands mécanos étatico-industriels.

Au-delà des questions d'emploi et de susceptibilité politique, la question de la souveraineté nucléaire française fit partie de nos préoccupations durant toute la mandature. Non sans un halo de confusion, tant nous serons sans cesse écartelés par nos contradictions, politiques comme stratégiques.

Lors de l'accord signé durant la campagne présidentielle avec les écologistes, François Hollande avait pris l'engagement de faire baisser la part de nucléaire à 50 % de la production d'électricité.

Mais, depuis le départ de Jean-Marc Ayrault, les écologistes ne participaient plus au gouvernement, Cécile Duflot avait décliné le poste de numéro deux de celui-ci, avec attribution d'un grand ministère. Pour autant l'engagement demeurait.

Car François Hollande avait entamé une mue, ou en tout cas un début de sensibilité aux questions écologiques s'était développé chez lui. Malgré les réserves de Laurent Fabius, il avait donné son accord à la candidature de la France pour accueillir la COP21. Elle fut retenue. À vrai dire, ce n'était pas compliqué, aucun autre pays ne s'était proposé, tous ayant encore en tête l'échec du sommet de Copenhague et le contrecoup qui s'en était suivi, déprime à la hauteur des espoirs initiaux soulevés. On avait vu tous les dirigeants du globe passer à un moment ou un autre dans la capitale danoise et, à la fin, un terrible échec.

Preuve de sa mutation personnelle, la nomination de Nicolas Hulot, en décembre 2012, comme émissaire spécial. Mais l'évolution présidentielle connut des hauts et des bas. Car l'Élysée, comme sur d'autres questions, subissait de nombreuses pressions. Bien organisées.

Nos débuts, en matière d'écologie, n'avaient pas vraiment été concluants. Le mouvement des bonnets rouges avait abouti à un recul en rase campagne sur l'écotaxe, pourtant fondamentale. Depuis avril, vingt et un ans après avoir détenu le portefeuille de l'Écologie, Ségolène Royal l'avait retrouvé en faisant son entrée au gouvernement. Dans un contexte radicalement différent et avec une loi dite sur la Transition énergétique en porte-étendard. Or Ségolène avait une conception originale de ce sujet. À ses yeux, il ne fallait pas d'écologie punitive. La bataille fut donc âpre en interne, durant ces quelques semaines, autour du texte. Le cap des 50 % de nucléaire concentrait toutes les attentions, avec des camps bien clivés au sein du gouvernement comme à l'Élysée même. D'un côté Ségolène Royal, de l'autre Arnaud Montebourg, plutôt soutenu par Manuel Valls. À l'intérieur du palais présidentiel, Jean-Pierre Jouyet et Emmanuel Macron avaient une préférence pour le nucléaire au nom de la souveraineté nationale et du besoin d'une énergie décarbonnée de faible coût. Nicolas Revel et moi-même étions, en revanche, en faveur d'une diminution du nucléaire et d'une accélération du virage vers des énergies renouvelables.

Lors des déjeuners du samedi, le Président laissait se dérouler les débats, s'exprimer les positions, s'affronter les arguments. Comme d'habitude, il ne tranchait pas en ce cénacle, trop respectueux du bon fonctionnement du gouvernement. Ce genre de décision cruciale devait, pour lui, se prendre avec le Premier ministre. Ou en réunion de ministres. Ce qui ne l'empêchait pas d'avoir son avis et, en général, de l'imposer, mais dans le cénacle idoine.

Ce « tamis » ministériel connaissait quelques exceptions. Surtout liées au verbe présidentiel. Notre manière de contourner les circuits, de surmonter les contraintes budgétaires, juridiques, administratives consistait à mettre dans la bouche du Président telle ou telle annonce, et à espérer que celle-ci soit évoquée dans une émission télévisée, un discours. Pour nous, il s'agissait de lui redonner de l'audace, de faire passer un message, de traduire une ligne. Mais, au final, c'est lui qui s'exprimait sur le point sensible. Ou pas.

Finalement, un arbitrage fut rendu : 50 % de nucléaire à l'horizon 2025. La nouvelle me ravit. Personnellement et politiquement. Durant l'été 2015, la LTE fut adoptée. Elle rassembla le parti socialiste et les députés écologistes, et permit d'accueillir dignement les délégations de la COP21.

Nous étions pourtant loin d'en avoir fini avec les sujets énergétiques. La question du renouvellement, ou non, d'Henri Proglio, le P-DG d'EDF, venait aussi sur la table. La décision fut, assez rapidement, prise de ne pas le reconduire dans ses fonctions. Pour des questions d'âge, de caractère et aussi de tendance à trop se mettre en avant. Avec des consignes absolues de discrétion. Totalement respectées. Le secret tint même plusieurs semaines. Un quasi-exploit !

À la même période, des perquisitions se déroulaient chez Areva. Après la loi de transition énergétique, le feuilleton du nucléaire reprenait sur un autre front. Il dura tout le quinquennat. La Programmation pluriannuelle de l'énergie sera repoussée à plusieurs reprises et ne sortira qu'avec des mois de retard. Et elle n'abordera pas qui plus est la question du nucléaire. Le mandat de François Hollande s'achèvera sans que Fessenheim soit fermée, comme cela avait été promis cinq ans plus tôt.

En matière d'écologie, j'ai le sentiment que nous avons franchi une grande partie du gué. Mais, faute de l'avoir traversé totalement, le bilan du mandat apparaît confus. Pourtant, là aussi, des avancées ont eu lieu.

D'autres dossiers lourds nourrirent ce début d'été 2014. Dont l'éternelle réduction des déficits, ce leitmotiv qui a hanté tout le quinquennat. Les chiffres finaux sont loin d'être à notre désavantage. Et s'il a souvent été reproché à l'Europe ou à l'Allemagne d'avoir fait pression sur notre ligne économique, ce n'est pas la perception que j'en ai eu. François Hollande était convaincu que la France devait être exemplaire en la matière. Impossible, à ses yeux, d'être entendu en Europe et singulièrement par l'Allemagne si nous ne devenions pas plus forts économiquement et plus vertueux budgétairement. Pas question, non plus, de laisser une dette exagérée aux générations futures.

En ce mois de juin 2014, il s'agissait donc de réaliser 50 milliards d'économie. Si nous en étions encore loin, peu à peu nous entrions dans l'épure. Avec, déjà, une certaine violence, car il n'était plus question de toucher à la fiscalité – le début du quinquennat avait trop appuyé sur cette option. Comme la croissance était moins forte que prévu et les recettes allant avec également, d'autres options s'imposaient. Certes, une nouvelle manne était apparue avec la lutte contre la fraude fiscale – réel succès et véritable justice –, mais l'essentiel des efforts allait devoir se porter sur les budgets eux-mêmes.

Les collectivités locales furent mises à contribution, un travail en profondeur fait sur les budgets sociaux. Qui se redressèrent sans remise en cause des droits eux-mêmes. Mais il restait le reste. Tout le reste. Ce qui avait un petit côté terrifiant.

Je me souviens d'une discussion dans le bureau de Jean-Pierre Jouyet avec Pierre-Alain Muet à ce sujet. Tous deux se connaissaient très bien, Pierre-Alain ayant été le conseiller économique de Lionel Jospin quand Jean-Pierre Jouyet exerçait la fonction de directeur de cabinet adjoint. Ensuite chacun avait suivi sa voie : le premier était devenu député, le second passé par la Caisse des dépôts.

Nous étions donc tous les trois à parler économie et budgets. Avec des points de vue pas si éloignés entre eux – c'était l'époque où le reprisage semblait possible malgré les votes dissonants à l'Assemblée. Eh bien, une réalité déconcertante m'est apparue : la seule solution que nous étions capables de trouver, c'était le recours au rabot. On savait uniquement faire baisser en pourcentage des budgets. Peu importe que les réductions coïncident avec des actes, des politiques, qu'elles soient pertinentes ou non, il fallait afficher des coups de ciseaux, des moins par-ci, moins par-là. Le chiffre l'emportait sur le fond. Autre constatation, réduire le poids de l'État était et est essentiel, mais sans orientation venue d'en haut, celui-ci est incapable de se réformer par lui-même !

C'est l'une de mes nombreuses leçons de l'Élysée : pour bouger, l'État doit se délester. Fortement. La question est : au profit de qui ? Du privé ou des collectivités locales ? La réforme territoriale prenait alors pleinement son sens.

11

Stop ou encore ?

Depuis le 31 mars, les changements n'avaient donc pas manqué. Y compris dans l'équipe Élysée. Et ce n'était pas fini. J'appris ainsi assez vite qu'Emmanuel Macron allait partir. À l'été. Qu'il en serait de même pour Nicolas Revel, puis Sylvie Hubac. Des départs et remplacements qui concernaient d'autres conseillers, flux normal dans une maison aussi épuisante. De fait, le rythme de renouvellement des équipes, sous ce quinquennat, fut strictement dans la moyenne. Nicolas Revel avait une analyse assez fine de ces modifications : l'Élysée est une maison qui enferme, qui laisse peu sortir, baguenauder. Alors le Président change ce qui peut être changé. À savoir les conseillers.

Tous les départs n'avaient cependant pas la même importance et signification. Celui d'Emmanuel Macron pour le privé revêtait un statut particulier. Figure interne parmi les plus médiatisées, en charge des questions économiques au cœur des débats politiques, il y avait là à la fois un symbole et un enjeu. Le nom de sa remplaçante surprit et créa une petite polémique. Laurence Boone arrivait de la City. Lors de nos conversations du week-end, nous avions travaillé sur l'angle médiatique à donner au départ d'Emmanuel Macron. À savoir « un choix personnel correspondant à un rythme naturel et en rien l'indication d'un changement de cap économique ». La nomination de Laurence l'exprimait clairement. En outre, au-delà de ses qualités personnelles indéniables, elle arrivait avec un immense avantage : une culture de l'international très développée. Ce dont nous avions évidemment besoin.

Changements internes, pression de l'actualité incessante, obligation de surveiller tout, d'anticiper tout, de résoudre tout, de trouver les bons mots, les bonnes solutions… l'Élysée croulait sous le travail. Et pourtant, au sein de la petite équipe, nous nous sommes alors assigné deux autres missions.

La première était psychologique. Jean-Pierre Jouyet utilisa même une expression qui me frappa : « Le Président est coupé d'avec lui-même. » L'isolement que provoque (nécessairement) la fonction présidentielle, allié à une situation personnelle délicate et exposée (un homme séparé de sa compagne, dont la rencontre avec Julie Gayet avait fait la une de la presse people pour le pire sans le meilleur), et aux déchirures de la gauche, n'était pas sans affecter, toucher, atteindre le Président. Même si lui n'en montrait jamais rien, ou presque, même si ce quinquennat fut incroyablement rude, nous devions l'entourer pour tenter de ne pas le laisser seul avec la somme de tracas qui lui pesaient sur les épaules et l'esprit. Ce ne fut pas sans mal, et je n'arrive même pas à savoir si notre opération, proche de la calinothérapie, eut du succès.

Je me souviens d'un 14 Juillet où nous nous retrouvâmes, le chef de l'État et moi, à déjeuner tous les deux. Je profitai de ce tête-à-tête pour essayer de lui faire baisser un peu sa fameuse garde. Et nous parlâmes de ce qu'il pouvait ressentir, de ce qui le marquait. Comme souvent, il ne dit pas réellement ce qu'il éprouvait, considérant que, à ce poste, les sentiments doivent être gardés pour soi, et surtout surmontés. Mais il me lâcha tout de même trois mots : « coupure » et « sans répit ». La coupure, c'était bien sûr le contact direct avec les gens, l'un des aspects de la politique qu'il préfère, cette proximité du marché de Tulle, par exemple, qu'il a arpenté pendant près de trente ans et qui lui a permis de savoir ce que les électeurs pensaient. Sous les ors du palais, plus rien de ces complicité, connivence, contact n'est possible. On s'isole. Moi-même, je l'avais constaté, mesuré à ma modeste échelle. La seconde partie de la phrase me marqua aussi : il m'expliqua que, depuis la première minute de son entrée en fonction, il n'avait pas eu un « moment de répit, de repos ». Pas d'endroits où aller sans être traqué. Pas de journée sans être acculé. Pas de vie privée ou même publique sans appareils photo, gardes, polémiques, petites phrases, escortes, réactions, etc. Un maelström, une tornade perpétuels.

Donc, chacun à notre échelle, plus ou moins haute, nous essayâmes, au sein du cabinet, de surmonter ces coupures, de l'aider à rester dans ce réel qu'il aime et à ne pas se sentir groggy, étouffé par le flux incessant d'assauts, propos, déplacements, etc.

Jean-Pierre, avec ce statut très particulier de meilleur ami et en même temps de secrétaire général de la présidence, commença des promenades dans le parc avec lui. Je ne suis pas sûr qu'elles furent nombreuses, mais en tout cas elles nous frappèrent. Et, je pense, aidèrent à desserrer l'étau.

Gaspard Gantzer avait également un rôle dans cette opération. La presse étant presque partout, il était lui-même presque partout avec le Président. Au-delà de la pure gestion de la communication, il endossa un rôle d'accompagnant, attentif et présent. François Hollande ne le connaissait pas quelques mois auparavant, leur différence d'âge était importante – Gaspard avait plus l'âge de son fils aîné –, mais il sut être là. Il en alla de même pour presque toute notre petite équipe. Chacun dans son rôle, avec son tempérament. Bien sûr afin de servir le Président, mais aussi et surtout l'aider. Humainement. J'y ai eu ma part.

Dans ce contexte, une de mes tâches consistait à le réconcilier, rabibocher, rapprocher du milieu politique, et plus particulièrement de gauche. Des rencontres désormais régulières avec les parlementaires, ainsi que la démultiplication des dîners de la Hollandie en faisaient partie.

Ceux-ci n'avaient jamais réellement cessé, pas plus que les rencontres au ministère de l'Agriculture organisées par Stéphane Le Foll, mais nous essayâmes, Jean-Pierre et moi, de les intensifier. Pour renouer le lien, montrer que l'Élysée s'intéressait à tous, expliquer, convaincre, souder – un peu. La liste des protagonistes variait à l'occasion, mais peu, en fait : toujours étaient là Michel Sapin, François Rebsamen, Jean-Yves Le Drian, Bruno Le Roux, Isabelle Sima, Kader Arif, Daniel Vaillant… Et, bien sûr, Stéphane Le Foll. Une liste soumise au Président, il va sans dire. Qui, régulièrement, retirait des noms, en ajoutait plus rarement. En général, c'était moi qui lui soumettais la composition…

Les deux dîners de majorité que nous eûmes avant l'été 2014 portaient de manière invariable autour de trois thématiques : le Président et sa présidentialité, l'actualité politique et le rythme des réformes. Ce dernier débat, pour une fois, filtra fort peu à l'extérieur, alors que nous avions des échanges riches et assez stratégiques. La question de la ligne politique ayant été tranchée, la politique menée s'articulait autour d'un triptyque simple, même si nous ne sommes jamais parvenus à le faire entrer dans le débat public, à le faire comprendre aux médias comme à l'opinion. Une épine dans notre pied, une blessure pour moi, une faute et une carence pour tous. Ne pas arriver à faire passer la logique, la stratégie de la démarche présidentielle, c'était déjà claudiquer et risquer de trébucher.

Ce triptyque ? D'abord redresser le pays, ce qui passait à la fois par la diminution du déficit budgétaire et le retour des marges pour les entreprises, seules créatrices d'emploi. Un redressement qui concernait également les services publics – que nous estimions très abîmés après la RGPP (Révision générale des politiques publiques) de Sarkozy –, un secteur se révélant essentiel pour nous, l'éducation.

Ensuite la modernisation, qui concernait aussi bien le numérique, la transition écologique que la nouvelle carte des territoires ou la simplification administrative. Elle incluait les progrès démocratiques avec la parité, le non-cumul des mandats et les différentes lois de moralisation.

Enfin, la mise en place et pratique de nouveaux droits, qui englobaient le Mariage pour tous, mais aussi les droits des consommateurs grâce à la loi Hamon, le fameux compte pénibilité et, plus tard, ceux des personnes âgées *via* la loi sur l'autonomie ou la fin de vie.

Cette ligne nous semblait claire. Nous étions convaincus de sa pertinence, même si nous devinions et voyions les turbulences politiques qu'elle pouvait provoquer. Certes, nous marchions sur une ligne de crête, mais, au moins, il y avait une voie, une logique, une cohérence, une pertinence aussi.

Hélas, probablement pas assez lisible : personne ne la comprenait. Et, fruit d'un compromis, elle ne satisfaisait personne entièrement non plus.

Le débat que nous eûmes durant les mois précédant l'été 2014 portait aussi sur le rythme des réformes et la nécessité d'en empiler de nouvelles ou pas. Stéphane Le Foll était partisan de défendre une pause. Il estimait que beaucoup avait été fait, qu'il fallait laisser les nouvelles politiques se déployer et aux gens le temps de comprendre ce que nous entreprenions. Le loisir de digérer, de remettre en perspective. Faire en sorte que le tournis ne soit pas permanent.

Ce débat – récurrent durant tout le quinquennat –, le Président l'a tranché autrement. En préférant en faire toujours plus. En multipliant et annonçant régulièrement de nouvelles mesures. J'ai longtemps cru que c'était pour nourrir la machine médiatique, que parce que nous étions – et d'abord lui – sous le feu permanent des médias, il fallait leur donner de nouvelles choses à manger, comme on donne aux oisillons grains et vers pour qu'ils arrêtent de piailler, il fallait aussi « agiter le train » afin de montrer que le convoi avançait et que le conducteur pensait, mettait du charbon… À la réflexion, cette pression n'est probablement pas la seule explication à cette frénésie de réformes et textes. François Hollande pensait sincèrement que proposer, lancer des chantiers et lois était nécessaire pour que le pays aille mieux. Aussi simple et stupéfiant que cela.

Encore fallait-il inventer une autre manière de mettre en avant cette logique, puisque la communication gouvernementale et présidentielle ne prenait pas. Conscient de cette faille, François Hollande avait décidé d'essayer de quitter le seul terrain économique. En juin et juillet, il commença à tester une autre manière de raconter et d'envisager la fin du quinquennat. Les deux premières années avaient été celles de l'effort, principalement dans les domaines fiscaux et budgétaires. 2015 devrait se préoccuper du quotidien des Françaises et des Français. Et, enfin, l'année 2016 serait le millésime des grandes réformes institutionnelles, quitte à recourir au référendum !

Mais rien ne s'est – là encore – passé comme prévu.

12

Premier 14 Juillet

5 juillet 2014. Salon des portraits. Déjeuner traditionnel autour du Président. Je ne me souviens plus précisément qui se trouve ou pas autour de la table, ayant un doute sur la présence ou non d'Emmanuel Macron, par exemple, dont le départ a été annoncé le 11 juin. Les supputations quant à sa démission n'ont pas manqué à l'époque : déception de ne pas être entré au gouvernement, difficulté à travailler avec un Jean-Pierre Jouyet aux compétences trop proches… Personnellement, je ne crois rien de tout cela. J'ai juste le sentiment qu'Emmanuel, déjà, aimait aller vite. Très vite. Ce qui est au final assez fréquent pour les personnes de sa génération ayant sa formation.

Je ne me rappelle plus non plus précisément des présents, mais j'ai bien le menu en tête. « Pressé de légumes grillés au jambon ibérique. Pigeon rôti aux cerises. Macaron de champignons. Fromages. Sablé Chocolat. » C'est l'une des multiples traditions découvertes en arrivant à l'Élysée : lors de chaque repas prévu avec le Président, un menu très esthétiquement présenté sur du papier vélin format A5 est mis devant chaque convive. Avec en couverture une francisque dorée ornée du RF de République française, et en bas, toujours en doré, les mots « Présidence de la République » dans une très belle typographie. Le tout entouré d'une ficelle mêlant les trois couleurs du drapeau national et, à l'intérieur, le menu. Lorsqu'il y a des invités extérieurs à la présidence, la liste des hôtes et le plan de table sont précisés ; ce qui fait que beaucoup partaient avec le menu. Ayant eu le même réflexe lorsque je fus invité à un déjeuner de travail avec le chef de l'État en 2013, j'ai par la suite continué. Et conservé... quatre-vingt-dix-sept menus. Soit quatre-vingt-dix-sept repas avec le président de la République. Sans compter tous les autres, informels. Les plateaux-repas ; les déjeuners ou dîners impromptus parce qu'une réunion durait trop longtemps, ou que le Président n'avait pas envie d'être seul – nous non plus, d'ailleurs.

Bref, ce samedi 5 juillet, nous balayons l'actualité passée, à venir et, pour une fois, nous projetons un peu. Pas trop, car il est rare que nous puissions dépasser un horizon de dix jours, trait typique de François Hollande. Car, quoi qu'on envisage, cela va bouger. Donc inutile de trop planifier. Ce manque d'anticipation, de cadrage allait à l'encontre de mon mode de fonctionnement. Durant ces trois années, je proposai ainsi des notes de projection trimestrielle, qui n'étaient jamais suivies. Au moins étaient-elles lues et faisaient-elles réfléchir, réagir. Pour tenter d'appâter, je leur donnais des titres tout sauf administratifs. Une des premières s'intitula ainsi « Valse à quatre temps ». Je me permettais en outre des écarts sur d'autres notes, plus stratégiques. Au début 2016, je m'en autorisai même une assez sanglante. Son titre : « Le masochisme a ses limites ».

Mais nous n'en sommes pas là.

Le 5, nous étions réunis pour préparer l'intervention du 14. Si c'était la troisième pour le Président, pour la nouvelle équipe Élysée et le nouveau gouvernement, l'exercice, que dis-je, le rituel, exigeait préparation et cogitations intenses. Je fus chargé de la coordination des innombrables fiches nécessaires à l'exercice, expérience que je réitérerai par la suite, comme pour les grandes conférences de presse. La méthode était quelque peu singulière. Envisager et brasser le plus largement possible les sujets susceptibles d'être évoqués. Dans tous les domaines. Des dizaines de fiches remontaient. Plus ou moins adéquates, mais globalement efficaces. Les consignes indiquées sur la taille étaient bien moins respectées en revanche, le maximum de « deux pages » souvent dépassé. Tout comme les délais de livraison. Il fallait ensuite ingurgiter, digérer et – bêtement – mettre en forme. Des dizaines, voire des centaines d'informations. Le point qui me troublait, et me troublera toujours, c'était l'absence d'angle, de formule. J'avais parfois l'impression de préparer un dossier pour un grand oral de l'ENA ou la leçon de l'agrégation, plutôt qu'une intervention présidentielle.

Au moins, l'exercice permettait de mesurer où nous en étions. À travers ces notes et le balayage de l'agenda des jours à venir, nous avions le timide sentiment de « sentir » un peu mieux les choses. Un tout petit mieux. Car pendant cette relative embellie interne, les dossiers avançaient tant bien que mal au Parlement.

En cet été 2014, nous devions nous battre sur trois fronts. Que nous avions tous créés !

Le premier était connu : la suite du pacte de responsabilité et de solidarité. Il s'agissait de décliner dans plusieurs textes législatifs les annonces faites début 2014, reprises ensuite dans le discours de politique générale du Premier ministre. Le projet de loi de finances rectificatif fut voté sans trop de difficulté. Il ne comprenait pas de mesures directement liées au pacte et incluait même des baisses de fiscalité pour les ménages les plus fragiles : 3,7 millions de foyers fiscaux connaîtraient une baisse d'impôts. Et 1,9 million en seraient totalement exonérés. Cette démarche fut suivie jusqu'à la fin de la mandature, et ne permit pas, hélas, de faire oublier le choc fiscal encaissé au début du quinquennat.

Le projet de loi rectificatif pour le financement de la Sécurité sociale fut, lui, beaucoup plus ardu à faire avaler. Il comprenait des déclinaisons effectives du pacte de responsabilité et de solidarité. Or les syndicats renâclaient, quelques voix de gauche râlaient. Et le MEDEF, au lieu de remercier ou simplement de se taire, en rajoutait. Ainsi, quelques jours avant la conférence sociale chargée de travailler sur la question, il sortit une tribune écrite au lance-flammes qui faillit déstabiliser l'ensemble de l'édifice. La CGT et Force ouvrière assistèrent à l'ouverture des entretiens par le président de la République, mais boycottèrent la suite, considérant que le gouvernement avait fait de nouvelles concessions au patronat. Plus tard, au cours d'une de mes discussions avec Laurent Berger, celui-ci eut une expression qui sonna particulièrement juste à mes oreilles : « Jamais le MEDEF n'aura su se transcender pour être à la hauteur des enjeux. » Ce fut, à vrai dire, l'une de nos grandes difficultés : comment faire fonctionner le dialogue social quand les interlocuteurs se révèlent être de faux interlocuteurs. Politiquement – et éthiquement même –, nous aurions dû durcir le ton, claquer les portes… mais le Président pensait que ce serait contre-productif pour l'économie. Le vote sur le PLFSSR, comme on dit dans le jargon, fut serré : 272 voix contre 234. Les écologistes et une partie des frondeurs allèrent jusqu'à l'abstention. Ils n'en étaient pas encore au vote contre, mais les esprits s'échauffaient et les tiraillements perduraient. La lézarde s'élargissait.

Les communistes votèrent contre, bien sûr. Tout comme l'UDI et le groupe LR. Ce qui était bien moins logique et compréhensible.

Un autre front attisait les braises : la réforme territoriale. Où les lignes de clivage habituelles avaient sauté. Cette fois, la géographie primait. Tous les territoires étaient entrés en ébullition. Si la Bretagne se montrait ultravigilante, la principale difficulté provenait du rapprochement entre le Nord-Pas-de-Calais et la Picardie. Ce qui donna une autre occasion à Martine Aubry d'être vent debout contre son ancien adversaire – vainqueur – de la primaire et le gouvernement.

Un dernier front – pas envisagé une seconde – s'était aussi ouvert. Et que le Président s'était inventé tout seul.

L'Élysée est une usine à discours, mais aussi – et beaucoup – une agence de placement. En l'occurrence par les fameuses parties C des Conseils des ministres, c'est-à-dire les nominations (préfets, directeurs d'administration centrale, tour extérieur et désignation à la tête de nombreux organismes). Le processus marie procédure huilée, lobbying et changements de dernière minute. C'était l'un des sujets régulièrement abordés lors des rencontres avec le Président. S'il ne se montrait pas attentif à chacune des nominations, certaines lui importaient. Aucune volonté de cadenassage – trop peu même – chez lui, pas de naïveté pour autant non plus. J'intervenais comme les autres. À la fois à travers l'analyse politique de la nomination de X ou Y, mais aussi au nom de mes convictions et engagements : plus de jeunesse, plus de parité, plus de diversité, moins de Parisiens. J'emportai quelques combats, en perdis de nombreux et en vis passer d'innombrables sans y prendre part.

Ce jour-là, lorsqu'il annonça un nom, je fus coi. Objectif, nommer le défenseur de droits, poste qui recoupait les anciennes missions de défenseur des enfants, médiateur de la République et haute autorité pour la lutte contre les discriminations. Dominique Baudis, premier titulaire du poste, avait réussi à donner du lustre à cette nouvelle fonction, manière de faire oublier la terrible polémique dont il fut injustement victime. Mais, début avril 2014, il s'éteignit suite à une longue maladie. Immédiatement, le poste suscita l'intérêt de différentes personnalités. Notamment des parlementaires. Des suggestions étaient donc remontées à l'Élysée. Solides. Classiques. Probablement trop. Car, lors de la réunion dans le Salon vert, le Président lâcha un nom qui surprit : Jacques Toubon. Dans la tête des présents, à coup sûr certaines images et polémiques du passé le concernant remontèrent à la surface, dont l'envoi d'un hélicoptère pour faire revenir un procureur au plus fort de l'affaire Schuller tandis qu'il était garde des Sceaux. Une autre évocation m'est revenue aussi, plus douce : une émission autour de l'Opéra entre Jacques Toubon et Henri Krasucki, l'ancien responsable de la CGT, dialogue totalement inédit et particulièrement savoureux. Mais je devinais surtout la bronca que la désignation d'un ancien adversaire de la gauche à un poste aussi symbolique ne manquerait pas de susciter. Le Président évacua le risque en déclarant, dans un sourire prémonitoire : « Vous verrez, Toubon deviendra le plus farouche des droits-de-l'hommistes, il sera en avant sur les LGBT et tous ces combats. » Il n'avait pas tort, mais, en attendant, il fallait donner du sens à ce choix et surtout le faire avaler au Parlement. Car, depuis la réforme constitutionnelle de 2008, certaines nominations devaient passer devant les commissions parlementaires, lesquelles disposaient d'un droit de veto.

Vu l'humeur du moment, je craignais que cette affaire ne devienne une patate chaude.

Pour moi, ce fut surtout un intense baptême du feu. À tous points de vue. Convaincre les élus alors qu'on n'est pas soi-même convaincu – pas facile. Et comprendre le jeu d'acteurs des uns et des autres non plus. Face au théâtre et aux coulisses du pouvoir, je ne fus pas déçu.

Moins de deux heures avant l'annonce du choix présidentiel, je prévins donc premier secrétaire du PS, président de l'Assemblée, président du groupe socialiste et président de la commission des lois à l'Assemblée nationale. Avec, chaque fois, la contrainte de ne pouvoir parler au téléphone, parce que cela aurait pris trop de temps et que, surtout, les interlocuteurs étaient en général en réunion. Les SMS ? Dangereux, puisqu'ils finissent immanquablement dans les médias, même quand les protagonistes se comptent sur les doigts de la main ! Mais je dus y recourir. Et, quelques jours plus tard, l'intégralité de mon message se retrouva dans *L'Obs*. Le texte n'avait rien de compromettant, mais voir sa prose confidentielle ainsi divulguée se révèle franchement désagréable. D'autant que seulement cinq personnes en avaient été destinataires. Et toutes avec de hautes responsabilités.

Cette proposition présidentielle de nomination provoqua la petite tempête que l'on redoutait. Prises de position publiques. Pétition avec des dizaines de milliers de signatures. Rien ne nous fut épargné. Alors nous désamorçâmes comme nous pûmes. Et Jacques Toubon se prépara à son audition. Il se révéla excellent. La nomination passa. Pas de manière extraordinaire, mais elle passa. C'était le 11 juillet. Et, effectivement, le Président avait vu juste : Jacques Toubon s'est révélé un défenseur des droits de l'homme particulièrement intransigeant.

D'autres événements vinrent se greffer aux sujets susceptibles d'être abordés lors de la traditionnelle interview du 14 Juillet. Certains prévisibles, d'autres moins.

Trois jours avant l'oral rituel, Arnaud Montebourg, en grande pompe, donna une conférence de presse où le ministre insista sur son désir de mesures visant à libérer la croissance en France. Des propos à la limite de la défense d'une autre politique que celle déterminée par François Hollande et Manuel Valls, sur la corde raide donc, mais sans franchir la ligne rouge. Hormis le pied de nez quant à la date de son intervention, il était resté dans l'épure, ne remettant pas en cause la stratégie financière du gouvernement. Certes, il y eut des piques au patronat – qui réclamait toujours plus alors qu'il avait déjà eu le pacte de responsabilité –, un appel du pied à la Banque centrale européenne, une interprétation particulière des efforts budgétaires avec la théorisation d'une règle de trois tiers – réduction des déficits, baisse des impôts pour les entreprises et les ménages, et relance des investissements –, mais il insista surtout sur sa grande loi pour la croissance et le pouvoir d'achat. Son nouveau cheval de bataille ? S'attaquer à la rente, ou aux rentes : auto-écoles, notaires… J'anticipe sur ce qui interviendra à travers une parenthèse savoureuse : on le sait, il n'aura pas l'occasion de défendre ce texte, et le flambeau sera repris par Emmanuel Macron. Quel cocasse soubresaut de l'Histoire que de s'apercevoir que la fameuse loi Macron eut pour principal géniteur… Arnaud Montebourg ! Fin du saut dans le temps.

Le choix fut fait de banaliser la conférence de presse du bouillant trublion de Bercy. Et le choc fut encaissé sans trop de heurts. Nous étions le 11 juillet 2014. Le 12 juillet 2016, une autre transgression aura lieu. Un autre ministre ne respectera pas la règle du silence avant une intervention présidentielle : Emmanuel Macron. L'été surchauffe les esprits et échauffe les ambitions.

Le 13 juillet, veille de l'interview, d'autres événements survinrent. Depuis le début du mois, une nouvelle flambée de violence embrasait Gaza. Un sujet particulièrement inflammable en France. Le Président avait appelé à la fois Benyamin Nétanyahou et Mahmoud Abbas afin de comprendre et tenter de calmer les esprits. Un communiqué était sorti le 9 juillet. Or nous avions manqué de vigilance dans sa relecture, car le Président y exprimait sa solidarité et sa compréhension avec le peuple d'Israël, donnant ainsi l'impression de rompre avec l'équilibre – bien fragile – de sa diplomatie. La polémique enfla. Je reçus moi-même des rafales de SMS de parlementaires, principalement élus en banlieue, m'avertissant que la tension grimpait, que les choses s'emballaient. Le 13, donc, des manifestations de soutien aux Palestiniens eurent lieu, qui dégénérèrent et se transformèrent en heurts à proximité de deux synagogues parisiennes : l'une dans le XVIIIe arrondissement, l'autre rue de la Roquette dans le XIe. Des slogans terribles furent lancés. La violence redoutée se déchaîna. La police fut quelque peu débordée.

Ce fut naturellement l'une des questions posées le 14 Juillet. Dans ces cas-là, Hollande est plutôt très bon. Il retrouve ses réflexes d'ancien porte-parole du PS et rebondit. Avec talent. Afin d'éviter d'importer le conflit en France, il a su trouver les bons mots et le bon équilibre. Mais cet événement montrait que les choses pouvaient déraper à tout moment. Nous nous en souviendrons quelques mois plus tard.

Sans être exceptionnelle, l'interview se passa donc plutôt bien. Elle suivit le défilé du 14 Juillet, lui aussi réussi. La cérémonie marquait le début des commémorations de la Grande Guerre, que nous avons regardées ensemble – ainsi que l'interview – dans l'un des salons de l'Élysée. Avec le cabinet, quelques membres du gouvernement, des invités. Après l'entretien, le Président est sorti et a passé beaucoup de temps avec les uns et les autres. Un moment de concentration autant que de respiration.

Le lendemain eut lieu le pot de départ d'Emmanuel Macron. Un moment intéressant ? Sur le coup, non, avec le recul, plus. Puis préparation des vacances des uns et des autres. Et surtout celles du chef de l'État.

À vrai dire, François Hollande n'aimait pas particulièrement les vacances. Encore moins y être dérangé. Il gardait en outre un très mauvais souvenir de celles de l'été 2012, s'étant vu reprocher de ne pas avoir travaillé durant l'été alors qu'il venait juste d'accéder au pouvoir. Je ne suis pas convaincu que les vacances en elles-mêmes y aient été pour quelque chose, mais peu importe. Cela lui servit de prétexte pour ne plus en prendre, ou presque.

La pause serait donc très courte. Le dernier Conseil des ministres eut lieu le 30 juillet. Suivi d'un séminaire gouvernemental le

1er août. Reprise dès le 15, avec une première réunion de travail au fort de Brégançon entre le Président et le Premier ministre, histoire de bien montrer que le pouvoir agit.

Le 1er août, dernière réunion avec le chef de l'État. Débriefing du séminaire, qui s'est bien passé, même si Manuel Valls a excessivement noirci la situation économique dans son compte rendu à la presse. Toujours cette inclination à tendre les choses. Ensuite nous avons parlé simplification, logement, travaux publics et loi Montebourg. Le principe des ordonnances fut évoqué. Comme, une énième fois, le cas Proglio, les difficultés d'Areva, l'avenir de Gaz de France. Répartition des fiches pour la rencontre du 15 août. Une interview dans *Le Monde* commence aussi à être travaillée.

L'agenda de la rentrée est préparé lui aussi. Avec poursuite du cycle des commémorations : après le 6 juin en Normandie, le 15 août verra les cérémonies du débarquement en Provence, le 24 août Sein dans le Finistère. En juin 1940, un quart des pêcheurs avaient quitté leur île pour rejoindre la France libre. Et le général de Gaulle en déduira lors d'une revue de troupes : « Sein représente donc le quart de la France. »

13

Sous le regard

Elle est vraiment toute petite. Presque de la taille d'un ancien appareil photo, ceux que l'on tenait entre les mains et qui forçaient les yeux à regarder en haut, pour avoir une idée du reflet qui deviendrait l'image. Mais c'est une caméra ; celle d'Yves Jeuland. Le réalisateur accompagne le Président – donc nous – depuis le 15 août, habitué à l'exercice de suivre des politiques pendant des semaines, des mois afin d'en faire un film. À vrai dire, surtout durant les campagnes électorales, moins dans l'exercice même du pouvoir. Cette « mise sous le regard » a fait partie d'un des deux axes de la communication élyséenne en cette seconde période de mandature : marier le décalage et la transparence.

Le décalage consistait à voir le Président répondre à des interviews dans des supports inhabituels pour un chef de l'État – ce que les politiques font depuis des décennies, mais pas à ce niveau. Peut-être pas, non plus, à cette intensité.

La transparence, elle, est un exercice différent. Plus osé. Des documentaires sur le fonctionnement de l'Élysée, de Matignon, de la Maison Blanche, du 10 Downing Street, il y en a depuis des années. Et, en général, totalement encadrés. Pas là. Une réelle carte blanche a été accordée au réalisateur, comme s'il fallait mettre en pratique une sorte de contrôle démocratique en direct. Encore eût-il fallu l'expliquer, comme pour le reste. Encore eût-il fallu raconter la cohérence de la démarche, détailler le rapport au pouvoir que cette différence révélait, à savoir un pouvoir le plus accessible possible. Mais nous ne l'avons pas fait. Pas assez en tout cas. Au point de trop laisser les autres parler pour nous. Revers de la médaille et conséquence de la bonne intention non explicitée, cette transparence a pu être mal comprise. Presque en arriver à écœurer.

J'ai relu récemment le recueil de Freud *L'Homme au loup*, premier texte où le psychanalyste aborde réellement la scène primitive, le traumatisme qu'elle peut provoquer chez les enfants : voir ses parents « copuler ». Je me suis souvent demandé si cette politique de communication qu'était la transparence n'avait pas, en fait, entraîné une succession de traumatismes du même acabit chez les Françaises et les Français !

Le Président était-il lui-même convaincu par ces deux axes de communication ? Je ne l'ai jamais vraiment su. En tout cas, il a laissé faire. Et en a payé le prix.

François Hollande a toujours manifesté une certaine réticence envers la communication, pas fondamentalement persuadé de son intérêt, de son utilité. Ce à quoi il croit, c'est l'articulation entre les actes politiques et les mots. Comment trouver la formule qui touchera l'interlocuteur ? Comment faire en sorte que ces mots soient, ensuite, repris, démultipliés, et constituent une sorte de martèlement permettant au message de passer ? J'ignore si cette approche assez classique parvient encore à fonctionner à une époque où les dissonances sont nombreuses, les informations reçues proches du bombardement et la prime à l'image si forte, mais elle a le mérite de s'appuyer sur une tradition. Reste qu'en cet été 2017, après trois mois de communication présidentielle différente car ultramaîtrisée, avec image sans le son, la chute dans les sondages du président Macron est encore plus forte que celle que son prédécesseur a connue. Elle se révèle vertigineuse, même. Comme quoi, les recettes miracles ne fonctionnent pas à tous les coups.

Le 15 août 2014, une opération « image sans son » avait déjà eu lieu. Qui montrait le Président et le Premier ministre ensemble, face à face dans le jardin du fort de Brégançon. Objectif : expliquer que l'exécutif, en été, ne cessait pas de travailler. Jour férié compris. L'accueil de la mise en scène fut mitigé. Et pour cause :

François Hollande et Manuel Valls étaient habillés de la même manière – tenue sombre, chemise blanche et cravate alors qu'il faisait chaud –, on constatait de la raideur, un certain manque de spontanéité dans les attitudes et même une espèce d'effet miroir trop poussé.

En vérité, la scénographie n'était pas en cause, mais l'impopularité qui, elle, s'avérait déjà trop forte. Articles de presse, réponses des Français aux sondages se trouvaient déformés par le poids de cette impopularité. Il faut ou aurait fallu une surprise totale, des événements exceptionnels pour parvenir à dessiller les yeux. Il y en aura. Dont nous ne saurons pas gérer la temporalité.

Ce jour de la Vierge, au-delà du cliché pris, Président et Premier ministre avaient travaillé. Le matin, commémorations du débarquement allié en Provence ; le midi, déjeuner autour de différents dossiers ; ensuite, un peu de com', donc. Au programme encore : la rentrée politique mais aussi économique, avec des indicateurs demeurant médiocres, voire mauvais.

Pendant des mois, notre quotidien a été rythmé par ces indicateurs, dont les chiffres du chômage au premier chef, mais pas seulement. Croissance du PIB, déficits, intentions d'embauche, moral des chefs d'entreprise, des Français, spread, inflation, nombre de logements construits, expansion industrielle, défaillances d'entreprises, déficit de la Sécurité sociale, budgétaire… Les « chiffres clés » – suivis un peu plus tard par d'autres données comme le nombre de services civiques, de postes réellement créés dans l'Éducation nationale… – n'ont cessé de scander le quinquennat, notre communication, nos réactions, nos mesures.

Toujours des chiffres. Seulement des chiffres. Car nous avions totalement abandonné les lettres, les mots. Or eux seuls donnent du sens. Pas ces chiffres qui, pour beaucoup de monde, n'ont guère de signification. Et quand ils en ont une, sont-ils nécessairement fiables ? Comme tant d'autres, j'avais été douloureusement marqué par la hausse de la fiscalité au début du quinquennat. J'avais entendu d'innombrables fois Jean-Marc Ayrault expliquer que cette augmentation concernait seulement 20 % des contribuables les plus aisés, que notre politique fiscale se révélait neutre, voire bénéfique pour 80 % de la population. Plus tard, plusieurs études sortirent, montrant que, durant les deux premières années du mandat Hollande, le choc fiscal avait en fait touché plus de 80 % des ménages. Toujours est-il que, durant cette période, quasiment jamais nous n'arriverons à sortir de cette dictature des chiffres et indices, à nous extraire de l'absence de récit. Même quand nous verrons prospérer deux forces apparemment opposées et ayant le même goût pour le chaos et la destruction de l'autre – le Front national et Daech –, qui, eux, ne s'encombraient pas de chiffres mais n'utilisaient que des mots. Des mots de violence. Des mots de rejet. Des mots de mort, même pour Daech. Mais leurs successions de mots donnaient sens, faisaient récit, permettaient à chacun de les situer. De mieux comprendre. Si les mots sont plus ou moins maîtrisés par chacun, ils font partie de notre patrimoine commun. Encore faut-il qu'on les perçoive et intègre.

Dès le week-end du 16 août, reprise des premières réunions de travail à l'Élysée. Nous nous retrouvons à quelques-uns. Comme dans n'importe quelle entreprise, association, service public, les uns et les autres échangent sur leurs courtes vacances. Pas de grande originalité. Pas de long voyage. Mais des séjours dans les résidences secondaires, des visites à la famille ou du « prêt à la détente ». Gaspard et moi avions par exemple eu la même idée : un club de vacances. Une semaine de soleil à bronzer, faire du sport, à discuter avec les autres touristes. Lui, honnête, avait avoué son vrai boulot… Pas moi. Aussi ses maigres jours de répit avaient été pollués par la volonté de justifier notre politique économique et fiscale. Prudent, dans ces moments-là, je préférais mentir. Et j'évoquais un autre métier. Que j'ai exercé, mais voici longtemps : professeur à l'IEP de Bordeaux. En général, la discussion n'allait pas plus loin. Et pour cause, en vacances, les gens n'ont pas envie de parler avec un prof !

Dans la première réunion communication de la rentrée, nous avons balayé plusieurs points : le rythme, toujours ; les écolos ; la manifestation rituelle d'Arnaud Montebourg à Frangy-en-Bresse la semaine suivante ; la coordination de la communication ; la répartition des rôles entre les deux rives de la Seine. À Matignon le logement, le social, la gestion du flamboyant et imprévisible ministre de l'Économie. À l'Élysée, les Finances, l'apprentissage, le numérique…, qui doit communiquer sur quoi. Un drôle d'entrelacs.

Une nouvelle fois, nous avons abordé la fameuse question du « rythme ». Sur mon petit cahier, j'ai écrit : « On maintient ou on avance ? » Puis ajouté, en majuscules : « On force l'allure. » Ce sera une constante de cette seconde moitié de quinquennat : ne jamais s'arrêter ; aller toujours plus loin ; ne pas laisser digérer, reposer ; ne pas vraiment permettre aux réformes de se déployer, pas plus en économie qu'en éducation. Organisation de la semaine, réforme des programmes, retour de la formation des enseignants, introduction du numérique… Aucun moment de répit possible.

La une du *Monde* le souligna d'ailleurs lorsqu'elle s'est ornée du : « Je veux accélérer les réformes. » Le Président développa le même discours durant le Conseil des ministres de rentrée. L'entretien accordé au journal du soir comprenait les quatre parties convenues entre nous : la situation économique, la situation politique, la situation internationale et la question européenne. Des axes désormais bien connus.

Concernant le premier, la feuille de route avait été donnée par la conférence de presse de janvier précédent et le discours de politique générale de Manuel Valls. En gros, le pacte de responsabilité et de solidarité, ainsi que la baisse d'impôts. Auxquels on ajoutait trois sujets : la nécessité de relancer le BTP, la réponse à la censure du Conseil constitutionnel sur la baisse des charges dans les entreprises et la question de l'investissement.

Concernant l'Europe, la nécessité de faire bouger le cadre sans imposer de rapport de force à l'Allemagne était avancée. Le Président considérait que les mouvements de bras, les gesticulations, les oukases se révélaient souvent inopérants. Lui, une double conviction l'animait. D'abord, pour que la voix de la France soit entendue, il fallait que celle-ci soit plus forte économiquement. Ensuite, le frontal ne fonctionne jamais en Europe. Plus tard, afin d'appuyer cette conviction, il nous fera tourner en boucle des avancées réelles : l'évolution de la parité euro/dollar, le plan d'investissement Juncker, la nouvelle politique de la BCE… Peut-être, mais là aussi le récit entourant ces avancées se révélait insuffisant. Et, visiblement, les cénacles européens ne « captaient » pas plus. Plusieurs conseillers qui l'accompagnaient dans les grands raouts nous rapportaient à voix basse : « Il n'y parle presque pas. » Existait-il d'autres lieux de dialogue, d'autres voies suivies par lui ? Probablement, mais là encore sans valorisation du discours, des résultats.

Quant à l'international, le chef de l'État évoqua au journal la Syrie, les sanctions envers la Russie, le retrait des États-Unis et l'armement des Kurdes.

Restait – immanquablement – la situation politique. Si certaines questions du *Monde* abordèrent la fronde de la gauche et les primaires présidentielles à venir, ce fut de manière moins exclusive que d'autres médias. Le Président mit en avant la nécessité de l'unité et son désintérêt vis-à-vis de cette affaire des primaires. À ses yeux, revenait au PS de trancher sur ce sujet. Les dissensions à l'intérieur du gouvernement ? Elles n'étaient ni dans le radar des journalistes visiblement, encore moins dans le nôtre. Alors que…

Le Monde avait publié, à la fin juin, un grand papier sur Arnaud Montebourg. Dont le sous-titre évoquait ses menaces de démission permanentes, sous-entendu menaces qui ne se concrétisent jamais. L'article rappelait son parcours, ses combats… et sa proximité avec Manuel Valls et Benoît Hamon. Selon la légende – qui n'en était pas une –, le ministre avait d'ailleurs hésité sur lequel des deux inviter à sa traditionnelle fête de la Rose, lui qui avait repris une tradition lancée par Pierre Joxe, autrefois député de la circonscription, en lui donnant plus de retentissement et transformant ce rassemblement en temps fort de la rentrée politique. Le temps fort, cette fois, fut un sacré coup de tonnerre.

Une interview d'Arnaud Montebourg sortit le 20 août au matin, jour du Conseil des ministres de rentrée. Jour aussi d'une autre annonce très politique : Alain Juppé, par le truchement de son blog, annonçait sa candidature aux primaires de la droite et du centre. Dans les propos de l'ancien avocat ayant titillé Chirac *and Co*, de l'ex-ministre du Redressement productif s'étant fâché avec Matignon, rien de bien neuf, sinon la reprise de son leitmotiv : une autre politique économique serait possible, bousculer l'Allemagne nécessaire, etc. En somme, un écart officiel avec la doxa déterminée par le pouvoir auquel il appartenait, mais rien de plus qu'en temps ordinaire.

Le Président n'évoqua pas ce sujet dans son exposé liminaire du Conseil de rentrée. Il reprit seulement les grands messages de sa propre interview. Tout le monde était-il présent ce mercredi ? Je ne m'en souviens plus. Et n'ai pas de moyen immédiat de le vérifier. Car le mardi soir, comme tous les autres chefs de pôle, je recevais le dossier du Conseil à venir, liasse que nous devions rendre le lendemain soir. Elle comprenait le dossier, jaune, contenant l'ordre du jour, les parties A, B et C, mais aussi les notes que le Président avait dans son dossier et, en annexe, le plan de table des présents et absents, leur nombre d'absences depuis le début du gouvernement. Le plan de table était rituel. Face au chef de l'État, le Premier ministre. Entre eux deux, la pendule à double face pour que chacun ait la même heure. Puis un canevas particulier suivant l'ordre protocolaire. Avec Laurent Fabius à la droite du Président, Benoît Hamon à sa gauche, Ségolène Royal à la droite du Premier ministre, Christiane Taubira à sa gauche… Ensuite Michel Sapin, puis Arnaud Montebourg, sixième dans l'ordre protocolaire.

Rien de particulier ne nous sauta aux yeux dans le compte rendu fait par Jean-Pierre Jouyet aux conseillers en sortant de la réunion. Quant au Président, il avait enchaîné avec une réunion consacrée au déplacement à l'île de Sein, une rencontre avec un nouveau venu, le conseiller Industrie Julien Pouget. Sur ce X-Mines – comme il se doit –, Laurence Boone n'avait pas eu son mot à dire, le président du corps des Mines ayant donné son nom. Le chef de l'État avait-il validé la chose ? Je l'ignore. En tout cas, Julien arriva à l'Élysée le jour où le Président s'envola pour une tournée de trois jours dans l'océan Indien. Bref, la machine ronronnait et rien ne laissait augurer la déflagration et la crise qui, bientôt, nous tomberait dessus.

Comme prévu, François Hollande aux antipodes, c'est le Premier ministre qui prit le relais pour occuper l'espace politique et médiatique. Le jeudi se tint à Matignon la réunion bimensuelle de ministres et secrétaires d'État. Au programme, la déclinaison de l'interview du Président et le plan de travail du dernier trimestre 2014. Avec rentrée scolaire de plein exercice, questions économiques, programme législatif gouvernemental dont l'apparition, en texte phare, de la loi de modernisation concoctée et portée par Arnaud Montebourg.

De mon côté, je descendis assez vite à Bordeaux, devant en effet déménager. Ma famille et moi avions enfin réussi à vendre notre maison de Blanquefort et partions pour Bordeaux. Si le travail était avancé, comme toujours il restait des choses à faire. J'en profitais pour m'accorder un petit saut à l'université d'été de EELV, qui se tenait sur le campus de la ville. Un petit livre brûlot[1] de Cécile Duflot sur son expérience ministérielle récente venait de sortir et occupait les conversations. D'une certaine manière, il échauffait les esprits.

Le samedi, la tension grimpa d'un cran. Arnaud Montebourg accorda une autre interview, cette fois au *Monde*. Rien de vraiment nouveau par rapport à ses propos précédents et habituels, mais le contexte avait changé. Le président de la République avait accordé son propre entretien trois jours auparavant, maintenant le cap, et même souhaité l'accélération de la politique qu'il avait déterminée. En prenant soin d'ouvrir quelques portes, de laisser un espace de négociation sur les déficits, la fusion de la prime pour l'emploi et le RSA. Si, sur le fond, la nature du désaccord entre les deux hommes ne changeait pas, dans la forme le ministre de l'Économie s'avéra cette fois plus vif. Avec des propos à charge, Montebourg reprenait ses combats habituels, mais mettait aussi au jour la terrible ambiguïté dans laquelle il se trouvait : être resté dans le gouvernement d'un Manuel Valls, lequel avait un positionnement économique bien plus libéral que Jean-Marc Ayrault. Le pacte de responsabilité et de solidarité avait, depuis, été voté, mais les combats de Montebourg toujours là. Son impossible positionnement aussi. Qui plus est, le tempérament du nouveau Premier ministre n'avait

1. *De l'intérieur. Voyage au pays de la désillusion*, avec Cécile Amar, Fayard, 2014.

rien de comparable à celui, moins volcanique, de son prédécesseur. Une fois l'entretien paru, les choses s'emballèrent. Les frondeurs se mirent à applaudir à tout rompre, et Matignon intervint pour prévenir que toute nouvelle incartade serait sanctionnée.

Le dimanche, je suivis donc attentivement le rassemblement de Frangy-en-Bresse. Je n'étais pas le seul : le Président avait atterri, comme prévu, à 1 heure du matin, et lui aussi observa le déroulement de cette journée bourguignonne. Emporté par sa verve et l'ambiance, Arnaud Montebourg fut dans l'excès ; la goguenardise poussée à l'irrespect total. Et si Benoît Hamon semblait en retrait, il était là. Sans prise de distance avec les écarts du chantre du *made in* France. Imaginez la scène : deux ministres importants contestaient la politique du chef de l'État ! La cerise sur le gâteau fut à coup sûr la bouteille de vin dit du « redressement productif » que le tribun bourguignon envisagea, en riant, d'offrir au chef de l'État.

Entre membres de l'Élysée, nous eûmes beaucoup d'échanges cet après-midi-là. Vers 19 h 30, Matignon laissa filtrer qu'une ligne jaune avait été franchie et que le Premier ministre était déterminé à agir. Tard dans la soirée, je « rebouclais » avec Yves Colmou, tant il m'importait de connaître l'état d'esprit final de Manuel Valls. Comme à l'ordinaire direct avec moi, Yves conclut par : « Il va y avoir du sport. » Du sport, soit, mais pas forcément plus, pensait-on alors.

Le lundi matin, je montais pour me rendre à la réunion des chefs de pôle de l'Élysée quand j'appris qu'elle n'aurait pas lieu. Le Président sortit de son bureau, accompagné du Premier ministre et de Jean-Pierre Jouyet, tandis que Gaspard l'attendait pour partir à l'île de Sein. Et nous jeta juste, un peu goguenard à son tour : « Allez voir Jean-Pierre. Il a des choses à vous dire. »

14

« Sur proposition du Premier ministre, le président de la République a nommé… »

La décision, nous l'avions comprise. Dans ces cas-là, pas le temps de se refaire le film des événements, d'essayer de comprendre les raisons de l'accident. Juste agir. En l'occurrence, après explications de Jean-Pierre Jouyet, diffuser quelques éléments de cadrage, donner quelques indications pour la suite à la presse, au parti, etc., et, en ce qui me concerne, passer un nombre incalculable de coups de fil à des parlementaires.

Les deux mots-clés à rabâcher ce jour-là seraient « cohérence » et « confiance ». D'abord, à mes interlocuteurs, je ferais un rapide topo sur le récit commun à propager : « Le président de la République et le Premier ministre se sont longuement parlé hier soir. Ils se sont revus une heure en tête à tête ce matin. Le secrétaire général les a rejoints en fin d'entretien. Et une décision forte a été prise. »

Pendant la courte réunion de mise en perspective, un communiqué de presse était parti. Annonçant que le Président avait accepté la démission du Premier ministre et donc de tout le gouvernement. Une formule habile pour ne pas cibler particulièrement Untel ou Unetelle, mais reposer à chaque ministre la question de confiance. Manuel Valls commencerait à contacter les uns et les autres dès la fin de matinée.

Pendant ce temps, le Président arrivait à l'île de Sein. Toute la journée – et cela continua l'après-midi durant les cérémonies de commémoration de la libération de Paris –, il ne dit pas un mot de la situation politique. Nous non plus. Dans ces instants-là, on reçoit d'innombrables appels et SMS ; s'ils émanaient de journalistes, je les renvoyais implacablement sur Gaspard. Limiter le nombre d'émetteurs en période de crise est essentiel. De toute façon, j'étais sacrément occupé ailleurs.

J'avais en effet commencé ma tournée téléphonique. Parmi mes premiers interlocuteurs, Régis Juanico, proche de Benoît Hamon. Qui me confirma ce que nous pressentions déjà : le ministre de l'Éducation nationale ne resterait pas au gouvernement, lui qui avait pourtant été promu moins de cinq mois auparavant au poste de numéro quatre, et surtout qui avait une rentrée scolaire à mener moins d'une semaine plus tard ! Ce paradoxe restera longtemps un mystère pour le Président. « Ministre de l'Éducation nationale, c'est le plus beau poste qui soit quand on est socialiste. Comment a-t-il pu gâcher cela ? », dit-il.

Au cours des trente-deux conversations que j'eus ce matin-là, je recueillis des avis relativement partagés. Comme d'habitude, je faisais attention à diversifier les profils, alternant jeunes députés et habitués du Parlement, élus du Nord comme du Sud, de métropole comme des territoires périphériques, médiatisés ou non et de sensibilités diverses au sein du parti socialiste.

Les commentaires variaient, les analyses aussi. Certains pensaient la démission-éviction d'Arnaud Montebourg inéluctable. Depuis la composition du gouvernement ayant succédé à celui de Jean-Marc Ayrault, malgré la sympathie existant entre Valls, Montebourg et Hamon, que d'aucuns considéraient comme une alliance de circonstances… pour beaucoup les divergences idéologiques entre eux étaient trop fortes. Une analyse largement répandue. Mais il y avait aussi ceux qui estimaient cette crise subite et les soubresauts inévitables fort regrettables. Parce que la cassure allait peser lourd.

Les points de vue se décomposaient aussi entre optimistes et pessimistes, actifs et inactifs, politiques et personnels. D'aucuns s'interrogeaient sur le périmètre de la future majorité. D'autres sur leur propre périmètre si jamais ils devenaient… ministres ! Les deux pouvaient d'ailleurs se chevaucher.

Le reste de la journée, je pus aussi la voir se dérouler sur trois écrans de télévision simultanés. Sur le premier, j'ai vu un président qui se faisait tremper jusqu'aux os par une averse lors de la cérémonie de l'île de Sein. En refusant un parapluie qui l'aurait protégé, il tenait à faire honneur aux anciens combattants qui, eux, restaient sous la pluie. Pas question de bénéficier d'un traitement différent de ceux qui avaient été de véritables héros. L'intention était noble, mais l'image se révéla catastrophique. Elle donna le sentiment d'un président qui ne maîtrisait rien, de services incompétents et imprévoyants. Un beau soleil aurait pu donner à François Hollande une certaine grandeur, presque un air martial, en cette journée de commémoration et de turbulences politiques, mais ce ne fut vraiment pas le cas. Comment sembler faire acte d'autorité en paraissant détrempé ? Mission impossible.

Sur le deuxième poste, il y avait Matignon en direct. Manuel Valls entamait ses rencontres en tête à tête avec chacun des ministres. Arnaud Montebourg et Benoît Hamon, de leur côté, déroulèrent un plan de communication, vraisemblablement improvisé. Ce qui avait sûrement été un simple emballement se transforma en stratégie assumée – ou prétendue telle. Sur le troisième écran, on les voyait donc ménager l'avenir tout en semblant rebelles, expliquer leur volonté d'une nouvelle politique sans renverser totalement la table. À 16 heures, Arnaud Montebourg donna une conférence de presse en direct de Bercy. Où il remercia Benoît Hamon… et Aurélie Filippetti, qui avait profité de cette crise pour rejoindre ces frondeurs et annoncer son propre départ. La France, du moins celle qui suit la politique, apprit alors qu'il n'y aurait pas deux, mais trois ministres sortant du gouvernement… Et découvrit officiellement les relations personnelles existant entre le ministre de l'Industrie et sa collègue de la Culture.

Les autres ministres confirmèrent leur désir de demeurer au gouvernement, y compris Christiane Taubira que des rumeurs disaient prête à s'en aller. Le Parti des radicaux de gauche manifesta rapidement sa volonté de rester, les écologistes, eux, de ne pas y revenir. De son côté, toute la journée, le Président fut pris par le cycle des commémorations, et je ne le vois pas.

Ce lundi, donc, ce sont surtout les sortants qui occupent les plateaux télé. Arnaud Montebourg cible plutôt François Hollande et épargne relativement Manuel Valls. Le mardi sonne l'heure de la contre-offensive gouvernementale. Le matin, au petit déjeuner de la majorité, pas un absent !

L'ambiance n'est, on s'en doute, pas bonne du tout. Manuel Valls fait un exposé liminaire, analyse, constate un emballement pas forcément maîtrisé des trublions comme de la presse. Puis récapitule les événements du week-end, rappelle le courrier envoyé samedi à Arnaud Montebourg afin de le mettre en garde contre tout commentaire intempestif, souligne les propos tenus lors de la manifestation de Frangy-en-Bresse par ce dernier. Puis résume l'ensemble des entretiens qu'il a eus avec les ministres. Il insiste sur l'attitude des sortants : Montebourg bravache, gamin et pas désagréable ; Hamon amer et très triste.

Il passe ensuite à la composition du nouveau gouvernement. Le président du PRG, Jean-Michel Baylet, veut devenir ministre. Qui plus est avec un portefeuille régalien. Un autre élu souhaite un portefeuille de cette nature, Bruno Le Roux. De fait, il m'a pris à part avant le début de la réunion pour me signifier combien il est dépité de voir les trains passer sans s'arrêter. Une chose est sûre : le nouveau gouvernement sera annoncé rapidement et sans gros changement.

Le premier secrétaire du parti socialiste prend ensuite la parole. Cambadélis se montre dur. Surtout avec Matignon en vérité. Il assène que, depuis le début août, nous nous sommes placés dans la seringue avec notre communication économique trop anxiogène, au moment où il aurait fallu mettre en avant la baisse d'impôts. Que la tension avec les frondeurs, alors que l'interview du Président avait ouvert quelques portes intéressantes, était une erreur. Et conclut par un exposé relatif à l'université d'été du PS de La Rochelle destiné à affiner les éléments de discours à y tenir : « La décision de Hamon et Montebourg est incompréhensible et stérile», dit-il. Suivent les interventions de Claude Bartolone, Bruno Le Roux, Didier Guillaume et Jean-Pierre Bel. Comme souvent, le président de l'Assemblée nationale se montre à la fois le plus sombre et le plus vindicatif, établissant un parallèle avec la situation de 1992, catastrophique. Didier Guillaume revient, de son côté, sur les aspects communication et déplore les images de l'île de Sein. À ses yeux – il n'est pas le seul –, tout l'effort de re-présidentialisation entrepris depuis juin est à terre. Je suis de son avis. Il brosse aussi un tableau des prochaines sénatoriales, qui se présentent mal. Parce que les accords électoraux sont rares, les tensions nombreuses, y compris avec les radicaux de gauche. Jean-Marie Le Guen intervient en manifestant son hostilité à un nouveau vote de confiance, le Premier ministre l'ayant obtenue en avril précédent : inutile à ses yeux de refaire l'exercice, d'autant que le résultat sera nécessairement moins bon. Comme souvent, Stéphane Le Foll est l'un des derniers à s'exprimer. Lui se dit préoccupé par la manière dont les militants vont ressentir les départs. Alors il essaie de donner une grille d'analyse et des angles d'attaque. « Les positions de Hamon et Montebourg sont incompréhensibles, dit-il : ils restent au gouvernement au moment où le pacte de responsabilité est le principal point sur la feuille de route. Et en sortent alors que des inflexions sont données. »

Jean-Christophe Cambadélis et Manuel Valls concluent. Pour le premier, il faut que la majorité du parti soit élargie, sans pratiquer pour autant le débauchage. Donc il n'est pas favorable à l'idée de faire imploser le parti écologiste. Il va toutefois rencontrer sa dirigeante, Emmanuelle Cosse. Bien sûr, le PRG doit être dans le gouvernement, renchérit le Premier ministre, qui laisse cependant en suspens la question du vote de confiance.

À ce stade, aucun nom n'est mentionné pour occuper les ministères bientôt vacants. Le bal des pronostics occupera le reste de la journée. Et le déjeuner hebdomadaire rituel entre Manuel Valls et François Hollande a été déplacé au mardi midi.

La composition d'un gouvernement est toujours quelque chose de particulier et confus. Je me suis longuement demandé si ce fonctionnement nous était propre ou inhérent à l'exercice. En creusant, il semble que non. L'impression d'improvisation et de flou ubuesque a toujours existé en France. Avec surchauffe des derniers moments, personnes qui apprennent à la lecture du gouvernement par le secrétaire général de l'Élysée qu'elles deviennent ministres, secrétaires d'État, ou qu'elles ne le sont plus.

Durant mon passage à l'Élysée, j'ai assisté et participé à trois changements importants de gouvernement, ainsi qu'à huit modifications, plus ou moins marginales. Tous ont été spécifiques mais marqués par cette sensation de frénésie non cadrée.

Peu de temps après mon arrivée, le Président nous a par exemple annoncé que Valérie Fourneyron, alors au Commerce et à l'Artisanat, allait quitter son poste pour des raisons de santé. Le Président me demanda de dresser une liste de trois à quatre noms, nécessairement des parlementaires, règle pour lui intangible tant il lui semblait impossible de devenir ministre sans avoir exercé de mandat national auparavant, local à la rigueur. Durant les deux premières années, seule Fleur Pellerin fut une exception à ce principe. Bref, j'élaborai cette liste. Et Valérie Fourneyron fut remplacée par Carole Delga, qu'il s'agissait – aussi – de mettre en piste pour les élections régionales de décembre 2015.

Le remaniement d'août 2014 fut donc le premier de grande ampleur que je connus. Dans un contexte très particulier. Et sans que j'aie l'impression d'y avoir beaucoup participé. Pourtant, en relisant mes cahiers, je me rends compte que j'ai noirci quatorze pages avec un nombre incroyable de combinaisons d'entrants, sortants, équilibres, alchimies, etc. Tout gouvernement est complexe à faire. Vous avez l'impression d'avoir fini, mais un dernier nom surgit qui oblige à tout repenser. J'avais connu ce genre d'exercice lors des compositions de listes pour les régionales, les municipales, mais l'ampleur n'avait évidemment rien à voir.

Car en cette fin août 2014, deux acteurs principaux, le Président et le Premier ministre, sont à la manœuvre. Avec le secrétaire général toujours à proximité, plus quelques autres collaborateurs – bien peu en fait. Ce mardi, Nicolas Revel, Gaspard et moi sommes les trois au courant, les trois à voir et intervenir. Car le Premier ministre est seul à l'Élysée, ses collaborateurs restant à Matignon. D'où ses nombreux allers-retours avec la rue de Varenne. Pour le dernier grand remaniement, celui de février 2016, il y aura une exception : dans l'après-midi, la directrice de cabinet du Premier ministre, Véronique Bédague, et le secrétaire général du gouvernement, Marc Guillaume, seront avec nous. Ce dernier tapera même en direct, sur son ordinateur portable, les différentes compositions possibles. Plié en deux, les genoux heurtant la table de réunion trop basse !

Tout se passe au premier étage, entre l'espace du Président, le Salon vert et le bureau du secrétaire général. D'autres pièces peuvent être utilisées, comme le salon d'angle – « celui qui rend fou », surtout dans ce genre de journée – ou le secrétariat du secrétaire général. Les rares présents font tous la même chose : téléphoner, tester, textoter, raturer, réécrire. Et surtout vérifier. Le nom du suppléant, les réactions possibles, les situations fiscales – apanage du secrétaire général, qui appelle Bercy et la Haute Autorité pour la transparence de la vie publique. Nous constaterons d'ailleurs vite que ces vérifications ne sont jamais suffisantes et s'avèrent presque sans fin. À croire qu'il faudrait, comme pour les commissaires européens, que les noms des postulants ou pressentis passent devant le Parlement, ce qui multiplierait les contrôles et limiterait les zones d'ombre. Mais prendrait aussi… du temps.

En relisant mes quatorze pages, je comprends que sont apparus des noms de personnes qui, au final, n'entreront jamais au gouvernement. Comme Bruno Julliard ou Marie-Christine Blandin à la Culture. D'autres qui y entreront un jour, mais plus tard – Christophe Sirugue sous François Hollande ou Florence Parly sous Emmanuel Macron.

Les heures s'écoulent, la journée passe et l'attente monte. Comme toujours, le Président n'aime pas donner l'impression d'être sous pression. Il maintient donc certains de ses rendez-vous. Au milieu des appels, Jacques Attali vient ainsi remettre un rapport sur la francophonie économique. Pour autant, le cadre du futur exécutif a commencé à apparaître, l'architecture globale est posée. Pas de bouleversements majeurs pour les postes régaliens : Défense, Intérieur, Justice et Affaires étrangères. Donc nous nous concentrons sur les trois remplaçants des partants. Le nom de Najat Vallaud-Belkacem émerge assez vite pour le ministère de l'Éducation. Le Président l'a repérée depuis longtemps – durant la campagne des primaires – et considérait en effet que Ségolène Royal avait deux excellents porte-parole avec elle et Guillaume Garot. De fait, devenue porte-parole du candidat puis du Président sous Jean-Marc Ayrault, en charge déjà des droits des femmes – ce qui donne une visibilité particulière à ces questions – et ayant à son actif plusieurs actions très concrètes – remboursement de l'IVG, parité dans les départements et une loi adoptée quelques semaines plus tôt –, elle devient plus visible. Le Président nous teste les uns et les autres sur ce choix, mais presque uniquement par courtoisie : sa décision est prise.

Le Premier ministre arrive au déjeuner. Objectif : aborder le reste. Au moment du café, Jean-Pierre Jouyet et Véronique Bédague-Hamilius les rejoignent. Un peu après 15 heures, les équipes se séparent. Tout est loin d'être bouclé.

À la Culture, choix délicat. Pas mal de noms circulent. Je plaide, avec d'autres, en faveur de Fleur Pellerin. Avec un raisonnement simple : le monde de la culture se voit bouleversé par le numérique. Cette ministre peut être une excellente passeuse. Un pari qui sera très partiellement gagnant.

Demeure le problème du ministère de l'Économie. Un gros enjeu à tous points de vue. C'est Arnaud Montebourg qui a déclenché la crise et quitté un ministère presque taillé à sa mesure. Faut-il redécouper ? Qui mettre afin de lui succéder ? Beaucoup de noms circulent encore ; mais très peu résistent à quelques secondes d'échanges. Jean-Pierre Jouyet se montre particulièrement inspiré quant à cette nomination, lui qui connaît Bercy et l'Industrie. Le nom de Louis Gallois est avancé. L'homme est certes un peu âgé, mais il constitue une référence en ce qui concerne la gestion de l'État et des entreprises. Appelé, il décline pour raisons personnelles.

Je ne me souviens plus à quelle heure le nom d'Emmanuel Macron surgit dans les discussions. Je l'entends, quant à moi, vers 16 heures. Nicolas Revel et Gaspard sont d'emblée enthousiastes lorsque Jean-Pierre Jouyet le mentionne. Moi aussi, même si je vois la difficulté politique supplémentaire que cette hypothèse peut créer. Macron à la place de Montebourg relève d'un choix tout sauf neutre. Un appel est passé à Emmanuel Macron, en vacances au Touquet.

Les derniers ajustements concernent le remplacement de Najat Vallaud-Belkacem, qui a changé de poste, et les secrétaires d'État : Myriam El Khomri est envisagée à la Politique de la ville, Pascale Boistard aux Droits des femmes, le député Thomas Thévenoud aux Transports, Frédéric Cuvillier ayant préféré ne pas rester, pour des raisons de rang et de présence dans sa commune et en aucun cas de désaccord sur la ligne politique. Patrick Kanner, quant à lui, entre à la Ville, à la Jeunesse et aux Sports. Quelques ultimes coups de fil sont passés – ou pas – pour prévenir. Aux ministres les plus fidèles. Aux responsables politiques.

Les angles de communication sont parallèlement calés. Cohérence, compétence, surtout jeunesse et renouvellement : Emmanuel Macron, Najat Vallaud-Belkacem, Fleur Pellerin, Thomas Thévenoud, Pascale Boistard font donc leur entrée ou se voient promus. Ils n'ont pas quarante ans. Manuel Valls, de son côté, prépare son intervention pour le 20 heures. Jean-Pierre Jouyet, lui, peaufine son annonce sur le perron de l'Élysée. Que je vais suivre dans mon bureau avec quelques chefs de pôle tandis que Gaspard sera assis sur les marches de l'escalier d'honneur.

Le secrétaire général entame le rituel : « Sur proposition du Premier ministre, le président de la République a nommé… » Les gagnants sont égrenés dans l'ordre protocolaire. Jean-Pierre Jouyet sourit quand il cite le nom d'Emmanuel Macron. Gaspard prononce un « Yes », « Yes » qu'Yves Jeuland mettra dans son documentaire. Alors qu'il était là durant presque toute la journée avec un matériau incroyable – la constitution d'un gouvernement en temps de crise politique majeure –, on ne retiendra que ce « Yes » anecdotique.

15

Absent

Lorsque l'on raconte une histoire – cette mandature a été une histoire, particulière certes, mais incontestablement une histoire –, ce sont toujours les bosses, seules, qui apparaissent. Les creux, le quotidien, la banalité n'ont pas leur place. Ou presque pas. Pourtant, ils sont tout aussi importants, voire presque plus. Durant cette présidence chaotique, il n'y a presque jamais eu d'entre-deux. Nous ne sommes jamais parvenus à nous déployer, à poser les choses, à « construire une séquence », comme on dit dans le jargon politico-médiatique. Chaque fois, un nouveau choc survenait. Il est donc presque impossible d'égrener des jours tranquilles qui, de fait, n'ont pas existé. Non, dans ce récit, ce sont les remises en selle qui constituent les entre-deux. Car, chaque fois et pendant des mois, le Président n'a eu de cesse de se remettre debout. L'exécutif aussi. Plus ou moins. Ce fut le cas à partir du mardi 26 août 2014 au soir.

Les scènes du dimanche et du lundi de fin août 2014 avaient été dévastatrices pour tous les protagonistes. Pour ceux qui avaient provoqué la crise – Arnaud Montebourg, Benoît Hamon, Aurélie Filippetti –, car personne n'avait compris leurs raisons, et tout le monde ressortant de la séquence avec l'impression quelque peu effarante d'avoir assisté à une mauvaise blague de potache qui avait mal tourné. Comme pour les deux têtes de l'exécutif. Assister, cinq mois après la constitution d'un gouvernement mené par un nouveau

Premier ministre, à une crise conduisant au départ de plusieurs de ses membres, et pas des moindres, c'était du rarement vu.

Heureusement, la présentation du gouvernement Valls II, le mardi soir, fut, elle, plutôt bien accueillie, du moins dans de telles circonstances. Les arguments de cohérence, de jeunesse et de renouvellement furent même entendus. Si bien que le mercredi matin, lorsque se réunit le Conseil accueillant les nouveaux ministres, parce que comme toujours après un accident les événements d'avant semblent bien loin, on eut le sentiment que la bourrasque de la crise remontait déjà à fort longtemps ! Le Président commença néanmoins – il le fallait – par un rappel à l'ordre clair. Et Manuel Valls réactiva son compte Twitter pour l'occasion en affichant ces trois mots d'ordre partagés entre eux : cohérence, cohésion, clarté.

Les projecteurs médiatiques se braquèrent tout de suite sur Emmanuel Macron. Qui représentait une surprise, une entorse et un signe. La surprise, elle était évidente. L'entorse, c'était de voir arriver à un poste éminemment symbolique et stratégique un homme ne respectant pas la vieille règle de la Hollandie qui voulait qu'on soit passé par le suffrage universel avant d'obtenir un maroquin. L'exception – aux deux sens du terme – sauta aux yeux du landernau politique. Et fut plus ou moins bien acceptée.

Si la politique est presque toujours présentée comme une rente de situation, une possibilité d'obtenir des privilèges, la réalité se révèle tout autre. Ce métier, cette mission, impose surtout d'innombrables soirées et week-ends passés hors de chez soi, à travailler, à être sur le terrain, et exige presque toujours des sacrifices personnels et familiaux plus ou moins coûteux. Aussi, permettre à un homme âgé de trente-sept ans de devenir ministre de l'Économie parut à beaucoup comme une rupture d'égalité de l'effort, socle commun à tous les politiques.

D'emblée, les jalousies furent innombrables. Et, paradoxalement, peut-être plus chez les jeunes que chez les plus anciens. Une jalousie qui allait d'autant plus se déployer qu'Emmanuel Macron incarnait une ligne politique, le social-libéralisme, totalement assumée.

Le Président, lui, était prêt à assumer. Même à mettre son choix en avant. Il nous réunit ainsi, comme tous les mercredis, avant le Conseil des ministres. Et nous échangeâmes ensemble sur les commentaires des médias et les réactions des parlementaires au changement de ministre. Après avoir chargé Jean-Pierre Jouyet et Nicolas Revel d'être attentifs à la composition des nouveaux cabinets, il voulut connaître les réactions à la mise sur orbite d'Emmanuel Macron. Il recommanda alors aux uns et aux autres de voir comment aider Emmanuel. À la sortie de ce premier Conseil des ministres, il le raccompagna d'ailleurs sur le perron. Le geste était fort.

Dans les jours qui suivirent, le Président continua à ne pas trop se mettre en avant, la scène politique étant occupée par le Premier ministre, Emmanuel Macron et les responsables du parti socialiste.

Manuel Valls enfonça le clou. Comme souvent. Trop fortement. Il se rendit à l'université d'été du MEDEF et se permit une tirade « J'aime l'entreprise », qui lui permit d'obtenir une longue, très longue standing ovation de l'assistance, mais c'était en rajouter et braquer plus encore certains socialistes. Et n'empêcha pas, quelques semaines plus tard, de voir le MEDEF pas vraiment constructif par rapport au pacte de responsabilité.

Emmanuel Macron, de son côté, fit ses premiers pas et apparitions. Pas toujours maîtrisés. On le vit d'abord lors de la transmission de témoin entre Arnaud Montebourg et lui-même. Tous deux se connaissaient et s'appréciaient, ce que l'ancien ministre signifia publiquement à son successeur – de toute façon, le rebelle de Frangy n'avait, n'a et n'aura toujours qu'une cible, François Hollande. La séquence fut bonne. Moins évidentes apparurent ses premières déclarations publiques, qui se firent au travers d'une interview un peu particulière. Donnée au *Point* le lundi 25 août, elle fut publiée le jeudi 28. Or, ce lundi-là, il n'était pas encore ministre, le jeudi suivant si. D'où des propos libres qui correspondaient à ses convictions – notamment sur les 35 heures – et ne représentaient pas la ligne du gouvernement. Résultat, son ode au « social-libéralisme » provoqua des réactions. Jean-Christophe Cambadélis, toujours premier secrétaire par intérim, se dressa en gardien du temple. Et rappela dans *Le Monde* que ce mot n'appartenait pas au vocabulaire du parti socialiste.

Au cours de ces quelques jours, le Président fut donc peu présent. Plus ou moins volontairement. En fait, afin de le tenir hors du jeu tactique de La Rochelle, nous avions conçu une séquence internationale assez lourde.

Le jeudi 28 au matin, discours à la traditionnelle conférence des ambassadeurs. Ce rituel, qui remonte à 1993, a été mis en place sous Édouard Balladur lorsque Alain Juppé était ministre des Affaires étrangères, et ce avec l'assentiment de François Mitterrand. Pendant la dernière semaine d'août, les principaux représentants de la diplomatie française à travers le monde se réunissent à Paris, occasion pour eux de rencontrer en un laps de temps restreint les principaux responsables de l'État, le Président au premier chef. Moment important pour le président de la République et singulièrement François Hollande, qui peut à cette occasion exposer sa vision de la diplomatie française. D'où un discours particulièrement préparé. Après le Conseil des ministres, il a donc déjeuné avec les chefs de service de presse étrangers, puis passé une partie de l'après-midi et de la soirée à peaufiner son texte. Tout en suivant – comme toujours – les dépêches AFP tombées sur son iPhone, appareil que lui seul avait pu conserver à l'Élysée, les mesures de sécurité contraignant tous les membres du bâtiment à se servir d'un Samsung considéré comme plus sûr. Peut-être, mais beaucoup moins aisé à manier !

Le discours balayait l'ensemble du globe, mais trois zones de tensions et d'inquiétude se virent mises en avant. Primo l'Afrique, où le virus Ebola se développait à vive allure et où la menace djihadiste continuait à se déployer. Secundo l'Ukraine, où les tensions avec la Russie devenaient très vives. De fait, quelques jours plus tard, à l'issue d'un Conseil de défense, la France considéra que les conditions n'étaient pas réunies pour livrer des frégates Mistral, commandées à la Russie. Je me souviens ainsi d'un déjeuner où Jacques Audibert nous expliqua ce qu'était une frégate Mistral, sa taille et l'usage possible d'en faire : il y avait bel et bien une contradiction majeure entre la médiation pour la paix en Ukraine que nous déployions et la livraison de ces bâtiments de guerre à Moscou. Reste que l'affaire des frégates Mistral – livrera, livrera pas – occupera une partie de cette seconde moitié du quinquennat, démontrant l'âpreté des relations avec Poutine. Tertio, et enfin, le Moyen-Orient qui, une nouvelle fois, concentrait nombre de menaces. La crise de Gaza s'était en effet poursuivie durant l'été, avec des répercussions lourdes en France ; des manifestations pro-palestiniennes avaient ainsi dû être interdites. Les tensions avec l'Iran sur la question du nucléaire demeuraient fortes. Et, surtout, le péril Daech et l'avancée galopante du califat entraient dans toutes les consciences : il n'était plus question de pinailler sur la manière de nommer l'EI, mais d'essayer d'enrayer son expansion.

Cette séquence internationale perdura toute la fin de semaine, avec un nombre impressionnant d'appels téléphoniques et de rencontres bilatérales : Donald Tusk, le roi du Bahreïn, Rajoy, Poutine, Merkel, Juncker, Faymann, Van Rompuy... Les échanges européens s'accéléraient à mesure que – autre moment d'importance – une rencontre des dirigeants sociaux-démocrates approchait. Laquelle était prévue pour le samedi 30 août, soit la journée la plus dense de l'université d'été de La Rochelle.

François Hollande faisait ce qu'il faisait le plus : travailler. Les déplacements, les rencontres notées à l'agenda officiel comme celles avec les journalistes sont mis en avant dans les médias, or la majeure partie du temps présidentiel était occupée par des réunions de travail, l'absorption de notes, des rendez-vous d'arbitrage. Probablement trop, à vrai dire, mais le chef de l'État entrait dans les dossiers au point de les maîtriser mieux que ceux censés les conduire. Une belle machine intellectuelle et un bûcheur, reconnaissons-lui aussi ces talents. Pourtant cette capacité hors norme n'était pas forcément stimulante, même pour nous, ses proches collaborateurs.

Souvent, j'ai pensé que le Président en venait à assurer le travail d'arbitrage relevant... du Premier ministre. Un hôte de Matignon trop par monts et par vaux, pas assez à cette tâche non médiatisée. Durant ces premiers jours de l'été 2014 finissant, François Hollande observait. Et d'abord le successeur de Jean-Marc Ayrault.

Le changement de Premier ministre, en mars précédent, avait entraîné la sortie des écologistes du gouvernement. Un coup d'éclat qui rétrécissait à nouveau la base du pouvoir. En fait, plus le Premier ministre se renforçait, plus notre socle politique, lui, diminuait. À cette période, sa popularité protégeait Manuel Valls. Mais c'était beaucoup moins le cas cinq mois plus tard. Il était, certes, bien plus populaire que le Président, mais cela ne constituait plus un réel bouclier. Il y avait une vraie propension du Premier ministre à faire le vide autour de lui. Et donc à isoler aussi le Président. Le phénomène ne fera que s'accentuer. Plusieurs fois, nous tirerons le signal d'alarme auprès du chef de l'État. En vain.

Le vendredi, nouvelle journée offensive de Manuel Valls. Il présenta son plan de relance pour le bâtiment, travaillé tout l'été en étroite liaison avec le ministère du Logement, l'Élysée, mais aussi des promoteurs immobiliers. Un plan qui revenait à des mesures classiques destinées à produire du logement en France : nouvelles défiscalisations encadrées, annonce de la fin de l'encadrement des loyers… Alors que j'avais essayé de manifester mon scepticisme auprès du président de la République à ce propos, domaine que je connaissais pour l'avoir beaucoup pratiqué comme président de la communauté urbaine de Bordeaux, je m'étais vertement fait renvoyer dans mes buts, avec des arguments qui flirtaient avec une certaine mauvaise foi. Or, si le flou est fréquent chez François Hollande, la mauvaise foi est fort rare, le premier empêchant la seconde. Ce plan connut un succès réel en termes de relance de la construction, mais je reste convaincu qu'il ne s'agissait pas forcément des bonnes constructions et que nous avons bien trop peu lutté contre la flambée des loyers.

Si le projet fut bien accueilli par le milieu du bâtiment et des travaux publics, il n'en alla pas de même chez les élus, singulièrement locaux. La non-application de l'encadrement des loyers fit grincer bien des dents. Claude Bartolone estima lui-même que ce n'était pas le bon moment pour faire une telle annonce. Et Martine Aubry se fendit d'un communiqué dénonçant la mesure.

L'université de La Rochelle allait donc se dérouler dans un drôle de climat !

Le samedi, journée des frondeurs et des contestations. Pour une fois rassemblés au même endroit, les premiers annoncèrent le lancement de leur mouvement : « Vivement la gauche ». Qui attira jusqu'aux aubrystes, plusieurs proches de la maire de Lille étant présents dans la salle. La couverture médiatique de cette initiative fut extrêmement importante. Et l'impact de la présence de Christiane Taubira, restée garde des Sceaux, encore plus grand. Elle avait manifesté en début de semaine son souhait de rester au gouvernement, mais était venue à la réunion de Vivement la gauche. Si le succès fut immense, le trouble suscité par sa présence aussi.

La table ronde de l'après-midi, qui devait amorcer un possible rassemblement des gauches, ne fut pas, en revanche, une réussite. C'était l'idée, voire l'obsession, de Jean-Christophe Cambadélis. N'avait-il pas, au début des années 1990, été le concepteur et l'un des artisans de ce qui allait devenir la « gauche plurielle » ? Lors de la présidentielle de 2002, ne défendait-il pas le même schéma ? À l'époque, ne désirait-il pas rassembler, au lendemain du premier tour de la présidentielle, toutes les forces de gauche, allant du Nouveau Parti anticapitaliste jusqu'aux radicaux de gauche portés par Christiane Taubira, afin de battre franchement Jacques Chirac ? Sauf qu'il n'y eut pas de second tour pour Lionel Jospin. Durant toute la mandature de François Hollande, il tenta donc de recréer un succédané d'alliance des gauches. Avec, malheureusement, un succès plus que mitigé. Résultat, la plénière ne se passa pas bien. Emmanuelle Cosse arriva en « colère » – pour reprendre son expression –, Jean-Michel Baylet fit une longue tirade pour dire que le PS ne traitait pas bien ses partenaires et Robert Hue se demandait ce qu'il faisait là.

En fin d'après-midi, le Premier ministre apparut. Dans une ambiance électrique et entouré par un comité d'accueil virulent dès la gare ! Le samedi soir fut consacré, comme d'habitude, au banquet des militants et aux innombrables rencontres des sous-chapelles – plus prosaïquement aux différentes terrasses.

La Rochelle se conclut le lendemain. Par différents discours. Avec, en avant-dernier, celui du premier secrétaire et, en clôture, celui de Manuel Valls. Le début fut laborieux, difficile. Très. Assis au fond de la salle, j'ai entendu les sifflets, les huées, les « Vive la gauche ». Et j'ai aussi vu la magie du verbe opérer. Manuel Valls peut être un excellent orateur. Et il le fut. Il ne convainquit pas

– loin de là –, mais il montra largement son talent. En usant d'arguments pertinents, en sachant jouer avec l'assistance. Au terme de son discours, il était en sueur, trempé, mais les choses s'étaient rééquilibrées : il avait montré qu'il était là. Et bien là.

Le Président, lui, non. Un absent. Au propre et au figuré. Le week-end avait montré une polarisation forte, lisible, avec d'un côté les frondeurs et de l'autre le Premier ministre, les deux minoritaires dans le parti socialiste, même leurs poids additionnés. Mais au moins ils se trouvaient sur le devant de la scène. Et continueront à l'être. Le chef de l'État, non.

À l'Élysée, le lundi matin, réunion des chefs de pôle autour du Président. Avec un débriefing du week-end bref, car nous nous projetions dans l'avenir. Et parce que l'ordre du jour était assez vertigineux : les tensions croissantes avec la Commission européenne sur le budget de la France, la volonté du Premier ministre d'augmenter la TVA pour boucler le budget et réduire les déficits, le prochain déplacement à Clichy-sous-Bois de François Hollande, le futur Conseil restreint de défense consacré à la question de la vente des Mistral, l'organisation d'un séminaire de cabinet, les pointages pour le nouveau vote de confiance et, surtout, la préparation de la rituelle conférence de presse de rentrée.

En somme, un lundi normal ou presque pour le Président, qui enchaînait entretien avec le directeur du Trésor, rencontre avec le président de la BCE, tandis que nous, nous vaquions à nos tâches. Objectif, récupérer de cette semaine incroyable. Et profiter de l'été qui durait un peu. Après tout, nous n'étions que le 1er septembre !

16

« *C'est le livre d'une personne qui a beaucoup souffert* »

Une énième fois, la crise a débuté par un tweet. Celui d'une journaliste de La Chaîne parlementaire qui annonça, le mardi 2 septembre vers 10 heures du matin, que Valérie Trierweiler allait sortir un livre où « François Hollande en prenait pour son grade ».

Dès qu'il s'agit de Valérie Trierweiler, mes sens se mettent en alerte et des souvenirs ressurgissent. Durant la présidentielle, j'avais discuté avec elle de l'usage de Twitter. Elle débutait à peine sur ce réseau social et était en quête de conseils. En charge de la campagne numérique de son compagnon dès la primaire, j'avais très vite appris (et vu) l'intérêt comme les dangers de Twitter. Plus tard, après la victoire et alors qu'un voyage aux États-Unis était prévu, je lui avais proposé, par mail, de rencontrer les équipes numériques de Barack Obama. Comme nous avions travaillé ensemble durant la présidentielle et noué quelques liens, il me paraissait intéressant de voir les équipes de POTUS (President Of The United States), qui géraient aussi le compte de son épouse, Michelle. Elle m'avait répondu – gentiment – qu'elle n'aurait pas le temps et que, même si elle avait honte de l'avouer, son niveau d'anglais ne permettrait pas un tel échange. C'en était resté là. Et je me suis longtemps demandé si ce genre de rencontre aurait changé quelque chose. Probablement pas.

En tout cas, la compagne de François Hollande avait vite compris l'usage de Twitter. Et les dégâts qu'il pouvait provoquer. Ainsi lorsqu'elle manifesta son soutien à Olivier Falorni, le candidat de gauche opposé à Ségolène Royal lors des législatives, juste après la victoire 2012, j'avais peu apprécié. Autant pour Ségolène Royal qu'à cause de son usage particulier de Twitter et de son attitude de First Lady qui n'en était pas une. Plus tard, je n'avais pas plus goûté l'épisode *Closer*, la révélation de la relation du Président avec Julie Gayet par photos volées interposées, ni la dépêche AFP par laquelle celui-ci annonçait, quelques jours plus tard, la fin de sa relation avec Valérie Trierweiler. La brutalité des épisodes comme du texte m'avait semblé détestable.

Mais, tout cela, je le gardai évidemment pour moi. Même si je logeais dans l'aile Madame, j'essayais, autant que faire se peut, de me tenir à distance de la vie privée du chef de l'État. Cela me paraissait normal et… sain.

Ce tweet, je ne le vis pas tout de suite. Alors que nous avions un système de veille Internet efficace sur tout ce qui concernait le Président, ce message-là m'échappa. Il n'y eut pas d'alerte particulière. Et moi-même je ne reçus pas de SMS pour attirer mon attention. Toutefois, le sujet monta dans la journée. Dans l'après-midi, c'est une dépêche AFP qui reprit l'info, évoquant la sortie du livre de Valérie Trierweiler sur sa vie avec François Hollande, et notamment ses quelques mois à l'Élysée. Une précision de taille : *Paris Match* allait en publier des extraits. Et, exceptionnellement, l'hebdomadaire sortirait en province le mercredi et non le jeudi.

Nous ne comprîmes pas tout de suite de quoi il s'agissait et l'ampleur que cette affaire prendrait. À plusieurs reprises durant son quinquennat, François Hollande avait été (et sera) confronté à des ouvrages ou à des révélations pour le moins embarrassantes. Chaque fois, il avait juste quelques heures d'avance sur les journalistes – et encore. Lorsque j'avais lu, dans un long article du *Monde* consacré à l'affaire Gayet, que la présidence n'obtenait pas les magazines un peu avant leur parution, j'avais été stupéfait. Il en alla de même avec le livre de Valérie Trierweiler : nous ne l'avions pas.

Deux années plus tard, l'histoire se reproduira avec l'ouvrage de Davet et Lhomme, *« Un président ne devrait pas dire ça... »*. Un soir, j'interrogeai ce dernier : « Mais, ce livre, ils te l'ont envoyé avant, au moins ? » « Non, répondit-il. Ils l'ont fait déposer le jour de sa sortie comme pour les services presse. Et encore, il a fini au service de la correspondance présidentielle, pas au secrétariat particulier. » Je ne pense même pas qu'il romançait, tant François Hollande respecte les usages et refuse que les moyens d'État hors norme soient utilisés à des fins personnelles. Un jour, la question de la protection de Julie Gayet donna lieu à de multiples hésitations, et même à des réticences de sa part : il lui était impensable d'en user.

À cette noblesse s'ajoute son fatalisme. François Hollande pesait sur le cadre, sur ce qu'il estimait être les grands choix, mais, ensuite, laissait rouler les dés. Aussi, lorsque régulièrement la presse parla d'un Cabinet noir à l'Élysée, je me répétais en moi-même, en plaisantant à moitié : « Si seulement cela pouvait être vrai ! » En fait, nous étions désarmés, et ce largement par la volonté du Président lui-même.

Bref. L'affaire du livre monta crescendo durant toute la journée de mardi. Des consignes, il y en eut : *No comment*. D'autant que l'ouvrage, nous ne l'avions toujours pas en main. Quelques heures plus tard, nous l'eûmes et le lûmes à très vive allure. Effarés ! C'était de l'inédit total. Une légère nausée nous gagnait plus nous avancions dans le texte. Voir l'un des hommes les plus pudiques de la politique ainsi mis à nu nous troublait et gênait. Car le déballage se faisait avec un certain regard. Et pas n'importe lequel.

La stupéfaction fut partagée. Y compris par la classe politique. Y compris par le monde médiatique. Y compris par les Français. Car dans ce brûlot d'une femme blessée, tout y était – ou presque.

Au gré de la publication des « bonnes feuilles » et de leur reprise dans différents journaux, certains propos, lignes ou phrases firent mal. Les « sans-dents », expression soi-disant utilisée par François Hollande pour parler des personnes pauvres, provoqua des dégâts. Après le Conseil des ministres du mercredi, évidemment, les journalistes concentrèrent leurs questions sur l'ouvrage et ses « révélations ». Dans ces cas-là, inutile de vouloir changer la hiérarchie des informations, impossible d'essayer, par exemple, de parler de la nouvelle décapitation d'un otage par Daech, plus rien n'est audible. Alors les ministres esquivèrent. Stéphane Le Foll agit de même lors de son point presse.

Les deux premiers à s'exprimer réellement furent Manuel Valls et Ségolène Royal. Le premier dénonça l'indécence du propos. La seconde, invitée le mercredi 4 septembre à la matinale de Jean-Jacques Bourdin sur RMC/BFM, considéra l'ouvrage comme du n'importe quoi. Le soir même, elle organisa même un dîner, au ministère, d'accompagnement et de soutien au Président, dont Jean-Pierre Jouyet nous mit au courant. L'initiative sera rapportée quelques jours plus tard dans la presse, ainsi que la liste partielle des convives et une information selon laquelle François Hollande serait passé à la fin du repas pour remercier les convives. Je ne sais si c'est vrai ou faux, n'ayant pas osé interroger l'intéressé.

Depuis son retour au gouvernement, en mars, Ségolène Royal ne cessait d'être contestée. Un peu comme Christiane Taubira, elle était déjà – et sera – l'objet d'un opprobre régulier et de critiques récurrentes (de la presse et de l'opposition) quant à sa manière de gérer les dossiers techniquement. S'il est vrai qu'il y avait parfois à dire, qu'elle était capable de prendre des décisions en contradiction avec les préconisations de ses services, elle possédait un flair politique peu compatible avec la lourdeur d'une machine technocratique. En tout cas, durant la période *Merci pour ce moment*[1], elle demeura toujours d'une élégance remarquable à l'égard du Président. Trois années à l'Élysée rendent nécessairement un peu cynique sur ce que le pouvoir provoque comme comportements humains, qui plus est durant cette mandature, mais la ministre de l'Écologie a, selon moi, fait partie des exceptions. En tout cas dans sa relation publique avec le chef de l'État, pourtant son ex-conjoint.

Lorsque vous êtes soumis à un tel choc – plus humain que politique –, il est naturel de vouloir panser ses plaies. Tout le monde a besoin d'un peu de temps pour souffler, de tranquillité pour digérer, réfléchir. Mais ce repli sur soi est inenvisageable

1. Publié par les éditions Les Arènes.

lorsqu'on est président de la République. Aucun répit possible. Aussi, à cette époque comme dans d'autres, François Hollande mit un point d'honneur à ne presque pas bouger, à ne pas changer son programme.

Pour le jeudi, l'agenda contenait la présence à une exposition, véritable mise sous la lumière des journalistes, suivie du sommet de l'OTAN au pays de Galles. Le samedi était prévu un séminaire de cabinet. Et le dimanche, une projection, dans la salle privée de la présidence, d'un documentaire d'Yves Jeuland sur la manière dont le journal *Le Monde* avait fonctionné durant la campagne présidentielle. Mais, comme si nous devions boire le calice jusqu'à la lie, un autre soubresaut vint agiter le gouvernement et l'Élysée…

Le 4 septembre, le Président se rendit donc au sommet de l'OTAN. Le matin même, Jean-Pierre Jouyet nous avertit que, dans la journée, la démission de Thomas Thévenoud allait être annoncée. Parce qu'il n'avait pas payé ses impôts depuis des années ! Comme nous siégions dans la même travée à l'Assemblée nationale, je connaissais très bien Thomas. Jeune député – l'un des plus brillants – à l'aise avec les médias, il avait succédé à Thierry Mandon comme porte-parole du groupe socialiste lorsque celui-ci était devenu secrétaire d'État à la simplification administrative. Âgé de quarante ans, lui qui en avait tout juste vingt à la fin des années Mitterrand, ces années marquées par les « affaires » – véritable traumatisme pour nombre de socialistes, qui avait poussé Lionel Jospin, leader du PS, à se montrer particulièrement sévère sur les questions d'éthique –, savait que la moindre accusation – exagérée ou pas – faisait des ravages dans l'opinion – et nous avait déjà coûté fort cher électoralement. Depuis, la gauche restait dans la ligne de mire. Mais l'affaire Cahuzac avait été un premier choc. D'une violence extrême compte tenu de l'ampleur du mensonge et du nombre de fois où l'ancien ministre du Budget avait nié l'existence de tout compte à l'étranger, y compris devant la représentation nationale. Je siégeais le 5 décembre 2012 et j'avais entendu, cet après-midi-là, comme cinq cents autres élus, ses dénégations, ses protestations de bonne foi… avant de découvrir plus tard, effaré, que c'était lui qui mentait.

Nous avions essayé de nous consoler en estimant qu'il s'agissait d'une exception, presque d'un cas pathologique. Mais l'histoire Thomas Thévenoud apparut. Certes, c'était autre chose, certes, il avait commencé à rembourser ses arriérés fiscaux liés à ce qu'il appela une « phobie administrative » – la formule a fait florès –, mais le danger d'amalgame restait majeur. Car lui appartenait à une autre génération, une que l'on espérait différente. Un sentiment de malaise nous gagna. Thomas Thévenoud n'avait-il pas été particulièrement dur dans ses interventions lors de la commission d'enquête constituée suite à l'affaire Cahuzac ?

Bilan de cette rentrée calamiteuse : en douze petits jours, une grande partie du socle du hollandisme venait d'exploser. Il n'y avait plus de synthèse politique possible depuis la sortie d'Arnaud Montebourg et de Benoît Hamon. Avec le livre de Valérie Trierweiler, le Président perdait la sympathie humaine qu'il pouvait encore susciter. Si la fonction présidentielle était une nouvelle fois atteinte, la personne François Hollande se voyait à son tour touchée. Les questions se multipliaient. Qui était-il vraiment ? Aimait-il réellement les gens, comme semblait le montrer tout son parcours, mais que l'expression « sans-dents » ébranlait ? Quant à la démission de Thomas Thévenoud, avec elle c'est l'opprobre sur nous et toute la classe politique qui revenait en force. La malchance à un tel point était-elle pensable ?

Le départ de Jérôme Cahuzac avait entraîné une loi particulièrement encadrante des élus. La Haute Autorité pour la transparence de la vie publique avait été créée, tout comme un parquet national financier. La France avait fait un bond en avant dans le contrôle de ses représentants – ce qui se verra même dans différents classements internationaux. Mais ces innovations majeures n'existaient plus aux yeux des médias et des Français. Balayées d'un coup par l'aveuglement d'un des nôtres face aux papiers à remplir et aux impôts à régler en temps et en heure.

Avec des résultats économiques pas bons, des chiffres du chômage qui continuaient inexorablement à progresser, chaque nouvel indicateur faisait l'effet d'une énième gifle. Mais il fallait faire face, ne pas tomber dans la crise de régime, la paralysie, alors que tous les ingrédients étaient là. L'hypothèse de la démission du chef de l'État se mit même à circuler, personne ne voyant comment des réformes pourraient être menées dans les deux années à venir. *Periodus horribilis.*

Stoïque, impassible – en apparence –, François Hollande fit face. Le 4 septembre, le Président s'envola pour Newport au pays de Galles. Le programme du sommet de l'OTAN était, comme toujours, particulièrement chargé : Ukraine, Iran, Daech… Vint le 5 septembre, date prévue du point presse. Dont les événements franco-français ont accentué l'intérêt médiatique. Bien sûr, une question est posée sur le livre qui fait mal. Le Président répond. Assez longuement. D'abord de manière institutionnelle, puis de façon plus personnelle. « Nous sommes ici au Conseil de l'OTAN, là où se décide la paix, la guerre, la sécurité de l'Europe, la France, dit-il. Et ce sont les seuls sujets qui, depuis quarante-huit heures, m'ont mobilisé. Mais je vais vous répondre. Il y a d'abord la fonction présidentielle. Elle doit être respectée. Non pas pour préserver la personne qui a la charge de conduire la France comme chef de l'État. Parce que je sais, pour ma part, toutes les responsabilités de cette mission. Non, respecter la fonction présidentielle, ce n'est pas protéger la personne, c'est préserver nos institutions. Qui sont le socle de la République. Je ne vais pas laisser mettre en cause la conception de mon action au service des Français et notamment de la relation humaine que j'ai avec les plus fragiles, les plus modestes et plus humbles, les plus pauvres parce que je suis à leur service. »

Le soir, il rentra sur Paris et dîna chez Jean-Pierre Jouyet. Le lendemain, le Président me confia que les dix derniers jours avaient été très rudes, mais qu'il avait répondu et qu'il convenait, maintenant, de passer à autre chose.

Mais il était extrêmement compliqué de passer à autre chose. Tout le monde avait son mot à dire, convaincu qu'il s'agissait d'un bon mot. Il existe en France, dans les relations entre politiques et journalistes, un mode de confiance assez particulier qui s'appelle le « off », autrement dit des propos tenus non attribués à quelqu'un, avec sources soi-disant pas citées. Une pratique qui voit les journaux remplis des propos d'Untel ou d'Unetelle non nommément désignés. Alors la phrase de n'importe quel sous-conseiller ministériel ou présidentiel peut se retrouver publiée entre guillemets. Ce qui accentue le malaise, les racontars, crée une ambiance particulière, laquelle s'ajoute à l'intensité et à la gravité des dix journées passées.

Le Président se tint à sa ligne de conduite : passer à autre chose. Traduction concrète : remettre son masque de chef d'État agissant, masque qui dissimule les souffrances de l'homme blessé, sinon atteint.

Le samedi, séminaire du cabinet. Dans une ambiance très particulière. Tout le monde était là. Avec beaucoup de nouveaux et quelques anciens – comme Sylvie Hubac ou Nicolas Revel – sur le point de partir. L'intensité de ce genre de choc a plutôt tendance à ressouder, mais les présents étaient sonnés. Moi comme les autres, même si d'ordinaire l'adversité a tendance à me stimuler.

Le Président vint nous voir en fin de réunion. Puis fit un speech lors du buffet. Quelques mots évoquant l'adversité, la nécessité de tenir dans ces cas-là, de se cramponner – expression qu'il affectionnait –, mais surtout de construire la suite. Dont la préparation de la conférence de presse, qui va se dérouler dans un contexte économique et budgétaire fort tendu. Aussi faut-il que nos annonces n'amplifient pas le côté anxiogène de la période.

Le 7 septembre appartient à ces jours étranges de mise en abyme que la vie réserve parfois. Imaginez : en ce premier dimanche du mois, jour des projections dans la salle de cinéma privée de l'Élysée, celle construite à la demande du couple Pompidou, allait être projeté un film évoquant un passé politique qui semblait si loin…

On y accède par la majestueuse salle des fêtes. Dans les escaliers qui descendent sont accrochées quelques affiches, datant un peu. Dans la salle elle-même, comme dans presque toutes les pièces de l'Élysée, chacun se sent confronté à l'Histoire. Mais là, en remontant dans le temps, car rien n'a bougé depuis les années 1970. Les fauteuils étant larges et confortables – il paraît qu'ils ont été conçus par le designer Philippe Stark alors qu'il avait à peine vingt ans –, la capacité d'accueil est limitée : un peu plus d'une quarantaine de places.

Le choix des films était fait par Sylvie Hubac, la directrice de cabinet, puis par Constance Rivière, conseillère spéciale à la Culture. Audrey Azoulay a sûrement participé à certaines sélections lorsqu'elle travaillait à l'Élysée. Souvent ont été projetés des films graves, austères, alors que les programmatrices étaient très attentionnées envers le Président. Mais, après des semaines en général éprouvantes, proposer un film le dimanche soir pas réellement détendant ne devait pas améliorer les esprits. Si bien que je m'étais autorisé à proposer des comédies. Comme *La Famille Bélier*, film plaisant. Où l'on voit le père, sourd, lire, dans son lit, deux ouvrages de François Hollande. Interloqué, j'interrogeai le Président, qui m'expliqua, par SMS, bien connaître le producteur. J'ai aussi suggéré la projection de *Qu'est-ce que j'ai fait au bon Dieu ?*, estimant intéressant de voir pourquoi et comment une comédie se moquant du racisme attirait plus de 10 millions de spectateurs. Une liste de films était donc proposée au chef de l'État, qui donnait son accord ou pas. Ensuite s'élaborait celle des invités. Qui généralement comprenait le producteur, le réalisateur, les acteurs, des politiques ou ministres en rapport avec le sujet du long-métrage, quelques amis aussi, mais peu en fait.

Ce dimanche 7 septembre, n'étant pas retourné chez moi à Bordeaux, j'étais présent. Et je vécus la mise en abyme que j'évoquais plus haut. Car c'est un documentaire qu'on nous proposa : celui d'Yves Jeuland centré sur *Le Monde*, sa couverture de la campagne présidentielle, dont celle de François Hollande. Où deux journalistes étaient plus spécifiquement mis en avant : Thomas Wieder et David Revault d'Allonnes, le second suivant désormais l'Élysée et le premier dirigeant le service politique du journal.

Nous sortions de dix jours cataclysmiques – n'oublions pas qu'ils étaient filmés eux aussi – et assistions à la projection d'un film qui traitait des journalistes qui, depuis, suivaient François Hollande ! Ce moment particulier pousse inévitablement à vous interroger sur là où vous êtes. Dans les années 1980, Woody Allen avait réalisé un chef-d'œuvre intitulé *Zelig*, histoire improbable d'une espèce d'homme caméléon capable de se transformer au contact des hommes, des situations… À un moment, il sort même de l'écran. Eh bien, trente et un ans plus tard, Zelig s'incarnait dans les sous-sols de l'Élysée. Le Président, lui, savait parfaitement où il était. Et avait remis le masque.

Après la projection, il y a toujours un cocktail. Avec un propos du Président. Puis un autre du réalisateur. Le chef de l'État fit, comme souvent – mais particulièrement en ces moments-là –, un bon mot. Qui renvoyait au nouveau documentaire. Et, indirectement, à la situation présente.

À vrai dire, le masque ne dissimulait pas tout. Le livre de son ex-compagne a profondément touché le Président. Une anecdote en atteste.

Le lundi, il recevait Serge Raffy, journaliste de *L'Obs* bénéficiant auprès de lui d'un statut très particulier. Il avait en effet écrit une biographie autorisée très fine du Président. Et, quelques jours après l'explosion *Merci pour ce moment*, il devait publier chez Flammarion un autre petit ouvrage (qui, hélas pour lui, eut peu d'écho). Son titre ? *Moi, l'homme qui rit*. Avec comme sous-titre : *Si François Hollande répondait*. L'ouvrage donnait quelques clés de compréhension du chef de l'État, si tant est que le trousseau existe. En tout cas, ce rendez-vous du lundi déboucha sur une longue interview de François Hollande, où celui-ci répondait, à sa manière, à l'assaut. Il y rappela le sens de ses combats, combien il s'était engagé en politique pour aider les plus pauvres, les plus démunis, les plus humbles. L'attaque sur les « sans-dents » l'avait – on le voit – plus que touché : blessé. Ce qui est rare chez un homme en distance constante. Y compris avec lui-même. Il se regarde. Se jauge. Se juge. Se critique. Ce qui lui permet de se protéger. De résister. Mais là, la cuirasse avait été entaillée.

Du texte de Valérie Trierweiler, une autre fois il me dira simplement : « C'était le livre d'une personne qui a beaucoup souffert. »

17

Cette violence qui vient

Je ne sais pas ce qu'il demeurera de ce quinquennat. Quelle trace laissera, s'il en laisse une, François Hollande. On se souviendra des attentats, sûrement. Du renoncement, probablement. Mais pour le reste ? Quel regard portera-t-on, en 2027, 2037, 2047, sur les affaires privées qui ont émaillé le quinquennat, sur cette pièce de théâtre de boulevard jouée au cœur du palais de la République ? Sur les trois femmes de la vie du président de la République, qui correspondaient à trois de ses passions : la politique, la presse, le divertissement ? Trois femmes qui, en apparaissant sous une lumière particulièrement crue, ont fait s'estomper le halo de mystère que nécessite – et même exige – la fonction présidentielle. Dans d'autres pays, cette modernité aurait pu plaire. Trois femmes avec chacune une existence professionnelle, trois femmes au caractère bien trempé exerçant leur liberté – les Scandinaves adoreraient. D'autant que cette liberté, François Hollande la respecta, comme toutes les libertés. Mais en France ? À vrai dire, je ne sais pas si cette affaire, ces soubresauts intimes traverseront le temps. En vérité, j'espère que non.

Il restera aussi la question du bilan politique. De quel côté tombera la pièce ? Du côté d'un Guy Mollet, homme de tous les renoncements, du début de la fin de la SFIO, image et destin qui servent d'épouvantail aux socialistes soixante-dix ans après son exercice du pouvoir ? Ou du côté Gerhard Schröder ? Celui qui a fait bouger son parti et son pays à marche forcée, qui a réformé, mais qui a aussi cassé durablement le SPD, mouvement qui depuis près de quinze ans ne dirige plus l'Allemagne ?

Il est trop tôt pour le dire. La pièce tourne encore. Cela dépendra de la suite. Du bilan perçu, analysé, une fois les miasmes enlevés, les passions retombées. Cela dépendra aussi de la capacité – et surtout de la volonté – de François Hollande à expliquer. À donner du sens.

Dans ce bilan dressé, la période entre ce début septembre 2014 et les attentats de janvier de 2015 ne sera probablement pas décortiquée. Car elle ne connaît pas de crise politique majeure, oublie les pantalonnades, n'est pas encore meurtrie par le terrorisme. Or tout est là. Car c'est durant ces quatre mois que la violence vient et monte. Cette fin d'été n'a constitué qu'un timide avant-goût.

Le lundi 8 septembre, l'Élysée se remit au travail collectivement. Il y avait un sursaut à créer et quatre échéances à préparer. À savoir les rendez-vous avec les nouveaux ministres afin de leur indiquer leur feuille de route, le vote de confiance du 16 septembre à l'Assemblée, la conférence de presse présidentielle du 18 septembre et la préparation de la conférence pour la paix et la sécurité en Irak. De fait, une grande partie de la semaine, le Président appela les différents protagonistes. Le 12, il effectua un déplacement dans la journée en Irak. Le 15, il reçut à l'Élysée le président irakien Massoum, puis tous deux partirent ouvrir avec Laurent Fabius la conférence au Quai d'Orsay.

De mon côté, je me consacrai à des choses plus triviales. Préparer le vote de confiance et la conférence de presse. Le premier relevait surtout de Matignon et du ministère des Relations avec le Parlement, mais tout le monde était mobilisé : Élysée, groupe socialiste et PS. De quoi occuper les petits déjeuners de la majorité des 9 et 16 septembre.

Le Premier ministre prépara l'exercice à sa manière. Avec la volonté de ne pas faire de nouvelles annonces puisque nous étions dans le déroulement de la déclaration de politique générale et des déclarations post-remaniement. Mais aussi avec une vraie fausse interrogation sur la nécessité d'aller chercher des voix supplémentaires. Et, enfin, un certain conditionnement physique.

Le mardi 16 septembre, jour de la déclaration et du vote, il nous accueillit au petit déjeuner de la majorité… en survêtement noir. Parce qu'il sortait d'une de ses séances de boxe, avait probablement pris une douche ensuite, mais pas pu – ou voulu – se changer ! Un signal clair et caricatural.

Les pointages d'avant vote ont été donnés par le ministre des Relations avec le Parlement : 270 pour, 58 abstentions, 254 contre. Un calcul pas loin de la vérité puisqu'il y aura 269 pour, 51 abstentions, 244 contre et quelques absents ou NPPPV, « Ne Prend Pas Part au Vote ». Ce professionnalisme ne masquait en rien la difficulté de la situation politique : en cinq mois, les abstentions s'étaient multipliées par trois au sein du groupe socialiste. Et, surtout, aucune majorité absolue sur ce vote de confiance. Pas plus que de majorité alternative. Cet exercice de pointage, nous allions devoir le refaire à de multiples reprises dans les mois à venir.

Initialement prévue comme une rampe de lancement, un point de départ des orientations actées nouvelles, la conférence de presse du 18 septembre dut se transformer en parenthèse de clôture de cette séquence catastrophique. Et se déroula dans un contexte difficile à tous points de vue : politique, personnel, économique, international.

Deux choses tenaient encore : la force des institutions et le caractère de François Hollande. Deux alliés qui firent que, même avec une impopularité record, même avec une fronde de plus en plus massive, puis l'importance et la violence des manifestations et le choc des attentats, le pays parviendra à tourner. Pas de manière optimale, loin de là, mais la machine continuera d'avancer. Pour le meilleur ou le pire, selon les points de vue.

C'est donc à la préparation minutieuse de la conférence de presse que nos efforts tendent. Nicolas Revel se charge de rédiger ce qu'on appelle les « versions martyres » du propos introductif, celles qui seront revues, réécrites, etc. Sylvie Hubac coordonne les fiches consacrées aux multiples sujets possibles. Gaspard cherche aussi bien les bonnes formules que les messages à faire passer. Et moi la pierre philosophale auprès de sondeurs, politiques et différents communicants sur les attentes. Une amie résume assez bien la méthode à employer : faire deux colonnes, une avec le négatif, l'autre avec le positif. Dans la première, la liste des griefs est immense. Le Président a semblé ne rien maîtriser – ni la situation économique, ni sa situation personnelle, ni la situation politique – de la récente séquence. À se demander même s'il parvient à maîtriser son Premier ministre. La « colonne positive » est plus brève, mais importante quand même : les institutions laissent le temps, le caractère du chef de l'État témoigne d'une résilience hors norme, à l'international les succès ne manquent pas. À ces angles s'ajoutent les innombrables fiches arrivées durant le week-end.

Le samedi, nous avons travaillé en petit comité avec le Président. Donné des idées, avancé des suggestions. François Hollande a souhaité que nous peaufinions plus particulièrement deux points : « Pourquoi le redressement économique met-il tant de temps à advenir ? » ; « En quoi suis-je de gauche ? » L'ennui, c'est qu'une conférence de presse n'est en rien un bon support pour répondre à ces questions fondamentales, puisqu'elle donne des orientations, donc pas assez pour créer un sillon. Surtout lorsque des voix dissonantes issues de son propre camp prétendent à longueur de journée qu'il faut mener une autre politique. La longue explication devra venir plus tard. Dans un premier discours du sens. Ce sera à Carcassonne, en mai 2015.

En vue de cette conférence de presse, nous nous sommes livrés aussi au jeu des questions/réponses. Et, au déjeuner des chefs de pôle, nous avons évoqué à la fois ce temps fort à venir et l'actualité qui ne s'arrêtait jamais : les petites retraites, la hausse de la TVA, l'international toujours… Les jours qui suivirent virent perdurer les allées et venues entre les uns et les autres. Il fallait « réduire le matériau », trouver le bon chiffre, celui qui parlerait le plus. Essayer si possible de dénicher des anecdotes. De son côté, le Président travaillait les fiches, les formules, passait des coups de fil, envoyait et recevait des SMS… Sur l'agenda, la journée du 18 septembre était totalement dégagée.

Alors la conférence de presse arrive. Direction la grande salle de l'Élysée pour cet exercice extrêmement particulier.

Des dizaines de chaises soigneusement alignées pour les journalistes. De la presse nationale et étrangère. Sans rang protocolaire particulier. Trois cent cinquante cartes de presse présentes cette fois. En face d'elles, le Président est seul derrière son pupitre. Sur la droite, se tient l'ensemble du gouvernement – ou presque, car Bernard Cazeneuve est dans l'Hérault pour cause d'inondations.

Juste avant, nous étions dans le même salon, qui sert de salle d'attente, en compagnie des ministres. Manuel Valls entre. Derrière lui suit le gouvernement. Puis nous, les chefs de pôle, bientôt assis au dernier rang, avec certains ministres. Et le général Puga. Comme il se doit, un orage éclata. Très fort. Les journalistes, arrivés depuis 16 heures, bavardent, tweetent, mais un peu de silence se fait lorsque le gouvernement se présente. Les uns et les autres s'asseyent. Quelques minutes encore. Le silence s'est estompé, les conversations ont repris. Jusqu'à ce que la voix de stentor d'un des huissiers entonne : « Monsieur le président de la République ». L'aide de camp précède de quelques pas le chef de l'État, et dépose sur son pupitre l'allocution. À 17 h 11, la conférence débute.

Par une introduction sur la situation internationale. Comme presque chaque fois. Puis par l'évocation de la situation économique. Avant d'entamer le jeu des questions.

Aussi improbable que cela puisse paraître, nous ignorons ce qu'elles seront. La première si, mais pas plus. Cette fois, elles portent sur tout. Une éventuelle démission. Les images de l'île de Sein. La vie privée du Président. Les très mauvais résultats économiques. Ses relations avec le Premier ministre. Le retour de Nicolas Sarkozy. La fronde d'une partie des socialistes. Thomas Thévenoud.

La conférence a duré en tout un peu plus de deux heures. La presse, le lendemain, ne fut pas mauvaise. François Hollande a fait face. Il a cautérisé la plaie. Au fer rouge. Sur lui-même aussi.

Une partie de la conférence de presse a été consacrée à l'Irak, à la Syrie et à la progression de Daech, sujets en passe de devenir l'une de nos priorités. Qui commençait à faire peur aux Français. Le 11 septembre 2001 avait popularisé le nom de Al-Qaida, Daech était en train de connaître le même succès macabre.

De fait, le 23 septembre, on a appris l'enlèvement d'Hervé Gourdel, guide de montagne en Algérie. Un rapt agrémenté d'une revendication simple : que la France arrête l'opération Chammal, celle-là même que le Président a annoncée durant la conférence de presse, qui a débuté le 19 et consistait à aider le gouvernement irakien contre l'État islamiste. Comme à son habitude, le gouvernement ne céda pas – flancher n'aurait évidemment rien changé. Le 24, une vidéo macabre est adressée à l'État français. Où l'on voyait Hervé Gourdel se faire égorger. Le Président, alors à New York, fit le choix de regarder l'intégralité de la vidéo, comme Jacques Audibert nous le relatera plus tard. Et enchaîna sur une allocution solennelle, le 24 au soir. Avant de rentrer et de réunir un nouveau Conseil de défense.

La mort se mettait à nous entourer. Ses filets se resserraient sur nous. Les connexions se firent. Depuis quelques semaines, le califat filmait des égorgements. Ces vidéos horribles avaient débuté par l'exécution de deux ressortissants américains. Dont on découvrira, en novembre, qu'elle avait été perpétrée par un Français, Maxime Hauchard, récemment converti à l'islam. Un garçon de « chez nous », né dans un village de l'Eure ! Début septembre, l'auteur de la tuerie de Bruxelles, Nemmouche, s'est vu identifié, lui, par deux ex-otages français : Didier François et Nicolas Hénin. Il était leur geôlier, particulièrement violent et pervers. Didier François, reporter de guerre prisonnier plusieurs mois, avait été torturé. François Hollande connaissait de longue date ce fondateur de SOS Racisme. Un jour d'avril 2014 où j'étais venu voir le Président pour caler les derniers détails relatifs à mon arrivée, le journaliste, libéré quelques jours plus tôt, avait été reçu à l'Élysée et nous avions discuté ensemble. François Hollande était venu l'accueillir – avec son photographe – sur le tarmac de l'aéroport et souhaitait le rencontrer en tête à tête. J'avais été impressionné et terrifié par son histoire.

Durant ces quelques mois, la violence islamiste ne cessa de monter. À l'Élysée, nous avons plongé dans cette folie. Et commencé à organiser des rencontres régulières avec des chercheurs, des sociologues, pour essayer de comprendre ce qui se passait. Pour mieux combattre. Pour tenir.

Après les soubresauts à gauche, à partir du 9 septembre, le front politique commença à se déporter sur la droite. Ce jour-là, Nicolas Sarkozy annonça sur Facebook son retour et son intention de passer par la case primaire de l'UMP. Alors que la querelle Copé/Fillon avait laissé des traces, que l'affaire Bygmalion montait en puissance, que les élections sénatoriales arrivaient, suivies des départementales, ce retour était attendu. François Hollande lui-même n'avait jamais vraiment cru au retrait de l'ex-Président. Pourtant, espérait-il le revoir dans l'arène ? Je ne l'ai jamais entendu formuler les choses ainsi. Ce qui est sûr en revanche, c'est qu'il connaissait par cœur son adversaire tandis que les autres postulants de droite n'étaient pas au centre de nos attentions.

Très longtemps, le Président n'a ainsi pas cru qu'Alain Juppé puisse devenir un adversaire crédible. Il me laissait toutefois le surveiller avec attention, plaisantant : « Tu seras comme moi avec Chirac : le spécialiste en titre. » Ce que j'ai donc commencé à faire. Sans effort particulier car je connaissais bien Alain Juppé. Il avait été mon premier vice-président à la communauté urbaine et, désormais, j'étais son opposant au conseil municipal. Je connaissais aussi ses équipes. Dont Gilles Boyer, que j'avais pu côtoyer quand il dirigeait le cabinet à la mairie, et avec lequel je partageais une véritable fascination pour la campagne d'Obama de 2004 – je me souviens d'une discussion entre nous à ce sujet lors d'un match des Girondins. J'entretenais des relations amicales aussi avec Benoist Apparu. Aussi, quand un nom apparaissait dans l'entourage du maire de Bordeaux, il m'était en général familier. Longtemps, je n'ai pas cru qu'Alain Juppé puisse remporter la primaire, et a fortiori gagner l'élection présidentielle. Non à cause d'un manque de talent, d'expérience, ou d'une affaire de positionnement, mais parce que j'avais une théorie sur cette élection majeure : les Français élisent toujours celui qui a une sorte de grain de folie, une croyance irraisonnée en lui-même. Cela avait valu pour Mitterrand, Chirac, Sarkozy et Hollande. Qui, tous, étaient morts plusieurs fois, et qui tous avaient entamé leur longue marche vers la victoire alors qu'on les disait au fond de la tombe. Alain Juppé me semblait trop raisonnable. La fameuse tempérance bordelaise – qui est, dans la ville de Montaigne et Montesquieu, une qualité primordiale – pouvait devenir un défaut au niveau national. Mais je ne le sous-estimais pas, loin de là. J'en surajoutais même un peu afin d'attirer l'attention du Président sur cet adversaire potentiel. Pour qu'il se familiarise avec l'hypothèse.

Je me souviens d'une discussion avec Alain Juppé, peu de temps après sa déclaration de candidature, lors de l'inauguration de la place Puy-Paulin, à Bordeaux, le 4 octobre 2014. Nous avons échangé quelques mots, lui et moi, à la fois proches et méfiants. J'avançai que les choses « semblaient bien se présenter » pour lui, mais il répondit – à juste titre – que la route était encore très longue.

Quant à François Fillon, il existait alors bien peu pour nous. À une exception près, le Sénat. Où il avait beaucoup de supporters. Or les élections sénatoriales se tenaient le 28 septembre. Lesquelles allaient nous être fatales, la défaite semblant – ce qui arriva – inéluctable. Je passai cependant tout l'après-midi avec le Président pour déterminer l'ampleur de la bascule. Et voir ce que deviendraient nombre d'amis. Quelques mois auparavant, Jean-Pierre Bel, le premier président de gauche du Sénat, avait en effet annoncé qu'il ne se représenterait pas, lui qui avait eu un rôle particulier dans la conquête du pouvoir par François Hollande, la haute assemblée ayant un peu la fonction de base arrière. Tandis que les réunions des Hollandais se tenaient à la questure du palais du Luxembourg chaque semaine, alors que nombre de candidats nous étaient proches, nous suivions les choses attentivement dans l'espoir de pouvoir les aider après la débâcle. À un moment, une rumeur vint de Solférino : le Sénat pouvait rester à gauche. « Ils sont fous », me dit le Président, effaré de constater que le PS n'avait pas les pieds sur terre quand lui avait les rapports de force bien en tête. Au-delà de l'attention à plusieurs camarades, la question de la présidence de cette chambre nous occupait. Car elle était institutionnellement importante et indiquait les rapports de force à droite. Deux candidats postulaient : Gérard Larcher, proche de François Fillon, et Jean-Pierre Raffarin, alors soutenu par Nicolas Sarkozy – Alain Juppé avait peu de relais à l'époque. L'offensive de Larcher fut sans appel, il gagna. Ce qui montrait que la prééminence de l'ancien président de la République n'était pas aussi assurée qu'annoncé, soit dit en passant.

Mais bon, le retour de Nicolas Sarkozy, le basculement du Sénat à droite remettaient l'UMP et l'UDI sur le devant de la scène. Et créait un autre front de tension politique contre nous, les tensions existant d'un côté rejaillissant d'une certaine manière chez nous ensuite.

18

Le désir mimétique

La dernière fois que j'avais vu Emmanuel Macron, c'était lors de son pot de départ, en juillet 2014. Un pot au lustre tout particulier, puisqu'il s'était déroulé dans la salle des fêtes, espace souvent utilisé à ces occasions. Ce 15 juillet, beaucoup d'invités étaient rassemblés. Dont plusieurs ministres : Michel Sapin, Pierre Moscovici, Arnaud Montebourg. Devant un président particulièrement en verve. Revenant sur la force de travail de Macron, sa propension à envoyer des textos à n'importe quelle heure de la nuit, sa réputation grandissante, le chef de l'État avait dit : « Souvent, à l'étranger, les journalistes demandent qui est l'homme à côté d'Emmanuel Macron. » La réponse de ce dernier avait été un peu plus convenue. Avec moins de brio. Mais plus d'émotion. Retour sur les choix faits en matière économique, évocation du courage de François Hollande à mener ces réformes, promesse de n'être jamais très loin, on était en bonne compagnie. Alors vint le moment des cadeaux. Un bouquet de fleurs à son épouse, Brigitte. Puis différents présents de la présidence. Et un autre cadeau est arrivé, très inhabituel, dont je me souviens plus particulièrement.

Il y a, à l'Élysée, beaucoup d'huissiers. Qui portent un uniforme la semaine, parfois juste le costume le week-end comme l'autorisait le Président. Deux types d'uniformes existent, tous composés d'un frac, cette longue veste très particulière qui s'arrête, sur le devant, au niveau de la taille mais derrière descend jusqu'aux basques, mais aussi d'un gilet et d'un pantalon. Certains, entièrement noirs, sont, dans mon souvenir, réservés aux huissiers affectés au chef de l'État. Et accompagnés d'un collier assez étrange, une chaîne argentée avec gourmette qui arrive au niveau du poitrail. Une tenue solennelle pour annoncer avec puissance et majesté : « Monsieur le président de la République » quand celui-ci entre dans une pièce. D'autres uniformes, constitués d'un frac bleu marine et d'un gilet rouge, sont attribués aux autres huissiers, ceux qui accueillent, par exemple, les invités, ceux que l'on voit ouvrir la porte des voitures en bas du perron. Or c'est précisément cette tenue que le personnel a voulu offrir à Emmanuel Macron. Comme une sorte de reconnaissance. Parce qu'il adorait discuter avec tout le personnel de l'Élysée. Ainsi, une fois où nous étions ensemble dans les couloirs de l'aile ouest, ces longs couloirs ouvrant sur des petits bureaux et de grands placards, à l'intérieur desquels une partie de la vaisselle réservée aux dîners d'État était rangée, Emmanuel Macron m'avait décrit l'utilisation de la plupart des couverts, notamment les petites cuillères spécifiques aux repas d'autrefois où de la tortue se trouvait au menu. Curieux, il s'était fait expliquer l'usage de tous ces ustensiles !

Lors de cette petite fête, celui qui devenait ancien conseiller essaya le frac. Qu'il portait plutôt bien. L'assistance apprécia et s'amusa du geste touchant.

Un devin des rebondissements de la vie politique française, qui réserve sans cesse des surprises, aurait à coup sûr aimé observer la scène et le bal Hollande-Macron-Valls durant cette cérémonie. Mais ce dernier – normal – n'était pas présent. Pourtant, il aurait été intéressant d'observer les relations entre les trois hommes, ce trio qui allait jouer une partie bien particulière dans les mois à venir. Compte tenu de leurs fonctions bien sûr. Mais aussi de l'alchimie spéciale que ce triangle de caractères allait provoquer. Du trio au triangle. *Mensonge romantique et vérité romanesque*, aurait dit René Girard. Le désir mimétique pénétrait, en août 2014, au cœur de l'Élysée.

Selon les médias, l'entrée d'Emmanuel Macron au gouvernement était largement due à Manuel Valls. Il l'avait déjà suggérée au mois de mars. En vain. Cette fois, il avait obtenu gain de cause.

Une victoire à ses yeux, puisqu'elle renforçait la sensibilité libérale-sociale de l'équipe ministérielle. Peut-être.

Le « off », avec les médias, offre une réelle palette de possibilités. Il permet un relatif anonymat et, aussi, une certaine lâcheté. Les propos peuvent être d'autant plus rudes que l'auteur n'est pas cité. Il autorise aussi un jeu subtil, moins connu. Le nom de l'auteur n'apparaît bien sûr pas, mais la fonction mise en avant par le journaliste peut se révéler fausse. « Un conseiller ministériel pense que… », travestit parfois les paroles d'un ministre lui-même. Qui ne veut pas que le terme ministre soit utilisé, car le recoupement serait trop facile à faire. L'inverse peut aussi survenir. Mes propres remarques ont pu apparaître comme rapportées par un ministre. François Hollande maîtrisait parfaitement ce petit jeu. En tout cas, il savait en user selon les règles d'une certaine époque, lesquelles ont eu une fâcheuse tendance à disparaître… sans que parfois il le réalise. Ainsi le chef de l'État a fait passer des messages très explicites en demandant qu'ils soient attribués à son entourage. Notamment dans *Le Monde*, vecteur de ce genre de confidences rapportées. Le but n'est jamais de s'adresser au grand public, mais de transmettre des messages à quelques interlocuteurs bien ciblés, qui se reconnaîtront. Ainsi, quelques jours après le changement de Premier ministre de mars précédent, était paru dans le quotidien du soir un grand article sur les rapports entre Valls et l'Élysée. Où se lisait qu'il fallait que Valls fasse du Valls mais aussi qu'il ait conscience qu'il était sous surveillance puisque entouré par des proches du Président : Ségolène Royal à l'Écologie, Michel Sapin aux Finances, Jean-Yves Le Drian à la Défense, Stéphane Le Foll au porte-parolat, Frédéric Cuvillier aux Transports… Le nom de Bernard Cazeneuve n'apparaissait pas en tant que tel, mais il aurait pu ; même dû. Il n'y eut pas d'article de ce genre après la nomination d'Emmanuel Macron à Bercy. Car François Hollande avait vu l'avantage de faire entrer son ancien conseiller : comme il était très proche de lui, comme ses trente-sept ans donnaient un coup de vieux à Manuel Valls – ayant pourtant juste cinquante-deux ans –, tous deux se retrouvaient sur un créneau semblable. Une rapide analyse pouvait les faire apparaître comme des alliés, mais les règles de la politique allaient à coup sûr les transformer en adversaires. Ce qui advint assez vite. Et, plus tard, les relations se dégraderont franchement. Au final, le Président joua vraisemblablement trop Emmanuel contre Manuel. Mais sans franchir le Rubicon, c'est-à-dire changer une nouvelle fois de Premier ministre.

Mais je m'avance, et nous n'en étions pas encore là.

En cette rentrée 2014, juste après la cautérisation, Emmanuel Macron faisait ses premiers pas sous la lumière des projecteurs. Manuel Valls, lui, cherchait à asseoir son autorité et à créer son propre espace.

Les tout premiers pas du nouveau locataire de Bercy ne furent pas si évidents, à vrai dire. Si la couverture médiatique fut extrêmement intense, mariant surprise, curiosité, parfois intérêt, voire bienveillance, il en alla tout autrement dans la galaxie socialiste. Le ministre ne remplissait aucune des cases habituelles pour la séduire : pas d'implantation locale, pas d'affiliation à une sous-chapelle, pas de vocabulaire commun, pas de grands combats sociétaux partagés comme épreuve du feu… Il n'avait pour lui que son talent, son charme, le soutien du Président et un très bon carnet d'adresses, notamment médiatiques. Les premiers commentaires ne furent du reste pas amènes. Les grognards de la Hollandie considérèrent cette nomination comme une énième mauvaise manière du Président à leur égard. Le parti socialiste ne savait pas comment le traiter, d'autant que Jean-Christophe Cambadélis n'avait pas été mis dans la boucle de cette nomination. Quant aux propos et premières sorties d'Emmanuel Macron, elles furent moins que faciles à gérer et digérer pour le patron du parti alors majoritaire. Sa première interview, celle réalisée alors qu'il n'était pas encore ministre, « déménagea » quelque peu. Au final, j'ai constaté qu'Emmanuel Macron et Jean-Christophe Cambadélis ne se sont jamais compris. Non en raison d'une adversité irréductible, mais par absence de langage commun. Un détail dit tout : lorsque, plus tard, ils se rencontreront pour évoquer la suite de la carrière politique d'Emmanuel Macron, Jean-Christophe Cambadélis lui suggérera d'aller… chez les radicaux de gauche afin d'en prendre rapidement la tête. À ses yeux d'homme de parti, de constructions, d'alliances, il s'agissait d'un vrai conseil, d'une recommandation sincère, même. Que Macron prendra pour du mépris !

En cette rentrée, le Président n'a en fait qu'une obsession : protéger Emmanuel de lui-même. Éviter de l'exposer trop vite à la lumière pour qu'il ne s'y brûle pas. François Hollande se compare souvent à Sisyphe, l'homme qui sans cesse recommence la même tâche. Pour Emmanuel, il craignait le syndrome d'Icare, l'homme qui s'envole, va vers le soleil et voit ses ailes fondre à mesure que la chaleur croît, puis chute.

Du reste, ce n'est pas parce qu'Emmanuel Macron était incroyablement talentueux, avait beaucoup observé qu'il ne pouvait commettre d'impair. Lors de l'une de nos discussions, François Hollande utilisa à son égard une métaphore footballistique : « La politique, c'est comme le foot. Tu as beau avoir regardé des centaines de matchs à la télévision, quand tu es toi sur le terrain, tu te rends compte que ce n'est pas si facile de marquer des buts. Emmanuel est en train de le découvrir. »

Les premiers temps, il nous a ainsi été donné comme consigne d'aider Emmanuel, et à celui-ci de se protéger. Il fit d'ailleurs sa première sortie cinq jours après sa nomination, ce qui est beaucoup pour n'importe qui et plus encore pour lui. Sa première interview fut accordée à *Ouest-France* et eut pour titre : « Il n'est pas interdit d'être de gauche et de bon sens ». Il fit ensuite ses premières grandes émissions, télé, radio. Là, pas de filtre. Des erreurs possibles. Inévitables même. Et ce qui risquait d'arriver arriva. Le 17 septembre au matin, sur Europe 1, alors que l'affaire de la fermeture des abattoirs Gad occupait tous les esprits, il commit une grosse maladresse en qualifiant les employés d'« illettrés ». La bronca qui s'ensuivit fut immédiate. Il s'en sortit, à l'Assemblée nationale, en présentant ses excuses. Après à peine quelques jours à Bercy, il venait de sentir passer le vent du boulet, mais avait appris les codes, découvert les chausse-trappes et était parvenu à imposer sa marque de fabrique et son originalité. Une sorte de Ségolène Royal au masculin.

Le Premier ministre, lui, connaissait parfaitement les codes de la communication politique et l'art oratoire. Il l'avait prouvé lors de son discours de politique générale d'avril 2014. L'avait rappelé à La Rochelle durant son discours de clôture. En octobre, de la tension se manifesta entre François Hollande et lui. À plusieurs reprises – comme on le vit tout au long du quinquennat. En vérité, leurs rapports étaient assez spécifiques, voire particuliers.

Il n'y avait pas de complicité entre eux. Pas de longue histoire de combats communs non plus. Pour autant, le couple exécutif était plutôt efficace. Dans ses expressions publiques ou en petit comité, pendant des mois, voire des années, Manuel Valls a défendu le chef de l'État. Aux petits déjeuners de la majorité, toujours il se montrait respectueux, assurait sa défense. Pas jusqu'à la fin, certes, mais longtemps tout de même. Du côté de François Hollande, c'était plus complexe. Comme il est compliqué de connaître le fond de sa pensée, sinueuse, secrète, comme il aime lancer des leurres, laisser parler des gens à sa place afin d'occuper l'espace même s'ils n'ont aucun poids dans ses prises de décision, on supputait que leurs relations n'étaient pas au beau fixe. Mais en petit comité, à l'Élysée, il défendait toujours le Premier ministre. Alors que plusieurs de ses proches se montraient très réservés, très critiques, voire très méfiants. Sur l'homme, sa ligne, ses amitiés, ses réseaux, ses méthodes aussi.

Ce duo fonctionnait comme un couple efficace, et inversé aussi. François Hollande allait souvent plus au fond des dossiers que son Premier ministre. Et Manuel Valls avait une conception plutôt classique de la Ve République. Probablement plus rassurante pour les Français. Fasciné par les ors du palais de l'Élysée, il en aurait goûté les attributs, tandis que François Hollande, lui, regrettait de ne pouvoir descendre dans l'hémicycle, pour répondre, défendre, expliquer, séduire. Parce que la séduction nécessite une proximité, presque un corps à corps que l'Élysée ne permet pas.

Au final, aucun n'était forcément celui que l'on croyait. Les deux avaient une dureté. Pas la même, cela dit. Sur les arbitrages de fond, sur les décisions y compris les plus délicates, François Hollande se révélait beaucoup plus ferme. Énormément même. Il était dur avec les décisions. Avec les hommes également. Mais ses mots, en revanche, étaient plutôt apaisants. Son attitude aussi. Pas de propos trop forts, d'attitudes trop raides. Manuel Valls était l'exact inverse. Il aime le débat, le clivage, la conflictualité, la provocation, même. Il a même été une source de tension permanente, de rapport de force entretenu, presque théorisé.

En ce mois d'octobre, ses sorties médiatiques avaient été nombreuses. Physiques et orales. Il entreprit ainsi une véritable tournée européenne. Si elle semblait nécessaire compte tenu des tensions avec la Commission, elle paraissait inhabituelle pour un Premier ministre. Jean-Pierre Jouyet s'en étranglait, puisque cela ajoutait un casse-tête supplémentaire à la gestion de l'agenda présidentiel, chef de l'État et Premier ministre ne pouvant se trouver hors du territoire en même temps.

La tournée de Manuel Valls fut accompagnée de nombreux propos sur les réformes faites ou à faire. Notamment celle du marché du travail. Qui lui valut un premier recadrage du Président : « Pas besoin de réformer pour réformer. » Pourquoi, en effet, attiser le feu sur ce sujet alors que la loi ex-Montebourg, devenue Macron, commençait à prendre forme ? Un autre recadrage eut lieu quelques jours plus tard. Beaucoup plus sévère celui-ci, et qui laissa des traces.

Le 22 octobre, fut mis en ligne un long entretien du Premier ministre à *L'Obs*. Pour ce numéro important pour le magazine, celui de son cinquantième anniversaire, il avait été proposé au Président de faire une grande interview. Nous avions décliné, réservant la parole du chef de l'État à une émission de télévision prévue le 6 novembre. Ce fut donc le Premier ministre qui la fit. Comme toujours, des échanges de cette importance étaient relus à l'Élysée. Par Gaspard, de manière systématique. Parfois par le Président, Jean-Pierre Jouyet, moi ou le conseiller en charge de tel ou tel domaine. Cela prenait en général pas mal de temps, et j'ai toujours eu l'impression d'un travail de relecture quelque peu vain. Nous avions au mieux quelques heures pour l'effectuer, souvent quelques minutes. Avec la possibilité de changer quelques formules, mais évidemment pas l'orientation générale du papier.

En la circonstance, l'accroche était… accrocheuse : « Il faut en finir avec la gauche passéiste ». Le Premier ministre reprenait le discours habituel de Manuel Valls, mais il n'était plus « seulement » Manuel Valls, il occupait Matignon ! La phrase relevait donc de la provocation pas forcément utile vu le contexte, puisque nous étions en pleine discussion budgétaire. D'une manière plus générale, le Président jugeait les débats théoriques sur le socialisme, la social-démocratie, le social-libéralisme, la social-écologie assez oiseux. Personnellement, ce n'était pas mon point de vue, car il me paraissait indispensable de donner des repères, un cadre à une période où tout bougeait, mais la sortie du chef du gouvernement n'était sans doute pas opportune.

Ce même jour, après six mois de fonction, le Président remettait audit Premier ministre les insignes de grand-croix de l'Ordre national du Mérite. Selon une tradition remontant à Valéry Giscard d'Estaing, pas si ancienne, donc, qui l'a inventée pour Jacques Chirac à leur détestation réciproque déjà très vive. La cérémonie se déroula à l'issue du Conseil des ministres, avec le gouvernement au grand complet, secrétaires d'État inclus, mais aussi des invités et une retransmission en direct sur les chaînes d'info. Manuel Valls prononça un discours. Puis François Hollande fit le sien, en s'écartant assez vite du texte préparé, travaillé et retravaillé. Il rebondit sur la passion de son Premier ministre pour Clemenceau, le goût de la polémique de ce dernier, sa capacité à diviser son camp. « Probablement est-ce pour cela que vous l'avez choisi comme référence », glissa-t-il avant de remuer le fer : « Clemenceau a eu une carrière très longue. Vous avez donc encore le temps. » Et enfin il amena – en souriant – l'estocade : « Clemenceau n'a jamais été président de la République. On peut réussir sa vie sans être président de la République. »

Je n'ai pas assisté à la cérémonie, ne l'ai pas même écoutée puisqu'elle s'annonçait comme un exercice protocolaire, non sans saveur, tant François Hollande adorait jouer avec les mots et la langue française, mais quand même je l'imaginais convenue. Et puis j'étais dans mon bureau en compagnie d'un sondeur. Avec, comme toujours, la télévision allumée, mais le son coupé. Et je perçus la discrète crispation du Premier ministre. Quelques minutes plus tard, je discutais avec quelques membres du cabinet et Jean-Pierre Jouyet pour notre traditionnel déjeuner post-Conseil des ministres. Jean-Pierre ne parla ni du « Silence vaut accord » ni de « L'attractivité de la France », non, il revint longuement sur cet épisode. Et nous dit que la mère de Manuel Valls, présente, avait assisté à l'humiliation de son fils. L'épisode, forcément, allait laisser des traces.

J'ignore ce qui a provoqué cette sortie du Président. Qui, ensuite, eut tendance à minimiser l'incident. Alors qu'il lui arrivait de nous reprocher, à nous ses proches, de ne pas assez taper à sa place, de ne pas le protéger suffisamment, de l'obliger à assumer toutes les tâches, il avait taclé en personne. C'est vrai qu'autrefois, à Solférino, Le Foll jouait ce rôle de « cogneur », mais qu'à l'Élysée personne n'en avait la charge, ni ne s'y risquait. Peu d'entre nous, en vérité, avions ce tempérament. J'aurais pu le faire, le conflit ne me faisant pas peur – je peux même le rechercher –, mais le Président lui-même ne nous en a jamais réellement laissé la possibilité !

Je ne revis pas le chef de l'État de la journée, pour avoir l'occasion de débriefer sur le sens de cette matinée. Il lançait l'après-midi même le chantier de la Halle Freyssinet avec Xavier Niel, assurait quelques entretiens, présida un conseil de défense sur la Syrie, l'Irak et Ebola. Je ne le croisai donc que le soir, qui plus est à un moment où nous n'étions pas seuls mais une dizaine pour préparer l'émission du 3 novembre. Beaucoup de ministres, très proches, étaient là : Najat Vallaud-Belkacem, Ségolène Royal, Bernard Cazeneuve, Stéphane Le Foll, Emmanuel Macron, Guillaume Bachelay. Plus Jean-Pierre Jouyet, Gaspard Gantzer et moi. On n'en parla pas. Sur mon petit cahier, la première phrase que j'ai notée fut celle prononcée en introduction par le Président : « Une journée particulière. »

19

Coûte que coûte

En ce mois de septembre 2015, un sentiment d'encerclement pouvait donc nous étreindre. Quel que soit l'endroit où portait notre regard, les difficultés s'amoncelaient. Sur le front de l'économie et de l'emploi notamment, celui qui a provoqué la majorité des cataclysmes que nous avons connus et endurés.

À l'issue du séminaire gouvernemental d'avant les vacances, le Premier ministre avait dressé un tableau sombre, noir même, de la situation. Le Président s'était alors plaint, à plusieurs reprises, devant nous, d'un tel discours anxiogène. Soit, mais la réalité était bel et bien inquiétante et les chiffres devenaient notre cauchemar. La crise politique avait masqué certains d'entre eux, mais nous avions noté qu'ils n'étaient pas bons du tout.

Le 27 août, jour du premier Conseil des ministres de rentrée, était aussi celui où tombaient les chiffres du chômage. Nous en prenions connaissance à l'avance, mais très peu de temps avant ; tout au long du quinquennat, nous avons d'ailleurs essayé de remonter cette temporalité, nous améliorant, sans jamais atteindre plus de deux ou trois jours. À 18 heures, ils sont tombés donc, bien que connus par des dizaines d'interlocuteurs et par les journalistes depuis le milieu de la journée, mais sous embargo – l'un des rares qui tiennent encore. Et la douche resta froide : 27 400 demandeurs d'emploi supplémentaires. Pas une embellie, même pas une accalmie, non, juste une douche glacée. Une de plus. C'était même le plus mauvais chiffre depuis février 2014 et depuis que François Hollande avait indexé sa possibilité de se représenter à la présidentielle aux résultats du chômage. Ce taux est donc, malheureusement, devenu une de nos boussoles. Avec la popularité et les comptages essayant de savoir si les textes gouvernementaux allaient passer au Parlement ou pas. Plus tard, ce seront la progression de Daech, le nombre d'attentats déjoués. Reste que, fin juillet 2015, nous étions partis en courtes vacances avec une très légère croissance de la richesse nationale (+ 0,1 %) après une baisse d'autant au premier trimestre, mais que là, la crise nous revenait en boomerang.

Ces chiffres provoquaient de multiples déflagrations. Dans tous les sens. La fiscalité avait été fortement augmentée en début de mandature, le CICE voté dès la fin de l'année 2012, le pacte de responsabilité annoncé au début de l'année 2014… et toujours rien. Absolument rien. Dans le documentaire qu'Yves Jeuland allait boucler quelques mois plus tard, j'ai notamment retenu une phrase résumant tout ou presque. Elle est de Jacques Julliard, historien et ancien chroniqueur de *L'Obs* : « Je n'ai jamais vu un homme politique avoir autant de chance avant son accession au pouvoir et en avoir si peu une fois au pouvoir. » Une assertion 100 % exacte dans le domaine économique et social. En 2012, soit quatre ans après la crise, tout le monde pensait que la croissance allait revenir assez vite. En fait, il aura fallu presque dix ans pour que le cataclysme soit effacé, en France comme dans beaucoup d'autres pays. Et nous ne serions pas là pour voir les effets bénéfiques des mesures prises.

Évidemment, ces mauvais chiffres nous mettaient dans un étau incroyable. Pris entre une absence de résultats et l'incompréhension des Français quant à ce que nous faisions. Ils avaient pu constater les hausses d'impôts, mais rien de positif en retour. Du pain bénit et des arguments en or pour les frondeurs et une partie de la gauche dénonçant sans cesse notre politique. Et des munitions pour le MEDEF et la droite aussi, cette fois avec des motivations exactement inverses.

Ce que nous faisions était simple – trop probablement. Et pas clinquant – pas assez sans doute. Nous essayions de redresser le pays sans faire imploser son modèle, c'est-à-dire sans toucher aux prestations sociales, sans écorner la qualité des services publics, sans endommager les mécanismes de solidarité. Un équilibre peu vendable face aux caricatures avancées de part et d'autre. D'un côté, le mot austérité agité, la comparaison avec la Grèce – pays que je connais très bien pour des raisons familiales et à propos duquel oser des parallèles est indécent. De l'autre, l'exemple britannique, lui aussi agité, mais comme un modèle. Sans y voir la pauvreté galopante, y compris de ceux qui travaillent.

Élaborer le budget 2015 relevait donc de l'équation quasi impossible. Un déficit à réduire, une fiscalité à diminuer, des dépenses à préserver, pas de croissance pour nous apporter des recettes, comment résoudre la quadrature du cercle ?

Les réunions allaient bon train. Les tensions aussi. Fin août sortit une fuite sur une possible hausse de la TVA, potentiellement une solution miracle puisqu'une augmentation de deux points ferait rentrer plus de 20 milliards de recettes. De quoi boucler le budget de l'État et satisfaire la Commission européenne… Revers de la médaille, un coût social énorme. Car la TVA étant la même quels que soient les revenus, elle apparaissait pour les socialistes – dont moi – comme un impôt particulièrement injuste. Jean-Pierre Jouyet a eu beau mentionner deux rapports attestant qu'elle était plus redistributive que ce que l'on avance, je n'étais pas convaincu. J'avais en tête les chiffres habituels : la TVA pèse, en proportion, deux fois plus dans le budget des ménages modestes que dans celui des plus aisés. Et, sur ce dossier, je fis entorse à mes principes de conseiller.

Il est très particulier de devenir conseiller du président de la République après avoir été député, président d'agglomération et maire. Vous devez apprendre à ne plus exister pour vous-même. À vous effacer. Bien sûr, vous avez toujours des positions, des convictions, des avis… mais il ne vous appartient plus de les exprimer publiquement, sauf dans des cénacles très restreints. Une fois que le Président a tranché, s'est exprimé, vous devez nécessairement défendre ce qu'il a dit. C'était en tout cas ma conception de cette mission : « Servir et non pas se servir », s'il convient de reprendre une formule quelque peu vieillotte mais qui fait sens. Ma vision allait plus loin encore : être le plus honnête intellectuellement afin que les choix proposés au chef de l'État soient les plus objectifs possible. Qu'il ait en main les cartes, bien sûr, mais que celles-ci soient les bonnes et surtout pas biaisées. En trois ans, je n'ai presque jamais fait d'entorse à cette doctrine. J'ai défendu bec et ongles des arbitrages que, pourtant, j'avais combattus quelques jours plus tôt en comité restreint. Je ne parlais pas aux journalistes, sauf si cela avait une utilité pour lui. Ce qui m'a d'ailleurs beaucoup coûté.

Mais, sur ce dossier, je me suis autorisé une exception. J'ai créé les conditions pour que la solution de facilité injuste d'une TVA augmentée ne puisse se concrétiser. Dans les périodes d'interrogations, de pré-arbitrages, les points de vue des uns et des autres ont un sens. Les avis sont demandés, les premières réactions scrutées. J'entrepris donc une large tournée des parlementaires pour prendre la température. Ils ne m'avaient pas sollicité. Je n'étais pas mandaté. Mais je le fis. Et tous étaient vent debout contre. J'attisais presque le feu. Et avertissais tout le monde du risque potentiel. Je ne suis pas 100 % sûr que cela pesa, mais pas non plus convaincu que cela n'influença pas. En tout cas, la piste fut totalement abandonnée. Et je m'en suis réjoui.

Vers le 10 septembre, le projet de loi de finances 2015 était bouclé. En cela parfaitement révélatrice des forces et faiblesses de l'État, sa préparation exige presque une année. À peine le précédent budget est-il voté et l'avis du Conseil constitutionnel rendu – toujours avant le 31 décembre minuit – que déjà le travail d'élaboration du suivant commence. D'abord juste au niveau des services, puis arrivent les réunions d'arbitrage, les lettres plafonds…, les débats d'orientation, les rencontres à Bercy, puis à Matignon. Une mécanique qui paraît parfaitement huilée, mais sur laquelle se greffent des parts d'incertitude, de choix, d'intuitions… Évidemment, le processus se tend dans les derniers jours. Mais les marges de manœuvre existent toujours. En tout cas, dans une certaine mesure.

Donc, vers la mi-septembre, le projet de loi de finances 2015 fut envoyé au Conseil d'État et au Haut Conseil des finances publiques. Les deux devaient émettre un avis. Le premier, strictement juridique, le second, sur la stratégie économique elle-même. Les deux avaient une quinzaine de jours pour renvoyer leur conclusion, le budget devant en effet être déposé sur le bureau du Parlement le premier mardi d'octobre. Nous étions, en somme, dans les temps.

Malheureusement, débutaient juste nos tracas. Le 17 septembre, en déjeuner de chefs de pôle, Jean-Pierre Jouyet nous annonça la nouvelle : la Commission européenne allait rejeter le budget de la France, décision officialisée entre le 15 et le 30 octobre. Soit au moment où la discussion budgétaire propre commencerait à l'Assemblée nationale. Pris dans un feu croisé, nous risquions de ne pas obtenir de majorité parce qu'une partie des députés socialistes et radicaux trouvaient que nous faisions trop d'efforts budgétaires et cédions aux entreprises, mais aussi d'être montrés du doigt par la Commission européenne pour des raisons exactement inverses. La quadrature du cercle que personne n'arrive jamais à résoudre, une situation proche de celle qui avait conduit Jacques Chirac et Alain Juppé à la dissolution de 1997.

Cette information, il fallait la conserver secrète quelques jours.

Le 30 septembre, eut lieu un petit déjeuner de la majorité. Consacré au budget – plutôt *aux* budgets –, il devait accueillir plus de participants qu'en temps ordinaire parce que le Conseil des ministres suivant celui consacré au PLF avait pour objet le PLFSS, sigle encore plus barbare signifiant Projet de Loi de Financement de la Sécurité Sociale. Les protagonistes habituels étaient rassemblés, pour une fois avec plus de femmes, sujets sociaux obligent, je sais, c'était caricatural. Marisol Touraine, ministre des Affaires sociales, Catherine Lemorton, présidente de la commission des Affaires sociales, Martine Pinville, responsable des commissaires socialistes pour la commission s'installèrent autour de la table. En compagnie de quelques hommes : Michel Sapin, Christian Eckert et Dominique Lefebvre, responsable des commissaires socialistes. Valérie Rabault, pourtant rapporteure générale du budget, fit faux bond.

En ouverture, Michel Sapin exposa les grands enjeux. L'évolution du déficit public : 4,8 % en 2012, 4 % en 2013, 3,9 % en 2014 et un objectif de 3,6 % en 2015. La très faible croissance, qui ne nous aidait pas. Les 50 milliards d'économie à trouver sur trois ans : 40 pour le pacte de responsabilité et de solidarité, et 10 pour réduire le déficit.

Puis vint le tour de Marisol Touraine de présenter le budget social. De fait, c'est autour d'elle et d'une question simple que le débat allait s'engager : fallait-il moduler ou non les allocations familiales, source d'économie et mesure considérée comme juste ?

Le pacte, la modulation des allocations familiales et la censure éventuelle de Bruxelles furent évidemment au cœur des discussions par la suite. Et tout se noua dans les trois premières semaines d'octobre.

La possible censure de Bruxelles resta secrète plusieurs jours, fait assez exceptionnel à souligner compte tenu de son caractère explosif. Et puis *Le Figaro* lâcha la bombe en une de son édition du 7 octobre. À l'Élysée, nous connaissions la teneur des articles depuis la veille, les services de la présidence envoyant à quelques conseillers, chaque soir vers 22 heures, les principaux articles du lendemain. Nul traitement de faveur, juste les avantages de la dématérialisation ! La plupart des journaux proposent, en effet, à leurs abonnés, l'édition papier du lendemain en ligne la veille. Cela nous accorda quelques maigres heures d'avance.

Le lendemain, *Le Figaro* remit ce sujet en une avec un titre qui résumait, malheureusement, parfaitement la situation : « François Hollande pris en étau entre Bruxelles et les frondeurs ».

Débuta alors une négociation de quelques jours entre Paris et Bruxelles. Nous avions jusqu'au 15 octobre pour répondre aux injonctions de la Commission. Michel Sapin fut particulièrement en verve. Finalement, la Commission envoya sa lettre le 22 octobre. Ce qui donna lieu à un petit imbroglio. Plusieurs députés de la majorité demandèrent en effet que ce courrier soit transmis au Parlement. Matteo Renzi l'avait fait en Italie, mais le Président n'y était pas favorable. À mon sens, ce fut dommage : agir ainsi aurait été de la transparence à bon escient. D'autant que, quelques heures plus tard, Mediapart mit en ligne la fameuse lettre, qui n'était pas si extraordinaire que cela. Mauvaise appréhension du fonctionnement des médias. Nous fûmes plus transparents dans notre réponse, signée par Michel Sapin, car elle fut mise en ligne sur le site du ministère des Finances. Nous avions bougé, mais peu.

J'ai en tête une scène assez extraordinaire de cette période. Nous sommes en phase ultime de bouclage du budget mais les derniers chiffres ne conviennent pas au Président. En réunion de chefs de pôle, il fait appeler Hervé Naerhuysen, notre budgétaire et fiscaliste, pour lui demander d'autres options. Hervé y passe la nuit. Et le lendemain il arrive avec plusieurs propositions. Bien sûr, l'ensemble de l'architecture n'est pas remis en cause, mais 1 milliard d'euros est trouvé. Eh bien, cela n'alla pas plus loin ! Nous avons presque vécu un psychodrame pour pas grand-chose. En interne comme sur les remontrances de Bruxelles d'ailleurs !

Au final, je me fis, sur l'Europe, la même réflexion que celle que je m'étais faite concernant la France : les jeux d'acteurs sont presque toujours les mêmes. Seuls les proportions et les enjeux changent.

Le débat budgétaire se noua de manière simultanée. Le texte du projet de loi de finances entama son examen en commission des finances. Où les clivages étaient connus. Rien à attendre des députés de l'opposition, systématiquement hostiles. Comme les quelques députés communistes. Chez nous, les débats ont empiré depuis le dernier vote de confiance, le PS se divisant à tout-va. Une crise de la majorité qui prit un tour particulier à partir du dimanche 12 octobre.

Ce jour-là, Martine Aubry donna une très longue interview au *Journal du Dimanche*, entretien accordé à Cécile Amar, journaliste en laquelle elle a confiance. Le titre est direct : « Je demande une réorientation de la politique économique ». Depuis 2012, Martine Aubry avait assez peu parlé. Si elle entretenait de bons rapports avec Jean-Marc Ayrault, ils étaient en revanche exécrables avec son successeur et pour le moins paradoxaux avec François Hollande.

Des relations complexes que je pouvais mesurer, ayant fait partie avec Jean-Christophe Cambadélis, Jean-Marc Ayrault et quelques autres – peu nombreux –, des quelques agents de liaison essayant de maintenir le contact entre Martine Aubry et François Hollande.

Tous deux auraient pu être proches politiquement, mais un certain nombre de choses les opposaient. Dont leurs caractères. La maire de Lille fut largement dans la critique durant la seconde moitié du quinquennat, mais n'arrivera jamais à la rupture totale. Avec Henri Emmanuelli, tous deux évitèrent que les socialistes ne basculent totalement, que le parti implose. Leur point de non-retour arrivera un peu plus tard.

Je m'étais entretenu avec Martine Aubry au moment de la réforme territoriale. Totalement opposée à ce que le Nord rejoigne la Picardie, d'abord pour des raisons politiques – le poids du Front national, mais pas seulement –, mais aussi parce qu'il lui paraissait impossible de fusionner deux régions pauvres, elle s'arc-boutait contre. Or son argument valait. Et celui de donner une métropole à la Picardie aussi. Elle pensait avoir obtenu l'accord du Premier ministre, et surtout du Président ; lors de la révélation des régions, elle découvrit que cela n'avait pas été le cas. Ce qui entraîna de sa part une conférence de presse rageuse quelque peu improvisée. Plusieurs fois, en vérité, elle jugea avoir été « roulée dans la farine » par le chef de l'État. Même si cela me coûte de l'écrire, j'estime qu'elle n'avait pas tort, qu'en l'occurrence la parole donnée n'avait pas été respectée. Mais, chaque fois, elle revenait, faisant preuve d'une certaine bonne volonté derrière son mauvais caractère.

L'interview dans *Le Journal du Dimanche* était assez bien construite et étayée. À ses yeux, les crédits accordés aux entreprises devaient être mieux ciblés, être alloués en échange de contreparties. Elle-même s'inscrivait dans le cadre des 50 milliards évoqués par le Président, mais en imaginait une ventilation différente : 20 pour les entreprises, 20 autres destinés à l'investissement – notamment en faveur des collectivités locales – et les 10 autres pour les ménages. Cette répartition revue, Arnaud Montebourg l'avait depuis évoquée dans une forme bien plus explosive. Et, même si le propos était passé inaperçu, Stéphane Le Foll n'avait pas eu un point de vue si différent à l'occasion d'une interview aux *Échos*.

En écrivant ces quelques lignes, je vois renaître l'éternel dilemme qui m'a meurtri concernant le PS et la gauche. N'aurait-il pas suffi de quelques efforts, de part et d'autre, pour réunir le parti et ses courants au lieu de voir chacun camper sur ses positions ? À moins d'envisager que l'implosion ait été programmée depuis des années ? En tout cas, des efforts, nous n'en fîmes pas ou peu lors de la discussion budgétaire !

Le débat sur la modulation des allocations familiales montra plus de souplesse de notre part. À vrai dire, presque tout le monde était convaincu de l'idée, sauf… le Président lui-même. Non pour des raisons idéologiques, voire démographiques, mais parce qu'il avait peur d'une très forte mobilisation contre cette mesure. La crainte de mouvements hostiles le fit longuement hésiter.

En réunion de chefs de pôle, Nicolas Revel, Gaspard Gantzer et moi surtout poussions pour qu'il valide le projet. Nous savions tous que nous y perdrions personnellement – Gaspard a quatre enfants, Nicolas et moi trois ; nous étions donc le cœur de cible de ceux qui devraient payer. Pour cette mesure, comme pour bien d'autres, d'ailleurs. Mais nous appuyions l'idée !

Finalement, l'arbitrage fut positif. Et officialisé le jeudi 16 octobre. Deux jours auparavant, j'avais fait en sorte que l'apéritif parlementaire traditionnel du mardi soir rassemble aussi les membres de la commission des Affaires sociales, qui avaient eux-mêmes poussé en ce sens. Nous encourageâmes même les députés à communiquer sur cette décision, à la fois symbolique et à même de leur redonner de la fierté.

Le Président lâcha mais… regretta d'avoir cédé. À plusieurs reprises, il nous dit : « Vous verrez, quand les gens constateront… leur réaction. » Nous ne la vîmes jamais venir. Ou peut-être étaitelle noyée dans le charivari de l'ensemble de leurs récriminations à notre encontre… mais je ne crois pas. Il s'agissait plutôt du pessimisme de François Hollande quant à l'état de la société française.

Dès la fin octobre, le débat budgétaire était dénoué. Le 21 fut votée la partie recettes du PLF, la plus sensible. Trente-neuf « frondeurs » du parti socialiste, dont trois anciens ministres limogés, ont une nouvelle fois défié le gouvernement en s'abstenant lors du scrutin consacré aux recettes du projet de budget pour 2015 : il fut donc adopté par 266 voix… contre 245. Bien peu. Si les contestataires socialistes de la politique économique du gouvernement avaient été 32 le 16 septembre précédent à s'abstenir lors du vote de confiance au second gouvernement de Manuel Valls, cette fois les anciens ministres Delphine Batho, Aurélie Filippetti et Benoît Hamon les avaient rejoints. Quatorze des dix-sept écologistes s'étaient en outre abstenus. Au final, le vote fut positif grâce à l'appui des radicaux de gauche alliés à la majorité du PS.

Les résultats furent quasi similaires pour la loi de financement de la Sécurité sociale. Ce n'était pas glorieux, mais au moins nous pouvions continuer d'avancer. Coûte que coûte. Avec ténacité et malgré un coût politique énorme. Mais, depuis quelques semaines, le Président était décidé à repasser à l'offensive.

20

Cet argent qui corrompt

La relation des Français avec l'argent est compliquée. Complexe. Paradoxale, même. En revanche, l'idée qu'ils se font des rapports entre les politiques et l'argent est tranchée : horrible ! Parmi les nombreux intellectuels que je vis à l'Élysée, plusieurs fois je reçus l'historien Jean-Noël Jeanneney. Un expert de ce thème, lui dont la thèse portait sur *François de Wendel en République. L'argent et le pouvoir*, cet industriel français qui présida le fameux, puissant et contesté, Comité des forges. En 1981, Jean-Noël Jeanneney avait publié un autre petit livre éclairant : *L'Argent caché. Milieux d'affaires et pouvoirs politiques dans la France du XX*e *siècle*, où tout était déjà : les scandales – avec un rappel de Panama, Stavisky… –, les impossibles débats aussi, notamment sur la rémunération des parlementaires. Ne pas leur accorder de moyens induit des assemblées composées de parlementaires possédant une fortune personnelle ou susceptibles d'être corrompus ; leur en accorder – l'opinion s'y refuse. Une schizophrénie hexagonale.

D'une certaine manière, le quinquennat de François Hollande n'a pas échappé à ce mal typiquement français.

Pourtant, le rapport du chef de l'État avec l'argent était et est réellement distant. Affecté d'une certaine méfiance même. Parce que pour lui, l'argent, comme le pouvoir, peut corrompre.

Je me rappelle l'une de mes premières conversations avec Jean-Pierre Jouyet concernant le Président : « Je découvre chez lui un côté pingre que je ne connaissais pas », me rapporta-t-il. Une vertu, certes, mais parfois un peu excessive. À chaque nomination, il demandait ainsi le montant de la rémunération, et le trouvait en général trop élevé. Il profitait même de chaque renouvellement de grand poste pour raboter un peu les revenus du nominé. Au nom des économies à faire. Il y avait des discussions sans fin avec Boris Vallaud, devenu secrétaire général adjoint, lui aussi distant avec l'argent, durant lesquelles celui-ci devait expliquer qu'en dessous d'une certaine somme nous peinerions à motiver, donc à engager de bons dirigeants. Peu importait au chef de l'État. Ses émoluments, le salaire des ministres avaient été baissés de 30 %. Il en irait donc de même avec les dirigeants d'entreprise publique. Qui virent leurs rémunérations d'abord plafonnées, puis diminuées à chaque fenêtre d'opportunité, en somme à chaque renouvellement !

L'Élysée, parce qu'il s'agit d'un lieu où d'énormes enjeux financiers sont brassés, est la cible de maints lobbyings. Auxquels nous étions exposés. Sans cesse sollicités, quasi harcelés… Nous étions même cotés, comme Boris me l'expliqua un jour : les cabinets de lobbying avaient une grille ; l'obtention d'un rendez-vous avec le secrétaire général valait tant, avec le conseiller compétent tant aussi. François Hollande était évidemment très vigilant sur ces sujets. À ce propos, il examinait régulièrement nos agendas. Je trouvais l'exercice particulièrement intrusif et désagréable, mais je comprenais la logique.

Le Président se méfiait, mais recevait évidemment de hautes figures du business. Quelques grands chefs d'entreprise venaient d'ailleurs un peu trop souvent à mon goût, que dis-je, à notre goût. Les rencontres avec Marc Ladreit de Lacharrière étaient, par exemple, régulières. Des entretiens avec Alain Dinin, P-DG de Nexity, ont eu lieu à plusieurs reprises. Et les négociations sur les concessions autoroutières ont pu provoquer des entretiens directs avec certains P-DG, dont celui de Vinci.

En même temps, il est heureux qu'un chef de l'État rencontre et discute avec des acteurs économiques majeurs. François Hollande connaissait tout le monde… et se méfiait, notamment des hommes de réseaux, qu'il préférait alors ne pas voir. Il avait par exemple mis un véritable veto sur Stéphane Fouks, le P-DG de Havas. Il en était de même d'Alain Bauer. Pas seulement parce que le premier avait été responsable de la campagne de communication calamiteuse de 2002, ni parce que le second avait trop fréquenté Nicolas Sarkozy durant sa présidence, mais parce qu'il éprouvait une réticence quasi instinctive face aux milieux et personnalités au centre de trop de réseaux... Plus tard, lorsque la non-reconduction d'Henri Proglio à la tête d'EDF sera confirmée, ce paramètre aura compté aussi.

Un autre exemple de cette réticence concerne Julien Dray. François Hollande avait – et a – une véritable amitié pour lui. Mais le Président n'assumait pas totalement la réputation sulfureuse de l'ancien député, notamment en ce qui concerne l'argent. Plusieurs fois, lorsque son nom fut évoqué pour rejoindre le gouvernement – lâchers de sondes pas réellement sérieux compte tenu de ses relations parfois tendues avec Manuel Valls –, il jugeait l'hypothèse impossible. Un jour où j'évoquais ces rumeurs avec le chef de l'État, celui-ci me répondit : « En ne le faisant pas entrer au gouvernement, je protège Julien. » Julien ou le Président lui-même ?

Cette méfiance, cette distance donc, je me demandais parfois s'il ne les payait pas cher, cash même. Comment pouvait-il être aussi peu informé des sujets le concernant directement ? La publication du livre de Valérie Trierweiler en fut un exemple parmi d'autres : il aurait dû être averti plus tôt de cette éventualité, la rumeur d'un contrat signé courant dans les médias comme l'édition. Pourquoi, par ailleurs, la presse se montrait-elle aussi rude à son égard, impitoyable même ? Alors qu'il avait des contacts directs avec certains journalistes – on le verra, hélas. Je n'aurais probablement jamais la réponse à ces interrogations. Et j'oscillerai en permanence entre la causalité diabolique – les puissances de l'argent ont participé à l'affaiblissement du Président – et le suivisme de tout un chacun : la presse était dure avec le Président car les Français l'étaient.

Au moins, on doit reconnaître que François Hollande est probablement l'un des rares présidents à ne pas avoir quitté l'Élysée accablés de soupçons relatifs à leur usage personnel de l'argent. Dans les études qualitatives et quantitatives que je suivais attentivement, c'était l'une des très rares qualités que l'opinion lui reconnaissait. Ça et l'intelligence. Hélas, proximité, empathie, sympathie avaient été gommées par l'exercice du pouvoir et une question que tout un chacun en arrivait à se poser régulièrement : « Mais qui est François Hollande ? »

Malgré cette prudence, cette distance, la seconde moitié du quinquennat n'échappa point aux affaires. Elles n'étaient pas toutes de même niveau, concernaient plus souvent la droite que nous, et le mot englobant « affaires » n'avait pas toujours le même sens, mais peu importait : une sale ambiance s'installait. Où nous étions emportés, entraînés. Le séisme Cahuzac avait constitué la première tache, indélébile, et d'autres s'ajoutèrent, bien moindres, mais qui participèrent au climat délétère. Les soupçons pesant sur Aquilino Morelle avaient alourdi un peu l'ambiance, la « phobie administrative » de Thomas Thévenoud donna aux Français le sentiment que nous étions « tous pareils » : des politiques pourris, impossibles à sauver. Autant de crachats injustes, durs et pénibles à supporter pour l'immense majorité des élus, qui sont blancs comme neige et plutôt dans le sacrifice, le don…, mais malheureusement compréhensibles.

En revenant sur le devant de la scène politique, Nicolas Sarkozy ramenait aussi avec lui ses affaires et ses méthodes. Plusieurs allaient nous toucher. Plus ou moins fortement. Au cœur du dispositif comme en périphérie.

L'affaire Bygmalion se déployait. *Le Monde* du 7 octobre titrait : « Affaire Bygmalion : Sarkozy directement menacé ». Cette histoire ne nous concernait en rien, mais une des lignes de défense (fluctuantes) de l'UMP fut de prétendre que toutes les campagnes présidentielles coûtaient cher et que tous les budgets de la précédente avaient été dépassés. Celle de François Hollande, en 2012, se voyait explicitement visée. Pierre Moscovici était déjà monté au créneau, le 27 mai 2014, en expliquant combien il était possible de mener une campagne gagnante aussi économe qu'exemplaire. Ce qui avait été le cas. La tentative de dérivatif ayant échoué, l'affaire Bygmalion – et ses suites – ne concerna plus que la droite, et singulièrement Nicolas Sarkozy et ses équipes. De notre côté, nous suivions les soubresauts et démêlés de ce dossier tordu aussi attentivement qu'à distance. En suivant à la lettre les conseils de prudence du Président. Mais cela donnait du grain à moudre aux extrêmes.

Le lendemain, *Le Monde* – toujours lui – titrait sur un autre dossier. Qui allait nous concerner plus directement. À savoir « Les hélicoptères du Kazakhstan, l'affaire d'État qui inquiète Sarkozy ».

De quoi retournait-il ? Des conditions de vente, en 2010, de quarante-cinq hélicoptères, pour un montant de 2 milliards d'euros, au Kazakhstan. Depuis avril 2012, la justice française se demandait s'il y avait eu des rétrocommissions et si la France avait fait pression sur la Belgique pour que celle-ci adoucisse ses condamnations de plusieurs oligarques russes aux noms surgissant dans l'Histoire ?

Un dossier de ce type, forcément, devient rapidement extrêmement brûlant et exige la plus grande vigilance. Dans la réunion de chefs de pôle, le 9 octobre, nous l'avons évidemment évoqué. Une triple consigne fut donnée, toujours la même d'ailleurs : comprendre, ne surtout pas intervenir et être extrêmement vigilant en communication.

Comprendre : cela nous concernait tous, moi le premier. Ces sujets alambiqués à multiples étages et protagonistes s'avèrent tellement complexes qu'il s'agissait d'avoir les idées claires. Dans les discussions avec les parlementaires notamment. Ne pas intervenir signifiait se mettre – comme il se doit – à disposition des magistrats au cas où, mais surtout ne rien demander à quiconque. Restait à canaliser la communication. Or l'Élysée fut vite sollicité sur un cadeau offert à l'un des conseillers de Nicolas Sarkozy incriminé. En septembre 2009, le milliardaire belgo-kazakh Patokh Chodiev avait en effet donné au diplomate Damien Loras une montre d'une valeur de 44 000 euros. La question était de savoir si celle-ci avait été acceptée ou non. La ligne de défense du diplomate était la suivante : « Cette montre m'a, en effet, été offerte par M. Chodiev. Je ne l'ai pas acceptée. Elle a été stockée dans un coffre de l'Élysée où elle se trouve toujours. Les cadeaux, on en reçoit souvent. Le tout est de savoir ce qu'on en fait. » Les journalistes voulaient donc découvrir où se trouvait la montre. Des investigations internes furent entreprises, et Gaspard donna la réponse officielle. « À notre arrivée, dit-il, nous avons en effet trouvé ce modèle de montre dans le coffre de la cellule diplomatique. Conformément aux usages mis en place depuis 2012 pour des cadeaux d'un montant supérieur à

150 euros, cette montre a été transmise au service des cadeaux, où elle se trouve encore. »

Cette affaire ne nous touchait pas directement, mais elle nous obligea donc à réagir. Pour autant, elle eut des conséquences et connut d'autres rebondissements. La première fut un durcissement de la déontologie au sein de l'Élysée. Dès 2012, plusieurs règles avaient été édictées. Comme la présidence pensa que cela ne suffisait pas, Sylvie Hubac, la directrice de cabinet, travailla en lien étroit avec la HATVP pour élaborer une nouvelle charte éthique. Qui aboutit en décembre 2014. Particulièrement drastique, chacun de nous la signa. Ce qui était une bonne chose.

Les rebondissements dans ce dossier apparurent quelques mois plus tard, lorsqu'on se rendit compte que la montre n'était pas au service des cadeaux. Cela entraîna le dépôt d'une plainte par la présidence de la République.

La troisième affaire nous concerna directement, bien qu'il se soit agi d'une éclaboussure de la guerre fratricide que se menaient François Fillon et Nicolas Sarkozy. L'effet collatéral se transforma même rapidement en lame de fond qui faillit emporter ni plus ni moins Jean-Pierre Jouyet.

8 novembre 2014. Un samedi. Déjeuner des chefs de pôle. Le Président sort d'une succession de réunions avec le Premier ministre en tête à tête, puis le même avec Michel Sapin, Christian Eckert, Jean-Pierre Jouyet et Laurence Boone. La question du veto européen sur le budget de la France occupe les esprits. Le déjeuner débute donc, chacun ayant plein de sujets en tête. Le tour d'horizon habituel se fait. Et puis, quelques minutes après le début du repas, un huissier apporte *Le Monde* du jour. Alors surgissent des sourires un peu nerveux, voire crispés, tant nous savons que, comme d'habitude, « nous allons nous en prendre une » – selon la formule habituelle. Nous ignorons évidemment de quoi il s'agit, mais savons d'avance que nous y aurons droit ; et pour cause, chaque jour ou presque *Le Monde* nous charge. La semaine n'a d'ailleurs pas échappé au rituel. Mardi, le quotidien titrait : « Croissance : Bruxelles ne croit pas aux prévisions de la France pour 2015 » ; mercredi, il renchérissait : « Entre Hollande

et Valls, la guerre pudique» ; jeudi, il taclait : «Hollande : ceux qui y croient encore», propos presque moins rude mais vite rattrapé par la une du lendemain : «Hollande menacé de paralysie à mi-mandat». Presque chaque jour, dans *Le Monde* comme ailleurs, un scud nous visait. Même si nombre d'agences de presse ne nous faisaient pas de cadeau, avec ce journal, il y avait toujours un cérémonial particulier : malgré les chaînes d'information en continu, malgré Twitter, nous continuions à y être attentifs parce qu'il demeure une référence. Aussi parce qu'il sort de manière décalée dans la journée, sans concurrence avec les autres supports écrits, donc donne le *la*. Parce que le Président prenait *Le Monde* et le feuilletait à table.

Ce qu'il fait. La une, ce jour-là, provoque une déflagration : «Fillon a sollicité l'Élysée pour accélérer les poursuites judiciaires contre Nicolas Sarkozy». Coup à l'estomac. Pour une fois, ce n'est pas Gaspard qui est le deuxième à parcourir le quotidien, pas même Jean-Pierre Jouyet, mais Sylvie Hubac. Conseillère d'État intègre, droite, voire sèche, elle vit très mal les accusations sur un prétendu «cabinet noir» officiant à l'Élysée contre Nicolas Sarkozy que ce dernier colporte. L'article contient une ligne sur elle. Des propos prêtés à Jean-Pierre Jouyet. Outrée, elle s'énerve, quitte même la table.

Pourtant, ce n'est pas «son» affaire qui débute, mais l'affaire Jouyet/Fillon qui va étendre son ombre sur toute la fin du quinquennat et pas mal nous déstabiliser. Cette semaine-là, Davet et Lhomme sortent le tome 2 de leur livre sur l'épopée sarkozyste. Le premier s'intitulait *Sarko m'a tuer*, le second concerne toujours l'ancien président, mais sous l'angle des affaires. Dans cet ouvrage – dont *Le Monde* révèle quelques points forts –, ils évoquent une rencontre du 21 septembre avec Jean-Pierre Jouyet. Durant laquelle ce dernier aurait relaté l'existence d'un déjeuner entre François Fillon, son ex-directeur adjoint de cabinet et lui-même, trois hommes qui se connaissent de longue date. Durant ce repas, l'affaire Bygmalion aurait été évoquée et François Fillon aurait demandé à l'Élysée d'accélérer les procédures judiciaires. L'article mentionne même une discussion entre Jean-Pierre Jouyet et François Hollande qui, bien sûr, lui aurait dit de ne pas bouger.

Cette révélation va provoquer un petit cataclysme. Interrogé la veille de la publication, Jean-Pierre Jouyet a démenti avoir eu une telle conversation avec l'ancien Premier ministre. Avant, le dimanche suivant, de déclarer à l'AFP que, si, François Fillon a bien tenu de tels propos. Lequel, au journal télévisé du même dimanche soir, dément et annonce qu'il va porter plainte contre *Le Monde* et contre Jean-Pierre Jouyet.

Les revirements du secrétaire général de l'Élysée donnent des angles d'attaque à la droite, alors que c'est elle la première visée. Dès le dimanche, Bruno Le Maire demande la démission de Jean-Pierre Jouyet. Le lundi matin, c'est Gérald Darmanin qui renchérit en ce sens. Jouyet, on s'en doute, est salement secoué. À tel point que le lundi matin, exceptionnellement, la réunion des chefs de pôle autour du président de la République se tient sans lui. L'affaire est bien sûr évoquée, tout le monde s'avoue effaré et inquiet pour Jean-Pierre. Le Président l'a eu au téléphone à plusieurs reprises dans le week-end – comme toujours, mais cette fois dans un contexte particulier – et nous explique que, la veille au soir, il avait l'air d'aller.

De notre côté, nous affinons les angles, la ligne de défense. Car il ne faut pas se laisser distraire, voir le vrai problème détourné, à savoir les propres turpitudes de la droite. Nous nous répartissons les appels à passer afin que différentes personnes de la majorité montent au créneau. Mais ce n'est pas si aisé, Jean-Pierre Jouyet ayant une image plus que contrastée parmi les hiérarques socialistes. Primo parce que son passage comme secrétaire d'État de Sarkozy n'a pas été oublié. Secundo parce que, quelques semaines plus tôt, un long article du *Monde* sur le couple Jouyet-Taittinger avait effaré les socialistes. Les propos des parlementaires le concernant furent si peu amènes que je n'ai pas osé en dévoiler la teneur au principal intéressé. Mais au Président si.

Pour cause de 11 Novembre, le petit déjeuner de la majorité eut lieu le mercredi. L'affaire y fut, bien sûr, évoquée, et la ligne définie confirmée. À savoir que Bygmalion, c'est la droite, que l'exemplarité du Président est évidente puisqu'il n'intervient pas dans les affaires de la justice, et que garder Jean-Pierre Jouyet en poste est une évidence. En lui demandant, cependant, de ne plus parler à la presse.

Les questions d'actualité à l'Assemblée nationale furent évidemment rudes. Le lendemain midi, le Président déjeuna avec son secrétaire général. Le consolateur devint le consolé. La polémique se poursuivit toutefois, malgré le départ du chef de l'État à l'étranger. Le 17 novembre, alors que ce dernier se trouvait en Australie, il confirma à la presse que « Jean-Pierre Jouyet [était] un bon secrétaire général de l'Élysée ». Traduction : il resterait en poste.

L'épisode laissa des traces. Déjà, interdiction stricte pour Jean-Pierre Jouyet de rencontrer le moindre journaliste. Singulièrement Davet et Lhomme. Soit dit en passant : nous croyions – naïvement – qu'il en allait de même pour le Président ! Ce ne fut pas le cas, comme le révélera l'avenir, mais les rendez-vous avec ces deux enquêteurs disparurent de l'agenda transmis aux chefs de pôle. Personne n'était désormais au courant de leurs visites, à l'exception du secrétariat particulier et des officiers de sécurité.

Le feuilleton du procès en diffamation déclenché par François Fillon dura plusieurs mois. Une véritable souffrance pour le secrétaire général, qui vivait fort mal qu'un ancien Premier ministre l'accusât de mentir. Plus tard, bien plus tard, Jean-Pierre Jouyet gagna le procès. Et la France entière découvrit que ce Premier ministre des Républicains avait une fâcheuse tendance et une forte habitude au mensonge.

L'affaire eut aussi des conséquences sur le fonctionnement même de l'Élysée, du gouvernement et de la Hollandie. La petite équipe, ayant affronté une énième tempête, vit ses liens se renforcer. À l'inverse, Jean-Pierre acquit une réputation de gaffeur, peu compatible avec l'autorité qui doit incomber à un secrétaire général. Ce qui entraîna aussi une cassure avec une partie des soutiens traditionnels du Président.

Étions-nous au bout de nos peines ? Même pas. Le lundi 17 novembre, le Président avait fait comprendre qu'il n'était pas question pour lui de « lâcher » son secrétaire général. Mais, quatre jours plus tard, c'était l'un de ses secrétaires d'État qui annonçait sa démission.

Au début du mois de septembre précédent, une enquête préliminaire avait été ouverte au sujet de la passation de marchés publics entre le conseil régional de Midi-Pyrénées et une société de communication, dirigée par des proches – en fait sa famille – de Kader Arif, alors secrétaire d'État aux Anciens Combattants.

Kader Arif était une figure singulière du parti socialiste et un homme qui suivait de longue date François Hollande. Après avoir travaillé avec Lionel Jospin, il fut l'un des piliers de la Hollandie : implanté en Haute-Garonne, longtemps responsable des fédérations au parti socialiste, il a accompagné l'ancien premier secrétaire du parti des années durant, y compris après le congrès de Reims, donc lors de la traversée du désert.

En mai 2012, sa nomination comme secrétaire d'État aux Anciens Combattants, s'il ne s'agissait pas du poste le plus en vue, montrait néanmoins l'importance accordée au sujet. Il existe une sensibilité toujours forte chez les anciens combattants, et François Hollande avait un attachement particulier au mémoriel.

Le début de l'affaire n'est pas trop médiatisé, dans le tumulte de la rentrée. Aussi on la surveille, mais sans s'inquiéter plus avant. J'en discute néanmoins avec Martin Malvy, pour mieux comprendre de quoi il s'agit. Plusieurs fois ministre de François Mitterrand, homme d'une rigueur très appréciable ne manquant ni de savoir-faire ni d'expérience, il m'explique le dossier. Une certaine confiance matinée de prudence s'installe donc. Et puis, le 6 novembre, l'Office central de lutte contre la corruption et les infractions financières et fiscales… perquisitionne les bureaux du ministre ! Le 20 du même mois, Mediapart révèle la perquisition. La situation devient intenable. Le Président reçoit le secrétaire d'État le vendredi matin. L'après-midi, Kader Arif publie un communiqué annonçant sa démission afin que l'affaire dans laquelle son nom apparaît ne rejaillisse pas sur le gouvernement.

Une catastrophe n'allant jamais seule, ce même jour *Voici* publie en une des photos de François Hollande en compagnie de Julie Gayet… à l'Élysée. Très vite, nous comprenons qu'elles ont été prises depuis l'intérieur du palais présidentiel. Pire, depuis les appartements privés du chef de l'État !

Un sentiment d'oppression intense nous gagne. Le cabinet noir existe peut-être, mais contre nous ! Déjà, quelques mois plus tôt, au moment de la publication des photos de François Hollande à scooter, celui-ci avait soupçonné des proches de Nicolas Sarkozy demeurés à la présidence ; cette fois il veut en avoir le cœur net. Une enquête interne est menée. À la fin de la semaine suivante, cinq membres affectés aux appartements privés sont mutés, tout en restant à l'Élysée. Quatre d'entre eux avaient été embauchés à l'époque de l'ancien président. Nous les recroiserons. Parfois nous servant. Nous changions alors de registre afin de proférer des banalités. Peut-être pour rien. Peut-être injustement. Mais parfois la prudence s'impose. En tout cas, c'est l'une des rares fois où j'ai vu le chef de l'État particulièrement tendu.

Quand la guigne s'installe, quand les ennuis déferlent, ils cessent rarement d'un coup. Ce qui arriva quelques jours plus tard avec un autre proche de François Hollande touché par un scandale : Faouzi Lamdaoui. Lui aussi très fidèle au Président, cet ex-secrétaire national du parti socialiste chargé de la diversité avait accompagné l'ancien premier secrétaire partout. Notamment durant la primaire puis la présidentielle, où il tenait le rôle de chef de cabinet. En mai 2012, il suivit le nouvel élu à l'Élysée. Certes, il espérait une circonscription, notamment celle des Français de l'Étranger pour le Maroc-Algérie, mais Martine Aubry était parvenue à y imposer Pouria Amirshahi – ensuite l'un des principaux frondeurs. Faouzi Lamdaoui fut donc chargé de la diversité et de l'égalité à l'Élysée.

Mais, assez vite, plusieurs rumeurs circulèrent sur lui. En janvier 2013, une enquête préliminaire avait été ouverte pour « blanchiment d'abus de biens sociaux » et « faux et usage de faux ». François Hollande l'avait protégé longtemps, mais l'étau se resserrait trop. Aussi, le 3 décembre, un communiqué de l'Élysée annonça que Faouzi Lamdaoui quittait l'Élysée pour se consacrer à sa défense.

Ces deux derniers départs firent mal. Des fidèles du chef de l'État, des membres du cœur même de la Hollandie s'éloignaient. Naquit le sentiment chez certains, et d'abord les principaux intéressés, d'un traitement à deux vitesses du Président : tandis que le secrétaire général, énarque, inspecteur des Finances connaissant le Tout-Paris semblait protégé, eux, sortis du rang, se voyaient sacrifiés.

La période fut douloureuse pour tous. D'abord pour le Président, qui – nous avons beaucoup échangé à ce sujet – pensait ces décisions inévitables et ces départs inéluctables. En cela François Hollande était l'anti-François Mitterrand : la proximité, voire l'intimité, ne protégeait de rien.

21

«Je suis favorable à ce que la ville de Paris présente sa candidature»

Si François Hollande se méfiait de la gestion du temps, des planifications, il avait cependant quelques règles dans ses temporalités. Une boussole. Un agenda à dix jours, pas plus, car sinon les bouleversements étaient trop nombreux. Lorsqu'on rebalaie le quinquennat, il n'est pas possible de lui donner tort. Il avait une croyance : il faut dix ans, soit deux quinquennats, pour redresser le pays. On ne saura jamais si cette vision était sensée. Il avait une stratégie aussi : le quinquennat se déroulera en deux parties, avec d'abord l'effort, puis le réconfort. Ce ne sera pas tout à fait le cas. Existait donc chez lui une véritable réticence à toute planification, « construction d'une séquence », comme on dit.

En cette fin 2014, nous parviendrons cependant à planifier un peu. À nous projeter. À élaborer un semblant de stratégie, c'est-à-dire à parler aux nôtres. Lesquels étaient déboussolés. Et pas qu'un peu. Lors de l'un des dîners réunissant des Hollandais à l'Élysée, Stéphane Le Foll avait mentionné une anecdote. Un dimanche, chez lui dans la Sarthe, il faisait son jogging. À un moment, un homme le rattrapa, se mit à courir à côté de lui et lui posa une question aussi simple que terrible : « Mais pourquoi vous nous faites cela ? » Or il s'agissait d'un électeur de gauche que le ministre de l'Agriculture connaissait bien.

Je ne suis pas sûr que nous ayons achevé le quinquennat en ayant apporté une réponse à ce militant désespéré comme à tous les autres. Une part d'incompréhension, voire de stupéfaction, demeurera longtemps, très longtemps, au sujet de la politique menée. Comment le parti socialiste, qui avait tout en 2012 – présidence, Assemblée, Sénat, principales collectivités locales –, a-t-il pu quasiment disparaître cinq ans plus tard ? Comment un homme sympathique, qui avait fait toute sa carrière sur la synthèse des contraires, a-t-il pu assister impuissant au dynamitage de son camp ? Comment toutes les avancées sociales, sociétales, les efforts de redistribution ont-ils pu être aussi peu perçus, compris ? Par ce militant comme par tant d'autres ?

En ce mois d'octobre 2014, nous n'en étions pas encore là. Nous avions même une ambition : desserrer l'étau et repartir à l'offensive. Car malgré les difficultés, la machine continuait d'avancer. La rentrée des classes, avec un ministre démissionnaire quelques jours avant celle-ci, s'était plutôt bien déroulée. Emmanuel Macron apprenait vite et, dès le 15 octobre, présentait les grandes orientations de sa loi. La conflictualité était toujours là – grève à Air France, crise agricole… –, mais restait gérable. Les affaires internationales demeuraient tendues – Daech progressait, l'Ukraine n'était toujours pas pacifiée, la livraison des Mistral avait été bloquée –, mais nous parvenions aussi à nous projeter un peu. François Hollande envisageait son rôle dans la COP21, travaillait déjà à son succès, s'apprêtait à rencontrer toutes sortes d'interlocuteurs, à mobiliser les acteurs économiques, à entreprendre des tournées diplomatiques à n'en plus finir pour que ce Sommet de la Terre se déroule au mieux.

Notre reprise d'initiative se fit progressivement. À travers une lente montée en puissance, hoquetante mais continue. Nous avions la volonté de rythmer les choses pendant plusieurs semaines. Avec, comme point de départ, le début du mois de novembre qui correspondait à la mi-mandature, parce que nous estimions les principales difficultés passées, et notamment le budget.

Nous avions en tête de faire durer la séquence jusqu'aux vacances de Noël et étions même parvenus à faire taire les quelques dissensions au sein de l'équipe, notamment sur la gestion de l'agenda. Celui-ci, parce qu'il se trouvait à la croisée des rendez-vous internationaux, des sollicitations médiatiques, des exercices obligés, des demandes techniques et bien sûr de la politique, était l'objet de tiraillements entre la direction de cabinet, la chefferie de cabinet, la communication et le secrétariat particulier. Quant à moi, sur ce point, je faisais office de spectateur engagé. Très engagé.

Durant quelques semaines, Isabelle Sima, Gaspard Gantzer et moi-même parvînmes à réellement travailler ensemble. Isabelle, cheffe de cabinet, représentait la Hollandie historique et incarnait la politique traditionnelle. Qui avait eu son efficacité, sinon François Hollande ne serait pas devenu président de la République. Elle se montrait assez distante avec l'Administration, plus encore avec la communication. Gaspard, lui, était le communicant qui connaissait bien l'Administration. Et moi, j'étais leur entre-deux, un conseiller ni tout à fait Hollandais historique – j'avais frayé un temps avec Ségolène – ni techno, car élu ayant assumé pas mal de fonctions au PS. Bref... celui qui se fait critiquer de part et d'autre, mais qui parvient à parler avec tout le monde et donc à faire avancer les choses. Car, à l'Élysée comme ailleurs – voire plus qu'ailleurs –, les relations humaines sont primordiales.

La date du 6 novembre pour reprendre la main, politiquement et médiatiquement parlant, avait donc été identifiée assez tôt. Le principe d'une grande émission de télévision fut vite discuté et choisi. Ce n'était pas le registre dans lequel le Président se montrait le plus à l'aise – loin de là, lui qui excellait plutôt en meeting, forme désormais interdite –, et si en conférence de presse il imposait sa capacité de repartie et démontrait sa maîtrise de tous les sujets, l'exercice ne pouvait être répété (d'autant qu'il aurait fallu repasser par le filtre des journalistes). La radio, média chaud, lui convenait mieux, mais cela avait été fait le 6 mai. Nous aurions pu être originaux, inventer quelque chose, nous servir du numérique – les idées ne manquaient pas –, mais le chef de l'État conserva jusqu'au bout de la réticence envers ces nouveaux modes d'expression. Une sorte de conservatisme.

Il restait donc la télévision, le média attirant le plus grand public, à travers une émission que nous pouvions façonner.

Le principe fut acté rapidement et annoncé le 14 octobre. Gaspard était naturellement à la manœuvre, aidé par Stéphane Ruet, un photographe veillant le plus possible aux images, et Nathalie Iannetta, ancienne journaliste. Moi-même, je n'etais pas très loin, en charge de la coordination du fond des sujets, des angles à mettre en avant, etc.

L'émission, diffusée sur TF1 et RTL, supports considérés comme populaires, allait se dérouler en trois parties : la première devait brosser un portrait intime du Président, à travers l'interview de Thierry Demaizière, l'animateur de « Sept à Huit ». C'est évidemment l'approche qui embarrassait le plus François Hollande, lui qui n'aime pas se livrer. La deuxième était organisée autour de questions posées par un panel de Françaises et Français censé les représenter. Et la dernière, plus classique, verrait deux journalistes, Yves Calvi et Gilles Bouleau, interroger le chef de l'État. L'émission, préparée pendant presque un mois, fit l'objet d'innombrables échanges, de deux dîners de ministres auxquels je participais, sûrement de discussions entre le Président et Manuel Valls.

Comme toujours, le Président préférait le fond à la forme. Il était plus en recherche d'annonces que de postures ou de formules, alors que nous lui en fournissions de nombreuses mais qui l'accrochaient peu. Nous parlâmes donc du fond. Singulièrement, pendant les deux réunions de travail avec les ministres. La première eut lieu le 22 octobre, cette « journée particulière », pour reprendre son expression. Ensuite il posa les enjeux de l'émission : définir qui il était, donner du sens au quinquennat et répondre aux questions concrètes que les Français se posent sur le chômage, le pouvoir d'achat… Chacun prit la parole. Le débat se focalisa sur quelques annonces, la reconnaissance ou non d'erreurs commises au début du quinquennat et l'éventualité d'un référendum. On évoqua aussi le service civique obligatoire, le cumul des mandats. Le Président conclut le rendez-vous en passant à chacun quelques commandes.

Ensuite, tout le monde se mit au travail. Les conseillers missionnés missionnèrent à leur tour les ministres. Plusieurs réunions de communication et échanges eurent lieu entre-temps. Parallèlement, je rencontrai de nombreux sondeurs, mais aussi des intellectuels et des parlementaires. De son côté, Gaspard cadrait et commençait à prévendre le programme. Nous devions nous revoir le 5 novembre au soir.

À ce stade, le Président avait son dossier : une feuille de route et de réflexion, si je puis écrire, constituée de quelques notes de cadrage écrites par Gaspard, quelques autres personnes extérieures et moi. Ce déroulé s'accompagnait d'un nombre incalculable de fiches. Sur tout, absolument tout. Qui ne cessèrent de s'enrichir et s'ajouter les unes aux autres. Comme s'il s'agissait d'une sorte de boule antistress, François Hollande avait besoin de disposer d'une réponse technique à tout pour se rassurer. À ces fiches s'ajoutaient les multiples notes que les visiteurs du matin, de l'après-midi, du soir lui avaient apportées, elles aussi innombrables. Ce que je trouvais plutôt bien : bénéficier d'autres points de vue ou idées a du bon.

En général, je lui apportais aussi quelques formules et anecdotes rédigées par Guillaume Bachelay, suppléant de Laurent Fabius qui siégeait comme député à l'Assemblée, doté d'une plume particulièrement acérée. Proche du futur ministre des Affaires étrangères et de Martine Aubry, il s'était mis au service de François Hollande durant la campagne présidentielle, et cela avait très bien fonctionné. Coordinateur, avec Constance Rivière, des argumentaires du candidat, il avait largement œuvré à plusieurs discours, dont celui du Bourget. Dans la préparation du débat de l'entre-deux-tours, c'est lui qui avait joué le rôle de Nicolas Sarkozy – il possède un talent d'imitation fort, comme plusieurs hommes politiques. Guillaume était fiable, solide et d'une discrétion totale – peut-être trop, du reste. En tout cas, il était toujours présent aux moments importants.

Ce soir du 5 novembre, une personne est absente en revanche, contrairement à la fois précédente : Bernard Cazeneuve. Dans la nuit du 25 au 26 octobre, un manifestant contre le barrage de Sivens avait été tué par une grenade lancée par un gendarme. Âgé de vingt et un ans, ce militant écologiste, pacifiste, s'appelait Rémi Fraisse. Depuis quelques jours, la tension montait dans ce coin du Tarn, la présence de nombreux membres des Black Blocs, activistes d'ultra-gauche extrêmement violents et très bien organisés, n'ayant pas calmé les esprits. À l'annonce du décès, tout le monde fut interloqué, stupéfait, même. Et les choses empirèrent car nous avons probablement manqué de réactivité. Un communiqué de la préfecture fut diffusé, maladroit puisqu'il parla d'un « corps retrouvé ». Consigne fut donnée aux membres du gouvernement de ne pas trop parler, de respecter le travail de la justice, d'attendre l'autopsie. Mais ce silence donna l'impression d'un manque de sensibilité de notre part.

Le mardi, les médias s'emballèrent. Le sujet fut largement évoqué au petit déjeuner de la majorité, où le Premier ministre indiqua qu'il ne disposait toujours pas, à ce stade, d'informations supplémentaires sur les causes de la mort du jeune homme. Dans une réunion qui se déroula juste après, en présence de Bernard Cazeneuve, Ségolène Royal, Stéphane Le Foll, le chef de l'État décida de monter en personne au créneau. Il téléphona au père du garçon ; la mère, elle, refusa de lui répondre. Que faire ? Il fallait que l'État s'exprime. Comme le Président se déplaçait beaucoup, à Paris et en province, une prise de parole sur un sujet d'actualité pouvait être la solution. Quand la pression montait trop, lui-même regardait son agenda, y cherchant la fenêtre d'expression. Or, ce matin-là, était prévu un déplacement autour de la manifestation « La France s'engage ». Sur place, il pesa et soupesa ses mots. Et déclara : « Quelles que soient les circonstances, quand un jeune disparaît, la première des attitudes, c'est celle de la compassion [...]. La seconde réaction, c'est la vérité, toute la vérité sur ce qu'il s'est passé durant cette manifestation qui a été violente. J'y veillerai personnellement. » Ses paroles furent immédiatement l'objet de dépêches AFP, de tweets et de bandes déroulantes des chaînes d'info en continu.

Tandis que Gaspard appelait en boucle les journalistes pour répéter la tonalité du propos présidentiel, je fis de même avec les parlementaires. Mais cela ne suffit pas à faire baisser la pression. Les questions d'actualité, à l'Assemblée, au Sénat, furent éprouvantes, avec des écologistes particulièrement agressifs. La démission du ministre de l'Intérieur fut même demandée.

Ces périodes sont terribles à vivre. D'abord pour les familles et les proches, évidemment. Mais elles touchent aussi les hommes politiques, qui ne sont absolument pas des monstres à sang froid. Être accusé de la mort d'un autre, par procuration, bouleverse et laisse des traces. Pour nous, qui avons été horrifiés et n'avons pas bien géré la suite de l'enquête. Pour Bernard Cazeneuve surtout, qui, lorsqu'il sera question d'évacuer les camps de Calais et Notre-Dame-des-Landes, verra ce drame le hanter. Quelques jours plus tard, il vint d'ailleurs me voir et me donna un numéro de portable que je ne connaissais pas. «J'y suis toujours joignable», me dit-il. Je crus comprendre qu'il me reprochait de ne pas l'avoir assez soutenu ou d'être trop proche des écologistes. Ou d'avoir été trop touché par ce drame.

Le soir du 5 novembre, le ministre de l'Intérieur n'était donc pas là. Tous les autres si. Nous rebalayâmes le déroulement de l'émission. Les uns et les autres défendirent de nouveau leurs positions. Emmanuel Macron insista sur la nécessité de reprendre le fil européen, de donner sa chance à la jeunesse, et de mettre en place une nouvelle alliance des productivistes. Ségolène indiqua de bons angles. Stéphane Le Foll repartit sur le sens. Quant à moi, en écoutant chacun s'exprimer, je dressai la liste des dix annonces possibles du Président. Lequel retravailla avec nous tout le jeudi.

L'émission eut lieu. Elle ne fut pas exceptionnelle. Pas mauvaise non plus. Comme redouté, François Hollande ne se dévoila pas durant la première partie. Et les deux autres furent plus convenues. Il s'autorisa quelques annonces non négligeables. Notamment celle de la candidature de la France aux jeux Olympiques de 2024, ce qui nous valut – dans un premier temps – l'ire d'Anne Hidalgo. Il prononça aussi une phrase où il dit tout et son contraire concernant le service civique et la possibilité de le rendre obligatoire *via* un éventuel recours au référendum. Deux bonnes idées mal expliquées.

L'audience s'avéra bonne. La curiosité demeurait donc. Mais cela ne fit pas bouger les sondages, contrairement à ceux de Nicolas Sarkozy au lendemain d'une émission, qui parvenait à recimenter son noyau dur. Et à progresser de nouveau. Ce n'était pas le cas de François Hollande. Mais nous avions prévu d'autres événements pour la suite. Dotés d'une certaine cohérence.

22

Parler aux nôtres

L'idée ? « Parler aux nôtres », expression fréquente du Président qui visait le peuple de gauche. Une formule qu'il utilisait souvent, mais concrétisait rarement. En fait, François Hollande envoyait très peu de signes à son électorat. Les mesures prises allaient dans le sens de la redistribution, de la justice sociale, de la protection des plus faibles. Des décisions de gauche. Mais sans le son. Et en guise de sous-titres, les invectives de frondeurs. On lui reprochait d'être uniquement dans la tactique, les jeux d'appareil, les combinaisons, mais la réalité était différente. Et les électeurs se sentaient perdus, oubliés, tandis que le discours économiste du chef de l'État saturait ses interventions et que les choix faits ne correspondaient pas à ce que son socle de fidèles attendait. Avec des repères brouillés et aucune étoile du Berger à suivre, difficile pour eux d'applaudir le pouvoir dans les sondages. Il importait donc de s'adresser à eux. Aux « nôtres ».

En cette fin 2014, pour une fois nous fîmes des choix. S'extraire du tout-économique pour revenir à certains fondamentaux. Donner des gages au peuple de gauche, avec une certaine constance. Aller aussi sur le registre du symbolique. Dans le slalom qu'était l'agenda présidentiel, nous avions même réussi à poser quelques jalons : retourner à Florange, mettre en avant la conférence environnementale, publier le rapport Claeys-Leonetti sur la fin de vie, inaugurer officiellement la Cité de l'immigration, effectuer un déplacement sur la politique de la ville dans le Pas-de-Calais et trouver quelques occasions de contacts directs avec les Françaises et les Français.

Le premier déplacement, symbolique, pouvait s'avérer périlleux. Arnaud Montebourg et Jean-Marc Ayrault s'étaient, dans le premier gouvernement du quinquennat, heurtés violemment sur le dossier de l'usine sidérurgique de Florange, industrie sensible et symbolique qui trouve toujours un écho dans l'inconscient collectif national. Raison pour laquelle la classe politique s'enflamme inévitablement dès qu'un sujet la concerne.

L'écriture du scénario avait commencé en 2008, sous Nicolas Sarkozy. Les difficultés étaient déjà là. Le lieu sensible ne s'appelait pas Florange, mais Gandrange. Une ville située juste à dix kilomètres de distance. Même sonorité, même problématique. En janvier de cette année-là, le groupe ArcelorMittal annonçait un plan de restructuration menaçant directement six cents des emplois de cette aciérie de Moselle. À l'invitation des syndicats, le président de la République d'alors s'était rendu sur place le 4 février et avait déclaré : « L'État préfère investir pour moderniser le site plutôt que de payer de l'argent pour accompagner des gens, soit en préretraite, soit au chômage […] Nous sommes prêts à mettre de l'argent pour faire les investissements qui auraient dû être faits depuis longtemps sur le site et qui n'ont pas été faits. » Ce que les sidérurgistes entendirent, c'est que Nicolas Sarkozy n'allait pas les laisser tomber.

Mais la lune de miel fut de courte durée. Car un an après, en mars 2009, l'aciérie de Gandrange ferma. Et devint un symbole du renoncement, de l'impuissance des politiques.

Durant la campagne présidentielle de 2012, François Hollande, lui, s'était rendu sur un autre site en perdition : Florange, donc. Avec le même risque. Il avait tenu des propos mesurés : « Je sais ce que vous espérez, c'est-à-dire que les hauts fourneaux puissent rouvrir et que vous fassiez en sorte d'avoir une industrie sidérurgique moderne et d'avenir. Le premier engagement, c'est de faire en sorte que nous défendions notre filière d'excellence, la filière sidérurgique ! Et je sais […] qu'ici se fabrique le meilleur acier d'Europe […] : d'où l'enjeu de la réouverture. » Il avait pris trois engagements : une loi sur la reprise des sites industriels, la défense du projet dit Ulcos à Bruxelles, et la taxation des contrats d'intérim. Lesquelles promesses furent respectées. Mais si les mots sont plus parlants que les chiffres, ils impriment la mémoire bien moins que les images. Et les images montrèrent François Hollande sur le toit d'une camionnette. Avec des syndicalistes autour de lui. Et une promesse de non-fermeture considérée comme faite.

À l'automne 2012, le dossier revint sur le devant de la scène. Avec les mêmes acteurs du côté industriel comme du côté syndical. Le gouvernement, lui, avait changé. Arnaud Montebourg, très vite, proposa la nationalisation (temporaire) de Florange. Nationalisation, un mot magique en France. Qui signifierait le retour de l'État tout-puissant. Mais Jean-Marc Ayrault n'y croyait pas, pensant qu'une négociation serait plus utile. François Hollande trancha en sa faveur. Il pencha vers la reconversion du site et s'engagea à y revenir chaque année pour vérifier que celui-ci fonctionnait. Il le fit en septembre 2013. Et décida de le refaire en cet automne 2014.

Sur le terrain, les positions des élus et des syndicats étaient divergentes, clivées, même. Certains considéraient qu'on avait abandonné Florange, d'autres qu'il n'y avait aucune autre solution que cette reconversion, aux résultats tout sauf honteux. Édouard Martin, leader CFDT du site, avait même accepté d'apparaître sur la liste socialiste aux élections européennes et avait été élu. Ce genre de visite demandait, évidemment, une préparation extrême, minutieuse. Ministères, préfecture furent mobilisés, comme les conseillers en charge du dossier. Des repérages permirent de préparer le déroulé, les questions de sécurité, les images éventuelles à faire, les personnes que le Président pourrait croiser (ou ne devrait pas croiser). Compte tenu de l'enjeu politique, de nombreuses réunions furent organisées – ce qui n'était malheureusement pas toujours le cas. Les responsables socialistes furent reçus. Les avis coupés et recoupés. Je reçus ainsi Édouard Martin en tête à tête dans mon bureau où, bien sûr, le Président passa – nous utilisâmes souvent cette astuce ! Dans les derniers jours de préparation du voyage, nous reçûmes même du renfort. Boris Vallaud, ancien directeur de cabinet d'Arnaud Montebourg, rejoignit l'Élysée comme secrétaire général adjoint en remplacement de Nicolas Revel, nommé directeur général de la Caisse nationale d'assurance maladie. Un très bon connaisseur du dossier ne pouvait qu'être utile.

La visite à Florange se déroula plutôt bien. Il nous fut, bien sûr, reproché une communication trop cadenassée, des engagements pas respectés, mais le Président avait tenu sa parole de revenir chaque année. Et avait pu déployer son discours sur la reconversion. Un peu plus tard, il alla inaugurer une usine dans la Meuse : avec 100 nouveaux emplois créés et 400 prévus. Afin de montrer que la reconversion d'une région était possible, que l'industrie n'était pas morte.

Nous enchaînâmes avec la conférence environnementale. Se tenant quelques jours après la mort de Rémi Fraisse, elle fut l'occasion d'un « verdissement » des propos de François Hollande. Il commença par évoquer le drame de Sivens et annonça la multiplication des référendums d'initiatives locales sur les sujets qui posent problème. Il développa le discours, désormais bien en bouche, des enjeux de la COP21. Et fit une annonce importante : la suppression de « tous les crédits » à l'exportation « accordés aux pays en développement dès lors qu'il y a utilisation du charbon », afin de renforcer l'action de la France dans la lutte contre le changement climatique. « Au niveau européen, nous ferons en sorte que les subventions aux énergies fossiles soient supprimées à terme », ajouta-t-il. La plupart de ces annonces avaient fait l'objet de multiples allers-retours entre l'Élysée, Matignon, les ministères, de discussions avec les services et furent emportées de haute lutte. Elles n'eurent pas forcément de réalisations concrètes.

Ainsi, nous avions en tête d'adosser aux élections locales la possibilité d'organiser des référendums locaux, si besoin était, scrutins se déroulant dans certains départements ou régions. Le calendrier de 2015 y était assez propice, avec, en mars, les départementales et en décembre les régionales. Ce ne fut pas fait. Quant à la taxe charbon, elle ne se concrétisa malheureusement jamais.

Au moins, sur le moment, les évolutions du Président furent-elles notées. Il y eut (comme toujours) les sceptiques, les hostiles et ceux qui avaient envie d'y croire. Cela ne fit pas oublier l'abandon de l'écotaxe ou la non-fermeture de Fessenheim, mais une réelle cohérence se dessinait avec l'accueil, un an plus tard, de la COP21 à Paris.

Nous continuâmes à dérouler le calendrier de reconquête et de messages forts. Le 2 décembre, l'Assemblée nationale vota largement la reconnaissance de l'État palestinien. Une revendication emblématique pour la gauche française, qui ressouda un peu les troupes.

Quelques jours avant le scrutin au Palais-Bourbon, l'apéritif parlementaire du mardi soir réunit les députés socialistes membres de la Commission des affaires étrangères. Une excellente occasion pour rencontrer tous les parlementaires socialistes, qu'ils soient frondeurs ou non, ex-ministres ou pas. J'y vis Élisabeth Guigou, présidente de la Commission, Jean-Pierre Dufau, responsable socialiste de la Commission, mais aussi l'ancienne ministre Valérie Fourneyron, Philippe Baumel, un député frondeur proche d'Arnaud Montebourg… Même Benoît Hamon était là. Le sujet fut abordé, parmi d'autres. Et un mouvement favorable se dessina.

Rapidement, François Hollande demanda que le plus de parlementaires possible adoptent ce texte. Y compris de droite. Il ne s'opposait donc en rien à cette initiative ; loin de là, même. Si bien que, ce 2 décembre, la résolution fut adoptée par 339 voix contre 151. Un résultat bien plus large que la majorité et transpartisan. Le texte se vit voté quelques semaines plus tard au Sénat. D'une majorité plus courte toutefois. Un Sénat de droite et une Assemblée nationale de gauche adoptaient donc la même résolution.

Quelques jours plus tard fut abordé un autre sujet parlant « aux nôtres », pour lequel le Président cherchait un consensus le plus large possible : la fin de vie. François Hollande est un homme qui se dévoile peu. Même à nous, même à ses plus proches, ce qu'il laissait filtrer relevait souvent du ludique – la politique et le sport – plus que de sujets réellement intimes. Concernant cette douloureuse question, on le sentit touché. Impliqué même. Durant la campagne présidentielle, dans une interview à l'hebdomadaire chrétien *La Vie*, il avait évoqué l'agonie de sa mère. Le Premier ministre nous avait de son côté confié, lors d'un des petits déjeuners de la majorité : « Le Président souhaite porter ce texte. Pour des raisons personnelles. » Jean-Pierre Jouyet aussi en avait parlé en termes approchants. Aussi les travaux avaient-ils été suivis attentivement à l'Élysée. Le professeur Olivier Lyon-Caen, qui bénéficiait d'une relation discrète et intime avec le Président, avait accompagné le processus pas à pas.

Le 12 décembre, deux parlementaires remirent donc un rapport au chef de l'État. Le professeur Leonetti, UMP, et Alain Claeys, du PS. Le premier avait été le père de la loi de 2005 relative aux « malades en fin de vie ». Depuis plus de deux ans et demi, la concertation avait été lancée. Longue, parfois sinueuse, elle avait pris du temps car le sujet le nécessitait. Et pour cause, les clivages hier (comme aujourd'hui) restaient forts. Le rapport ne prit pas position pour l'euthanasie, mais envisageait d'offrir au malade un droit nouveau.

Afin de montrer à tous l'enjeu d'un tel texte, le Président décida de l'accompagner d'une allocution. Alors que presque chaque semaine il recevait un rapport sur tous les sujets possibles, le rituel était en général classique : un entretien d'une trentaine de minutes, une photo des auteurs avec le chef de l'État puis un communiqué ou un commentaire à la presse. Cette fois, François Hollande fit une allocution solennelle d'un peu plus d'une dizaine de minutes et demanda que le Parlement se saisisse du sujet.

Le texte fut adopté deux ans plus tard. Malgré l'important travail préalable, son cheminement fut long. De nouveau. Houleux. Encore. Les partisans du suicide assisté ne s'y retrouvaient pas plus que ceux qui souhaitaient un statu quo. Ce texte est en revanche proche de ce que désirait le Président. Équilibré, diront les zélateurs. Encore dans l'entre-deux, clameront les contempteurs.

Le 15 décembre, François Hollande prononça un autre discours. À la Cité de l'immigration, lieu peu connu qui existe depuis des années et dont l'origine remonte à un accord entre Jacques Chirac et Lionel Jospin. Jean-Pierre Raffarin avait enclenché le dossier et le musée ouvert ses portes durant le quinquennat de Nicolas Sarkozy. Sans inauguration officielle cependant. François Hollande avait donc été convaincu de la faire, même après plusieurs années de fonctionnement. Différentes personnes avaient œuvré en ce sens. D'abord Benjamin Stora, qui en présidait le comité scientifique, ensuite Constance Rivière. La petite bande autour du secrétaire général était assez enthousiaste.

Dans le contexte d'alors, organiser cette inauguration relevait du geste politique fort. Le laminage idéologique du Front national ne cessait de progresser, incitant d'autres mouvements ou personnalités à tenir des discours de repli, de stigmatisation, de chute… Le 1er octobre, Éric Zemmour avait ainsi publié *Le Suicide français*. Si la théorie de l'ouvrage n'avait rien de neuf et s'insérait dans une idéologie pessimiste et dépressive du déclin constante depuis la Révolution française, le succès remporté par le livre l'était beaucoup moins. Très vite, on parla de 500 000 exemplaires vendus. Et quand on songe qu'un nouveau roman de Michel Houellebecq commençait à être annoncé pour le début 2015, avec un titre proche – *Soumission* – et un propos particulier – la France de 2020 dirigée par un président issu d'un parti politique islamiste –, force était de constater que les théoriciens et praticiens d'un pays fermé interpellaient et occupaient les ondes. Nicolas Sarkozy, dans sa bataille pour la présidence de l'UMP, avait lui-même réendossé cet habit, étant reparti en campagne sur un registre proche de celui de 2012. C'est-à-dire très à droite, à la limite de certains thèmes et propos du Front national, notamment sur le sujet du rapport à l'autre. Bruno Le Maire, l'un de ses compétiteurs, n'était pas en reste dans ce discours décliniste.

François Hollande voulut donc transmettre un message en inaugurant enfin la Cité de l'immigration. Il ne s'agissait pas de faire des annonces – et surtout pas d'évoquer le droit de vote des étrangers, le Président craignant une nouvelle fracture, cassure même de la société française, obsédé qu'il était par l'effritement du ciment national et par la capacité de notre pays à s'enflammer et se déchirer –, mais de rappeler ce qu'est la France. Son histoire. Sa diversité. D'honorer celles et ceux qui l'ont faite. Dont beaucoup d'étrangers. Ce discours, François Hollande le portait en lui viscéralement. Son idée de la France était claire, précise : un pays ouvert, divers, mêlé. Aucune nostalgie – ce n'est pas dans sa nature – d'un quelconque âge d'or, mais un signe. Celui attestant de combien notre pays avance, sans peur. Et surtout pas des autres. Il le fit comme toujours en pesant chaque mot. Et, ce soir-là, il le fit magnifiquement bien.

Dans la même semaine, il effectua un déplacement à Boulogne-sur-Mer. Plus classique, mais sur une thématique susceptible elle aussi de parler à la gauche : la politique de la ville et la rénovation urbaine. Les annonces furent plus convenues, des chiffres sont apparus dans son intervention, une nouvelle enveloppe financière annoncée. C'était la première fois, depuis le début de son quinquennat, que le président de la République s'exprimait longuement sur ces sujets.

En parallèle, nous essayions aussi de lui faire renouer le contact avec les Français. En imaginant des formes un peu nouvelles, en cherchant à échapper aux déplacements, nécessairement formatés. L'idée d'une permanence présidentielle germa. Comme chaque maire, chaque député reçoit dans la semaine des habitants de sa commune ou de sa circonscription, ce que François Hollande avait fait pendant des décennies avec plaisir et même gourmandise – souvent, il nous racontait telle ou telle anecdote, vieille de plusieurs années –, pourquoi ne pas instaurer ce genre de proximité avec le chef de l'État ?

C'est bien sûr plus compliqué à mettre en œuvre quand il s'agit du président de la République, mais un moyen fut trouvé. Chaque jour arrivent à l'Élysée à peu près huit cents lettres. Avec des plaintes, des insultes, des avis, des demandes aussi. Pour nombre de nos concitoyens, la présidence est le recours ultime. Ils hésitent, se ravisent avant d'écrire au chef de l'État, mais s'y résolvent, et toujours il leur est répondu. Une belle tradition républicaine. La solution ? Puiser dans ce vivier. Et proposer aux personnes retenues une audience avec le président de la République. Cela se fera plusieurs fois.

Nous déclinâmes ce principe en un dîner. Une quinzaine de députés devaient venir à l'Élysée avec chacun une personne de leur circonscription. Pas forcément des institutionnels, le contraire était même conseillé. Initialement, la soirée devait avoir lieu dans le restaurant tenu par un ami de Christophe Castaner, alors député des Alpes-de-Haute-Provence, mais l'information fuita et tout le monde fut rapatrié au palais présidentiel. Le cadre se révéla plus protocolaire, mais les échanges tout aussi directs.

Dans les jours qui suivirent ces dîners, bien des journaux de province interviewèrent ces conviés d'un soir. Les retours furent excellents. Il faut dire que le Président avait toujours le sens du contact, une chaleur, de la curiosité. Il fallait juste parvenir à le mettre en situation.

Fin décembre, plusieurs sondages indiquèrent un début de redressement de sa popularité. Faible, mais réel. Un frémissement apparaissait-il ? Malgré la situation économique dure, la gauche désunie, une image du Président très dégradée ? En tout cas, nous commencions à desserrer l'étau.

Durant les fêtes, le chef de l'État se rendit à Saint-Pierre-et-Miquelon, poursuivant son objectif de visiter tous les territoires d'outre-mer durant sa mandature. Il souffla ensuite quelques jours : et nous avec lui.

Reprise dès le 29 décembre. Pour préparer les vœux télévisés du 31. Ce matin-là, comme souvent avant les interventions importantes, Stéphane Le Foll passa à l'Élysée. Sans protocole, puisqu'il apparut en tenue de vacances, avec une marinière rayée pour être plus précis, mais en dispensant quelques-uns de ses conseils avisés.

Les vœux furent classiques, sans annonce, mais reprirent les thèmes que nous comptions marteler. À savoir la constance dans les grands choix, la dénonciation du dénigrement de la France, la réaffirmation d'un pays ouvert ayant foi dans son avenir.

Le 5 janvier, le Président fut l'invité spécial de la matinale de France Inter, radio la plus écoutée à cet horaire. Particulièrement par les « nôtres », auxquels nous nous efforcions plus que jamais de parler.

23

« Ils sont tous morts »

7 janvier 2015, 8 h 30. Réunion traditionnelle du mercredi matin, même si le Conseil des ministres a eu lieu le 5, exception à la règle. Pourquoi ? Parce que traditionnellement, le premier lundi après le 31 décembre, le gouvernement dans son entier se retrouve chez le ministre de l'Intérieur, place Beauvau, et que ses membres se rendent ensuite, à pied, à l'Élysée, situé à trois cents mètres. Où le premier Conseil des ministres de l'année se tient. Un lundi donc, et non un mercredi.

La réunion entre le Président et les chefs de pôle se déroule, elle, à l'heure habituelle. Autour de la table, les protagonistes ont changé. Boris Vallaud a remplacé Nicolas Revel depuis quelques semaines. Thierry Lataste, lui, a succédé à Sylvie Hubac voici quelques jours, celle-ci étant retournée au Conseil d'État avant de prendre la présidence de la Réunion des musées nationaux, ses premières amours puisqu'elle a toujours navigué entre le Conseil d'État et des postes de responsabilité dans ce domaine. Thierry Lataste, nommé officiellement le 5 janvier, est un préfet. De gauche. Normalien, énarque, il a dirigé le cabinet de Pierre Mauroy à la mairie de Lille lorsque celui-ci était Premier ministre de François Mitterrand. Au début des années 1980, donc. Une belle carrière s'en est suivie dans la « Préfectorale », avec un poste de haut-commissaire en Nouvelle-Calédonie. Depuis décembre 2012, il était directeur de cabinet du ministre de l'Intérieur, d'abord Manuel Valls, puis Bernard Cazeneuve. Un atout d'autant plus précieux que, depuis le départ de Pierre-René Lemas, le corps préfectoral était peu représenté à l'Élysée. Il y a aussi, autour de la table, Constance Rivière. Avec le titre de directrice de cabinet adjoint mais le même terrain d'activité qu'avant. Sans oublier Jean-Jacques Barbéris, qui suit les questions économiques et participe souvent à ces réunions, et évidemment Jean-Pierre Jouyet, Isabelle Sima, Laurence Boone, Jacques Audibert, Gaspard Gantzer et moi-même. Toujours. De fait, nous ne sommes plus vraiment les « Sept samouraïs ». Hormis Isabelle Sima et le Président, personne n'occupe son poste depuis plus de neuf mois.

Le décor n'a pas changé, ni les exercices obligés. Particulièrement en ce début janvier avec les multiples cérémonies de vœux. Selon les années, on en compte quinze à vingt. Sur l'agenda du Président, dont nous étions quelques-uns à disposer, il y avait même une couleur particulière pour ces moments : le bleu !

Cinq allocutions avaient déjà eu lieu : les vœux aux Français bien sûr, au gouvernement, au personnel de l'Élysée, aux membres du cabinet. Dans ces derniers, François Hollande avait cité le philosophe Gaston Bachelard. Une référence un peu désuète mais pour des propos pertinents. En fait, il n'y avait presque qu'en petit comité qu'il aimait montrer sa culture. Le reste du temps, il se complaisait dans la peau de l'amateur de foot, de politique et de chanson française. Son côté Chirac première époque. La veille au soir, s'étaient déroulés les vœux au Conseil constitutionnel, juste avant que Lionel Jospin prête serment en tant que nouveau membre.

Durant la réunion, nous avons balayé les discours à venir. Ce 7 janvier étaient prévus les vœux aux autorités religieuses. À propos desquels le Président nous glissa : « Je serais religieux, je m'alarmerais de Houellebecq », allusion à son nouveau roman, *Soumission*, sorti le lundi même, piraté quelques jours auparavant sur le Net et ajoutant de la polémique à la polémique. Nous commentâmes la presse – avec un mélange de dépit et de vacherie –, puis chacun exposa ses dossiers. Laurence Boone parla de la Grèce. Jacques Audibert et Boris Vallaud de la COP21 et des tensions à ce sujet entre Ségolène Royal et Laurent Fabius. Puis, en vrac, passèrent le taux du livret A, les Rafales et le Qatar, les aides à la presse, le rendez-vous de la matinée avec le nouveau P-DG de Total, son prédécesseur Christophe de Margerie étant décédé quelques mois plus tôt dans un improbable accident entre un avion et un véhicule sur l'aéroport de Moscou. J'évoquai quant à moi la rencontre à venir entre le Président et l'ensemble des rapporteurs thématiques de la loi Macron. Le chef de l'État avait déjà vu Richard Ferrand, rapporteur de l'ensemble du texte durant les congés de Noël, car, ce texte, il le suivait avec attention. Avec affection aussi. Nous évoquâmes encore les têtes de liste aux élections régionales, et François Hollande revint sur Nicolas Sarkozy, nous reprochant collectivement de ne pas être assez vigilants, assez durs à son égard.

La réunion ne dura pas plus longtemps que d'habitude. Le Président accueillit ensuite Jean-Louis Nadal, président de la Haute Autorité pour la transparence de la vie publique, qui venait faire de nouvelles propositions suite aux dernières affaires. Comme nous nous connaissions, qu'il possède une maison dans le Médoc, que nous sommes presque entre « pays » mais que, depuis mon arrivée à l'Élysée, je ne le voyais presque jamais – volontairement, car je tenais à couper avec toutes les personnes pour lesquels il y aurait un risque de « conflit d'intérêts » –, j'allai le saluer.

Chacun, ensuite, vaque à ses occupations. Et la matinée s'écoule. Classique. Réunion avec les membres de mon pôle. Comme trop souvent durant celles-ci, mon regard reste rivé au fil Twitter. Peu après 11 h 30, des messages inquiétants, alarmants même, apparaissent. « Tirs à la kalachnikov dans le 11e arrondissement. » Les coups de feu durent. Ils sont nourris. Cela s'éternise. Je regarde sur mon portable Élysée si un SMS d'alerte a été envoyé, comme cela arrive lorsque quelque chose d'important se produit. Rien. Rien sur ma boîte mail non plus. Même absence en jetant un coup d'œil aux chaînes d'info. Pourtant, il semble que quelque chose se passe. Je me dirige vers le bureau du secrétaire général. Et là, tout bascule.

Je comprends effectivement qu'un événement grave est en cours. Hors norme. Le Président quitte son bureau ; il vient d'avoir Patrick Pelloux au téléphone, médecin urgentiste et membre de l'équipe de *Charlie Hebdo* qui est aussi l'un de ses amis. Le chef de l'État sait. Et décide de se rendre sur place immédiatement, sans solliciter l'avis de quiconque. Il demande à Thierry Lataste et Gaspard Gantzer de l'accompagner. Le départ prend à peine quelques minutes, ses officiers de sécurité étant toujours prêts, le véhicule officiel jamais loin.

À quelques-uns, nous nous retrouvons entre le bureau de Jean-Pierre Jouyet et le Salon vert, chacun cherchant des informations pour comprendre de quoi il retourne exactement. Mes téléphones, le personnel comme celui de l'Élysée, ne cessent de sonner. Je ne réponds pas. Inutile. Olivier Lyon-Caen, conseiller santé et sommité médicale, nous rejoint. En liaison avec le SAMU, il obtient les informations les plus fiables. Qui ne livrent aucun renseignement sur les circonstances, juste l'état de gravité des blessés, les noms des morts aussi.

Marie-Christine Blandin, sénatrice écologiste, présidente de la Commission des affaires culturelles, m'appelle. Je ne sais pourquoi, cette fois, je décroche. Elle cherche des nouvelles, comme tout un chacun. Elle connaît la rédaction de *Charlie*, plus que bien d'autres. « Et Wolinski, il est mort aussi ? » demande-t-elle. Olivier Lyon-Caen étant face à moi, je l'interroge. « Oui », répond-il. Comme les autres. Comme tous ces noms connus. De nous et de tous les Français. Des figures de légende : Cabu, Charb, Tignous, Wolinski…

Nous suivons alors le déroulé de la tragédie en regardant les chaînes d'information en continu. Se superposent plusieurs sources d'information : celles qui nous remontent en interne, celles des réseaux sociaux, celles de la télévision. Concordantes. Un attentat, un massacre, un drame, un traumatisme inouï.

Le Président revient avant l'heure du déjeuner. Et nous réunit. Ému, fermé, il dresse un très rapide bilan de l'attentat. Considère qu'il s'agit d'une attaque contre la presse et annonce un deuil national. Jusqu'au dimanche soir, il nous réunira de manière fréquente. Nous serons quelques-uns à prendre la plupart des déjeuners et dîners, ensemble, avec lui. À sa demande. Dans un souci d'efficacité bien sûr. Peut-être aussi pour qu'il n'ait pas à se retrouver seul.

Des moments d'une telle gravité sont très particuliers. Évidemment, un torrent d'émotions cherche à se déverser, mais on doit aussi agir, faire. À ses yeux, l'image qu'il faut donner à la nation impose de ne céder ni à la panique ni à l'émotion. Celle-ci est condamnée à disparaître. En apparence, car nécessairement elle travaille. François Hollande est un homme en réflexion permanente, qui balaie tout, étudie toutes les hypothèses, quitte à risquer de s'y noyer. Nécessairement, à un moment ou un autre, il s'est posé la question de sa responsabilité. Du combat contre le terrorisme dans lequel la France est en première ligne. En tout cas, durant ces quatre jours effroyables, jamais il ne montre le moindre doute. Jamais il n'affiche la moindre fatigue. Chaque fois, il saura user des mots justes, se révélera incroyablement directif et efficace dans le déroulement des opérations.

Il passe quelques appels. Nous demande de revenir pour le déjeuner. Qui arrive très vite. Quelques nouvelles informations émergent, peu encore à ce stade. Un point est fait sur les mesures de sécurité prises, sur la manière dont le SAMU officie. Affronter l'urgence, puis, dans les semaines et mois à venir, apprendre à faire face de manière construite, pérenne, quels que soient les drames. Qui, malheureusement, seront nombreux. J'entendrai, plus tard, plusieurs scénarios d'attentats possibles envisagés. Dont une attaque sur une plage, une autre contre une école ou un lieu regroupant des enfants – ce scénario me glacera évidemment, car nos hôpitaux ne sauraient les supporter, paraît-il. Si un pays parvient à gérer les catastrophes relatives aux adultes, celles concernant les enfants démunissent et accentuent les failles car il n'y a pas assez de lits, de matériel spécialisé, de médecins sachant traiter l'impact des blessures par balle chez des petits. Ce n'est plus le cas. Dans ce domaine comme dans bien d'autres, les défenses de notre pays se sont renforcées.

Le Président décide que se tiendra une cellule de crise tous les matins vers 8 heures dans le Salon vert, avec le Premier ministre, le ministre de l'Intérieur, la garde des Sceaux et quelques collaborateurs. L'agenda, du coup, est balayé, la plupart des rendez-vous supprimés. Deux sont maintenus : les vœux aux autorités religieuses le soir même et un hommage national à Robert Chambeiron, dernier survivant de la réunion fondatrice du Conseil national de la Résistance autour de Jean Moulin, le 27 mai 1943, décédé quelques jours plus tôt. Le reste, dégagé.

Le Président continue à ventiler les actions. S'occuper des familles des victimes, voilà une demande constante de sa part. Constance Rivière prend cette tâche douloureuse en charge, avec une efficacité et une humanité incroyables. Elle n'a que trente-quatre ans et le refera à l'occasion d'autres drames. Des obsèques nationales vont probablement être organisées. Et des contacts avec les principaux responsables politiques sont pris. Le Président contacte lui-même Nicolas Sarkozy, Jacques Chirac et les présidents du Sénat et de l'Assemblée. Jean-Pierre Jouyet s'entretient avec Valéry Giscard d'Estaing pour lui proposer un rendez-vous avec le Président, mais VGE, depuis sa défaite de mai 1981, s'est promis de ne jamais revenir à l'Élysée. Je me charge de joindre les présidents de groupes parlementaires, les responsables de parti. La seule dont je n'aie pas le portable, c'est Marine Le Pen. On parvient à la faire joindre par Florian Philippot. Comme il est de la promotion de l'ENA ayant suivi celle de Jean-Jacques Barbéris et Constance Rivière, le contact passe. Le lien avec la maire de Paris se fait également. Et s'installe de manière continue. À la fin de la discussion, le Président revient sur l'attentat. Et nous déclare : « Al-Qaida plutôt que Daech. »

Le reste de l'après-midi est occupé à ces différentes tâches. Et aussi à suivre l'actualité, la progression de l'enquête. À voir sur Internet la vidéo – morbide – d'un policier, à terre, achevé par les terroristes. À signaler immédiatement ce film atroce pour en interdire la diffusion. Autant d'attitudes et de réactions que nous apprenons à avoir quasi en temps réel. Comment les médias doivent-ils traiter de tels événements ? Qu'ont-ils le droit de dire, de montrer ? Et nous, de quelle manière pouvons-nous les cadrer ? Quelques mois plus tard, les députés déposeront un amendement dit « BFM » destiné à encadrer l'information en de telles circonstances. À la demande du Président, je le ferai retirer. Parce que la presse est libre, quoi qu'il en coûte. À elle de se réguler. Ce qu'elle fera – plus ou moins.

En fin d'après-midi, François Molins, le procureur de Paris, donne une première conférence de presse. Avec précision. Humanité. Durant les mois suivants, il deviendra le visage qui incarne le drame. Il sera aussi la voix de la raison, de la clarté. Une des voix qui permettront au pays de ne pas chavirer. À 19 heures, Jean-Pierre Jouyet fait remonter l'équipe dans le bureau du Président. Nous relisons l'intervention de ce dernier. Elle aura lieu en direct, à 20 heures, du jardin d'hiver. L'Élysée permet, dans ces situations-là, de s'exprimer extrêmement rapidement. Encore faut-il recourir aux mots justes. L'allocution débute : « Aujourd'hui, la France a été attaquée en son cœur, à Paris, dans les locaux mêmes d'un journal. Cette fusillade d'une violence extrême a tué douze personnes et en a blessé plusieurs. Des dessinateurs de grand talent, des chroniqueurs courageux sont morts. Ils avaient marqué par leur influence, par leur insolence, par leur indépendance des générations et des générations de Français. Je veux ici leur dire que ce message de la liberté, nous continuerons à le défendre en leur nom. Ce lâche attentat a également tué deux policiers, ceux-là mêmes qui étaient chargés de protéger *Charlie Hebdo* et la rédaction de ce journal, qui était menacée depuis des années par l'obscurantisme et qui défendait la liberté d'expression. »

L'intervention est brève. Moins de cinq minutes. Grave, solennelle et percutante aussi. Le Président lit en partie son texte. Son corps ballotte un peu, au début, signe d'émotion. Il lie l'attentat contre *Charlie* à ce qu'est la France, à la République, à l'idée commune du pays partagée par tous. Il parle de terrorisme, de fondamentalisme, pas d'islamisme ou de guerre. Il annonce un deuil national de trois jours et une minute de silence du lendemain à midi, décisions prises très vite tant il est essentiel de donner une possibilité de communion nationale. De faire que la nation se recueille ensemble. Des manifestations spontanées ont déjà débuté. Le hashtag #Jesuischarlie a commencé à envahir les réseaux sociaux. Des personnes se rassemblent spontanément un peu partout en France. À Paris, elles se retrouvent place de la République. Des milliers de gens choqués, éberlués, émus, dignes, avec souvent des crayons pointés vers le ciel.

Dès 20 h 15, nouveau dîner avec le chef de l'État. Échange des dernières informations sur la traque des terroristes, la quête des familles à contacter, le déroulé du lendemain. Le Président se rendra à la préfecture de police pour la minute de silence. Tous les responsables politiques contactés seront présents. François Hollande verra Nicolas Sarkozy juste avant les obsèques de Robert Chambeiron.

Nous nous séparons, chacun gardant son portable ouvert, mais branché pour qu'il ne soit pas déchargé à un moment inopportun. Vers minuit, je rentre chez moi – soit un peu plus tard que mon heure de retour habituelle – dans l'un des véhicules dits de régulation conduits par des gendarmes. Après les attentats de *Charlie* puis de l'Hyper Cacher, ces derniers se mettront à porter systématiquement leur arme de service, tandis qu'un gilet pare-balles traînera sur la banquette arrière. Ambiance particulière. Je ne me rappelle pas à quoi je pense, ce soir-là, seul dans mon petit studio.

Nous enchaînons le lendemain matin. La réunion de crise commence tôt. Bernard Cazeneuve doit partir d'urgence au milieu de celle-ci : une policière municipale vient d'être abattue à Montrouge. Impossible, à ce stade, de savoir s'il existe un lien entre les deux événements. Toute la journée, les rumeurs se multiplient, enflent. Les noms des tueurs de *Charlie* sont connus depuis la veille, leurs papiers d'identité ayant été retrouvés dans un véhicule abandonné. Pendant que le Président reçoit Nicolas Sarkozy, Jean-Pierre Jouyet nous réunit et Thierry Lataste livre les dernières informations disponibles. Sur la traque des tueurs comme sur ce qui vient d'arriver à Montrouge. Dans mon cahier, quelques notes : « Tir dans le dos d'une policière. Voiture volée. Retrouvée à Arcueil. Employé de la mairie blessé. Témoin en état de choc. »

Nous filons la journée. Heure par heure. Le premier choc est passé. Il faut nous répartir les argumentaires à faire ou à demander : sur les moyens de la police, de la gendarmerie, la politique internationale, la première loi antiterroriste adoptée en fin d'année précédente… L'entretien du chef de l'État avec son prédécesseur s'achève deux bureaux plus loin. Le Président part ensuite pour les Invalides, avant de se diriger vers la préfecture de police. Dans la matinée, François Lamy m'appelle afin d'évoquer les réunions prévues pour l'organisation d'une large manifestation d'unité nationale. À 14 h 30 se déroule, à l'Assemblée nationale, une réunion rassemblant tous les partis – sauf le Front national et l'extrême gauche. À 17 h 30, une autre accueille les syndicats et les associations antiracistes. Midi, minute de silence. Le Président, droit, visage figé, se tient dans la cour de la préfecture de police. L'ensemble du cabinet et du personnel de l'Élysée se recueille dans la salle des fêtes. Plusieurs « Je suis Charlie » ont été imprimés et distribués. Le silence intensifie l'émotion.

François Hollande revient. Nous déjeunons ensemble. Il fait le compte rendu de son entretien avec Nicolas Sarkozy. Nous commentons les propos des uns et des autres ; tout le monde a été digne. À deux exceptions près, Marine Le Pen et Éric Zemmour. Le matin même, lendemain de la mort de douze personnes, ce dernier a osé une chronique au vitriol. Parlant de Bisounours, de monde révolu, d'illusion de paix alors que nous sommes en guerre. « En quelque sorte, il justifie », glisse le Président, grinçant et choqué. Nous revenons aussi sur l'allocution de la veille, que 21 millions de Français ont écoutée. La cérémonie aux Invalides, puis le rassemblement de dimanche sont évoqués. Cette grande manifestation, née spontanément, devons-nous lui donner une dimension internationale ?

L'après-midi, s'égrainent les rencontres avec les politiques. Le hasard du calendrier a prévu un entretien avec François Baroin, premier magistrat de Troyes et nouveau président de l'Association des maires de France. Il est bien évidemment maintenu. Thierry Lataste et moi-même sommes avec le Président. François Baroin, vu le lundi précédent dans mon bureau afin de préparer le rendez-vous, indique que l'AMF sera présente dimanche. Il s'interroge sur la protection des bâtiments publics, des lieux de culte et plus particulièrement des écoles. Et indique que son association a suggéré de réunir les conseils locaux de sécurité et de prévention de la délinquance, partout où ils existent. La discussion se poursuit sur les manifestations spontanées de soutien et dévie vers le travail dans les quartiers, la certification des imams. L'élu républicain paraît très constructif.

Le Président enchaîne avec les présidents de l'Assemblée, du Sénat et les groupes parlementaires. D'emblée, il délivre des informations très précises sur la traque des terroristes, obtenues heure par heure. Comme tout un chacun, les élus aussi sont avides d'en savoir plus. Les prises de parole arrivent. Constructives également.

Je m'éclipse en cours de réunion pour me rendre à Matignon. Où il faut travailler à l'organisation de la grande manifestation du 11 janvier. Sont présents Yves Colmou, Sébastien Gros – chef de cabinet du Premier ministre –, Harold Hauzy, responsable de la communication, et Gilles Clavreul, délégué interministériel en charge de la lutte contre le racisme et l'antisémitisme. Tout juste nommé, en novembre 2014, avant, il travaillait avec nous à l'Élysée. La manifestation relève du casse-tête à tous points de vue. Comment organiser pareil rassemblement alors que les terroristes sont en cavale ? En même temps, le pays a besoin d'un tel moment de fusion, de ce témoignage commun en faveur des valeurs de la République. Nous nous interrogeons essentiellement sur l'organisation : qui peut la maîtriser ? Ce ne peut être l'État. Il y a les syndicats, les organisations antiracistes…, mais, les délais étant trop courts, impossible à envisager. Il reste les partis, mais c'est courir le risque de générer un sentiment d'instrumentalisation. A-t-on le choix ? Et encore faut-il que tous les partis jouent le jeu, acceptent d'organiser sans apparaître, particulièrement le PS. Malgré nos doutes et inquiétudes, ce sera quasiment le cas. Aucune polémique à ce sujet, sinon une, finalement limitée, sur l'absence du Front national. La mise au point de la manifestation donnera en tout cas lieu à un nombre incalculable de réunions, plus improbables les unes que les autres : le service du protocole de l'Élysée avec le service d'ordre du PS, Brice Hortefeux avec Éric Coquerel… Le jour dit – le 11 janvier –, l'heure – 15 heures –, le trajet – République-Nation par le boulevard Voltaire – sont vite validés. Les demandes d'autorisation peuvent donc être déposées à la préfecture. Une autre incertitude surgit : qui doit contacter les familles et les convier à ce grand moment de recueillement ? À ce stade, la vocation internationale du défilé n'est pas de mise.

La journée avance. La traque se poursuit. Le soir, des milliers de personnes continuent à se réunir et à exprimer, avec dignité, leur attachement à la liberté de la presse, à la démocratie, et leur aversion de la barbarie.

Le vendredi, la journée doit permettre de peaufiner, régler, avancer. Mais une nouvelle prise d'otages survient. Le premier étage de l'Élysée ressemble à une salle de crise permanente. Les délégations des partis vont, viennent, et le Président enchaîne tout sans la moindre erreur.

À 8 h 30, nouvelle réunion d'urgence dans le Salon vert. Jean-Pierre Jouyet et Thierry Lataste, lorsqu'ils en sortent quelques minutes après, nous en dressent un compte rendu. Les tueurs de *Charlie* ont enfin été repérés, et surtout coincés. Mais, réfugiés dans l'entrepôt d'une imprimerie de Seine-et-Marne, ils détiennent en otage le gardien du bâtiment. Nous apprendrons, un peu après dans la matinée, qu'en fait trois personnes se trouvent dans les lieux. Le patron de l'entreprise, relâché vers 10 h 20. Et deux employés. L'un s'enfuit. L'autre se cache sous un évier. Il arrive à communiquer par SMS avec le GIGN.

Le Président entame ses audiences avec les formations politiques alors que la nasse se resserre autour des assaillants. Entre deux entretiens, il reçoit des informations. Mais, comme il ne regarde pas, qu'il n'est pas spectateur mais acteur, les rendez-vous se succèdent. D'abord Nicolas Dupont-Aignan, puis Robert Hue, Marine Le Pen… Trente minutes chaque fois. Comme la cour de l'Élysée est ouverte aux journalistes, les uns et les autres font des déclarations en sortant du palais présidentiel. Nous nous permettons un petit coup tactique à l'encontre de Marine Le Pen. Juste après leur entretien, le Président se rend place Beauvau, au PC de crise, afin d'obtenir un point complet sur la situation. À pied! Évidemment, les journalistes se focalisent plus sur lui que sur les déclarations de sa visiteuse! Il revient en fin de matinée honorer son rendez-vous avec François Bayrou. Pendant ce temps, la situation s'est tendue dans l'imprimerie. Le patron libéré a mentionné l'arsenal dont disposent les terroristes. Des kalachnikovs, des lance-roquettes. L'info fuite. Toutes les chaînes diffusent des images en boucle, plus ou moins prudemment.

Nous déjeunons tous ensemble. Au menu, si j'ose écrire, la situation dans l'imprimerie et l'organisation de la marche de dimanche. Avec, comme toujours, une attention particulière portée par le chef de l'État aux familles des victimes. Isabelle Sima et moi faisons un point sur la commémoration du 11 janvier. Jacques Audibert indique que plusieurs dirigeants européens veulent venir – Angela Merkel, Jean-Claude Juncker, Donald Tusk, Matteo Renzi… Il ne sait pas encore pour Rajoy… « Mais, de toute façon, cela va s'agréger. À partir du moment où certains viennent, tous vont vouloir suivre. » Nous ignorons encore à quel point ce sera exact. Malgré la plaisanterie de Jacques, l'ambiance reste – faut-il le préciser ? – très pesante. Quelques signes de fierté, heureusement, surgissent. Depuis le matin, les survivants de *Charlie* sont hébergés dans les locaux de *Libération* et comptent publier un numéro spécial. Fleur Pellerin y veille. Une vidéo cartonne aussi sur le Net, vue plus de six millions de fois. Un guitariste a créé la chanson : « Je suis Charlie ».

Quelques instants plus tard, nouveau coup de bambou. Comme si la spirale du terrorisme ne cessait plus de tourner, on nous avertit qu'une prise d'otages vient de débuter dans un supermarché de la porte de Vincennes. Et pas n'importe quel magasin : un Hyper Cacher. Deux hommes, trois femmes, un nourrisson seraient retenus. En fait, ils seront bien plus nombreux, de nombreuses familles juives faisant leurs courses en cette veille de shabbat. Il faut donc songer à protéger et à sécuriser tous les lieux accueillant la communauté juive en Île-de-France…

L'après-midi, le premier étage ressemble de plus en plus à un PC de crise. Tout le monde a en tête des images de séries américaines. Rien de tout cela. C'est plus artisanal et moins fonctionnel. Mais tout aussi intense. Dans le bureau du Président, les informations arrivent *via* les téléphones portables et la télévision en permanence allumée. Durant ces trois folles journées, Jean-Pierre Jouyet nous dira à plusieurs reprises : « C'est inouï. Nous sommes à l'Élysée et nous en apprenons presque plus par BFM. » Une remarque quasi vraie. Mais qui n'a empêché en rien notre efficacité.

Le Président poursuit ses entretiens politiques. Chef de guerre et garant de l'unité nationale, il reçoit Jean-Luc Mélenchon, accompagné d'Éric Coquerel et de Danielle Simonnet, puis Jean-Pierre Chevènement, venu avec Jean-Luc Laurent. Le chef de l'État entame toujours ces entretiens par des propos introductifs, légèrement différents chaque fois, mais d'une hauteur de vue et d'une lucidité totales.

Au même moment, la prise d'otages à Vincennes se poursuit. Et l'encerclement débute en Seine-et-Marne. Au Parti de gauche, François Hollande explique (je l'ai noté) : « Il ne faut pas utiliser le mot "guerre". Il existe un lien entre les deux affaires et il est possible qu'il y en ait d'autres. Ce sont les extrémistes qui veulent la guerre. Il faut donc revenir aux fondamentaux de la République, même si cela se fait dans une mauvaise ambiance générale. Les livres de Zemmour, Houellebecq participent de celle-ci. Mais les premiers mouvements de la société sont intéressants. Et montrent les ressorts d'une certaine générosité. Également dans les quartiers. La gauche a une responsabilité particulière. » Aux membres du Mouvement des radicaux et des citoyens, il précise : « À l'Hyper Cacher, nous en sommes déjà à trois morts. Dans ces crises, apparaissent les ressorts de la société : le meilleur, le pire. Le climat va devenir terrible. La manifestation sera importante, mais il faut anticiper la suite. Plein de petits réseaux comme celui-ci existent. Nous n'en avons donc pas fini. Nous avons un problème de moyens. On ne connaît pas bien ces réseaux. Il y a deux défis à surmonter : la réaction de la société française et le danger du Front national. »

Les entretiens sont achevés. Le Premier ministre, le ministre de l'Intérieur et la garde des Sceaux reviennent à l'Élysée. La tension ne cesse de monter porte de Vincennes comme à Dammartin-en-Goële. Le Président a donné, en début d'après-midi, deux instructions : « Ne pas aller au-delà de 17 heures » ; « Mener les deux attaques de front. » Peu après, les assauts sont donnés de manière simultanée. Les tueurs tentent une sortie de l'imprimerie ; quelques minutes plus tard, c'est fini. À l'Hyper Cacher, même scène. Les terroristes ont été abattus dans les deux cas. Sans victime supplémentaire. Ni chez les otages ni au sein des forces de l'ordre.

19 h 22. Bureau du président de la République avec Gaspard et Nathalie. Le chef de l'État nous relit la déclaration qu'il prononcera à 19 h 55 : « Mes chers compatriotes, la France a été attaquée trois jours de suite… La France a fait face. L'unité est notre meilleure arme. Alors de cette épreuve, je vous l'assure, nous sortirons encore plus forts. Vive la République. Vive la France. »

24

« La France debout »

Vendredi soir, reprise du cycle des réunions. Au centre des discussions, les suites des attentats et, surtout, réussir la marche du 11 janvier, laquelle mobilise largement notre attention. Matignon s'occupe des questions de sécurité – qui sont énormes –, nous, nous nous concentrons sur la venue et la gestion des chefs d'État étrangers, ainsi que sur les personnes qui doivent défiler en tête du cortège.

Vers 21 heures, nous dînons avec le Président dans le Salon vert. L'ambiance est un peu plus apaisée. Isabelle Sima parvient à nous faire rire lorsqu'elle décrit les improbables réunions à la préfecture de police, les discussions entre Éric et Stefanini. Éric, responsable de la sécurité au parti socialiste, occupe ce poste depuis des années, connaît très bien François Hollande et l'apprécie. Une montagne de chair et de muscles à la barbe et aux cheveux blancs et courts. Laurent Stefanini occupe lui aussi son poste depuis des années. Chef du protocole de la République française depuis 2010, ce diplomate passé par l'ENA est en charge des grandes manifestations et de l'accueil des délégations. Un homme extrêmement précis et méticuleux, au physique aux antipodes. Le duo ne manque pas d'occupations en ces moments intenses.

Quelques mois plus tard, un bras de fer entre l'Élysée et le Vatican aura lieu autour de la nomination de Laurent Stefanini comme ambassadeur de France au Saint-Siège. Excellent connaisseur de l'Église, il possède toutes les qualifications requises pour cette fonction, mais le Vatican refusera ses lettres de créance à cause de son homosexualité, vite étalée dans les journaux lorsque la polémique liée à ce blocage fera surface. Le rapport de force durera longtemps. Très longtemps même. Pendant quinze mois, par principe et fidélité envers un homme sans tache, François Hollande ne voudra pas chercher d'autre nom pour ce haut poste. De nombreuses missions de conciliation seront entreprises, sans succès. Finalement, le Président cédera. Et Laurent Stefanini se verra nommé ambassadeur à l'UNESCO.

Autant dire, donc, que le SO (Service d'Ordre) et le diplomate n'ont pas la même culture. Isabelle nous raconte leurs entrevues, les mime presque. Ce qui nous détend. Elle est accompagnée de deux personnes ayant assisté avec elle aux réunions de la préfecture. Le Président leur propose de se joindre au dîner, composé de plateaux-repas et se déroulant dans une ambiance assez simple. La respiration reprend.

Le soir même, chez moi, je revois sur les écrans les images de la journée. Certaines m'avaient échappé, étant trop occupé par ailleurs. Comme des millions de Français, je suis fasciné. Éberlué, choqué, mais absorbé par ces images qui tournent en boucle. Épuisé aussi.

Le samedi, au cours d'une énième réunion de crise, se pose la question des complices, des filières, de l'épouse d'un terroriste qui s'est échappée. Ensuite, le Président reçoit et passe d'innombrables coups de fil. Aux membres du gouvernement. Aux familles. Aux blessés eux-mêmes. Aux chefs d'État aussi. Qui veulent tous venir. Benyamin Nétanyahou a annoncé sa visite. Le Président cherche à joindre Mahmoud Abbas, pour que tout le monde soit là et ne pas donner l'impression de privilégier les uns, de stigmatiser les autres.

Le même matin, au milieu des appels, se tient notre traditionnelle réunion de communication. Celle où la parole est la plus libre. Nous échangeons sur les réactions des différentes «communautés», précisons qu'il faudra évidemment remercier tous les héros de ces trois derniers jours. Qui ont été très nombreux: dans l'imprimerie, il y a eu le graphiste qui envoyait des textos, Lilian Lepère, ainsi que le chef d'entreprise qui a fait en sorte de protéger tous ses employés, Michel Catalano. L'imprimerie a été totalement détruite lors de l'assaut, il mettra du temps à se faire indemniser malgré le suivi particulier de l'Élysée – les méandres administratifs sont parfois indécents –, et le Président se rendra à la réouverture du lieu, demandant même que les cartes de vœux 2017 de l'Élysée soient réalisées dans ses nouveaux ateliers. À l'Hyper Cacher, c'est un employé malien, sans papier, Lassana Bathily, qui a caché des personnes, leur épargnant une mort plus que probable. Sans oublier les forces de l'ordre, dont trois membres ont été tués en ces soixante-douze heures sanglantes. Franck Brinsolaro, quarante-neuf ans, était affecté à la protection de la rédaction de *Charlie*. Ce même jour, Ahmed Merabet, quarante ans, a été blessé puis froidement abattu par l'un des terroristes, dans la rue, à deux pas des lieux du carnage. Clarissa Jean-Philippe, elle, a été exécutée par Amedy Coulibaly le 8 janvier au matin alors qu'elle se rendait sur les lieux d'un accident de la route, à Montrouge. « Trois policiers qui illustrent la diversité des origines », dira le Président dans son hommage du 13 janvier. Nous évoquons aussi la cérémonie du lendemain. Et proposons que le chef de l'État ne dise pas un mot – ou presque. Que les pouvoirs publics fassent preuve d'une sobriété extrême afin que l'hommage soit total, l'émotion aussi, l'instrumentalisation absente.

Ensuite, déjeuner des chefs de pôle élargi. Et de nouveau un filage des sujets essentiels : rencontre avec les membres de la communauté juive, geste à trouver envers la communauté musulmane, visites aux policiers blessés comme aux familles des victimes. Le Président se rendra au domicile du second policier abattu. La douleur. Les cris. L'empathie dont il fait preuve.

Lendemain matin. Réception des représentants de la communauté juive par le chef de l'État. Le Premier ministre, le ministre de l'Intérieur et la garde des Sceaux sont à ses côtés. Eux non plus ne se sont pratiquement pas quittés de toutes ces terribles journées. Ils ont regardé, ensemble, dans le bureau du Président, les assauts simultanés. Une image me revient. Celle de Bernard Cazeneuve et de Christiane Taubira qui quittent le palais présidentiel et sont dans la cour. La garde des Sceaux se dirige vers sa voiture. Bernard Cazeneuve part, à pied, vers son ministère, juste à côté. Puis il revient en arrière pour tomber dans les bras de la ministre de la Justice.

Dimanche, fin de matinée, les membres du gouvernement arrivent les uns après les autres. Le Président accueille chacun. Il leur a demandé d'être sur place avant l'apparition des délégations étrangères. Il prononce quelques mots et recourt à une expression qui fera la une de nombreux médias : « Aujourd'hui, Paris est la capitale du monde. »

Un peu après midi, les invités entrent dans la cour de l'Élysée. Le chef de l'État les attend tous sur le perron. Le Premier ministre belge est l'un des premiers, Michel Rocard également. Pendant plus d'une heure, le Président les accueille un par un. Plus d'une soixantaine de pays sont représentés. Dix anciens Premiers ministres des gouvernements de la République française ont aussi tenu à être là. Au moment où ceux de droite foulent le gravier, nous vivons un moment étonnant : voir sur le perron François Hollande entouré de Nicolas Sarkozy, Alain Juppé, François Fillon, Jean-Pierre Raffarin et Édouard Balladur n'a rien de banal. Comme quoi, même au cœur d'un drame national, se niche toujours le réflexe politique.

Le Président se montre solennel, attentionné avec ses hôtes. Vient Angela Merkel, que le Président a eue à maintes reprises au téléphone ces derniers jours. Elle approche, incline la tête contre celle du chef de l'État. Leurs deux fronts se touchent. Un geste d'affection. Presque intime. D'autres chefs d'État, de gouvernement, continuent à franchir le portail de l'Élysée. Plus ou moins bienvenus, car aucune invitation n'ayant été réellement envoyée, ce sont les uns et les autres qui se sont manifestés, ont fait part de leur intention. Tous, ensuite, se rendent dans la salle des fêtes. En moins de quarante-huit heures, la France a été capable d'organiser l'équivalent d'un sommet international d'une incroyable ampleur. Le Président prendra certains responsables en aparté. Il se mettra même à l'écart, quelques minutes, avec Angela Merkel et Petro Porochenko pour parler, une fois encore, de l'Ukraine.

De mon côté, j'ai quitté les lieux durant l'accueil des personnalités, préférant être à Bordeaux, ma ville, durant la marche républicaine. Je suis donc dans l'avion lorsque les officiels quittent l'Élysée. À pied, dans la cour, puis dans des bus, comme pour un voyage organisé.

La manifestation est une réussite extraordinaire. Elle rassemble plus de 3 millions de personnes, chiffre jamais atteint depuis la Libération. Tout un chacun en a encore les images en tête. Cette foule dense, silencieuse, digne. Ces chefs d'État qui se tiennent par le bras, sévères, imprégnés, faisant front, dans un geste que le Président nous racontera lui être venu de manière spontanée, comme un souvenir de jeunesse, du temps où il était premier secrétaire. À sa gauche, il y a Angela Merkel, place évidente à nos yeux lorsque nous avons pensé la constitution du cortège. À sa droite, après hésitation, sous-pesage, un symbole s'imposait, mâtiné d'une certaine neutralité. Le Premier ministre d'Israël n'était pas possible, surtout avec une campagne électorale en cours chez lui. Dans le flot des propositions, j'ai suggéré Ibrahim Boubakar Keïta, *alias* IBK, le président du Mali. Il représentait un autre continent, était de religion musulmane, la première intervention des troupes françaises pour lutter contre le terrorisme s'était déroulée dans son pays. François Hollande a jugé l'idée bonne. Angela Merkel et IBK ont donc dû être surpris en sentant le président de la République française les prendre par le bras. Mais tout s'est enchaîné naturellement.

La marche a continué. Avec les gens aux fenêtres. Avec les policiers applaudis. Avec le chef de l'État qui embrasse les quelques survivants de l'équipe de *Charlie*. À Bordeaux, nous sommes nombreux aussi : près de 100 000 personnes défilent. Une date phare de l'union française.

12 janvier. Le matin. Nous étions de nouveau ensemble à l'Élysée. Le rituel de la réunion de début de semaine reprit. Moment étrange. Comme une espèce d'entre-deux. Quelques traces de peur et de stupéfaction persistaient, mais la fierté des derniers jours dominait.

Le Président nous raconta quelques détails de la marche de la veille : le gilet pare-balles de Nétanyahou, les tentatives de positionnement de Nicolas Sarkozy. Son passage à la synagogue le dimanche soir, moment plus mitigé, plus clivé aussi.

Et le rythme normal se réenclencha. Si nous continuions à nous occuper des événements liés à la tragédie – la cérémonie d'hommage aux policiers le mercredi matin –, si nous échangions quant à l'éventuelle cérémonie rassemblant les autres victimes – Constance Rivière nous indiqua qu'elles n'y étaient pas très favorables, une manifestation aux Invalides semblant trop éloignée de ce qu'étaient les victimes de *Charlie*, tandis que les quatre otages décédés de l'Hyper Cacher allaient, eux, être inhumés en Israël –, la machine quotidienne reprit son rythme.

Après cette parenthèse, la litanie des discours de vœux revint : vœux aux armées, au monde de la culture, aux territoires en Corrèze, aux corps constitués... Le Président maintint son voyage au sommet de Davos, présence importante pour mobiliser les principaux acteurs économiques face à l'enjeu de la future COP21. Nous avons travaillé aussi l'ordre du jour du déjeuner avec le Premier ministre, plus bref que d'habitude, juste une heure. Au menu, le discours de Manuel Valls au Parlement le lendemain, le taux du livret A, la rencontre à venir avec Jean-Claude Juncker, diverses nominations – dont celles repoussées depuis quelques semaines – et la loi Macron.

Justement le Président reçut, ce lundi matin, le rapporteur spécial et les sept rapporteurs thématiques du texte : Richard Ferrand, Christophe Castaner, Laurent Grandguillaume, Denys Robiliard, Gilles Savary, Alain Tourret, Stéphane Travert et Cécile Untermaier, tous choisis pour leurs compétences, mais aussi leur positionnement à l'intérieur du parti socialiste et des radicaux de gauche. Des personnalités plus ou moins turbulentes à vrai dire. Richard Ferrand était proche de Martine Aubry, Stéphane Travert d'Henri Emmanuelli, et Denys Robiliard régulièrement parmi les frondeurs. Pour nous, il s'agissait de montrer notre bonne volonté et l'espoir de voir la loi passer de manière plus aisée. Ce ne fut pas le cas. Mais Emmanuel Macron puisa dans ce groupe les principaux lieutenants de son aventure politique des mois à venir.

Le ministre assistait à la réunion. Comme le président de la commission, François Brottes. Le chef de l'État ouvrit les débats en déclarant d'emblée : « Les suites de *Charlie* ne sont pas finies, mais il est très important de montrer que la vie continue. » Et il réutilisa les mots « civilisation » et « progrès ». La discussion débuta. D'abord avec des félicitations sur la manière dont la suite des attentats avait été gérée, puis, très vite, par une plongée dans le texte du projet de loi lui-même. Avec analyse des difficultés politiques, effarement devant le nombre d'amendements déposés – plus de 1 700 – et volonté de permettre à la pédagogie de faire son office. Après, le Président conclut qu'il était essentiel de donner du sens politique au texte, que les discussions en commission seraient très importantes. François Brottes indiqua que, malgré le contexte et le contenu même de la loi, il ne fallait pas attendre grand soutien de la droite, et plus précisément de l'UMP. Nicolas Sarkozy en ayant repris la présidence fin novembre, à quelques semaines des élections départementales, il voulait un combat frontal. Quant à l'UDI, alliée de l'UMP à ce scrutin, elle adopterait la même attitude. Tout juste espérait-il une abstention des écologistes.

Le midi, j'ai déjeuné avec Christophe Castaner, probable tête de liste socialiste en région Provence-Alpes-Côte d'Azur. Nous avons balayé les départements, la situation des relations avec nos partenaires. Il espérait un accord pour nous éviter de monter au front désunis et de risquer de tout perdre. Dans l'après-midi, autre point sur les régionales, avec Christophe Borgel cette fois, secrétaire national aux élections et aux fédérations. Nous avons évoqué les attentats, mais très vite avons été repris par le calendrier – infernal – des scrutins. De fait, le 1er février allait survenir le premier tour d'une législative partielle provoquée par la nomination de Pierre Moscovici à la Commission européenne. Son ancien suppléant, qui avait siégé un temps à l'Assemblée nationale, Frédéric Barbier, portait les couleurs du PS. Mais ce siège du Doubs était à portée de votes du FN. Et, malgré la menace, impossible de rassembler la gauche. Treize candidats s'étaient inscrits. Les départementales des 22 et 29 mars ne s'annonçaient pas mieux. Et, pour les régionales de décembre, le pire était à craindre. Or, dès le début février, les militants socialistes se mettraient à voter pour les têtes de liste à ces élections. Une foire d'empoigne en perspective.

Le soir, dîner avec Yves Colmou et à peu près le même ordre du jour. Nous prendrons rapidement l'habitude de nous voir une fois par mois tous les trois, au cours de dîners plus simples et efficaces. Des occasions de comparer, aussi, les performances culinaires des deux palais de l'exécutif et la qualité de leurs services. Visiblement, les réductions de budget avaient été moins contraignantes à Matignon qu'au palais présidentiel.

Et les soubresauts politiques ? me direz-vous. Ils sont revenus à vitesse grand V. Jean-Pierre Jouyet m'annonça ainsi que la démission de Geneviève Fioraso, secrétaire d'État à l'Enseignement supérieur et à la Recherche, serait rendue officielle le 4 février. Elle advint plus tard. Pour raisons de santé. Les maroquins changeaient souvent. De mon côté, je bouclai une note destinée au Président proposant quelques idées et suggestions : les gestes à faire envers la communauté musulmane, la question de la politique de la ville, une éventuelle convocation du Congrès, la nécessité de promouvoir la démocratie participative – les Français venaient de nous montrer leur énergie – et une série de rencontres avec les intellectuels. Il me paraissait incroyable de laisser la pensée anti-Lumières occuper seule la scène médiatique.

Le mardi 13 janvier fut consacré aux attentats. Le Président prononça un beau discours d'hommage aux trois policiers tués. Comme toujours, plusieurs versions avaient été élaborées. Une par la plume habituelle de Bernard Cazeneuve, une autre par Pierre-Yves Bocquet, l'un des rédacteurs réguliers de ses interventions, une autre par Constance Rivière et une de lui-même. Une grande partie du gouvernement était présente. De nombreuses forces de l'ordre aussi. La cérémonie eut lieu dans la grande cour de la préfecture de police, là où, en août 1944, des policiers avaient participé au lancement de l'insurrection pour la libération de Paris, comme le chef de l'État le rappela. Des mots, une fois encore, justes. Graves, fermes et apaisants. Une allocution consacrée à la France, à la nation, mais aussi aux trois morts pour elles. Le Président avait demandé à connaître précisément leurs vies, leurs parcours, leurs goûts, afin de prononcer des hommages les plus personnalisés possible.

L'après-midi, le Premier ministre s'exprima à son tour, devant l'Assemblée nationale cette fois. De manière extraordinaire. Les mots n'appartenaient pas au même registre, mais Manuel Valls était littéralement porté. Et il emporta avec lui toute la représentation nationale. Presque tous les députés se dressèrent, qu'ils soient de droite ou de gauche. Applaudissements à tout rompre. À plusieurs moments, le Premier ministre eut même les larmes aux yeux. À la fin, *La Marseillaise* résonna.

Une semaine après les attentats, le 14 janvier 2015, un numéro spécial de *Charlie* sortit. Avec en une un dessin montrant le prophète, celui-là même qu'on n'a pas le droit de représenter. Un dessin qui avait fait que *Charlie* soit attaqué quelques années auparavant accompagné d'un titre magnifique : « Tout est pardonné ». Le n° 1178 fut tiré à plus de 1 million d'exemplaires. Le public fit la queue aux kiosques pour l'acheter. Ces images réchauffèrent nos âmes endolories.

Le même matin, après le Conseil des ministres, le Président prononça ses vœux aux armées sur le porte-avions *Charles-de-Gaulle*. Il y fit un certain nombre d'annonces. Dont une présence accrue des forces de sécurité dans les rues, parlant de 1 000 à 10 000 en trois jours. Dont la sanctuarisation du budget de l'armée pour 2016 et la nécessité de revoir la loi de programmation militaire. Enfin, l'envoi du *Charles-de-Gaulle* au Proche-Orient.

Mais, déjà, la vie reprenait ses droits. Pour le meilleur et le pire. Le 19 janvier, j'ai écrit en gros sur mon carnet : « L'esprit du 11 janvier, c'est fini. » Je n'ai pas noté si c'était le Président qui avait fait ce constat ou l'un d'entre nous. Malheureusement, « il » avait raison.

25

«*Nous avons raté le post-*Charlie»

«Nous avons raté le post-*Charlie.*» Un samedi de juin 2015, réunis à quelques-uns autour du chef de l'État, la phrase, déjà souvent prononcée, répétée entre nous, et par le Président en personne, réapparaît. À vrai dire, pouvait-il en être autrement ? Probablement pas. L'un des ressorts du terrorisme est de bouleverser le quotidien, de changer la société, de la pousser, elle aussi, à commettre des actes contre nature. Cela n'arriva pas, heureusement, mais, rapidement, la France retrouva son rythme, ses réflexes. Et nous nos difficultés comme nos faiblesses.

En apparence, la gestion des attentats aurait pu, dû, tout changer. D'abord le regard de nos concitoyens sur François Hollande et l'exécutif. Dans tous les sondages, il avait fait un bond en avant impressionnant, rafales de chiffres qui, pour une fois, nous firent du bien. Dans un Ifop-*Paris Match* rendu public le 19 janvier, il avait brusquement gagné 21 points, atteignant 40 % d'opinions positives. Une progression record dans cette enquête attentivement suivie car remontant au début de la Ve République, soit en 1958. Les circonstances avaient changé, mais il était intéressant de savoir ce que nos prédécesseurs avaient pu vivre. Le regard des Français avait évolué. Assurément. Mais je me demandais intérieurement sur qui : sur le Président ou sur eux-mêmes ? Ayant appris à me méfier des études d'opinion, j'avais déjà pris l'habitude de les interpréter à froid, de les décrypter sereinement. Avec plus ou moins de bonheur, certes, mais au moins de l'expérience. D'où mon interrogation : les sondés saluaient-ils le Président ou eux-mêmes d'avoir tenu, de leur réaction extraordinaire, de la fierté collective retrouvée ? Je possède une théorie sur les chefs de l'État du début du XXIe siècle. Le « jupitérien » – le terme a pris de nouvelles couleurs récemment – ne me paraît plus possible. Le mot – qui a fait florès – a son histoire. Jupiter est le nom du poste de commandement installé dans les sous-sols de l'Élysée, un ancien bunker que Valéry Giscard d'Estaing a fait réaménager à la fin des années 1970, d'où le Président peut déclencher le feu nucléaire, la foudre. Mais, aujourd'hui, le premier magistrat du pays, quel qu'il soit, n'envoie plus les éclairs. Au contraire, il reçoit en pleine figure ceux lancés par les Françaises et les Français. Nous sommes donc, à mes yeux, passés du président Jupiter au président Paratonnerre. Celui qui prend tous les coups. Il était donc encore un peu tôt pour savoir si ce bond dans les sondages persisterait. Si l'image du Président avait bougé durablement.

Ce qui était sûr, en revanche, c'est que le regard de nos interlocuteurs, lui, s'était modifié. On le vit dans les réunions que nous animions, Gaspard et moi, le lundi matin, avec les porte-parole. On le constata aussi dans la réunion hebdomadaire avec Matignon. Secrétaire générale de l'Élysée, directeur de cabinet et secrétaire général adjoint, communication et politique de notre côté, directrice de cabinet, directrice adjointe de cabinet de l'autre, plus rarement leur chefferie de cabinet et la communication, à coup sûr là aussi l'ambiance avait changé. Les deux maisons étaient très différentes, bien sûr. Par leurs patrons, leurs équipes, leurs méthodes de travail, leurs cultures mêmes. Mais la gestion des attentats avait rapproché les hommes. Le respect n'était plus seulement institutionnel, il valait aussi pour les individus. Le chef de l'État au premier rang.

Mieux, lorsqu'il se déplaça, il fut parfois applaudi. Spontanément. C'est arrivé à la Philharmonie lors des vœux adressés aux acteurs de la culture. Il en alla de même à l'occasion des vœux aux « forces vives », qui se tenaient à l'Élysée, en présence des responsables socio-économiques. Tous se montrèrent fiers de lui. Fiers d'eux. Fiers de nous.

Hélas, très vite, les travers ont reparu. Beaucoup trop vite même. Et notamment les guerres de position aussi ridicules que picrocholines. Ainsi, le 20 janvier, le Président avait confié une mission commune aux présidents du Sénat et de l'Assemblée nationale sur « L'engagement et le sentiment d'appartenance à la nation ». Nous avions travaillé à plusieurs sur la lettre de mission, Constance, moi… Eh bien, le 29 janvier, dans une émission de radio matinale, Claude Bartolone se fit piéger – ou pas – en indiquant qu'à ses yeux il fallait supprimer le Sénat, du moins dans sa forme actuelle. Gérard Larcher prit la mouche et tempêta qu'il ne pouvait plus, dès lors, travailler avec son homologue. Illico, il boycotta la réunion du matin. Puis toutes les autres. Le travail commun promis ne pourrait se faire. À peine annoncée, l'Unité nationale volait en éclats. Au mois d'avril, nous recevrons néanmoins leurs propositions. Comme toujours plus ou moins pertinentes et novatrices. Ce qui nous marqua le plus, c'était la différence radicale d'approche entre ces deux personnages. Qui traduisait deux visions du pays. Le trait avait été forcé de chaque côté !

Les partenaires sociaux ne montraient pas plus l'exemple. Le gouvernement leur avait demandé d'œuvrer ensemble à une réforme des modalités du dialogue social. Un sujet important, donc. Et nous espérions pouvoir reproduire le processus au sujet d'un autre texte social d'envergure, l'accord national interprofessionnel. À savoir une feuille de route donnée lors de la conférence économique et sociale, des mois d'échanges entre les partenaires sociaux sans intervention du gouvernement, puis une transcription dans la loi une fois l'accord signé. La méthode avait fonctionné, la conférence économique et sociale s'était tenue à l'été 2012 et un accord avait été finalisé en janvier suivant. Qu'avaient signé les syndicats patronaux et ceux des salariés, à l'exception notable de Force ouvrière et de la CGT. Le texte, présenté en première lecture à l'Assemblée nationale dès avril, avec pour rapporteur Jean-Marc Germain, était passé largement : 276 votants, 250 pour, 26 contre. Il comportait des avancées non négligeables, comme la couverture complémentaire des frais de santé, la portabilité du compte personnel de formation…, et offrait plus de souplesse en cas de difficultés économiques pour l'entreprise. Le pari – osé – du « dialogue social à la française », fait par le Président, semblait gagnant.

Mais, deux années plus tard, tout devenait différent. Sur un désaccord somme toute mineur, l'échec fut signifié publiquement le jeudi 22 janvier. Soit pas même deux semaines après le drame de *Charlie*. Le gouvernement allait reprendre la main, mais l'unité nationale n'existait plus non plus sur ce front.

Parallèlement, le climat se retendit entre la droite et la gauche. Le 1er février eut lieu la législative partielle du Doubs. Où le Front national vira en tête. Tout le monde s'y attendait. La surprise, en revanche, fut beaucoup plus forte concernant le parti arrivé deuxième. Alors que l'UMP, comme dans presque chaque partielle, pensait franchir le cap du second tour, c'est le PS et son candidat Frédéric Barbier qui la devançaient. Fils d'un ancien salarié de Peugeot, il avait arpenté le territoire, fait les sorties d'usine, pas ménagé sa peine. Alors que chacun pensait un front républicain évident, donc un désistement de la droite en sa faveur pour éviter une victoire du FN, lors de son bureau politique l'UMP décida de ne pas appeler à voter pour le PS, ni même contre le Front national. Elle laissait le choix à ses électeurs. Après plus de deux heures de débat, alors même que Nicolas Sarkozy avait affirmé publiquement être favorable à un barrage anti-Front national, deux positions s'étaient opposées. Un texte signé Alain Juppé, Jean-Pierre Raffarin, NKM… Et un autre porté par Laurent Wauquiez, Luc Chatel et Bruno Le Maire. Ces derniers l'emportèrent. Tandis que François Fillon n'était pas présent ce jour-là, la droite bottait en touche et refusait toute consigne de vote. Heureusement, sur le terrain, de nombreux élus UMP ne suivirent pas. Et les appels se multiplièrent en faveur de Frédéric Barbier. Le dimanche suivant, le scrutin fut extrêmement serré. Le Président le suivit attentivement.

Plus qu'attentivement puisque, ayant eu le malheur de me tromper dans l'heure de fermeture des bureaux de vote et pensant pouvoir profiter d'une séance de cinéma, il me harcela de coups de fil. Au bout du cinquième appel de François Hollande en moins de trente minutes, et sous les regards exaspérés et réprobateurs des spectateurs, je dus quitter la salle.

Dehors, je pus appeler les élus locaux, avoir à l'appareil toutes les sept à huit minutes Frédéric Barbier et Martial Bourquin, et reboucler avec le Président qui observait l'affaire à la loupe et se souvenait, comme lors des sénatoriales, du moindre scrutin antérieur. La circonscription avait valeur de test à ses yeux. Frédéric Barbier l'emporta, déjouant les pronostics. Une victoire à savourer pour nous, mais une position de l'UMP difficile à accepter.

Entre les deux tours, le Président avait assuré sa conférence de presse semestrielle. Nous nous étions donc attelés à la préparer à peine sortis de la séquence des attentats. Avec un objectif en tête, l'extirper de l'«économisme» dont il était trop friand.

Ne pas donner le sentiment qu'il pensait et parlait uniquement chiffres, statistiques, mesures éco…, nous paraissait primordial. Les vœux au monde de la culture et au monde éducatif avaient été pensés dans cette optique. Objectif: délivrer des signes. Mais aussi forcer le Président à «dire». Vu le temps qu'il prenait et la minutie qu'il mettait à la rédaction de ses discours, il s'agissait de moments parfaits pour, à la fois, ramasser sa pensée et le montrer se projetant dans le futur.

Les vœux au monde éducatif se tenaient le 21 janvier. Le matin même, à l'issue du Conseil des ministres et d'un nouveau Conseil de défense, Manuel Valls avait annoncé un plan de lutte contre le terrorisme, comprenant le renforcement des actions de prévention et de suivi de la radicalisation, une nouvelle loi sur le renseignement et des moyens supplémentaires accordés à la police, l'armée et la justice. Le discours du Président, l'après-midi, déroula donc un autre versant du message post-*Charlie*. Il revint sur le métier d'enseignant, évoqua ses devoirs, ses richesses, parla des incidents survenus dans certaines classes lors de la minute de silence du jeudi 15 janvier et fit trois annonces: la transformation du 9 décembre en Journée de la laïcité, le développement de l'éducation aux médias et la constitution d'une réserve citoyenne, équivalent de la réserve militaire mise au service de l'engagement. À travers elle, nous espérions mobiliser avocats, journalistes, acteurs culturels, et les faire intervenir dans les écoles. Le lendemain, la ministre de l'Éducation nationale détailla ce plan.

Changement de terrain, changement de méthode également. Nous avons essayé de présenter d'autres interlocuteurs au chef de l'État. S'il ne manquait pas de rencontrer du monde – dans les réunions avec les ministres, les rencontres avec des parlementaires, les rendez-vous avec les privilégiés ayant aisément accès à son bureau –, nous le souhaitions plus en prise directe avec les « acteurs de terrain », comme on dit. Ces moments ont parfois un côté artificiel, mais François Hollande avait en général le don de mettre ses visiteurs et interlocuteurs à l'aise, de les inciter à parler, donc ils seraient utiles. Des déjeuners furent organisés avec des chefs d'établissement scolaire, avec des acteurs associatifs engagés dans l'éducation populaire, avec des membres de collectifs et, bien sûr, des maires de banlieue.

Ce fut à cette époque que les premiers déjeuners ou dîners avec des intellectuels se mirent en place, projet qui me taraudait depuis des mois. Impressionné par la coupure existant entre le monde des idées et l'Élysée, étonné de constater combien – à tort, je crois – ils étaient hermétiques l'un à l'autre, j'étais convaincu que ce gouffre devait être comblé. Pour régénérer les esprits, s'enrichir, entendre d'autres pensées. Le palais présidentiel est d'abord l'univers de l'Administration, des corps constitués et particulièrement ceux du monde économique. L'Université au sens large y était peu présente. Cela me paraissait d'autant plus incroyable et incongru que, dans les médias, seule la pensée anti-Lumières s'exprimait. À mes yeux il s'agissait donc de faire se rencontrer ces deux univers. D'oxygéner le premier, d'accompagner, d'aider et de renforcer le second. Un exercice guère aisé, tant les cultures étaient différentes, et la question du budget de l'enseignement supérieur et de la recherche présente. Mais nous le fîmes. Le Président s'y plia. Au rythme d'une rencontre collective mensuelle. Il y prit même du plaisir, grappillant ici et là quelques idées. Les « intellectuels », eux, sortaient de ces rencontres plus ou moins convaincus, mais au moins impressionnés par le brio du chef de l'État. Sceptiques aussi, parfois, sur les débouchés d'une telle réunion… comme la plupart des interlocuteurs discutant avec François Hollande. Parce que la prise de décision est un exercice assez solitaire à ce degré de responsabilité, parce qu'elle a toujours, en outre, été secrète et peu expliquée par le Président.

En deux ans, une vingtaine de rencontres eurent lieu. Plus tard, nous en organiserons aussi à l'Assemblée nationale entre parlementaires et intellectuels. Autour du même principe : décloisonner et se renforcer mutuellement. Lors du premier dîner, les convives étaient volontairement divers, femmes et hommes, connus et moins connus. Il y avait l'historien Patrick Weil, le politologue Gilles Kepel, la sociologue Nathalie Mons, l'historien et directeur de la collection «La République des idées» Ivan Jablonka, la professeure de collège et blogueuse Mara Goyet, la spécialiste de l'abstention Céline Braconnier et une jeune politiste appelée Leyla Arslan. Sa thèse, soutenue quelques années plus tôt, avait pour titre «Les enfants d'Islam et de Marianne : des banlieues à l'université». La discussion fut très riche.

Le Premier ministre occupait également le terrain. Avec l'affirmation de convictions fortes, qui n'étaient pas nécessairement celles du Président. Dans un discours à l'Assemblée nationale, parmi les mots employés – avec talent –, Manuel Valls recourut à celui de «guerre». Quelques jours plus tard, lors de ses vœux à la presse, il enfonça le clou en parlant d'«apartheid territorial, social, ethnique». Des termes forts qui, immédiatement, suscitèrent débats et polémiques. Et créèrent une attente que, hélas, nous allions forcément décevoir. Le Président nous dit : «Quand on utilise le terme apartheid, il faut savoir quelle réponse y apporter. Comment l'abolir ? Qui sera Mandela ?»

Par des propos aussi intenses, péremptoires d'une certaine manière, le chef du gouvernement plaçait le Président en position défensive. Ce dernier pensait que de telles questions devaient se manier avec précaution. Que les aborder trop vivement provoquait plus de difficultés et d'incompréhension que de réponses ou d'apaisement. Lorsqu'on discutait laïcité avec lui, il faisait invariablement la même réponse : «La laïcité, c'est d'abord une règle de droit.» Au fil du temps, ses positions évoluèrent un peu. Car il possédait une vision assez claire des choses. Mais Matignon n'avait pas la même, divergence qui entraînait des sujets de friction. Entre un Premier ministre qui parlait beaucoup mais avec son appréhension propre de tels sujets et un chef de l'État qui ne le faisait pas assez, deux hommes, deux institutions attestaient et montraient, au plus haut sommet de l'État, une divergence pas vraiment anodine. L'Élysée soutenait par exemple l'Observatoire de la laïcité et son président Jean-Louis Bianco, quand Matignon privilégiait la DILCRA et son délégué, Gilles Clavreul. Or ces thèmes forts, sous-jacents dans le débat public depuis quelques années, avec les attentats, différents incidents mis en lumière et des livres tonitruants, avaient fait irruption dans les conversations et angoisses du pays. Des clivages se dessinaient à l'intérieur même des camps politiques. François Hollande était ainsi plus proche d'un Alain Juppé par certains aspects que de son propre Premier ministre.

Au cours des discussions pré-conférence de presse, deux sujets continuèrent à nous mobiliser, voire monopoliser, nécessitant multiples fiches, questions éventuelles posées et propositions de réponses. La situation économique ; la situation politique. Avec, pour cette dernière, les gestes à faire envers les écologistes, la condamnation implicite des positions du Front national.

Deux autres thèmes nous taraudaient. Primo le service civique. Une grande partie du gouvernement et du groupe socialiste était favorable à ce qu'il revête un caractère obligatoire, mais d'autres s'y refusaient, dont les organisations de jeunesse. Ce qui suscita des discussions vives entre chefs de pôle, divergences plutôt régulières qui donnaient lieu – ce qui était rare quand même – à de quasi-engueulades. Finalement, un entre-deux fut choisi : le Président avança la notion de « service civique universel ». Quiconque souhaitait effectuer son service civique devait pouvoir le faire. Un entre-deux dont la mise en pratique aura du mal à se concrétiser. Ce qui, pour moi, représente un véritable regret.

Secundo, la question de l'organisation de l'islam. Un thème sensible abordé en direct avec le chef de l'État. Qui, sur le sujet, se montrait extrêmement prudent. Voire réticent. Or nous étions plusieurs – dont moi – à lui recommander d'aller sur ce terrain.

Le 15 janvier au soir, j'avais ainsi dîné avec l'imam de Bordeaux, Tareq Oubrou, que je vois très souvent. Et j'avais été frappé par l'évolution de son discours. Quelques mois plus tôt, il me conseillait de «laisser les musulmans faire». Là, c'était au contraire presque un appel à l'aide qu'il me lançait. Le Président, lui, ne fut pas convaincu que s'atteler à ce chantier – explosif, il est vrai – soit opportun ni utile. Dans son propos introductif, il parla donc longuement de laïcité, un peu d'islam – sécurisation des mosquées, formation des imams et des aumôniers –, mais rien de plus. Un autre regret pour moi, même si Bernard Cazeneuve lança des chantiers prometteurs.

Le chef de l'État quitta Paris juste après la conférence de presse – qui se passa plutôt bien. Direction Moscou pour rencontrer Vladimir Poutine en compagnie d'Angela Merkel. Le lendemain, il se rendrait à Kiev afin de converser avec Petro Porochenko, toujours en compagnie de la chancelière allemande. La semaine suivante, les 11 et 12 février, tous signèrent un nouveau protocole d'accord sur la crise entre les deux pays. Obtenu au bout de seize heures de négociations. Dans ces moments-là, la résistance physique de François Hollande nous paraissait hors norme. À croire que les commissions des résolutions du PS, les motions de synthèse obtenues dans des conditions aussi rudes l'avaient formé à ces heures et heures de palabres!

26

«La bêtise, c'est la clé»

Samedi 21 février. Debout depuis 5 h 30 du matin, le chef de l'État a arpenté les allées du Salon de l'agriculture durant sept heures. Certains de nous dans ses pas. Il ne s'agit pas de son record – douze heures –, mais, tout de même, bel exploit. Il est vrai que, depuis Jacques Chirac, ce marathon relève de la tradition, bien que François Mitterrand, lui, ne s'y soit jamais prêté. À sa vue, quelques sifflets ont fusé, mais peu. Ambiance meilleure que l'année précédente. Ce qui marqua François Hollande, c'est le nombre de verres bus. De vin, d'alcool, et surtout de lait. Or il déteste le lait. Mais pas question de le montrer. Inutile de vexer.

De retour à l'Élysée, réunion. Avec analyse de la semaine passée, une fois encore particulière. Le projet de loi pour la croissance, l'activité et l'égalité des chances économiques a été adopté à l'Assemblée uniquement grâce au 49.3. Le Président fit une rapide analyse de la situation : l'esprit du 11 janvier avait disparu, les sondages allaient se remettre à baisser, Sarkozy sortirait renforcé de la période. Sont évoquées les responsabilités des uns et des autres, avec scénario revisité – ce qui est assez rare – et tentative de trouver où cela a péché, y compris à l'Élysée. François Hollande prononça une sentence qui traduisait son état d'esprit : « En fait, il n'y a pas de rationalité. La bêtise, c'est la clé. » Toujours ce fatalisme mêlé d'obstination. Car cette loi Macron, il la voulait.

Les choses avaient pourtant plutôt bien commencé. À la mi-octobre, Emmanuel Macron avait présenté les principaux points de son texte. Et l'hostilité au projet n'était pas venue (au début) de la gauche, mais des professions réglementées – notaires, pharmaciens… – qui avaient mené un dur combat de lobbying contre la volonté de changer leurs habitudes et privilèges. Le texte étant passé au Conseil des ministres du 10 décembre 2014, nous pensions l'équilibre trouvé, estimions que la qualité du projet de loi alliée au talent de conviction et de dialogue d'Emmanuel Macron permettrait de trouver une voie vers un vote aisé. D'autant que les contextes économique et politique avaient un peu changé, quelques signes – timides, bien sûr – de reprise de la croissance apparaissant. L'économie française bénéficiait de la baisse du dollar, de la chute des cours du pétrole et de très faibles taux d'intérêt. Un vrai « alignement des planètes », pour reprendre une expression pas très originale, mais ayant l'avantage d'être parlante et ressortie en interne durant une discussion à bâtons rompus. Le mot, les médias s'en étaient largement emparé car il correspondait à une réalité : enfin la conjoncture s'améliorait. Nous espérions même qu'avec la montée en puissance du pacte de responsabilité, donc la baisse des charges pour les entreprises, une accélération de la confiance apparaîtrait.

Suite au changement de gouvernement d'août précédent, la ligne économique était désormais claire. Nous travaillions aussi, depuis novembre, à retrouver des points de convergence à gauche. François Hollande n'avait-il pas déjeuné, de manière discrète, avec Bertrand Delanoë ? N'avions-nous pas utilisé le prétexte de la finale de la coupe Davis, à Lille, pour organiser un rendez-vous entre Martine Aubry et le chef de l'État le 22, rencontre en tête à tête suivie d'un match regardé de concert ? Même si dans ce double entre la France et la Suisse, la paire Gasquet-Benneteau avait été battue par l'équipe Federer-Wawrinka, peu importait : les deux anciens concurrents de la primaire de 2011 avaient utilisé la même métaphore : « Ils constituaient un bon double. » En décembre, de mon côté, j'avais déjeuné, en tête à tête encore, avec certains frondeurs : Christian Paul, Laurent Baumel… Pour cicatriser les plaies après les tensions nées du vote du budget 2015. Une opération de séduction et apaisement poursuivie au début de l'année 2015. Le 19 janvier, je m'étais entretenu avec Jean-Marc Germain au sujet de la situation politique et nous avions parlé de son livre devant sortir quelques jours plus tard : *Tout avait si bien commencé*. Autant de rencontres fructueuses dont je tenais informé le chef de l'État.

Nous étions donc à la recherche d'une forme de convergence, d'une « synthèse », pour reprendre le terme fétiche de la gauche et de François Hollande. C'était aussi l'ambition de Jean-Christophe Cambadélis. Mais beaucoup moins de Matignon et de la présidence du groupe socialiste à l'Assemblée nationale. À leur décharge, eux se trouvaient en première ligne dans la gestion de la contestation. Or les tensions se faisaient particulièrement vives au sein du groupe, les députés loyalistes – qui représentaient plus de 80 % des élus – se montrant plutôt vindicatifs envers leurs collègues contestataires. Néanmoins nous avancions. Du moins le pensais-je. Et je constaterais seulement plus tard la limite de l'exercice. Surtout de la part du Président. Qui, lui, ne lâchait rien une fois sa conviction faite.

Début janvier, le texte entama son périple parlementaire. Le Président avait parlé de la loi Macron dans ses vœux du 31 décembre et dans une interview à France Inter. Il avait utilisé l'expression : « donner un coup de jeune à l'économie française », tout en relativisant la portée des bouleversements que la loi apporterait. L'examen en commission fut entrepris à une date symbolique, le lendemain de la marche du 11 janvier. À 16 heures commençait la discussion.

Depuis la réforme constitutionnelle de 2008, le travail de cette instance a pris plus d'importance. La commission étudie le texte du Conseil des ministres, y apporte des amendements et l'adopte. C'est cette version qui se voit ensuite discutée en séance publique. Or un nombre impressionnant d'amendements avait été déposé. Plus de 1 500. La plupart très techniques. Emmanuel Macron accepta de les discuter presque tous. D'entreprendre, chaque fois, un travail de pédagogie attestant sa parfaite maîtrise du sujet. Toute la semaine, week-end compris, les parlementaires bossèrent sur le texte. Et la version finale fut votée le lundi 19 janvier à 3 heures du matin. Nous étions quelques jours après les attentats et tout le monde avait été relativement séduit par les qualités du nouveau ministre. Nous pensions donc – naïvement – qu'une partie des obstacles avait été dépassée. Au petit déjeuner de la majorité, le sujet fut abordé, mais brièvement, l'essentiel portant bien sûr sur les morts de *Charlie*, de l'Hyper Cacher, la manifestation, etc. Manuel Valls indiqua cependant que le travail en commission s'était très bien passé, souligna les 82 heures de discussion et précisa que l'enjeu serait, désormais, de transmettre ce message pédagogique à l'ensemble du groupe.

Dans la semaine, un certain nombre de contacts furent pris. À gauche comme ailleurs car nous espérions un peu plus que des voix issues de nos rangs. Je vis ainsi Philippe Vigier, président du groupe UDI. Qui me transmit un certain nombre de demandes à mon sens pas insurmontables, et m'annonça avoir un petit déjeuner, le lendemain matin, avec Jean-Marie Le Guen, le ministre des Relations avec le Parlement. Compte tenu du contexte, il était possible d'envisager un vote assez large. Le 20 janvier, comme tous les mardis soir, j'avais organisé un apéritif parlementaire auquel le Président vint. Étaient présents des sénateurs et députés plus ou moins proches du chef de l'État. La discussion porta sur les attentats, l'état du pays… et quelques dossiers en circonscription. Durant la semaine, au cours de diverses réunions avec François Hollande, en plus des sujets post-attentats, nous avons travaillé à la préparation du prochain conseil stratégique de la dépense publique. Qui fut reporté de quelques jours car nous étions confrontés à une équation quasi impossible pour la préparation du budget : comment intégrer les dépenses nouvelles liées aux attentats et faire 50 milliards d'économies déjà programmées tout en baissant la fiscalité ainsi que nous nous y étions engagés ? Mais la loi Macron et son passage au Palais-Bourbon ne furent quasiment pas évoqués. Le lundi, en réunion de chefs de pôle, nous sommes concentrés sur les vœux et la situation en Grèce. Le mouvement Siriza a gagné les élections législatives la veille, un contact téléphonique est prévu entre le Président et Aléxis Tsípras, nouveau Premier ministre. Or, ce même lundi 26 janvier 2015, la discussion sur la loi Macron débutait à l'Assemblée nationale. Avec, cette fois, une ambiance et un contexte fort différents de ce qui s'était passé en commission : plus politique, moins technique. Les adversaires les plus farouches d'une loi se réservent, en général, pour l'hémicycle, préférant y tirer leurs meilleures cartouches. Et c'est ce qu'ils firent.

La discussion débuta pourtant bien. Avec des échanges normaux. Tout au long de cette première semaine, pas de signaux d'alerte particuliers. Pendant ce temps, l'Élysée était devenu une sorte de vitrine médiatique : Yves Jeuland poursuivait son tournage, Serge Raffy de *L'Obs* se trouvait avec nous, y compris durant les réunions de travail. Et, à peine parti, il fut remplacé par Vanessa Schneider du *Monde*. Nous trouvant dans une phase ascendante, tous les journalistes semblaient curieux de mieux connaître les proches collaborateurs du Président, ceux qui l'avaient accompagné durant les attentats. Gaspard pensait le moment idéal pour accélérer la politique de transparence. Le Président avait donné son accord, poussant même dans certains cas, comme avec *L'Obs*.

Début de semaine suivante, toujours aucune alerte spécifique. En petit déjeuner de la majorité, le mardi 3 février, le sujet fut à peine abordé. Le Premier ministre avertit juste que la discussion allait durer plus longtemps que prévu, sans s'éterniser ni épiloguer. Le vote devait survenir le 17 ou le 18 février. Mais, le surlendemain, la machine commença à se gripper. Le premier signal d'alarme retentit le 5 février au matin. Dans une discussion avec Christophe Borgel, celui-ci me parla de « réflexe suicidaire des députés socialistes ». J'ai tiqué. Que voulait-il dire ? On ne ressentait rien de tel à l'extérieur, les comptes rendus de presse sur les débats étaient élogieux… Pourtant, les premiers signes étaient apparus et le hiatus entre l'image extérieure des discussions et les tensions en train de naître au sein du groupe s'agrandissait. Encore fallait-il en prendre conscience. *Le Monde* du 10 février publia un article sur un débat parlementaire d'une exceptionnelle tenue. Or les échauffourées avaient déjà commencé.

La semaine suivante donna lieu à la coexistence de scènes devenues surréalistes avec du recul.

Le Président s'impliquait totalement à l'international, avec un réel succès. Les 11 et 12 février, il mena la négociation marathon pour obtenir un nouvel accord de paix en Ukraine. Un dossier plutôt mal engagé puisque la tournée de la semaine précédente avec Angela Merkel n'avait pas forcément été couronnée de succès. Peu importe, tous deux avaient réussi à convaincre Vladimir Poutine et Petro Porochenko de se retrouver à Minsk. Les pourparlers s'étaient – je l'ai écrit plus haut – éternisés seize heures dans un palais à l'allure «Union soviétique» où chacun s'attendait à croiser le fantôme de Leonid Brejnev. De retour à Paris, François Hollande avait annoncé que la France était enfin parvenue à vendre des avions Rafale. Pour la première fois, une autre armée que la nôtre – l'Égypte – en achèterait. Le début d'une longue série après plus d'une décennie de négociations infructueuses. Et il enchaînait sur un Conseil européen, très tendu du fait de la situation grecque.

Mais à Paris, une fois quelques brefs jours de décence passés, le petit jeu politique, dans ses pires aspects, avait repris. Nicolas Sarkozy, désireux de reprendre la main après une semaine où il avait été mis à rude épreuve par son propre camp – plusieurs articles paraissant sur sa perte d'aura –, remontait au créneau des critiques. Au PS, les manœuvres en vue du congrès de Poitiers débutaient. Incompréhensibles pour presque toute la population, et sources de gaspillage d'énergie et de poussées d'adrénaline en interne. Le 13 février, Jean-Christophe Cambadélis, lors d'une conférence de presse, annonça que sa contribution recueillait 272 signatures de parlementaires, soit quasiment trois quarts des députés et sénateurs. Ce que les frondeurs vécurent mal. D'autres sujets irritants apparurent, risibles avec le recul, mais qui encouragèrent la mauvaise humeur latente. Cette même semaine, plusieurs articles pointèrent en effet l'ambiance déplorable au sein d'Europe Écologie Les Verts. Dominique Voynet, ancienne responsable écologiste et ministre sous Lionel Jospin, accorda une interview où elle expliqua qu'il y avait plus d'écologistes en dehors du parti que dedans. Un entrefilet du *Monde* assura que Jean-Luc Bennahmias, autre ex-responsable écologiste parti au MODEM, avait son rond de serviette à la table du président de la République. De quoi agacer les députés écolos. L'irritation crût en raison d'autres papiers. Les quelques jours passés par Serge Raffy au palais présidentiel donnèrent lieu à un grand dossier et des unes sur la «jeune garde» du Président. Une mise en avant de conseillers que les socialistes apprécièrent moyennement, ceux-ci leur paraissant trop jeunes, trop technos, trop sociaux-libéraux. C'est également la semaine où un rapport fut remis à la maire de Paris sur les jeux Olympiques de 2024. De quoi raviver la tension issue du petit coup de force que le Président avait fait en annonçant son soutien à la candidature de la capitale. Or la discussion parlementaire était en train de se tendre sur l'ouverture des grands magasins le dimanche dans la même ville…

Repenser à cette accumulation de petites choses en 2017 rend celles-ci pour le moins anecdotiques. Surtout un mois à peine après les attentats de *Charlie* et de l'Hyper Cacher. Surtout en songeant que, le 14 février, un autre attentat a eu lieu à Copenhague, une fusillade éclatant lors d'une manifestation culturelle en l'honneur de *Charlie Hebdo*, faisant un mort et de nombreux blessés, dont l'ambassadeur de France. Surtout si l'on se rappelle que le terroriste s'est enfui et a cherché à entrer dans une synagogue. Faisant de nouveau un mort. S'il sera abattu un peu plus tard, un terrible sentiment de *remake* de ce que nous avions vécu aurait pu inciter certains à voir les choses autrement. Mais non, à Paris, la machine parlementaire se grippe et un projet de loi censé passer aisément va être quasi bloqué.

Les débats se poursuivirent tout le week-end au Palais-Bourbon. Le samedi, nous pensions encore que le texte serait voté. Moins le dimanche. Car Benoît Hamon, entre autres parlementaires, venait d'avertir qu'il voterait contre. Pas juste une abstention, non, un vote contre !

Le lundi, coups de fil et pointages. En fin de journée, direction l'Assemblée nationale pour estimer les rapports de force. Emmanuel Macron est là. Le président du groupe socialiste aussi. Les rapporteurs de même. Le scrutin s'annonce incroyablement serré. Et pour des points qui, avec le recul toujours, semblent réellement mineurs, pas une seconde à la hauteur des enjeux. Le mardi matin, le petit déjeuner de la majorité est largement consacré au texte et le recours envisagé au 49.3. Manuel Valls appelle le Président à son issue. Et lui demande la possibilité d'utiliser cet article de la Constitution.

Cela signifie qu'il n'y aura pas de vote sur le texte, que celui-ci sera considéré adopté, sauf si une motion de censure renverse le gouvernement. Pour acter la procédure, un Conseil des ministres extraordinaire doit être convoqué. L'échange se fait par téléphone car François Hollande se trouve en Alsace, dans un cimetière juif profané. Le Conseil des ministres se déroule à son retour, vers 14h30. Quelques minutes suffisent.

Les ministres repartent à l'Assemblée pour la séance de questions d'actualité. Le vote doit avoir lieu à 17 heures. À l'issue de la séance, le Premier ministre et Emmanuel Macron organisent un conciliabule improvisé car le choix n'est pas tranché, mais l'usage du 49.3 possible. Il y a le ministre des Relations avec le Parlement, quelques députés, Christophe Borgel, Yves Colmou, et moi. Comptage. Le texte passera-t-il? L'écart est serré. Très serré. La loi obtiendra entre quatre et huit voix d'avance. Peut-être plus, mais certains députés socialistes ne veulent pas dire ce qu'ils feront. Une attitude puérile. Le Premier ministre appelle alors le Président. La décision est prise. François Hollande me rappelle toutefois quelques instants plus tard. Au moment où Manuel Valls monte à la tribune. La dernière fois qu'il l'avait fait, c'était pour son discours du 13 janvier.

27

« Une sorte de léthargie s'est installée »

Nous sommes le 25 février. Le Président reçoit plusieurs présidents de conseils départementaux. À la fois pour sentir l'état du pays et pour évoquer les élections départementales de mars. Comme d'habitude, il s'autorise un petit propos préliminaire. Qui brosse la situation économique : celle-ci continue à s'améliorer, les chiffres du chômage ont été publiés quelques heures avant et il y a 20 000 demandeurs d'emploi en moins. Un signe encourageant, même si la tendance globale demeure mauvaise. Malheureusement, ce résultat n'est pas trop salué ni vu. Car le recours au 49.3 a créé un effet de souffle, éliminé le reste. François Hollande analyse la situation politique, dit que dans le pays « une sorte de léthargie s'est installée ». Laquelle nous concerne aussi, d'une certaine manière. En six semaines, nous avons réussi à aligner une gestion exemplaire des attentats – les plus mortels depuis ceux de l'OAS au début des années 1960 – et une gestion catastrophique d'un texte économique majeur qui devait redonner confiance !

Pendant les deux mois qui ont suivi, nous avons plus ou moins vogué au fil de l'eau. L'expression, bien sûr, n'existe pas à l'Élysée, mais nous nagions vraiment dans un entre-deux, combattant avec plus ou moins d'efficacité sur une multitude de fronts : la lutte contre le terrorisme, la situation économique, les élections départementales et, pour le Président, les dossiers internationaux dont, singulièrement, la COP21 et la Grèce. Comment, dans une telle accumulation, écrire une voie, faire entendre une voix, construite, cohérente ?

Les attentats de janvier ont été un choc et un drame. Vécus de l'intérieur, ils ont plus représenté une accélération qu'une véritable rupture. Depuis l'instauration du califat en mai 2014, les uns et les autres nous avions pressenti que l'ère des drames viendrait. Les printemps arabes semblaient si loin des images de destructions, meurtres, viols, tortures déversées. Les tragédies restaient lointaines, mais se rapprochaient, nous le sentions, le craignions de manière diffuse. L'attaque du musée juif de Bruxelles ; les fréquents allers-retours de ressortissants français en Syrie, connus, certains empêchés, d'autres non ; le terrorisme entré dans une modernité terrifiante, avec les réseaux, les billets d'avion pas chers, les échanges toujours plus nombreux... autant de signes annonciateurs. Nos moyens de lutte progressaient, l'arsenal législatif aussi, mais suffiraient-ils ? La loi antiterroriste du 13 novembre 2014 visait les suspects candidats au djihad, créait un délit d'entreprise terroriste individuelle, mais protégerait-elle assez ? À partir des crimes de janvier, la montée en puissance du terrorisme s'accéléra et fut parmi nos principales préoccupations. Une ajoutée aux deux autres : la situation économique et la guérilla politique interne. Elles ne furent pas les seules, certes, mais les principales.

Même si l'Union sacrée ne dura pas après les attentats, un relatif accord sur ce sujet apparut. En tout cas, entre les deux grands partis de gouvernement. La plupart des lois antiterroristes furent en effet votées de manière large. Le consensus volera en éclats plus tard, autour de la proposition de révision constitutionnelle sur la déchéance de nationalité pour les terroristes binationaux. Mais n'anticipons pas.

Le 18 février, le Président reçut à l'Élysée les groupes parlementaires et les commissions de l'Assemblée nationale et du Sénat concernées par la future loi sur le renseignement. Il fit un exposé liminaire de la situation. On estimait, à l'époque, les individus membres des filières djihadistes à un peu moins de 2 000 personnes, dont 750 étaient partis pour la Syrie, et près de 90 y avaient trouvé la mort. Le texte visait à renforcer considérablement nos outils de renseignement. La disparition des Renseignements généraux sous la présidence de Nicolas Sarkozy avait laissé un vide, au moment même où une nouvelle menace apparaissait. Manque de chance. Manque d'anticipation aussi. Manque de compréhension surtout. Globalement, nous estimions alors que seul un individu menaçant sur deux était connu et repéré. Il fallut donc remettre à plat structures et méthodes. L'échange fut très constructif, y compris avec Éric Ciotti de l'UMP. La polémique sur les fiches S n'existant pas encore, une partie de la discussion porta sur les jeunes filles, inquiétude et interrogation qui étaient pourtant tout sauf une nouveauté. Je me souvins ainsi d'avoir lu, au début des années 2000, plusieurs ouvrages et articles sur les *shahidas*, femmes kamikazes en Palestine, dont la lecture m'avait marqué. Car on y découvrait qu'il y avait plus de femmes que d'hommes parmi les kamikazes. Toujours est-il que, jusqu'à la fin de la mandature, les réunions sur ces sujets seront innombrables. Après les attentats du Bataclan, les conseils de défense deviendront même presque hebdomadaires. Soit quasiment le rythme du Conseil des ministres.

Bien d'autres sujets constituaient notre quotidien. Les questions budgétaires et économiques, avec le Conseil stratégique de la dépense publique réuni régulièrement à l'Élysée pour « rentrer dans l'épure » alors que le Président avait décidé, fin avril, de donner gain de cause au ministère de la Défense au bout de longues discussions et tractations : pas de réduction des crédits de l'armée.

Mais aussi la suite de la réforme territoriale, la poursuite des discussions de la loi de transition énergétique, la relance des investissements, le débat sur la nationalisation des sociétés autoroutières et la simplification administrative, sujets sur lesquels je tirais une conclusion personnelle : l'État n'était plus assez souple pour mener certains chantiers de modernisation internes, que seule la décentralisation permettrait de faire aboutir. Une révolution intime puisque, élu à la tête de plusieurs exécutifs locaux, j'avais longtemps cru en la force de frappe de l'État central. Or, en quelques années, celui-ci s'était appauvri, financièrement et intellectuellement. Dans certains domaines, la superstructure étatique demeurait forte – la réactivité aux attentats l'avait montré –, mais, pour bien d'autres, ce n'était plus le cas. Le rapport aux acteurs économiques et à la production de normes en était un exemple frappant. Quelques mois plus tard, je me ferais des réflexions similaires sur l'Éducation nationale.

En ce mois de mars 2014, nous n'en étions pas encore aux idées à mettre en avant pour un second mandat éventuel. Non, nous entrions dans une autre séquence ultrapoliticienne. De celles que François Hollande est censé aimer. Pourtant, c'est au cours de cette période que j'ai le plus souvent écrit en marge de mes cahiers : « Président fatigué. Président de mauvaise humeur. Président énervé. » Je notais aussi, parfois, le désarroi de certains collègues. Car il n'est pas aisé de travailler pour un président de la République. Peut-être encore moins pour un François Hollande. Celui-ci pouvait en effet avoir un côté déstabilisant : difficile à saisir, compartimentant à l'envi, faisant beaucoup de choses par lui-même – probablement trop –, il donnait peu prise aux autres. David Revault d'Allonnes, du *Monde*, avait un jour publié un petit papier sur sa façon de gérer les choses et écrit une phrase que j'avais jugée pertinente : « Le micro-management, point de faiblesse du hollandisme ? »

Il suffit de s'autoriser un tour d'horizon des différents conseillers pour le mettre en évidence. Thierry Lataste et Boris Vallaud, qui arrivaient fort d'expériences de travail avec d'autres ministres, eurent par exemple du mal à se caler. Et ne se calèrent d'ailleurs jamais totalement. Thierry regrettait les arbitrages plus clairs d'un Manuel Valls ou d'un Bernard Cazeneuve, Boris les séances de réflexion collectives, les planifications stratégiques à six semaines d'un Arnaud Montebourg. Jean-Pierre, quant à lui, continuait à découvrir un autre aspect de François Hollande, même s'il demeurait son meilleur ami et éprouvait un respect total pour le président de la République. Gaspard, en revanche, avait rapidement choisi son positionnement : être toujours présent, nuit et jour, partout sauf à l'étranger. Et surtout fournir au Président sa « drogue » : les contacts avec les journalistes ! Le tout en sortant rarement des sujets ayant trait à la communication.

De mon côté, j'avais désormais deux ennemis dans la constitution de l'agenda présidentiel : la diplomatie et la presse, aux rangs aussi fournis d'un côté que de l'autre. Aux 192 pays étrangers semblait répondre le même nombre de journalistes, de titres et de rédactions. En interne chacun avait son arme pour occuper une place dans l'agenda. Pour la diplomatie, la nécessité de prévoir des semaines, voire des mois à l'avance les rencontres permettait de figer le planning. Pour la presse, c'était la forte réactivité. Assez souvent, le Président nous disait : « Faites-moi des propositions. J'ai un déjeuner ou un dîner de libre. » Et invariablement le créneau se voyait rempli de rencontres avec un média, presque toujours national. Gaspard avait beau me dire que Matignon en voyait encore plus, je demeurais sceptique.

Je n'avais pourtant pas à me plaindre, les rencontres avec les élus étaient elles aussi nombreuses. Probablement trop pour certains choyés et pas assez pour d'autres moins en cour bien que ministres importants. Les ministres régaliens et ceux de la sphère économique étaient reçus souvent. Stéphane Le Foll avait, lui – et heureusement –, un statut à part. Mais d'autres, comme Najat Vallaud-Belkacem, Marisol Touraine ou Fleur Pellerin voyaient peu le chef de l'État. Alors qu'Éducation, Solidarité, Culture étaient et sont des ministères importants ! Singulièrement pour un président de gauche. En fait, il était difficile de lui faire découvrir de nouveaux horizons. Peut-être aussi ne lui proposions-nous pas assez de nouveautés, de diversité. J'avais toutefois réussi à instituer deux rites : les rencontres avec les intellectuels et celles avec les élus.

Et justement, en ce mois de mars, ces rencontres ne manquaient pas. Nous avions deux objectifs, dont aucun n'a été couronné de succès. Parvenir à rassembler (de nouveau) la gauche. Lutter contre le Front national.

Après le choc du 49.3, nous avons essayé une nouvelle fois de recoller les morceaux de la gauche éclatée, autrement dit aussi bien les communistes, les écologistes que les députés PS frondeurs. À peine une semaine après le recours à cet article et le vote de confiance, le Président déjeuna en tête à tête avec Henri Emmanuelli. Une complicité très ancienne, plus, une sorte d'amitié existait entre eux. À l'Élysée, le député des Landes avait toutes sortes d'entrées. Il était le président du Conseil de surveillance de la Caisse des dépôts et consignations, que Jean-Pierre Jouyet avait dirigé un temps. Il appréciait Boris Vallaud qu'il connaissait de l'époque où ce dernier occupait le poste de secrétaire général de la préfecture des Landes et lui avait alors proposé d'être son directeur général des services. Plus tard, il fera d'ailleurs en sorte que Boris lui succède dans sa circonscription. Moi-même, je connaissais Henri Emmanuelli, par la proximité géographique. En vérité, nous éprouvions tous de la sympathie et de l'admiration pour lui. Au cours de ce déjeuner, fut convenu d'organiser une rencontre entre le chef de l'État et les rebelles du PS. À l'Élysée. Mais accueillir les frondeurs au palais présidentiel quelques jours après leur prise de position hostile à la loi Macron fut très diversement apprécié. De la presse comme des « orthodoxes », qui, eux, n'avaient pas rué dans les brancards ni manqué au gouvernement. Pour autant, reprendre le dialogue était indispensable. « Guerre improbable, paix impossible », ou plutôt, guerre impensable, paix impossible…

Le 11 mars, quinze avaient accepté l'invitation. Mais comment composer leur délégation ? Nous avions laissé toute latitude à Henri Emmanuelli, lequel, malgré son expérience et son savoir-faire, avait peiné. Les quinze affichaient un profil global assez hétérogène, voire hétéroclite. Dans le mémo habituel adressé au Président, je les avais répartis en trois catégories : les « minoritaires », les « techno-frondeurs » et les « suiveurs de bonne foi ».

Les premiers avaient l'habitude d'appartenir à la minorité du PS : Henri Emmanuelli, Benoît Hamon, Pascal Cherki entraient dans cette catégorie. Mais si être minoritaires relevait pour eux de l'ordinaire, ils savaient aussi les lignes jaunes à ne pas franchir et possédaient une certaine capacité au rassemblement. Pascal Cherki commença d'ailleurs la discussion en rappelant qu'après la bataille fratricide sur le traité constitutionnel européen, ils avaient réussi à faire la synthèse avec François Hollande au congrès du Mans.

Les deuxièmes avaient occupé des postes importants. Comme ministres ou en cabinets ministériels du temps de Lionel Jospin. Ainsi Christian Paul avait été secrétaire d'État, Laurent Baumel se trouvait au cabinet de Pierre Moscovici et Jean-Marc Germain à celui de Martine Aubry. Ils possédaient des compétences techniques, avaient été marqués par le 21 avril 2002. Chez eux, une certaine dureté apparaissait, une radicalité peut-être plus forte que parmi les premiers.

Les derniers n'avaient ni réflexe minoritaire ni expérience de l'exercice du pouvoir. Simplement, ils ne comprenaient pas ce que nous faisions.

Avec un tel panel, la discussion fut vive, riche, passionnée, passionnante, franche, de très grande qualité et dura plus de 2 h 30. Après ce genre de moments, le Président me donnait, en général, les notes qu'il avait prises. Assez brèves. Cette fois, il me remit quatre pages pleines de son écriture petite, très serrée.

Il avait entamé la réunion en saluant tout le monde, faisant le tour de la salle du Conseil des ministres, serrant les mains, embrassant. Puis introduit la discussion par ces mots : « Je vous reçois car je vous connais tous. » Et posé les enjeux de manière plutôt directe. « Comment pouvoir rester ensemble ? Pas juste vivre ensemble, mais partager ensemble ? » Il précisa aussi ce qu'il considérait comme les lignes jaunes des votes, « frontières indéfinissables », analysa la situation de la gauche, « en grande faiblesse », et conclut par cette ouverture : « Je ne vais pas changer de ligne. Mais des évolutions sont possibles. »

Henri Emmanuelli prit ensuite la parole. Et la discussion s'engagea. Comme toujours, le Président laissa s'exprimer ses interlocuteurs. Les uns après les autres, selon leur positionnement autour de la table. Tous parlèrent, donc. Avec une certaine sincérité. Sans personnalisation dans les critiques. Aucun sujet ne fut évacué. L'Europe apparut comme la première pomme de discorde. Puis le pacte de responsabilité, le Front national, l'avenir du PS, la loi Macron et le recours au 49.3 ont été abordés, confrontés. Au terme de la discussion, trois points émergeaient : pas de volonté de schisme, la nécessité d'inflexions et l'inefficacité des arguments d'autorité ou d'irresponsabilité lancés contre les récalcitrants.

Le Président prit la parole pour conclure. Et le fit beaucoup plus longuement que d'habitude. Il demanda aux conviés de croire à sa sincérité. Les mit en garde contre une forme de radicalisation tant celle-ci profite, au final, aux extrêmes. Revint longuement sur la question européenne et les avancées qu'il considérait avoir obtenues : l'évolution de la politique monétaire de la Banque centrale, la flexibilité budgétaire sur les 3 %, l'importance du plan Juncker pour l'investissement. Il s'autorisa une longue digression sur la Grèce et Aléxis Tsípras, et rappela que la France était son seul allié en Europe. Il expliqua sa politique d'amélioration de la compétitivité, insista sur sa responsabilité de l'avoir fait même s'il pensait que les Français ne l'en créditeraient pas. Il revint en outre, très longuement, sur l'action menée autrefois par Lionel Jospin. Sur les avancées faites qui n'empêchèrent pas la débâcle du 21 avril, laquelle, quelque part, s'apparentait à un contre-choc du 11 Septembre dont la gauche n'avait pas su mesurer la déflagration. Il s'étendit longuement sur le Front national, expliqua que ce risque avait été identifié par Angela Merkel et qu'elle le redoutait. Et, enfin, finit sur le parti socialiste. Sur la nécessité du rassemblement et les ouvertures qu'il était prêt à accorder. Sur les chantiers à lancer dans le secteur bancaire, l'investissement, la jeunesse et surtout en faveur des catégories populaires.

Un moment fort, de qualité qui… ne déboucha sur rien, comme la suite l'attestera. Pourtant, à ce moment précis, la réconciliation semblait encore possible. En fait, les conditions, elles, n'étaient pas réunies. Le Premier ministre théorisait trop les deux gauches irréconciliables. Le Président était plus souple dans la forme, mais lâchait peu sur le fond. Surtout, les frondeurs ne cherchaient pas réellement le compromis. Le sens des responsabilités d'un Henri Emmanuelli était noyé dans la surenchère de trop nombreux autres. Souvent juste pour exister.

Il est toujours délicat de verser dans la politique-fiction lorsqu'on écrit l'Histoire des années plus tard. Surtout lorsqu'on s'y aventure à une période – l'été 2017 – où le parti socialiste a quasiment disparu, englouti par l'élection présidentielle, puis les législatives. Surtout lorsqu'on se souvient que la gauche sociale-démocrate commençait à rencontrer de grandes difficultés dans toute l'Europe, qu'en Grèce l'ancien PASOK avait disparu, remplacé par Syriza, qu'en Espagne, Podemos lui avait soufflé ses électeurs, etc. Pourtant, je reste convaincu qu'en France une voie était possible. Encore fallait-il la choisir, voire l'assumer.

Durant ce quinquennat, il y eut toujours une formidable ambivalence chez François Hollande. Avec d'un côté un attachement au cadre politique classique et une sorte d'impossibilité à le dépasser. Et de l'autre des choix stratégiques audacieux, presque transgressifs en matière économique, intuitifs sur les questions de la jeunesse, du renouvellement, de la COP21. François Hollande n'a jamais réussi – l'a-t-il seulement voulu ? – à combiner la politique menée, la théorisation et la pédagogie de celle-ci, avec le cadre politique et institutionnel permettant de la conduire, ni su forcément placer les bonnes personnes aux bons postes.

Pour réussir, il aurait fallu manier et marier les quatre ingrédients. Hélas, François Hollande fut trop conservateur sur certains aspects et trop en avance sur d'autres. Il ne mit pas toujours sa confiance là où il fallait. Cela le – et nous – perdit.

28

Sisyphe heureux

Les élections départementales se tinrent les 22 et 29 mars. Entre les deux tours eut lieu l'accident de la Germanwings, ce vol entre l'Allemagne et l'Espagne dont l'appareil fut précipité au sol par son propre pilote. Cent cinquante victimes. Et, de nouveau, toujours, le sentiment terrible que la mort continue à rôder et nous entourer. Le Président fut de nouveau très mobilisé. L'annonce du crash arriva au moment de la visite d'État du prince d'Espagne et de son épouse en France. Nous avions plaisanté, François Hollande et moi, au sujet de leur grande taille : comment devait-il les accueillir, lui qui était seul et pas bien grand ? Homme de bons mots sur tout et tous, y compris sur lui – l'autodérision ne lui fait pas peur –, il avait l'habitude de tirer des traits d'humour aussi réussis que cinglants. Un jour, il plaisanta même sur la « difficulté de ne pas être ridicule sur un scooter ». Le jour de leur venue, l'esprit n'était évidemment plus à la plaisanterie. La visite fut d'ailleurs interrompue et reportée. Le lendemain, le chef de l'État se rendit sur le site en compagnie d'Angela Merkel. La roue, crissante, de l'actualité et de la vie.

Les élections départementales ? Comme craint, elles ne furent pas bonnes. Mais pas catastrophiques pour autant, avec des résultats dans la fourchette haute des projections établies par le PS, l'association des départements de France ou, surtout, le ministère de l'Intérieur. Nous disposions désormais de manière plus fluide de documents issus de la place Beauvau, l'un des rares ministères à obtenir de bonnes remontées des territoires. Avoir un préfet comme directeur de cabinet avait grandement amélioré les choses. Je garde de mon passage à l'Élysée un véritable attachement au corps préfectoral. J'ai pu constater la solidité de ses membres en cas de coup dur. Surtout, j'ai apprécié leur connaissance des territoires, de la France. Contrairement à nombre des collaborateurs de la présidence ou des ministères, ils connaissaient autre chose que l'Île-de-France. C'est l'un des points qui m'ont marqué et étonné : la monogamie géographique et sociale. Alors que François Hollande avait bâti sa carrière en faisant le choix osé de partir s'implanter dans la France profonde, ses entourages au pouvoir avaient presque tous le même prisme. Les collaborateurs, les journalistes et les responsables, notamment ceux du petit déjeuner de la majorité, comme le Premier ministre, le premier secrétaire, le président de l'Assemblée nationale, le président du groupe socialiste à l'Assemblée, le ministre des Relations avec le Parlement… presque tous étaient franciliens. Avec une vision nécessairement particulière. De surcroît, ils étaient des hommes, et des hommes blancs. L'Élysée n'échappait pas à la règle. Il l'édictait presque.

Bref, Beauvau était l'un des rares ministères capables de nous donner le pouls de la France. Certes, il s'agissait d'une de ses missions, et il n'avait pas été trop touché par la réduction des effectifs menée par Nicolas Sarkozy. Si le ministère de l'Équipement partageait lui aussi cette culture, en revanche les moyens lui avaient été retirés. Les autres grands ministères, comme l'Éducation nationale, ne possédaient aucunement ce « savoir-sentir ».

Donc, dans ses estimations, le ministère de l'Intérieur avait plutôt vu juste.

Pour autant, avec vingt-huit départements basculant de gauche à droite, le choc électoral était bien là. Après les municipales, les européennes, les sénatoriales et avant les régionales de la fin d'année, puis l'élection présidentielle, nous recevions claque sur claque. Ce qui minait le moral.

Il fut encore plus atteint, agrémenté d'une inquiétude grandissante, en voyant émerger deux gauches réellement irréconciliables au sein des urnes. Dans d'innombrables cantons, la dispersion des voix sur plusieurs listes nous avait ainsi fait perdre des sièges. Pire, des candidats écologistes, communistes avaient préféré la défaite plutôt que de sceller une alliance avec le parti socialiste. Un exemple illustrait parfaitement cet aveuglement : l'Allier, l'un des deux derniers départements encore dirigés par le PC. Le président sortant, qui avait proposé, de manière logique vu son exécutif et le travail commun effectué, une stratégie d'alliance avec le parti socialiste, s'était vu désavouer par le vote de ses militants ! Résultat, le département bascula à droite.

« Le parti communiste ne souhaite plus exercer le pouvoir », nous dira à maintes reprises le Président. Même des points de discussion, nous ne parvenions plus à en déterminer. Le 11 mars au matin, jour de la rencontre du chef de l'État avec les frondeurs, je recevais à l'Élysée Pierre Laurent, premier secrétaire du parti communiste, ainsi que son directeur de cabinet, comme je l'avais déjà fait. Pierre Laurent expliqua être prêt à discuter, mais qu'il lui fallait des sujets de discussion, « du grain à moudre », pour reprendre la vieille expression d'un leader de la CGT. Converser naturellement, non ; avec une monnaie d'échange, oui. La principale leçon des départementales se trouvait là : dans l'incapacité des gauches à se parler normalement.

Les jours qui suivirent n'améliorèrent pas ces rapports complexes et tendus. Chacun s'arc-boutait sur son analyse et rejetait la responsabilité de la déroute sur l'autre camp. Nous, nous mettions en avant combien la défaite avait été accentuée par la désunion, que nous comprenions le vote des Français, que ceux-ci nous rejetaient car ils n'avaient pas encore vu de résultats, mais que, pour obtenir des résultats, une constance dans la politique menée s'imposait. De l'autre côté, on reprenait l'antienne du changement de cap, on réclamait de nouveau des inflexions. Ce dialogue de sourds continuera et s'accentuera jusqu'au terme de la mandature. Lors d'une rencontre avec certains responsables écologistes, fin mars, le Président eut ce propos frappé au coin du bon sens : « C'est l'élection présidentielle qui permet de reconfigurer le paysage politique. » Il avait raison. Cela se fera de manière éclatante. Mais pas avec lui.

La droite sortant victorieuse des départementales, Nicolas Sarkozy fut renforcé, le bilan nettement plus mitigé en revanche pour le Front national : à l'issue du second tour, le parti de Marine Le Pen n'avait obtenu que 62 conseillers départementaux sur 4 108. Une nouvelle fois, la stratégie du front républicain, surtout pratiquée par le parti socialiste, avait fonctionné et grandement limité la montée en puissance sur le terrain du FN. Se sacrifier pour empêcher l'extrême droite de gagner, le discours bien rodé, nous l'avions mis en œuvre, en pratique, et il fonctionnait sur les cadres comme les électeurs. La méthode – à la fois honorable et éthique – sera de nouveau appliquée quelques mois plus tard, lors des régionales.

Notre politique « d'empêchement », pour reprendre un terme très hollandais, fonctionnait donc. Mais pas celle de lutte contre le Front national lui-même. Pourtant, restreindre son influence, contrecarrer sa progression, combattre ses idées et mesures pernicieuses et de division étaient devenus l'un des enjeux majeurs du quinquennat aux yeux du chef de l'État et de son Premier ministre. Après les attentats de janvier, nous nous demandâmes tous, à l'Élysée, quelles en seraient les conséquences électorales. Inquiet, le Président multiplia les rencontres à ce propos. Et donna à maintes reprises son avis sur l'extrême droite, la France et la gauche, tant dans les rendez-vous avec les élus, durant ses déjeuners avec les intellectuels, qu'à l'occasion d'interviews. Au cours des discussions avec nous, avec moi, j'ai senti son appréhension et combien le sujet le taraudait. Plusieurs constantes émergeaient dans son analyse : de l'inquiétude donc, mais jamais d'instrumentalisation par exemple ; une tendance aussi à « surcoter » un peu le Front national. Ainsi, quelques jours avant le premier tour, plusieurs instituts de sondage avaient estimé que le FN recueillerait près de 30 % des suffrages, et lui avait considéré ces prévisions justes. À d'autres scrutins, il pensa de même. François Hollande avait aussi tendance à relativiser la part des problèmes économiques dans l'essor de l'extrême droite. Le chômage, la mondialisation constituaient bien sûr des facteurs, mais, à ses yeux, les ressorts d'expansion du Front national se trouvaient dans le rapport à l'autre. Pour lui, Jean-Marie Le Pen avait pu prospérer à cause de son discours anti-étranger, anti-immigration, et sa fille avait remplacé l'étranger par le musulman. Dès lors, la question de la République, de la France, devenait fondamentale. Nous travaillâmes là-dessus. Et au premier chef le Président lui-même. Qui estimait que la réponse des Françaises et des Français aux attentats de *Charlie* et de l'Hyper Cacher avait montré le vrai visage du pays. À l'étranger, mais surtout aux Français eux-mêmes. Et de nous répéter que la France était, depuis, plus forte dans le regard de ses partenaires, plus convaincante, appréciée, écoutée que lorsqu'elle se regardait le nombril ou dans le miroir !

Dans ce contexte, nos rencontres avec les intellectuels se poursuivaient. Celle du 8 avril fut consacrée à la manière de raconter l'histoire de France. Elle réunit Dominique Borne, qui venait de publier *Quelle histoire pour la France ?*, Mona Ozouf, spécialiste de la Révolution française que le Président considérait comme particulièrement lumineuse, Patrick Boucheron, qui travaillait déjà sur l'histoire du monde, Valérie Hannin, rédactrice en chef de la revue *L'Histoire*, Raphaëlle Branche, qui avait beaucoup publié sur la guerre d'Algérie, et Pierre Monnet, chercheur de l'Institut français d'histoire en Allemagne.

Le Président introduisit la séance en expliquant l'actualité du sujet. Et, comme à son habitude, en la relativisant. Qu'y avait-il de nouveau dans le débat sur l'identité de la France ? Et quel récit fallait-il élaborer en cette période de mutations et de chocs. Le tour de table débuta. La discussion se fit vive, enlevée, riche. François Hollande adorant l'histoire – presque autant que le football et la politique –, il est toujours passionnant d'entendre un président de la République dévoiler sa conception du pays. Et de le voir commencer à poser des jalons qu'il retravaillerait les semaines suivantes : France ouverte/France fermée. Quelques mois plus tard, il se réappropriera d'ailleurs l'expression du général de Gaulle sur une certaine « Idée de la France ». L'idée contre l'identité, l'un des concepts forts qui devaient nourrir la campagne de 2017 !

François Hollande aimait à se définir comme un Sisyphe heureux. Lors de la campagne présidentielle, en février 2011, à l'occasion d'une sortie au Salon du livre, il avait utilisé cette expression – qui lui correspond parfaitement – pour se définir tandis qu'il envisageait sa candidature à la magistrature suprême. Quatre ans et deux mois plus tard, il aurait pu recourir aux mêmes mots : « Je suis infatigable, inépuisable. Ceux qui espèrent un relâchement n'ont aucune chance » ; « La lutte elle-même vers les sommets suffit à remplir un cœur d'homme. Il faut imaginer Sisyphe heureux » ; « Il faut continuer à porter son rocher, aller jusqu'au bout. » Sa venue au Salon du livre avait presque ressemblé à une visite de Salon de l'agriculture. Pas un stand qui échappa à son parcours. Pas un regard qui ne déclencha une poignée de main ou une embrassade. Bien des années après, nous n'étions pas porte de Versailles, mais dans le Salon vert, plus des milliers, mais à peine une dizaine. Il n'y avait plus la ferveur, l'engouement, l'espoir – celui du changement –, mais demeurait en lui le même état d'esprit.

En ce début avril 2015, comme après chaque choc ou défaite, il voulait se remettre en mouvement, agir, expliquer. À nous de trouver les orientations, les moyens, les idées, les astuces. Il lui fallait repartir à l'assaut, se déplacer, sortir, voir des gens différents, travailler de nouveau avec la presse quotidienne régionale, parler aux nôtres, viser la banlieue, ceux qui avaient l'impression d'être déclassés, ceux que certains sociologues et les médias qualifient de « petits Blancs ». Et, enfin, donner des perspectives. Il demanda que nous lui organisions, chaque mois, une réunion consacrée à la COP21 et une autre aux thématiques de l'engagement et de la jeunesse. Nous fûmes plus efficaces sur les premières que sur les secondes. Peut-être parce qu'il y avait, là, un objectif clair.

Nous déclinâmes les orientations à la manière habituelle. En programmant de nouvelles sorties médias. Le Président avait accordé une très longue interview au nouveau magazine *Society*. Où, pour une fois, il s'était un peu exposé. Le 19 avril, il fut aussi l'invité d'une nouvelle émission de Canal+. En concoctant un plan de déplacements que, pour une fois, il valida. J'écris « pour une fois » car, d'ordinaire, dès que l'on évoquait des voyages, en interne un débat s'ouvrait. Qui voyait l'équipe tiraillée entre le désir du chef de l'État de sortir de l'Élysée, de voir, de toucher, en somme de faire ce qu'il aime le plus – et probablement le mieux –, et la crainte d'un sifflet, d'une main non serrée, incident dont on savait que lui seul serait retenu par les médias. François Hollande avait, lui l'homme au langage plutôt châtié, une expression triviale à ce sujet : « Dans l'actualité, c'est toujours l'information la plus merdique qui emporte les autres. » Une vérité qui valait pour les scrutins, les voyages, etc. Ceux-ci créaient donc toujours une tension extrême chez les personnes chargées de les organiser.

L'un des premiers déplacements présidentiels après la défaite des départementales se déroula à Trie-Château, dans l'Oise. Au cœur d'une forgerie, le chef de l'État prononça un beau discours, adresse aux plus humbles enveloppée de termes forts et singuliers. De mesures aussi. Si, premier secrétaire, François Hollande truffait ses interventions, discours et interviews de formule piquantes et réussies, Président, il refrénait cette tendance. Beaucoup lui recommandaient d'ailleurs de ne plus verser dans l'humour, l'humour n'étant pas assez « présidentiel ». Il fut alors atteint d'un autre péché mignon, moins intime lui, et obligeant chacun à se mobiliser : faire des annonces. Impossible, à ses yeux, de s'autoriser une sortie sans l'accompagner d'une annonce, sans donner de la chair aux dépêches AFP. Un cauchemar pour ses conseillers. Et d'une efficacité politique toute relative. Dans son allocution de Trie, François Hollande en fit deux. Qui allaient nous occuper des mois durant : la relance des investissements et la Sécurité sociale professionnelle !

En période de croissance frémissante – tous les économistes et les instituts de conjoncture en convenaient, chacun devenait astronome de la reprise et y allait de son « alignement des planètes », même la Commission européenne, qui annonça peu après une accélération de la reprise –, une évidence s'imposa : aider celle-ci à s'ancrer et aller plus vite. Mais pas question de toucher au pacte de responsabilité, « ce pacte patriotique », comme le qualifiera plus tard le chef de l'État. Alors, agir, actionner un levier, mais lequel ? L'idée jaillit : l'investissement.

Parce qu'une sorte d'unanimité se créait sur le sujet, comme tout un chacun je m'étais mis à plancher et me creuser les méninges. Lors d'une discussion stimulante avec Patrick Artus, le directeur des prévisions de Natixis, celui-ci m'avait suggéré quelques mesures

– que tout le monde avait alors en tête. Qui concernaient seulement les entreprises, mais promettaient une certaine efficacité. Le Président les mit en avant ce 3 avril 2015. Quelques jours plus tard, le 8 précisément, Manuel Valls les déclina de manière précise. De quoi s'agissait-il ? De l'idée simple du suramortissement. Si une entreprise investissait 100 euros, cette somme se voyait intégrée à hauteur de 140 euros dans son bilan. De quoi compléter la négociation en cours entre l'État et les concessionnaires autoroutiers, ces derniers allant injecter du liquide dans l'économie en contrepartie d'une possibilité d'évolution de leurs tarifs et d'un allongement de leurs concessions. Pour tout avouer, cet accord ne m'avait pas convaincu, et je nous avais même trouvés faibles techniquement dans les discussions avec ces sociétés déjà bien avantagées par les pouvoirs publics. Mais ne fallait-il pas dénicher des crédits supplémentaires ? Nous essayâmes d'ajouter aux pourparlers avec ces entreprises un autre volet destiné à financer les collectivités locales. Mais il n'aboutit pas, François Hollande considérant que celles-ci avaient encore des marges de manœuvre. À l'occasion, il n'hésitait pas à faire de la provoc. « Je suis très antiruralité. À ma campagne, ils sont gavés », dit-il un jour, mi-figue, mi-raisin.

Dans l'intervention de Trie-Château, le Président annonça aussi les prémices du futur compte personnel d'activité, ce « capital de celles et ceux qui n'en ont pas ». Un dispositif utile, mais que nous fûmes incapables d'expliquer correctement.

Il était pourtant simple et correspondait au monde nouveau. Permettre à chacun d'avoir une sorte de capital personnel, en termes de formation, de droits à la retraite, bénéficier d'une individualisation des droits dans un cadre collectif, c'était quasiment passer à une Sécurité sociale sur mesure, oser une véritable révolution copernicienne. Car ici le point de vue était inversé : les droits étaient attachés à la personne et non à l'entreprise ou au type de contrat de travail.

Cette revendication ancienne de plusieurs syndicats – la CFDT, mais aussi la CGT – méritait donc bien mieux que les accusations de bureaucratisme dont on l'affubla par la suite.

Il est intéressant de s'arrêter un peu sur la CFDT et de se poser une question simple, dont nous avons souvent débattu avec le Président d'une part et Laurent Berger de l'autre.

Pourquoi, à la fin du quinquennat, la CFDT ressortit-elle renforcée de celui-ci ? Parce qu'elle avait soutenu la plupart des textes portés par le gouvernement ? Parce qu'elle avait fait sien le compromis, acceptant plus de flexibilité dans le droit du travail en contrepartie de plus de sécurité accordée aux travailleurs ? Toujours est-il qu'au terme du quinquennat, son nombre d'adhérents avait augmenté. Fin mars 2017, après le texte sur les accords nationaux interprofessionnels, après celui sur le dialogue social, après surtout la loi Travail, la CFDT devint le premier syndicat de France dans les entreprises privées. Voir la CGT dépassée, une première historique. Quatre mois plus tôt, François Hollande, Président socialiste sortant, annonçait qu'il ne se représentait pas à l'élection présidentielle, autre première historique, et quelques semaines plus tard le candidat socialiste à l'élection présidentielle, Benoît Hamon, obtenait à peine plus de 6 % des suffrages au premier tour. Un succès syndical. Une déroute politique. Bien sûr, il n'est pas possible de comparer les positions de la CFDT et l'ensemble de l'action gouvernementale, puisque le syndicat intervient dans la sphère plus limitée du monde du travail. Et nos points de vue avec la centrale de Laurent Berger furent parfois divergents, comme sur la déchéance de nationalité. Mais le parallèle, le rapprochement, ces résultats inversés attirent mon attention. Comme me saute aux yeux cette différence notable. L'absence de voix dissidentes au sein du syndicat alors que, au PS, le brouillage fut constant.

Mais revenons à avril 2015 et au discours de ce dernier au milieu des forges de l'Oise. Devant des ouvriers en bleu de travail, il fit donc cette annonce. Qui se concrétisa, quelques semaines plus tard, dans le projet de loi sur le dialogue social et sur l'emploi que présentèrent en Conseil des ministres Marisol Touraine et François Rebsamen. Dans le texte se trouvait la réforme du dialogue social, celle qui n'avait pas pu faire l'objet d'un accord entre les syndicats patronaux et ceux des salariés, mais bien d'autres thèmes forts aussi : l'amorce du compte personnel d'activité donc, la fusion de la prime d'activité avec le RSA aussi, un assouplissement des mesures sur la pénibilité au travail, sans oublier la transcription législative de l'accord conclu sur les intermittents du spectacle. Un beau corpus quand même ! Qui fut voté en première lecture au mois de juin, et ce par tout le groupe socialiste, accompagné des radicaux de gauche et de la majorité des écologistes. Pour une fois, sur un texte aussi fondateur que fondamental, nous avions enfin réussi à recoller des morceaux de la gauche éparse.

D'autres textes permirent, en ce printemps, aux socialistes de se réunir. Notamment la réforme du collège, portée par une autre femme victime du machisme en politique. Après Christiane Taubira, c'est en effet Najat Vallaud-Belkacem qui devint une cible de la droite, des réseaux sociaux. Régulièrement, et très violemment, elle fut assaillie. Je note qu'il s'agit, pour ces deux personnalités, de femmes représentant une certaine diversité. Un constat réducteur, certes, mais saisissant.

29

« Je me souviens des paroles que j'ai prononcées au Bourget »

À peine les élections départementales actées – à défaut d'être digérées –, que déjà débutaient les grandes manœuvres dans la plupart des partis politiques.

Nicolas Sarkozy, qui souhaitait tirer bénéfice de la victoire de l'UMP à ce scrutin, voulant transformer son parti en machine de guerre destinée à le propulser vers la présidentielle, multiplia les annonces et initiatives. Dont le changement de nom de son mouvement en « Les Républicains ». Ce que d'aucuns n'ont pas manqué de contester, tout démocrate étant républicain.

À l'Élysée, l'activisme de l'ancien chef de l'État intrigua et irrita. Le Président, qui continuait à suivre attentivement les effets de manche, les tactiques et sorties de son prédécesseur, se montrait particulièrement agacé par l'espèce de diplomatie parallèle que celui-ci cherchait à mettre en place. Tous les prétextes étaient bons pour lui, jusqu'aux rapports entre la France et la Russie ! François Hollande reçut d'ailleurs d'un Alain Juppé tout aussi hérissé un soutien inattendu : celui-ci dénonça en effet, courant avril, « la russophilie excessive de son camp ». Le Président le nota – mais sans plus – et continua à croire au retour inévitable de Nicolas Sarkozy. Et nous reprocha, comme précédemment, de ne pas être assez incisifs, réactifs à son égard. À croire que cet adversaire manquait à François Hollande Président puisque autrefois François Hollande premier secrétaire bataillait contre lui.

Ce mois d'avril vit aussi le conflit familial entre les Le Pen prendre une nouvelle tournure. Plus passionnelle, quasi œdipienne. Entre le père et la fille, la rupture fut consommée, de manière brutale. Comme dans tous les conflits familiaux, toutes les guerres civiles, devrais-je écrire. Nous suivions ces troubles internes, sans penser pour autant qu'ils puissent freiner la progression de Marine Le Pen. Nous avions tort, et raison. Car, quelques mois plus tard, ce sera bien un membre de la famille Le Pen qui s'avérera le plus grand adversaire de Marine Le Pen. Cependant celui-ci ne sera ni son père ni sa nièce, mais elle-même, lors du débat télévisé entre les deux tours de l'élection présidentielle.

Durant ce printemps, le Président et moi-même avons vu très souvent les écologistes, qu'il s'agisse d'Emmanuelle Cosse, la responsable d'Europe Écologie Les Verts, de Jean-Vincent Placé, le président des sénateurs écologistes, de François de Rugy et Barbara Pompili, les co-présidents des députés. Avec un thème de discussion toujours identique : à quelles conditions des écologistes pourraient revenir au gouvernement. Les dossiers sensibles furent évoqués : Fessenheim, Notre-Dame-des-Landes, la COP21, la déclinaison de la loi de transition énergétique…

Finalement, le retour surviendra près d'un an plus tard. François Hollande était réellement réticent à l'option de faire imploser le parti écologiste. Il ne se berçait d'aucune illusion sur l'évolution et la tentation gauchiste de Cécile Duflot, mais, en lui, demeurait aussi un attachement aux structures. Aux anciennes structures.

L'actualité politique de la période tourna aussi, et surtout, autour du congrès du parti socialiste, dont le processus, enclenché depuis la fin de l'année précédente, arrivait à son terme.

Début février, avait eu lieu ce que nous appelions dans notre jargon « le dépôt des contributions », à savoir des textes d'orientation politique soutenus par un certain nombre de signatures, mais pas de vote. Près d'une trentaine de ces contributions furent déposées.

Après maints échanges, il a été décidé que les membres du gouvernement ne parapheraient aucune d'entre elles. De quoi éviter certains écueils, notamment celui de voir des textes divergents approuvés l'un par Manuel Valls, l'autre par ses ministres, plus précisément encore ceux identifiés proches du Président, Stéphane Le Foll en tête. Parmi la trentaine de contributions, plusieurs émanèrent de la gauche du parti, s'ajoutant à celle du premier secrétaire et à celle de Martine Aubry, l'enjeu étant de réunir ces deux contributions afin de constituer la majorité la plus large possible. Jean-Christophe Cambadélis a beaucoup œuvré en ce sens, et un texte commun a pu être bouclé.

La date limite de dépôt était fixée au vendredi 10 avril à minuit. Et, tout à coup, une surprise arriva : le Président décida de se mêler de sa rédaction ! Il avait, le matin, visité la grotte Chauvet en Ardèche et devait revenir, en début d'après-midi, afin de rencontrer, selon un programme particulièrement chargé, le Premier ministre indien. Les enjeux économiques étaient lourds, l'achat d'avions Rafale possible. La visite se révélait donc d'importance. Dès l'atterrissage du chef de l'État, un ultime brief avait été prévu avec Jean-Yves Le Drian, Jacques Audibert et le général Puga. Suivi d'un entretien en tête à tête avec le Premier ministre invité, d'interventions à un forum économique franco-indien se tenant dans une annexe de l'Élysée, d'un point presse et même d'une croisière en bateau-mouche sur la Seine !

Ce jour-là, je quitte l'Élysée pour rentrer chez moi en vue d'un conseil de Bordeaux métropole. Étant donné le programme du Président, je ne pense pas être sollicité. Et comme, pour le congrès, tout a été bordé, tant au petit déjeuner de la majorité le mardi matin qu'au dîner de la même majorité, et ce en présence du chef de l'État, pas besoin de faire de la « présence » au bureau. Mon téléphone sonne dans la matinée. François Hollande. Il me demande si j'ai bien relu la dernière version du texte. Oui. Il me parle d'une page en particulier, la 34. Celle sur le pacte de responsabilité, avec les critères éventuels du CICE. Je réponds oui. Il réclame l'intégralité du texte. Commence alors une de ces journées prévues simples qui deviennent totalement improbables. Où je me retrouve en conférence téléphonique quasi permanente avec le chef de l'État, le premier secrétaire du parti et parfois Martine Aubry. François Hollande s'occupe de ce sujet entre deux entretiens avec le Premier ministre indien, avec des centaines d'invités à l'Élysée, la presse partout, les conseillers qui trépignent, les ministres qui s'étouffent. À un moment, il s'enferme même avec Manuel Valls, lui aussi présent à cette rencontre franco-indienne majeure. En les voyant s'isoler ainsi, tout un chacun pense que c'est pour une affaire urgente. Non, juste à cause de quelques lignes ! Et, au bout du compte, le texte reçoit l'imprimatur des deux têtes de l'exécutif.

Je ne sais exactement d'où sont nées la frénésie, l'inquiétude du Président ce jour-là, mais je le devine sans mal : il est facile d'alarmer François Hollande. Il était aisé, aussi, de faire revenir l'ex-premier secrétaire à ses jeux tactiques et rédactionnels fétiches. Ce jour-là, il avait vraisemblablement reçu quelques appels ou SMS et était retombé dans ses travers. François Hollande sait jongler. Avec tout. Mener de front une prise d'otage et des discussions sur la démocratie et le fondamentalisme avec Jean-Pierre Chevènement. Mais aussi biffer un texte interne au parti socialiste en menant une négociation internationale. En se montrant à l'aise dans tous les cas, en affichant la même maestria. Mais ce n'étaient pas les mêmes enjeux. Ni une conception de la fonction présidentielle classique.

Le lendemain, comme tous les samedis, nous nous retrouvâmes. Plus au calme. Pour préparer la suite, en l'occurrence l'émission du 19 avril. Et la manière de s'exprimer par rapport aux électeurs du Front national. Est évoqué un éventuel remaniement. Quant au congrès, François Hollande continua à le suivre, mais de manière plus lointaine. Plus présidentielle. Il intervint cependant quelques jours avant sa tenue car, début avril, *nous* étions parvenus à le convaincre de parler. À travers un discours dans lequel il accepterait de retracer son action depuis le début du mandat, de faire écho – d'une certaine manière – au meeting fondateur du Bourget.

Mais le *nous*, cette fois, était différent. Il ne s'agissait pas des chefs de pôle. En vérité, comme presque tous ses prédécesseurs, le chef de l'État jouait sur plusieurs cercles qui se parlaient plus ou moins. Composés d'interlocuteurs privilégiés s'entendant plus ou moins bien. À côté du Premier ministre, du porte-parole du gouvernement, du cercle des Hollandais, du sniper Julien Dray, du secrétaire général et des chefs de pôle, s'exprimaient aussi sa famille, d'autres personnes, plus ou moins régulières, plus ou moins connues, plus ou moins bavardes. Or, dans cette spirale de cercles, un trio s'était mis en place de manière discrète. Qui comprenait Stéphane Le Foll, Guillaume Bachelay et moi. Depuis janvier, nous nous réunissions et rencontrions diverses personnes, à froid, afin de réfléchir au temps long. C'est ce trio qui fut à la base des discours les plus politiques du chef de l'État. Dont deux ont marqué les esprits attentifs : celui du Rond-Point en mai 2016 et celui de Wagram en septembre de la même année, qui lançait, d'une certaine manière, la pré-campagne présidentielle. Il y en eut un autre auparavant. Moins médiatisé. Qui fut prononcé à Carcassonne, le 19 mai 2015.

Cette intervention fit l'objet d'une préparation ultraminutieuse. François Hollande avait donc été convaincu de l'utilité de prononcer une allocution politique. Encore fallait-il trouver un endroit où il se sente bien et d'où aucun soupçon de pré-campagne électorale ne puisse émerger. Un critère essentiel à ses yeux : ne jamais être soupçonné d'utiliser les moyens de l'État pour sa propre stratégie politique. Une vérité que les articles et commentaires ne percevaient point, donc ne soulignaient pas, lui taillant plutôt le costume d'un tacticien alors que nous faisions peu de politique. Un lieu fut trouvé : Carcassonne, dans l'Aude, département très rural à l'identité forte. Si le département était dirigé par un socialiste, le maire de la ville avait une étiquette divers droite, donc pas d'interprétation possible.

Alors qu'en temps ordinaire la préparation des interventions présidentielles relevait du pensum pas clair – le chef de l'État demandait un discours sans vraiment donner d'orientation ou de sens, tout le monde se voyait mis à contribution et devant l'énergie gaspillée, les crispations se multipliaient, faisant du processus un moment irrationnel demandé par l'une des personnes les plus rationnelles qui soient… –, cette fois nous le vîmes des semaines à l'avance. Puis nous travaillâmes entre nous. Sur la trame, les concepts, les idées-forces. Ensuite Guillaume rédigea, presque entièrement seul, et nous revîmes le Président. Des jours à l'avance, encore. Avec un discours quasi finalisé. Que Guillaume lut à voix haute, car il avait le phrasé adéquat. Comme toujours, le Président donna quelques indications et remania, mais – pour une fois – peu.

Le 19 mai au soir, il prononçait donc son allocution. Peut-être son premier discours réellement politique depuis sa victoire à la présidentielle. François Hollande commença par parler de l'Aude. De ce territoire particulier. De son histoire. Parce qu'il avait besoin de temps pour se lancer, qu'il aimait montrer qu'il connaissait bien la France, toutes les France – ce qui est vrai –, il lui fallait cette entrée en matière progressive. Puis il aborda le discours à proprement parler. Qui répondait, d'une certaine manière, à sa campagne de 2012. Il revint sur les deux moments les plus marquants de celle-ci, invita les uns et les autres à relire l'intégralité des propos tenus au Bourget, entama une sorte d'anaphore autour de « Présider la République », faisant référence, évidemment, à son « Moi Président » du débat d'entre deux tours. Et définit sa conception de l'exercice du pourvoir : « Je crois aux arguments, pas aux affrontements, aux emportements, aux emballements ; je laisse cela à d'autres. »

Il réexpliqua sa position sur le redressement des comptes publics, sur le choix de la compétitivité : « J'ai fait des choix, conformes à l'intérêt national, car il n'y a que l'intérêt national qui compte. J'ai fait des choix conformes aussi à ce que j'avais dit durant la campagne, et cohérents également par rapport aux objectifs que j'avais fixés non pas pour plaire, mais pour faire : redressement des comptes publics, non pas par goût de la comptabilité, mais parce que c'est le principe même de la souveraineté. Parce que le pacte de responsabilité est un pacte économique, mais c'est aussi un pacte patriotique : il n'y a pas de plus grand défi que la diminution du chômage. »

Il parla aux nôtres sur l'école, sur la justice sociale : « Que nous fassions aussi un travail de justice, justice quand 300 000 salariés ayant commencé à travailler tôt ont pu prendre leur retraite à soixante ans, c'était la justice, c'était attendu. Justice quand est reconnue la pénibilité pour tous les travailleurs qui ont exercé des métiers rudes et pénibles et qui vont pouvoir partir à la retraite plus tôt qu'il n'était prévu. Justice quand la complémentaire santé sera généralisée à tous les salariés, et que le tiers-payant sera élargi progressivement à tous. Justice quand un étudiant sur trois reçoit désormais une bourse. Justice quand on a fait pour la scolarisation des moins de 3 ans l'ouverture de près de 1 000 classes. Justice quand les revenus du capital sont maintenant traités comme les revenus du travail. Justice quand le 1er janvier prochain, il y aura la prime d'activité qui concernera 4 millions de salariés modestes, ceux qui n'arrivent pas forcément à trouver du travail de manière durable, ceux qui sont les précaires, pour les encourager justement à persévérer et à accomplir du travail.»

Et, enfin, il donna des perspectives. À la fois sur le prélèvement à la source. Et sur ce qu'il appelait le «capital des travailleurs», la sécurité sociale professionnelle, ce qui deviendrait plus tard le compte personnel d'activité. Si je cite aussi longuement ce discours, c'est parce qu'il y avait tout dedans. Le sens. Les valeurs. La manière de faire.

Il y avait tout, certes. Sauf les journalistes ou presque. Car, au dernier moment, François Hollande avait demandé de ne pas trop donner d'ampleur à l'événement. Conséquence, peu de presse. *Le Monde* n'était même pas là. Stéphane Le Foll, qui avait fait le déplacement, fut hors de lui. Comment et pourquoi gâcher un tel moment? Il en voulut beaucoup à Gaspard. Lui reprocha d'avoir minoré l'événement au profit du discours au Panthéon qui devait être prononcé quelques jours plus tard. En entendant cette récrimination, je me souvins d'une discussion avec Manuel Valls. «Quand il s'agit de l'agenda et de la communication de François Hollande, je ne fais jamais de reproches à ses collaborateurs, m'avait-il dit. J'ai bien vu, durant la campagne, que sur ça il était le seul à décider.» Ce n'était pas forcément exact et je me suis rappelé aussi les moments où le Premier ministre m'était tombé dessus au sujet de l'agenda et de la communication, mais nous étions bien face à l'un des paradoxes de François Hollande: parler, mais que cela ne s'entende pas trop. À quoi tenait ce revirement? Vraisemblablement au fait que plusieurs articles étaient sortis le présentant déjà parti en campagne. Auxquels il avait été extrêmement sensible, probablement trop. Au fait aussi que beaucoup, à l'Élysée, considéraient ces remontées comme mauvaises. Ce n'était pas mon point de vue car, de toute façon, quoi qu'on fasse, les journalistes racontaient ou raconteraient cette histoire. Même après le renoncement du 1er décembre 2016, certains n'écriront-ils pas sur un possible rebondissement et un retour en arrière ? Même aujourd'hui, alors que François Hollande s'est retiré, qu'un président de plus de vingt ans son benjamin lui a succédé, qu'on a vu, avec Nicolas Sarkozy, qu'il était quasi impossible à un ancien chef de l'État de revenir… on a lu et on lira des papiers assurant qu'il se jettera dans la bataille présidentielle un jour. C'est toujours la même rengaine. Une rengaine avec laquelle lui-même jouait et joue. Une rengaine qu'il peut, parfois, alimenter, entretenir.

Quelques jours après ce grand discours eut lieu le vote des militants socialistes. Net, en faveur de la motion commune. Les frondeurs n'avaient pas renversé la table.

Quelques jours après ledit congrès, s'ouvrit la fenêtre de tir du remaniement. Geneviève Fioraso avait quitté le gouvernement en mars pour raison de santé ; Carole Delga souhaitait partir pour se consacrer à sa campagne régionale : il y avait donc deux postes à pourvoir. Dans ces moments-là, l'imagination est toujours au pouvoir. Nous avons soumis plusieurs scénarios pour aller plus loin qu'un simple remplacement maroquin par maroquin : faire rentrer des écologistes et des proches de Martine Aubry, laquelle avait joué le jeu au congrès de Poitiers, fait texte commun avec le premier secrétaire du PS et tous les membres du gouvernement, donnant une victoire assez large. Mais si le Président était capable, à un moment, de renouer avec ses anciens réflexes tactiques, il demeurait avant tout, malgré tout, Président. Un président qui avait décidé une ligne économique à laquelle il ne voulait déroger. Pour ne pas brouiller le message de la cohérence, adieu le remaniement genre « retrouvailles et grand rassemblement », bonjour la substitution technique poste à poste.

Je me souviens particulièrement de la succession de Geneviève Fioraso. Ses problèmes de santé, j'en avais été averti tôt. Par le conseiller éducation et enseignement supérieur, Vincent Berger, qui avait ajouté qu'il serait bien que… je la remplace ! J'avais le bon profil à l'en croire. Et j'avais laissé un fort souvenir comme rapporteur du projet de loi enseignement supérieur et recherche, avait-il renchéri. Les présidents d'université me soutiendraient, pensait-il. J'avoue que la perspective, flatteuse – il serait hypocrite de prétendre le contraire –, me trotta quelque temps en tête. Pas qu'à moi d'ailleurs, puisque le Président l'évoqua. En s'y montrant peu favorable. Moi-même, après réflexion et passé le fugace bonheur égotique, je n'en avais pas une envie folle, me sentant plus utile à l'Élysée. N'y avais-je pas, en outre, plus de pouvoir ? Au moment du remaniement, qui eut lieu le 15 juin, le Président m'appela plusieurs fois dans la journée. Pour échanger avec moi sur le bon profil. Vraisemblablement aussi pour m'accompagner dans un moment qu'il pensait difficile. Je lui en sus gré. Quelques mois plus tard, j'aurais de nouveau à pratiquer cette schizophrénie.

30

« Les Allemands vont proposer des indemnités de licenciement aux Grecs »

La routine. La banalité. La normalité. Je pourrais épuiser un dictionnaire des synonymes. Aucun de ces termes, pourtant, ne peut s'appliquer pleinement à une journée à l'Élysée. Trop d'informations. Trop de dossiers. Trop de drames. Trop de chaos, de hoquets, de soubresauts. Surtout durant ce quinquennat. Il n'empêche que, dans un pointillisme d'apparence anarchique, commençaient à apparaître quelques formes. Presque des images. Dans un cadre, hélas, devenu, lui, extrêmement figé. Comme mon propre agenda qui ne cessait de se rigidifier.

Lundi, mardi, mercredi. Aucune liberté. Pas le moindre espace pour s'autoriser un peu de réflexion. Un tunnel de réunions qui commençaient à 8 h 30 et finissaient vers 20 heures-20 h 30. De quoi me laisser juste une heure le matin et deux heures le soir.

Je résume.

Lundi. Président et chefs de pôle. Coordination de la parole. Préparation du bureau national. Point élections. Bureau national. Soirée fil rouge. Moment de brain storming et de rencontre avec des intellectuels.

Mardi. Petit déjeuner de la majorité. Compte rendu au Président. Réunion du groupe socialiste. Chefs de pôle dans le bureau du secrétaire général et sans le Président sauf exception. Déjeuner à la buvette de l'Assemblée nationale. Questions d'actualité. Bouclage de la note pour le dîner de la majorité. Rencontre avec les parlementaires à l'Élysée.

Mercredi. Réunion pré-Conseil des ministres avec le Président. Réunion agenda durant le Conseil. Envoi du compte rendu du Conseil des ministres. Déjeuner de débriefing du Conseil des ministres. De nouveau questions d'actualité à l'Assemblée nationale.

Jeudi. Enfin un peu de liberté, pour rencontrer des sondeurs, des élus locaux montés sur Paris, des chercheurs, des intellectuels et toute personne capable de m'offrir un peu d'oxygène.

Vendredi. Réunion plénière de cabinet et, ensuite, pas mal de souplesse. Alors, souvent, j'essayais de m'échapper à Bordeaux. Samedi. Réunion Communication avec le Président. Puis déjeuner avec lui. Et ensuite, enfin, un peu de respiration.

Ces journées avaient en outre à peu près toujours le même rythme. Réveil juste après 5 heures. Entraînement marathon puis départ pour l'Élysée vers 7 h 15. Et retour le soir vers 23 heures voire plus tard. Entre, il y avait ces innombrables réunions, ainsi que d'autres avec mes équipes, mais encore les urgences qui ne cessent jamais, les discussions avec le Président comme les autres membres de la petite bande, etc. Durant ces trois années à l'Élysée, je suis donc très peu sorti. N'ai fait pratiquement aucun vernissage, dîner en ville. Et je ne pense pas que cela ait été bon. Prendre l'air, voir ailleurs, penser autrement aurait fait du bien à tous.

Les sujets égrenés dans nos réunions avec le Président se stabilisaient. Agenda. Médias. Politique. Nominations. Dossiers. Un peu toujours les mêmes : budget et déficit ; pacte de responsabilité, contreparties et compétitivité ; évolution du marché du travail ; flexibilité et nouveaux droits ; start-up et numérique ; grand mécano industriel ; loi de transition énergétique ; stratégie du nucléaire ; fermeture de Fessenheim ; Areva ; réforme territoriale. Sans oublier, après les métropoles et les grandes régions, la définition des compétences, la santé – souvent abordée, peut-être à cause d'un prisme familial du Président, lui fils d'un médecin et dont une fille l'est. Éducation un peu. Et, bien sûr, terrorisme comme international.

En ce deuxième trimestre 2015, l'international prit d'ailleurs une place croissante dans l'agenda du chef de l'État. La préparation de la COP21 le mobilisait chaque jour un peu plus. Aussi bien au niveau national qu'international. Pas un pays ne devait être négligé. Pas une entreprise ou une ONG non prise en compte. François Hollande avait décidé d'obtenir un succès dans ce domaine. Il souhaitait réussir une synthèse planétaire des prises de position, lui qui aimait à dire que c'était avec son arrivée à l'Élysée qu'il avait pris conscience des enjeux. Dans ce jeu, à près de deux cents acteurs aux poids différents, il virevoltait, parfaitement à son aise. Il faisait ce qu'il aimait : observer, comprendre. La psychologie. Les rapports de force. Construire les bonnes coalitions. Pour enfin convaincre.

Ce combat se menait avec des équipes très différentes. Dont deux ministres, Laurent Fabius et Ségolène Royal, souvent en conflit. Mais aussi Jean-Pierre Jouyet, envoyé régulièrement comme casque bleu, et qui devait travailler avec la ministre de l'Écologie, ce qui n'était pas toujours simple. Plus le reste des équipes Élysée, et même Nicolas Hulot, à l'étrange statut d'envoyé spécial du Président pour le climat. L'écologiste le plus populaire de France avait accepté de faire un pas supplémentaire dans son engagement public. Il ne rêvait pas forcément de plus, lui qui avait été brûlé une première fois par la politique lors de la primaire des écologistes, qui l'avait meurtri. Tout ce petit monde parvint finalement à avancer. Souvent en crabe, mais à avancer.

Nicolas Hulot était installé dans une annexe de l'Élysée baptisée l'aile Marigny, ancienne résidence où la République logeait les chefs d'État étrangers en visite officielle en France, dans des espaces parfois bien plus vastes et confortables que ceux des ambassades de leurs propres pays. Cette sorte d'ancien hôtel de luxe avait été reconverti en bureaux destinés aux conseillers, lieux spacieux s'apparentant pour certains à de véritables appartements, où existaient même encore quelques salles de bains. Cette aile avait, en revanche, l'inconvénient de ne pas se trouver dans le bâtiment central, donc d'être moins proche du pouvoir.

On y logeait quelques conseillers et, également, des envoyés spéciaux. Comme Nicolas Hulot donc, mais aussi Jean-Louis

Borloo – en charge d'une mission sur l'électrification de l'Afrique – ou, plus tard, Jack Lang, missionné sur les chefs-d'œuvre en péril. Hormis pour le premier, chacune de ces nominations et attributions de bureaux faisait l'objet de commentaires désagréables dans la presse. Mais si les lieux étaient assez somptueux, les moyens réellement attribués bien plus chiches.

Au moment des attentats, hasard du calendrier, arriva un nouvel « envoyé » spécial : Jean-Pierre Bel, ancien président du Sénat, avait été chargé de l'Amérique latine et des Caraïbes. Sa venue avait donné lieu à nombre d'interrogations internes. Aussi bien de la part des « diplomates » que de la direction de cabinet. D'une part, à cause du risque de diplomatie parallèle. D'autre part, vision plus prosaïque, en raison d'un doute de protocole : comment loge-t-on un ancien président du Sénat ? Et quels moyens lui accorder ? L'une des premières missions de Jean-Pierre Bel fut d'organiser un déplacement présidentiel à Cuba. L'île castriste était en pleine période de dégel international et le voyage allait se dérouler en mai. Une visite symbolique, puisque François Hollande serait le premier dirigeant occidental à être reçu à Cuba, y compris par Fidel Castro ! Politique aussi, car, même abîmé, le mythe du Líder Máximo était toujours présent. Mais surtout un séjour utilitariste, pour l'économie et la COP21. Car quelques heures avant l'atterrissage de son avion à La Havane, le Président se rendrait au sommet des pays des Caraïbes – une trentaine – pour parler de la COP21. De l'échec de Copenhague, François Hollande avait retenu qu'il était indispensable de s'occuper de tous les États, de n'en négliger aucun. La COP21 se présentait quasiment comme une sorte de campagne électorale : toutes les portes devaient être frappées, toutes les mains serrées. Même celles du régime castriste.

Pour la COP21 comme pour les affaires économiques, la diplomatie de François Hollande mariait tradition, quelques valeurs et beaucoup de pragmatisme. La tradition, c'était la poursuite du positionnement gaullo-mitterrandien sur le rôle et la place de la France. Les valeurs s'exprimaient essentiellement au travers de l'affaire syrienne et des rapports avec la Russie, une évolution à vrai dire assez étrange, car le chef de l'État s'entendait plutôt bien avec

Vladimir Poutine. Jacques Audibert, un jour, nous avait décrit les rapports entre Hollande, Obama, Merkel, Poutine et lui. Il n'y avait par exemple aucune fascination de François Hollande pour Barack Obama. Peut-être son côté trop cérébral, mais surtout la non-intervention en Syrie à l'été 2013 avaient-ils laissé des traces. Angela Merkel éprouvait presque de la tendresse pour le Président français, sentiment pas totalement partagé, semble-t-il. Et donc, étrangement, selon Jacques Audibert, François Hollande avait plutôt de la considération pour son homologue russe. Sans pour autant se bercer d'illusions sur l'homme ni ses méthodes. Un jour, il nous avait d'ailleurs raconté la phobie de la chancelière pour les chiens et le fait que, à plusieurs reprises, Poutine avait fait exprès de la mettre en présence de ces animaux. Particulièrement avant des négociations compliquées.

Hormis sur la Syrie et les relations avec la Russie, Hollande était on ne peut plus pragmatique. Notamment avec la plupart des pays du golfe Persique, et particulièrement lorsqu'il s'agissait de promouvoir l'économie française, y compris l'industrie de l'armement. Après la vente de Rafale en Égypte au mois de février, ce fut au tour du Qatar de signer un beau contrat en avril : 24 appareils. Lorsqu'il m'arrivait de croiser Éric Trappier, le P-DG de Dassault, du fait de ses implantations en Gironde, il se félicitait toujours de la *dream team* que formaient Jean-Yves Le Drian et le Président – et lui – pour conclure des contrats. Sur ce sujet, le Président s'impliquait beaucoup. Il s'était ainsi rendu, le 25 janvier, en Arabie Saoudite à la cérémonie en hommage au roi Abdallah. Nous l'avions tous interrogé sur le sens de cette visite, qui avait provoqué nombre de commentaires négatifs (on l'a vu). « Tout le monde sera là, avait-il rétorqué. Y compris Sissi. » Et cela eut de l'effet puisque, quelques jours plus tard, le premier contrat de vente des Rafale fut conclu avec l'Égypte !

Comme souvent, le chef de l'État ne manquait pas de nous raconter ces rencontres internationales. À travers des anecdotes et beaucoup d'humour. Ainsi il nous décrivit le côté « invraisemblable » de l'Arabie. Et le défunt roi Abdallah qui avait 18 femmes, 32 fils, 36 filles, et dont le plus jeune des enfants était âgé de trois ans. Il nous rapporta aussi l'attente interminable, dans une petite pièce, avant de rencontrer le nouveau souverain. À un moment Stefanini, le chef du protocole, avait même dit au Président : « Vérifiez tout de même qu'on ne vous a pas oublié. » En fait non : François Hollande fut bien reçu par le successeur d'Abdallah. Qui lui glissa, au cours de leur conversation : « J'ai une maison à Paris, mais je ne sais pas où. » Ce qui faisait encore sourire le Président !

À l'international, ce premier semestre fut occupé par les sujets européens. Et, plus particulièrement, par la question grecque. Aléxis Tsípras devint un nouvel interlocuteur du chef de l'État. Très régulier, puisque avec un entretien téléphonique par semaine ou presque. Il était souvent reproché à François Hollande de ne pas se montrer assez offensif sur l'Europe, notamment vis-à-vis de l'Allemagne. Lui répondait en avançant les résultats obtenus sans esbroufe. La Grèce non seulement fut donc au centre de nombre de nos conversations, mais en outre donna à découvrir une autre facette du Président.

Lorsque Aléxis Tsípras décrocha le poste de Premier ministre, François Hollande le connaissait peu. Il appela le vainqueur le soir même de sa victoire. Assez vite, la relation s'établit et devint relativement bonne. Le nouveau dirigeant grec avait beau venir de la gauche radicale, le chef de l'État ne le plaça pas dans la même catégorie que les responsables de Podemos. Je n'ai jamais bien compris cette différence d'approche, mais probablement s'agissait-il là encore de pragmatisme. L'un avait gagné les élections. L'autre pas. Dès cette accession au pouvoir, la Grèce se transforma en enjeu majeur pour le Président. Pratiquement pas une réunion n'eut lieu sans que le sujet soit évoqué. Le week-end suivant l'élection grecque, une partie de nos discussions porta sur le positionnement que la France devait avoir face à ce nouveau gouvernement, sur la relation à nouer avec le nouvel homme fort. Le même week-end, François Hollande avait eu plusieurs fois Mario Draghi – le président de la Banque centrale européenne et l'un de ses meilleurs alliés dans le jeu économique européen – au téléphone. Ce dernier ayant, par ailleurs, conversé à plusieurs reprises avec Tsípras ces deux jours-là afin de le mettre en garde contre d'éventuels mouvements et fuites de capitaux de son pays. La semaine suivante, le premier déplacement du leader d'extrême gauche à l'étranger se fit à Bruxelles, mais, sur le retour, il s'arrêta à Paris.

À partir de ce moment, la Grèce entra à 100 % dans notre quotidien. En relisant mes notes d'alors, je me rends compte que le Président l'évoquait pratiquement à chacune de nos rencontres et réunions. Des réunions où l'on surveillait au jour le jour l'état du pays, où Laurence Boone dressait systématiquement un bilan précis des discussions. Michel Sapin consacrait lui aussi beaucoup de temps à ce sujet, tandis qu'Emmanuel Macron cherchait à entrer dans le jeu. Ce dont le Président l'empêcha, ne souhaitant pas multiplier les interlocuteurs. Mouvements de fonds, négociations, positions de la troïka, l'Élysée suivait tout. Au point que François Hollande se transforma quasiment en sorte de coach pour Aléxis Tsípras, lui expliquant le fonctionnement de l'Europe, le mode d'emploi des conseils européens mensuels, la psychologie des acteurs, les rapports de force à l'œuvre.

Je ne sais si on s'en souvient, mais les rebondissements de la crise grecque furent innombrables. La situation du pays était pour le moins désespérée. À chaque étape un nouveau délai de règlement de la dette était sollicité. Chaque fois, en échange, le nouveau gouvernement grec devait faire un pas en direction de l'Europe, donc s'éloigner de son programme comme de ses convictions. Alors naissait une nouvelle tension. Les choses s'accélérèrent début juin. Le lundi 1er, le Président se rendit à Berlin où, une partie de la nuit, en compagnie d'Angela Merkel, Christine Lagarde, Mario Draghi et Jean-Claude Juncker, un compromis tenta d'être élaboré. Il semblait proche puisque des négociations avec le petit pays couvert de dettes devaient reprendre le matin même. Que le Président, revenu à Paris, suivit d'heure en heure, alternant coups de fil aux uns et aux autres presque chaque jour.

Le 3 au matin, juste avant le Conseil des ministres, nous avons balayé l'actualité, chargée comme toujours. À l'issue du Conseil, une ultime réunion eut lieu sur Areva, au sortir de laquelle le chef de l'État demanda la préparation d'un communiqué de presse, tant il s'inquiétait des réactions, à la Bourse, sur ce sujet lié au nucléaire. Prudent, Jean-Pierre Jouyet réitéra ses mises en garde contre d'éventuelles fuites, tout délit d'initiés – réflexe d'ancien président de l'Autorité des marchés financiers. Mais surtout nous avons parlé Grèce, Grèce, Grèce. « Ce qui est demandé aux Grecs est très rude », dit même François Hollande. Il évoqua un nouveau déplacement, le lendemain, à Bruxelles, avec la chancelière, pour pousser à l'accord. Un énième brief lui fut préparé pour la conversation téléphonique du soir avec Aléxis Tsípras…

Nous sommes le samedi 20 juin. Dans le bureau du Président, réunion communication. Avec, comme toujours, un entrechoquement sidérant des événements.

Où apparaissent la préparation du 14 Juillet – déjà ! –, mais aussi les commentaires sur la venue improvisée de Julie Gayet aux cérémonies du mont Valérien – dont personne n'a été prévenu – parce qu'elle accompagnait son grand-père, compagnon de la Libération. Et encore, encore la Grèce. Le Président admet n'avoir aucune idée de l'issue des négociations et rappelle son leitmotiv : la place de la France est aux côtés du peuple grec. Comme le lundi se tiendra un nouveau sommet européen exceptionnel, en plus du conseil de la fin de semaine est évoquée la rencontre, le lundi même, avec une délégation de la gauche de la gauche, consacrée justement à la situation d'Athènes. À la demande faite par Pierre Laurent, le Président a dit oui.

Le lundi matin, le leader du PC arrive avec Clémentine Autain, Éric Coquerel, Liêm Hoang-Ngoc, Julien Bayou… et d'autres. La discussion débute. Le chef de l'État se montre précis et transparent. Réaliste aussi. Les positions ne sont, finalement, pas si éloignées à l'intérieur de la gauche française.

Hélas, ce n'est pas le cas au sommet de l'Europe, où les échanges se tendent. Alors Aléxis Tsípras annonce, dans la nuit du 26 au 27 juin, de manière impromptue, un référendum. Lorsque nous déjeunons avec François Hollande le samedi suivant, l'humeur n'est pas au beau fixe. Comme il le reconnaît en introduction, cette semaine, « nous n'avons fait que subir ». Dans tous les domaines. Sur la Grèce, non seulement les négociations n'ont pas abouti, mais en plus lui-même a été surpris par l'idée du référendum. Quant au reste, le sentiment de bad trip se poursuit : les chiffres du chômage ne sont pas bons ; la manifestation des taxis contre Uber agite les esprits et crée des tensions ; l'espionnage de la France par les États-Unis *via* la NSA refroidit nos relations avec Washington et, surtout, un attentat a frappé le pays. La veille au matin, alors que le Président s'apprêtait à partir pour Bruxelles, une nouvelle annonce morbide est arrivée sur les fils info : un employé radicalisé a décapité son chef d'entreprise et volé un camion rempli de bonbonnes de gaz. Il a été arrêté, mais l'inquiétude renaît.

La semaine suivante, domina une impression de fatras. Le 30 juin, le Président reçut les représentants du Parlement, comme après chaque drame terroriste. Gérard Larcher, Claude Bartolone, les présidents de groupes, ceux des commissions concernées vinrent à l'Élysée entendre le chef de l'État. Pendant ce temps, à l'international, l'attention s'est polarisée sur le fameux référendum grec. Au bout d'une semaine tendue, agitée, nous attendions avec fatalité ce vote. Le week-end, à l'Élysée, même ambiance que la veille d'une élection hexagonale. Les premières estimations devaient tomber vers 19 heures. En les attendant, nous n'avons cessé de cogiter, travailler, penser, étudier maints autres sujets. Comme les négociations avec l'Iran, l'enterrement de Charles Pasqua, la préparation du Conseil du nucléaire, la lutte contre le terrorisme, le livret A, la transformation du CICE en baisse des charges.

Le dimanche soir, autour du chef de l'État, étaient présents : le Premier ministre, le ministre des Finances, Jean-Pierre Jouyet, Laurence Boone, Gaspard Gantzer, probablement Jacques Audibert et Claudine Ripert, et moi-même. Une certaine fébrilité nous tenait. Et les résultats arrivèrent. Les Grecs avaient voté massivement pour le « non » à l'accord. Comme le leur avait conseillé Aléxis Tsípras, espérant ainsi faire pression, *via* la *vox populi*, sur ses créanciers. Avec ce rebondissement supplémentaire, la situation parut bloquée. Et l'avenir aussi sombre qu'incertain, tant pour la Grèce que l'Europe. François Hollande téléphona à Tsípras, Merkel, Schulz, Juncker, Tusk. Martin Schulz lui indiqua s'être entretenu aussi avec la chancelière. Tous deux se convainquaient que les Grecs allaient sortir de l'Europe. Qu'il convenait donc d'anticiper et préparer le scénario. Le Président comprit parfaitement que le piège allait se refermer sur Athènes : les Européens envisageaient de prendre prétexte du résultat au référendum, de l'attitude d'Aléxis Tsípras aussi, pour faire sortir le pays de l'Union. Vraisemblablement en offrant à ce pays exsangue des contreparties financières qui peut-être l'inciteraient à s'en aller. Il le dit avec beaucoup d'images ce soir-là, dont l'une m'est restée : « Les Allemands vont proposer des indemnités de licenciement aux Grecs. » À ce moment-là, il pensait cette option – à ses yeux impensable – inéluctable. Manuel Valls suggéra quelques éléments de langage pour tenter d'expliquer, justifier, ce schisme proche du séisme : un des pays fondateurs de l'Europe en sortait. Le Président semblait prêt à laisser faire. Ce fut l'une de mes pires soirées à l'Élysée. Un drame se nouait devant nous. Laurence, Gaspard et moi, nous sommes retrouvés dehors. Pour boire.

31

« Une certaine idée de la France »

Lundi 6 juillet au matin. Rituel du balayage de l'agenda, retour sur des nominations, les conflits sociaux, les remplacements au cabinet après le départ de certains conseillers. Thierry Lataste fit un point des nouvelles mesures de sécurité élaborées suite au dernier attentat, course sans fin contre le terrorisme mais aussi montée en puissance de la protection-riposte. Évidemment, le Président revint sur la Grèce. Depuis la veille, son état d'esprit avait changé : « Je préfère être isolé et défendre les Grecs si leurs propositions sont sérieuses plutôt que laisser les choses se défaire », assena-t-il. Un peu d'espoir revenait en moi. Les réactions politiques hexagonales à ce blocage européen furent évoquées : la droite était d'avis de prendre acte, de négocier un Grexit rapide. Y compris Alain Juppé qui, pour une fois, s'exprima rapidement sur la question. La gauche penchait pour la reprise des négociations. Quant au Front national, tout à sa logique anti-Bruxelles, il félicitait le peuple grec et… Syriza.

Dans la matinée, autre rebondissement : la démission du ministre des Finances grec, Yánis Varoufákis. Un départ surprenant pas forcément vécu comme une mauvaise chose à l'Élysée, tant cet économiste spécialiste de la théorie des jeux pratiquait plus souvent la provocation que la négociation. Le Président partit le soir même à Bruxelles, en vue d'une nouvelle séance de travail avec Angela Merkel. Toute la semaine, il fut évidemment mobilisé par ces menaces d'éclatement du bloc européen, et accepta même de modifier son emploi du temps. Adepte de la discussion, des échanges, des pourparlers comme dans le conflit entre la Russie et l'Ukraine, il tenait à alterner contacts directs et conversations téléphoniques. Il parlait parfois avec Aléxis Tsípras à plusieurs reprises dans une journée. Il mit même à sa disposition plusieurs très hauts fonctionnaires français afin de l'aider à reformuler ses propositions.

Et nous, alors que le feu couvait dans la maison Europe, il nous fallait aussi penser au reste. Nous nous mîmes donc à travailler avec le Président sur son intervention du 14 Juillet. Dans différents formats.

Le 10 juillet, en présence de Stéphane Le Foll, Guillaume Bachelay et moi-même, François Hollande revint sur le discours de Carcassonne. « Il a plus infusé que diffusé », dit-il en introduction, presque avec regret. Bien que pensant comme le chef de l'État, personne n'osa relever cette vérité, d'autant que nous n'avions pas échangé sur ce raté de communication. Alors nous avons embrayé sur la séquence suivante de communication, l'intervention du 14 Juillet et les angles à lui donner. Émergèrent des constats, donc des pistes. L'année de tous les périls : le terrorisme, l'Europe et la Grèce, le climat. Le retour de la France. Trois dates aussi s'imposent : le 11 janvier, la marche ; le 7 juillet, la déclaration sur le non au Grexit ; le 15 décembre, la conclusion de la COP21. Quelques formules jaillirent, testées, contestées, peaufinées. Notamment sur le positionnement politique global, résumable à « l'ouverture plutôt que la fermeture ». Dans cette discussion à bâtons rompus, des citations, des phrases fusaient. Le début des mémoires du général de Gaulle, rappelé, plut bien : « Je me suis toujours fait une certaine idée de la France. »

Sonna l'heure du déjeuner avec les chefs de pôle, passé du samedi au vendredi. Ce qui n'était pas un bon choix, tant le vendredi est souvent une journée erratique. Résultat, régulièrement, il sauta. Avant de passer aux plateaux-repas, le Président a eu de nouveau Mario Draghi au téléphone. Tandis que nous nous exprimions sur nos sujets et bien d'autres, François Hollande nous écoutait, mais avec le regard rivé sur son portable. Pierre Moscovici et Michel Sapin, à Bruxelles, le tenaient au courant en direct. Car, au même moment, se déroulait une réunion entre la Commission, la Banque centrale européenne et le FMI. L'actualité sous toutes ses coutures est balayée durant le repas, souriante avec la préparation de l'Euro 2016, mais surtout avec d'innombrables sujets rudes. La Grèce, il va sans dire, mais aussi l'Ukraine – dont l'entretien téléphonique de l'après-midi prévu avec Angela Merkel et Petro Porochenko –, les négociations avec l'Iran. Où, cette fois, c'était Laurent Fabius qui tenait le chef de l'État au courant en direct. Car, depuis fin juin, se tenaient à Vienne des négociations sur le nucléaire iranien avec, à la clé, le retour possible de ce pays important dans le concert international. Les discussions devaient d'abord s'achever le 30 juin, puis le terme avait été repoussé au 7 juillet. Là, aussi, les points de vue se crispaient. Au repas, ce sujet entraîna logiquement un échange sur le nucléaire, plus précisément sur CIGEO, le centre d'enfouissement des déchets, un sujet aussi complexe que sensible et géré peu logiquement. Notre politique, en la matière, ressemblait vraiment à de la godille : nous étions volontaristes quant à la diminution de la part du nucléaire dans la production d'électricité, volontaristes aussi en faveur de ce projet de stockage en couche géologique profonde… enfouissement qui hérissait les antinucléaires ! Comme presque toujours la recherche de l'équilibre nous valait des critiques des deux côtés. Fut aussi abordé EcoMouv', une autre décision drastique, difficile à faire passer, partager. Non seulement, l'écotaxe des poids lourds inventée lors du Grenelle de l'environnement sous Nicolas Sarkozy avait été arrêtée à cause de la révolte des Bonnets rouges et des chauffeurs routiers, d'où un gros manque à gagner, mais en plus désormais il fallait indemniser la société franco-italienne créée en 2011 pour monter les portiques, gérer la collecte, etc. Dédit : 1 milliard d'euros. Dont nous n'étions en rien responsables, mais qui fit revenir sur le devant de la scène un sujet pas bien géré, tant par nos prédécesseurs que lors des manifestations bretonnes. De quoi alimenter la confusion des esprits et donner du grain à moudre aux populistes sur la gabegie des pouvoirs publics.

La tension internationale ne baissa pas du week-end. Notamment car l'Allemagne se braquait contre la Grèce. Le Président craignait que la chancelière ne veuille « feuilletonner » la crise européenne afin de tenir son rôle de femme de fer. Lui s'essaya à des formules capables de modérer les esprits : « Il ne peut y avoir une Europe qui avance à Minsk et recule à Athènes. » Le dimanche matin, il convoqua une nouvelle réunion des ministres impliqués pour faire le point. Puis décolla, en début d'après-midi, vers Bruxelles. Où la négociation dura toute la nuit. Le lundi, à l'aube, un accord avait été trouvé, non sans mal ni énergie déployée : la Grèce resterait dans l'Union européenne. Elle recevrait même des aides supplémentaires. Mais avec des contreparties énormes. Terribles. Pourtant le principal était là : ce pays symbolique, ami, demeurait dans l'Union. Le Président rentra à Paris un peu rasséréné. Quelques jours plus tard, il nous fit un compte rendu de cette nuit intense et historique. Avec les nombreuses suspensions de séance, la promenade qu'il s'autorisa dans les couloirs pour éviter de s'endormir, son constat d'une délégation allemande épuisée cherchant quelques instants de sommeil – il nous les mima. Avec aussi les Grecs en train de discuter, d'échanger sans fin comme ils aiment à le faire. Et puis les autres pays impliqués. Un petit « ouf » de soulagement avait dû être entendu.

Alors que nous préparions une dernière fois le 14 Juillet, Gaspard, Boris, Nathalie, le Président et moi, ce dernier décrocha pour répondre à Laurent Fabius : « Ce sera cette nuit ou demain matin. Mais l'accord est fait. »

Durant l'interview du 14 juillet 2015 – qui se déroula plutôt bien –, pas d'annonces majeures, mais des événements à mettre en valeur. Tels la lutte contre le terrorisme, la Grèce, l'Iran. La situation économique fut, il va sans dire, évoquée, mais bien moins que lors des autres interventions. Le Président maintint son engagement à ne pas se représenter sans inversion de la courbe du chômage. Il annonça en outre une nouvelle loi sur le numérique, destinée à libérer les énergies, mais aux contours assez flous. Nous avions beaucoup échangé sur l'idée de préparer une seconde loi Macron. La première avait pour objectif de faire sauter un certain nombre de verrous, la seconde devait constituer un accélérateur de croissance, notamment dans le domaine du numérique. Quelques questions politiques furent abordées. Avec des réponses assez convenues. Du style: « 2017 n'était en rien un sujet de préoccupation ; l'opposition non plus ; les écologistes sont bienvenus s'ils veulent revenir au gouvernement, mais sans inflexion majeure à attendre… »

Juillet égrena ses jours. Moins trépidants. Le dernier petit déjeuner de la majorité se tint le 21. Comme le confia alors le Premier ministre, tout le monde était exténué. Des textes importants avaient été adoptés. De manière souvent chaotique, certes, mais au moins votés. Comme les lois sur la nouvelle organisation territoriale de la République relative aux compétences des collectivités, la transition énergétique, la programmation militaire, mais encore la loi Macron, celle sur le renseignement. Un texte sur l'immigration était en cours de discussion, d'autres en préparation, évoqués ce jour-là : la loi Santé, égalité et citoyenneté, Numérique, Économie. La situation politique, cependant, demeurait mauvaise. Les discussions avec les partenaires, pour les élections régionales notamment, se passaient très mal. Si Claude Bartolone avait été désigné tête de liste en Île-de-France, cela s'était fait un peu aux forceps. Quant à l'économie, si les prévisions de croissance rassuraient parce qu'elles étaient les meilleures depuis le début du mandat, la baisse du chômage, elle, ne se dessinait en rien. « Pas encore », songeaient les plus optimistes. Même le monde agricole grondait.

Pour autant, malgré l'ambiance morose et les perspectives générales peu réjouissantes, il fallait déjà songer à se projeter. Dès ce mois de juillet 2015, nous commençâmes à travailler sur la campagne présidentielle de 2017. Le 17, je fis passer une note de quatre pages au titre volontairement sobre : « Une organisation, une planification ». Le texte proposait une méthode de travail pour les vingt-quatre mois à venir. Il commençait par poser la difficile équation : comment articuler le travail de l'exécutif et la nécessité d'anticiper, de se libérer des contraintes gouvernementales afin de nous projeter vers autre chose. Il mettait en garde contre les rivalités habituelles entre équipes de campagne et autres équipes, pointait avec minutie les risques politiques et juridiques d'avoir une double casquette Président-candidat, et donnait un historique des différentes organisations ayant existé dans cette situation spécifique : Mitterrand en 1988, Chirac en 2002, Sarkozy en 2007 et en 2012, bien sûr Jospin en 2002. À ce propos, François Hollande avait gardé intact le souvenir de cette campagne ayant connu bien des problèmes d'organisation et de coordination. Entre Matignon, Jean Glavany, le directeur de campagne officiel, Pierre Moscovici, le responsable du programme et le parti socialiste, dirigé par François Hollande, les informations ne passaient pas toujours ou mal. Quelques jours plus tôt, j'avais d'ailleurs dîné avec Jean Glavany afin d'avoir son ressenti, sa version. Bien sûr nous avions parlé de 2002, mais la conversation avait dérivé vers maints sujets : son parcours, son avis, François Mitterrand, dont il avait été le chef de cabinet, de François Hollande aussi, dont il estimait que l'une des principales faiblesses était l'entourage. Au gouvernement, au Parti comme à l'Élysée. Un aveu étonnant, surtout livré à quelqu'un dudit entourage.

D'où l'une des propositions de ma note : s'organiser assez tôt afin que les différents cercles apprennent à mieux travailler ensemble. Je nourrissais peu d'espoir, tant l'exercice du pouvoir et l'élaboration d'une campagne allant dans le même sens sont contraires aux règles de la politique. Qui plus est avec la manière d'agir d'un François Hollande, qui adorait compartimenter et, selon l'expression consacrée, laisser s'établir une sorte de darwinisme au sein de ses entourages. « Que les meilleurs éliminent les autres » aurait pu être sa devise. Mais j'estimais que nous avions le temps et que valait le coup, pour une fois, de tenter une unification. Je proposai donc, dans un premier temps, la construction de trois cercles, lesquels fonctionnaient déjà d'une certaine manière, mais qu'il s'agissait de structurer et clarifier. Je soulevai un certain nombre de points à creuser, notamment l'articulation avec le parti socialiste et le projet d'alliance populaire, idée de Jean-Christophe Cambadélis. Comme il était impensable de voir s'entendre les appareils des différents partis de gauche, il convenait d'inventer autre chose. Tout le monde sentait et voyait la crise des structures traditionnelles, nous comme les autres, encore fallait-il en déduire une autre manière d'avancer, de mettre en contact les acteurs qui se trouvaient sur le terrain. Je proposai donc des axes permettant à la fois de ratisser ce terrain, méthodiquement, et de s'oxygéner l'esprit, exercice naturellement compliqué pour un Président, plus singulièrement encore par temps de terrorisme. En outre, son impopularité ne facilitait pas les choses, ni les chaînes d'information en continu. Il importait de mettre au point une façon différente de communiquer et d'aller au plus près des Français pour semer des graines qui, plus tard, seraient bien utiles.

Jean Glavany et Daniel Vaillant m'avaient raconté plusieurs anecdotes remontant à l'époque Mitterrand. En charge l'un et l'autre des déplacements du Président, le premier à l'Élysée, le second au PS, après le tournant de 1983, la cote du chef de l'État était, elle aussi, au plus bas. On avait même vu, lorsqu'il se rendait en province, au moment de la fermeture de hauts fourneaux par exemple, à quelques dizaines de mètres du cortège présidentiel, des manifestations proches des émeutes urbaines. Mais il y avait bien peu de médias alors. À cause des caméras lourdes à déplacer, les seules images diffusées le soir au journal télévisé étaient officielles. Désormais, un autre monde avait succédé à ces temps anciens. Alors que faire ?

Une astuce fut trouvée : organiser des sorties impromptues, non annoncées. Avantage : pas de « comité d'accueil » désagréable, pas de mobilisation contre le Président. Inconvénient – énorme –, les sorties seraient presque toujours en Île-de-France. Mais c'était mieux que rien !

J'avais aussi jeté sur le papier quelques concepts à mettre en avant, des idées de discours à lancer et appuyer. Dont la nécessité de préparer tôt les vœux pour 2016, les derniers, non politisés, à prononcer à l'orée, qui plus est, d'une année sans élection… hormis les primaires. Qui, à gauche, ne semblaient pas crédibles ! L'ébauche argumentée d'un premier plan de bataille.

Des notes, je l'ai déjà écrit, le Président en recevait énormément. Des dizaines par semaine. Des officielles. Des officieuses. Qu'il traitait de manières différentes. Certaines, une fois lues, restaient sur son bureau. Pour les relire. Parfois, il nous les montrait aussi. D'autres « redescendaient » vers nous. En suivant une hiérarchie précise des retours. Le pire des avis consistait à trouver le document agrémenté d'un tampon « Vu par le Président » apposé par le secrétariat particulier. À peine mieux, le « Vu » tracé de l'écriture du chef de l'État, mais accompagné d'aucun commentaire. Il y avait aussi les notes qu'il lisait en diagonale – ou de travers. Parsemées de quelques annotations irrégulières. Et puis il y avait celles – plus rares – dans lesquelles il rentrait. Et qui revenaient garnies de commentaires dans la marge, du début à la fin. Ce fut le cas de mon texte. Bien sûr, il ne fut probablement pas le seul à envisager l'avenir, tant faire campagne reste le Graal de la plupart des politiques, et mener une campagne présidentielle le summum, cette perspective provoquant appétits, envies, impatiences.

En tout cas, quelques mois plus tard, je m'amuserais en recensant les équipes de campagne, ces cercles dont j'entendais parler !

Cette note eut un autre destin. Elle fut le support d'une rencontre approfondie avec le Président sur les sujets et projets traités. Avec, autour de la table, Stéphane Le Foll, Guillaume Bachelay et moi. Le Président acceptait de se projeter dans l'élection présidentielle. Et le fit assez longuement même. Sa question, qu'il continuera à nous poser régulièrement, fut celle du « sens ». Pour lui, il n'y avait aucune évidence, chez les Français, à voir un président sortant se représenter ; il fallait donc une bonne raison pour le leur proposer. Son souci ? Comment apparaître en candidat du renouveau – véritable quadrature du cercle – lorsqu'on est au pouvoir ? Alors nous avons continué d'envisager et de décliner le positionnement possible. Ouverture contre fermeture ? Peur contre progrès ? Unité contre stigmatisation ? Le projet de société commençait à se dessiner. L'articulation entre les aspirations individuelles et la nécessaire solidarité collective pouvait se révéler une bonne piste. Le compte personnel d'activité étant pour François Hollande une étape fondamentale du quinquennat, il y avait là un axe à creuser. Plus tard, il déclinera l'idée avec la notion de capital inversé. Nous sortîmes de la réunion avec une feuille de route. Aussi dense que stimulante. C'était le début de la suite.

Quelques jours plus tard, le Président – comme à chaque fin juillet – rencontra la presse présidentielle. À la Maison des polytechniciens, près de la Caisse des dépôts et consignations, lieu qu'il fréquentait déjà du temps où il était premier secrétaire du PS. S'il ne s'agissait pas d'une conférence de presse officielle – il n'y avait aucune retransmission en direct de l'échange –, la séance y ressembla fort, avec son flot de questions et, le lendemain, la parution de quelques entrefilets et articles. L'un d'entre eux trouva une tonalité particulière dans le propos du chef de l'État et perçut ce dernier moins confiant dans sa bonne étoile qu'en temps normal. Le papier alla jusqu'à suggérer que, peut-être, il pourrait ne pas se représenter en 2017.

François Hollande adore brouiller les pistes, créer des labyrinthes. À la fois pour se protéger et se laisser toutes les portes ouvertes. En cette fin juillet 2015, j'ignore ce qu'il avait cherché à faire. Qui il avait voulu égarer. Les journalistes ou nous ?

32

Aylan

Un été à peu près calme était-il envisageable ? Il ne le fut pas vraiment. Cette fois, ce fut la crise agricole, qui continuait à secouer la profession, les médias, le pays. Nous la suivions très attentivement. Pas parce que Stéphane Le Foll se trouvait en première ligne, mais parce qu'il y a toujours, en France, un tropisme, une nostalgie, une crainte envers tout ce qui touche aux agriculteurs. C'est bien, mais un peu surprenant au vu d'autres crises sans doute plus lourdes de conséquences. Ainsi, l'été 2016 sera marqué par la mort d'Adama Traoré, suivie de manifestations, de heurts en banlieue, mais ne verra pas forcément la même mobilisation. Ni des médias. Ni des administrations. Ni des politiques.

Fin juillet, François Rebsamen, en annonçant qu'il souhaitait redevenir maire de Dijon, ouvrit la voie à un petit remaniement.

Il avait dû abandonner son mandat en entrant au gouvernement – comme tous les autres ministres –, laissant son siège local à son premier adjoint, quelques mois plus tard touché par un cancer. Courageux, celui-ci avait rendu publique sa maladie, et aussi manifesté son intention de se battre et de rester maire. Malheureusement, en ce mois de juillet, il avait été emporté par le fléau. Le ministre du Travail, qui venait de faire adopter sa loi sur le dialogue social par tous les parlementaires socialistes, radicaux et quelques écologistes – un exploit vu l'époque –, qui avait en chantier d'autres projets, souhaitait pourtant arrêter.

Or une réforme du code du travail était envisagée. Quelques semaines plus tôt, Robert Badinter et Antoine Lyon-Caen, deux figures de gauche, avaient publié un ouvrage intitulé *Le Travail et la Loi*[1], dans lequel ils plaidaient pour une importante évolution, simplification, adaptation de ce droit majeur… Durant l'été, Jean-Denis Combrexelle, conseiller d'État spécialiste du droit social, planchait de son côté à un rapport sur le même sujet, dont on devinait déjà les orientations : moins de textes, surtout législatifs, plus de discussions au niveau des entreprises. Une sorte de décentralisation du dialogue social. En somme un sujet d'apparence technique… qui allait nous occuper et aussi nous mettre en difficulté durant tout le premier semestre 2016 !

En attendant, vu les enjeux et perspectives, le chef de l'État demanda à François Rebsamen de patienter un peu. Reste que les discussions et supputations sur le remplacement de ce ministre important occupèrent une partie de l'été. Stéphane Le Foll avait le bon profil, ainsi que la confiance totale du Président, un véritable poids politique, de bonnes relations avec les syndicats. Particulièrement la CFDT, mais pas seulement. Ainsi qu'une capacité à tenir et à négocier, même si c'était parfois de manière brutale, mais au moins avec de vrais résultats. Hélas, il était empêtré dans la crise agricole.

Nous étions plusieurs à nous préoccuper de ce sujet et de ce maroquin, à monter au créneau car nous comprenions les enjeux du poste. Je le fis même lourdement. Je voyais par exemple l'efficacité qu'il mettrait dans ce rôle et l'équilibre qu'il donnerait au gouvernement comme sorte de contrepoids symbolique à Emmanuel Macron. Avec le second pour les chefs d'entreprise et les milieux internationaux, le premier pour les salariés et une France qu'il connaît bien, on aurait marché sur deux jambes complémentaires. Mais cette solution pertinente ne fut pas possible, la crise agricole ne cessant de croître. Le nom d'Emmanuel Macron fut aussi avancé. Y compris par lui, qui aurait aimé avoir les deux portefeuilles ministériels. Mais existait-il de tels précédents ? Nous nous replongeâmes dans les archives. Christine Lagarde avait conjugué, un temps, ces

1. Publié chez Fayard.

deux fonctions, comme Gaspard s'en souvint, lui qui avait entamé sa carrière au ministère du Travail. Pour autant, politiquement, cette double casquette était compliquée. Trop risquée même. Qu'en pensait François Hollande ?

Le Président et Emmanuel Macron conservaient leur relation particulière. Ils avaient souvent des tête-à-tête, des déjeuners... voire des dîners ensemble, un peu plus élargis. Emmanuel Macron continuait d'être suivi, choyé, soutenu, défendu contre les critiques – nourries après ses sorties médiatiques – par le chef de l'État. Lequel n'estimait guère malin de le marginaliser. Ainsi, il n'a pas apprécié que le PS ne l'invite pas à l'université de La Rochelle.

Mais Emmanuel Macron irritait vraiment trop de monde à force de vouloir ostensiblement imprimer sa marque, de faire des déclarations plus ou moins fortes, ou iconoclastes. Fin août 2015, alors que l'université de La Rochelle allait s'ouvrir, lui assista à celle du MEDEF. Une présence normale puisque c'était son rôle compte tenu de sa fonction. Mais était-il le sien d'y formuler une critique vive des 35 heures ? Rétrospectivement, je me demande s'il ne s'agissait pas de sa manière de répondre au fait d'avoir compris qu'il ne deviendrait pas, aussi, ministre du Travail. Le retour de Michel Sapin à ce poste, qu'il avait quitté pour entrer à Bercy, fut aussi envisagé. Mais cela aurait été considéré comme un retour en arrière ! Donc d'autres options devaient être recherchées et privilégiées.

Une fois encore, nous envisageâmes un scénario plus vaste d'élargissement politique.

Europe Écologie était tiraillé. François de Rugy, Jean-Vincent Placé montraient des signes d'éloignement et d'agacement face à une Cécile Duflot à leurs yeux trop hostile au gouvernement. De fait, tous deux, puis, quelques semaines plus tard, Barbara Pompili quittèrent le mouvement écologiste. Il y avait peut-être une ouverture à offrir ou, plus prosaïquement, une occasion à saisir.

Finalement, le Président fera le choix du renouveau. Et Myriam El Khomri passera de la Politique de la ville à l'Emploi. Un pari important pour le chef de l'État qui aura voulu sortir des cadres, surprendre, contribuer à l'émergence d'une nouvelle génération. Il la verra. Elle acceptera. « Sans hésiter », me confiera-t-il alors.

Mais n'anticipons pas. En cette fin juillet, d'autres préoccupations s'ajoutaient à cette affaire de maroquin à pourvoir.

Nous bouclions les grands arbitrages financiers et le programme des lois à venir. Qui comprenait le budget bien sûr, un nouveau texte de Macron, une loi sur le droit du travail, une autre sur l'égalité et la citoyenneté décidée après les attentats de *Charlie* et l'Hyper Cacher. Nous avons entamé aussi une discussion sur un texte relatif à la transparence et à la lutte contre la corruption – qui mettra des mois à se concrétiser parce que Matignon y était très hostile.

En revanche, rien sur les institutions, le fonctionnement démocratique. Avant l'été, nous avions tenté de convaincre le Président de prendre une initiative forte sur les premières. Plusieurs membres du gouvernement poussaient en ce sens, l'équipe resserrée y était favorable, nous y avions passé de longues heures. Lui rechignait. J'ai encore en tête une longue séance de travail sur la terrasse de l'Élysée, où l'ensemble des options avait été passé en revue : démocratie participative, nombre de parlementaires, suppression du Conseil économique et social ou tirage au sort d'une partie de ses membres, scrutin à la proportionnelle. Mais François Hollande, malgré notre enthousiasme, nos envies, ne nous avait pas suivis. Et j'avais senti que, plus le mandat avançait, plus il s'attachait aux institutions de la Vᵉ République. Non pour son confort personnel – il n'avait pas cette jouissance du pouvoir –, mais parce qu'il les trouvait efficaces. En temps de guerre, en temps de lutte contre le terrorisme, comme il avait pu aussi en faire l'expérience sur le dossier syrien et la reculade de Barack Obama ou l'échec de Cameron, comme il l'avait éprouvé après les attentats de janvier, le système fonctionnait, permettait des initiatives et même de l'action. Même si ces institutions – il le disait parfois – n'étaient plus adaptées à la société française, il se montrait moins enclin à les corriger qu'au début du quinquennat. Un seul point le gênait réellement : la lenteur des procédures législatives.

À l'intérieur du gouvernement, les réticences furent rapidement fortes contre une modification quelconque des institutions. Lors d'un des dîners de ministres, Bernard Cazeneuve exprima une position très fermée. Une autre fois, ce fut Stéphane Le Foll qui se prononça contre. Manuel Valls, après avoir beaucoup réfléchi aux modifications éventuelles, avait préféré revenir au statu quo. Le débat continuera à ressurgir par intermittence. De moins en moins fortement.

Après un semestre aussi dense, tendu, voir les vacances arriver ne pouvait que nous satisfaire. De l'air nous ferait du bien… même si ces congés seraient fort courts.

Comme chaque fois avec les jours de repos d'été ou au moment des fêtes, le Président nous demanda où nous allions. Par curiosité. Par politesse. Par attention. Peut-être, aussi, avec une petite pointe de jalousie, voire de nostalgie au souvenir des beaux moments que lui-même avait vécus lorsqu'il était plus libre de ses mouvements. Sans doute se consolait-il lorsqu'il raconta que, pendant des années, à l'époque premier secrétaire, il prenait des vacances, longues, dès l'incontournable commentaire sur l'intervention présidentielle du 14 Juillet envoyé ou fait sur un plateau. Six semaines. Six véritables semaines à ne rien faire sinon à lire, prendre l'apéro avec des copains, regarder le sport à la télé, profiter de ses enfants. Bien sûr, il scrutait l'actualité et préparait un peu la reprise, survenant systématiquement la semaine avant l'université d'été de La Rochelle. Un autre temps et plus rien de tout cela à l'Élysée. Ses congés, désormais, se réduisaient au maximum à deux semaines, encadrées par deux Conseils des ministres. Dont la principale préoccupation était d'échapper aux journalistes et aux photographes. D'année en année, les astuces devinrent plus efficaces pour les semer.

En discutant de mon côté avec les chauffeurs ou les huissiers présents depuis longtemps au palais, ceux-ci me racontaient comment, à l'époque de François Mitterrand, Jacques Chirac et même Nicolas Sarkozy, les vacances étaient bien plus longues. Presque le double !

Cet été 2015, le Président ne prit même pas ses deux semaines. Il se contenta de quelques jours, interrompus pour assister à l'inauguration du nouveau canal de Suez en Égypte, dont il était l'invité d'honneur. Une manière de remercier le pays d'avoir acheté des Rafale. Une opportunité, aussi, de continuer à avancer ses affaires diplomatiques :

l'économie, la COP21. Car en Égypte seraient aussi présents le Premier ministre russe et des dizaines de chefs d'État.

Existait-il une loi mathématique relative aux étés de François Hollande Président ? Je me suis posé la question en constatant combien ceux des années paires furent catastrophiques. Le vide et le début du Hollande bashing de l'été 2012 ; la sortie d'Arnaud Montebourg, de Benoît Hamon et d'Aurélie Filippetti à l'été 2014 ; celle d'Emmanuel Macron durant l'été 2016. Heureusement, cette fois, l'impaire l'emportait et août s'avéra plutôt calme.

Pas de nouvel attentat terroriste, du moins sur le sol français. L'accord avec la Grèce semblait tenir, situation que le chef de l'État continuait à suivre précisément. Pas de énième choc économique non plus.

Un calme apparent puisque la question des migrants était en train de monter en pression, comme nous allions vite le constater.

Rituellement, la rentrée politique commence fin août. La tradition suivit ses droits.

À droite, le combat de la primaire avait débuté. Début juin, un comité d'organisation de celle-ci avait été installé, dirigé par Thierry Solère. Les noms de plusieurs candidats alimentaient les colonnes des journaux. Alain Juppé fit sa rentrée avec un livre sur l'éducation. De notre côté, nous mîmes en place, à l'Élysée, une petite cellule de veille destinée à surveiller ce qui se produisait chez nos adversaires et recenser les interventions des uns et des autres. En vue d'une éventuelle suite, mais de manière légère et modeste. Parce que si les comptes de campagne n'étaient évidemment pas ouverts, le Président nous avait donné des consignes de prudence strictes. Un peu trop à mon goût.

L'université d'été de La Rochelle eut lieu. Sans tensions excessives, élections régionales proches et rassemblement des uns et des autres sur des listes communes oblige. Mais elle se déroula sans convivialité ni fraternité. Au cœur des discussions, l'implosion des écologistes, les dernières déclarations d'Emmanuel Macron, peu concernant le Président. Cette absence m'avait marqué l'année précédente, frappé aussi lors du congrès de Poitiers : à croire qu'on ne le voyait plus comme impliqué dans le PS ou y appartenant. Pourtant, François Hollande avait donné son accord à l'élaboration d'un petit film rappelant l'action du gouvernement depuis 2012, vidéo accueillie poliment. Mais un autre sujet se trouvait en fait au cœur de toutes les discussions : l'accueil des migrants.

L'été avait été rythmé par cette question qui montait en puissance. Un thème fort, douloureux aussi, mais que nous hésitions à aborder de front. Probablement à cause de la pression du Front national, dont nous ne voulions pas alimenter la machine à fantasmes, mensonges et accusations de laxisme. Bien sûr, nous agissions, prenions des mesures, mais pour moi trop peu. Lorsque je reprends mes notes, ce sujet n'y apparaît malheureusement pas comme la première préoccupation d'alors. Loin de là, même. Bien sûr le Président aborda le thème à la conférence des ambassadeurs. Bien sûr, le Premier ministre se rendit à Calais à la fin août. Mais nous étions largement en deçà de ce qu'il aurait fallu faire. Comme gênés aux entournures ou inconscients des enjeux humains et diplomatiques. Ni la pression des associations caritatives ni celle des médias – assez faible à ce sujet – ne nous avaient alertés. Les partis politiques eux-mêmes, dans l'ensemble, se montraient « taisants » sur les migrants. La droite était relativement silencieuse, fragilisée par un bilan en la matière pas bon et une ligne pas totalement arrêtée. Seul le Front national triomphait. Dans les mots, les postures. Et nous, au pouvoir – avouons-le aujourd'hui –, nous ne savions pas comment gérer un tel dossier.

Un indice atteste ce décalage. Dans les discussions politiques de cette rentrée, nous avons surtout parlé de l'atonie de la croissance, du difficile bouclage du budget – comme toujours –, d'un risque de blocage de Paris par les agriculteurs... Les migrants ? Une sorte de sparadrap du capitaine Haddock qu'on aurait souhaité évacuer sans trop savoir comment.

De quelle manière gérer ce dossier ? Quelle stratégie adopter ? Voilà les seules questions du petit déjeuner de la majorité à ce propos. Même timidité en bureau national. Pourtant, lentement et jamais suffisamment, les choses se mettaient à bouger. Parce qu'Angela Merkel faisait pression fortement, anticipant que ce dossier allait devenir plus important que le Grexit. Elle avait raison.

Et, le 3 septembre, une photo emporta tout. Une photo que tout le monde a vue. Celle d'un petit garçon mort sur une plage de Turquie. Il aura fallu cette image terrible pour que l'opinion s'émeuve et que nous réagissions. Une réunion ministérielle fut organisée le jeudi après-midi. Un plan élaboré, présenté lors de la conférence de presse à venir, dont l'une des principales annonces sera celle-ci : la France était prête à accueillir 24 000 réfugiés supplémentaires. À certaines conditions, tant le Président préconisait la prudence. Dans les réunions internes, il stigmatisait en effet les déclarations intempestives des uns et des autres, surtout celles des nôtres. L'annonce fut plutôt bien accueillie, malgré son extrême modestie. La droite, bien que gênée par la position de la chancelière allemande, ne put cependant s'empêcher de taper, critiquer. Seul Alain Juppé estima que 24 000 réfugiés correspondaient à une goutte d'eau pour un pays comme la France. Sans doute le genre de déclaration humaniste qu'il paiera plus tard, mais au moins lui fut-il digne. Ce débat se développant, le Président décida d'occuper l'espace. Et n'hésita pas, lui non plus, à monter au créneau en déclarant : « Il y a eu la ligne Maginot. Il ne faut pas maintenant des lignes imaginaires. »

Un mouvement de solidarité se mit en place. Des maires se réunirent pour se déclarer prêts à accueillir des migrants. Une réunion fut organisée par le ministère de l'Intérieur avec eux. Nous avons tenté de convaincre le chef de l'État d'y aller, ce fut même inscrit sur son agenda… puis annulé. Au final, il resta en retrait sur ce dossier. Et je n'ai jamais réellement compris pourquoi. Avait-il trop intériorisé la « lepénisation » des esprits ? Songeait-il aux rapports de force au sein de l'Union européenne ? Lorsque nous abordions le sujet, il se dérobait en partie. Pourtant, quand il nous fit le compte rendu des discussions en Conseil européen à ce propos, il rapporta avoir entendu des propos « ahurissants », « inquiétants », mais sans que lui-même ait pour autant réellement bougé. Nous aurons même toutes les peines du monde à le faire aller dans un camp de réfugiés. Et il ne s'y rendra que deux fois avant la fin de la mandature, dont une au Liban.

Le jour de la réunion des maires souhaitant accueillir des réfugiés, nous nous trouvions avec lui en séance communication. Et François Hollande déclara, en souriant: «Je suis un mystère.» Il l'aura été, pour moi, sur ce dossier!

Heureusement, les autres sujets qui allaient occuper notre automne 2015 s'annonçaient beaucoup moins mystérieux, avec leurs ingrédients connus – chômage, crise européenne, popularité, etc. –, même s'ils n'avaient rien d'agréable. Mais nous en avions pris l'habitude et avions le sentiment de mieux en maîtriser le flot, en tout cas d'être conscients qu'ils arriveraient, presque d'avoir acquis une expérience de la lessiveuse qu'est l'Élysée. Lors d'une de mes nombreuses conversations avec Jean-Christophe Cambadélis, ce dernier utilisa une formule que j'estimai bien vue: «Nous avons appris. Appris à avancer sous les bombes.» Il parlait des frondeurs, des médias, des couacs…, non de la véritable guerre subie par des centaines de milliers de personnes en Syrie, Irak, etc., mais l'expression se révélait juste. Nos sujets explosifs à nous s'appelaient la conjoncture économique, la majorité divisée, la fronde (même si moins intense), le budget, les futures régionales, les bourdes, les déclarations intempestives de certains ministres, à propos desquelles l'un de nous dit en réunion communication un jour: «Nous sommes des professionnels de l'amateurisme.» Presque une marque de fabrique, ajouterais-je, que ce côté brouillon.

À ces plaies, venaient s'ajouter des blessures imprévues qui allaient prendre une sinistre ampleur. La mort qui rôdait. Le terrorisme qui perdurait, comme l'attaque du Thalys, fin août, le montra. Le drame de Puisseguin, chez moi, en Gironde, le 23 octobre, avec 43 morts dans un car.

Cette impression de confusion dissimulait – quel dommage – nos réelles avancées. La rentrée scolaire se déroula bien. Des lois furent adoptées, dont celle sur la santé, importante, qui comprenait la création du paquet de cigarettes neutre chez les débitants de tabac, le tiers payant généralisé. Un texte et des mesures sur lesquels nous n'avons pas reculé, refusant de céder aux revendications des uns comme des autres.

Et la politique pure ? En cet automne 2015, nous continuions à réfléchir et anticiper la campagne de 2017. À dérouler une partie du plan discuté fin juillet. À savoir faire prononcer au chef de l'État plusieurs grands discours permettant de poser des jalons. Il y eut donc celui pour les soixante-dix ans de la Sécurité sociale, un autre au Parlement européen avec Angela Merkel, celui de Nancy fin octobre, envisagé comme une sorte de Carcassonne 2 avec projection dans le futur.

Nous avions travaillé l'allocution de la même manière que celle du 19 mai, mais, au final, François Hollande a reculé, sur-technicisant son propos. Alors que nous étions dans l'avion vers la ville de Lorraine, impuissant je l'ai vu réécrire le texte, lui ôter substance, intérêt. Résultat, il n'eut aucun écho. Et les médias retinrent juste du déplacement une mise en scène trop… mise en scène.

Un désagrément n'allant jamais seul, des tensions se mirent à monter à l'Élysée comme au gouvernement. Plus ou moins fortes, mais réelles.

Entre nous, c'est le documentaire de Yves Jeuland qui vint semer le trouble. Pas terrible, trop centré sur l'anecdotique, mettant beaucoup Gaspard en avant, donc la communication alors que le Président continuait à ne pas réellement communiquer, manquant de dramaturgie, proposant quelques moments d'émotion mais sans contenir de quoi améliorer l'image du chef de l'État, il loupa son objectif et n'eut pas l'effet escompté. Pire, plus tard, presque un an après, François Hollande m'avouera : « Ce documentaire nous a fait beaucoup de tort. » Je le pensais aussi. Mais il avait laissé faire. Pourquoi du tort ? À cause de ce que je viens d'énoncer, mais aussi du flot de commentaires peu amènes venus de Matignon et même des Hollandais, de quelques railleurs aussi, qui estimèrent qu'on y voyait plus Gaspard que le chef de l'État. Ce que d'aucuns ressentirent à l'Élysée. De quoi laisser quelques traces.

Les tensions les plus vives prirent corps au gouvernement. Et virent s'affronter le Premier ministre et celui de l'Économie. Depuis mars, la relation Hollande-Valls-Macron ne cessait d'évoluer, de se tendre. Les altercations entre les deux derniers se multipliaient, plus ou moins vives, plus ou moins sues. Et le Président en joua.

Probablement trop. Un jour de cette rentrée, dans mon bureau, Emmanuel Macron me dit : « Valls sape tous les points d'appui du Président au sein du gouvernement. J'en prends plein la gueule. Mais ça me stimule. » Avec le recul, j'ai le droit de me demander s'il n'y avait pas une part de manipulation chez lui, mais je ne le crois pas. En tout cas pas à ce moment-là.

33

Dans la nuit, sur le perron

Début novembre 2015. Ambiance morose. Une nouvelle fois, nous étions englués. Alors que nous avions marqué des points, notre incapacité à capitaliser avait refait surface. Le nouveau gouvernement de Manuel Valls, malgré son efficacité, son savoir-faire, avait implosé moins de six mois après son intronisation et, depuis, avançait plutôt vaille que vaille. La « bonne gestion » des attentats de janvier dernier, nous n'avions rien su construire dessus, et, dès mars, ce bénéfice était perdu. La popularité du Président baissait encore, la croissance économique connaissait des à-coups. Juillet avait été un très bon mois grâce à l'accord sur le nucléaire avec l'Iran, et, surtout, grâce à notre chef de l'État actif sur le devant de la scène pour empêcher le Grexit. Sa cote était même remontée fortement à la fin du mois. Pourtant, au retour des congés, avec septembre et octobre, nous repataugions dans le « clapot ».

Parce que les négociations sur les élections régionales n'étaient guère satisfaisantes. Parce que la constitution des listes non plus : pas assez de renouvellement ; pas assez de diversité ; pas assez de société civile. Parce que le thème des migrants continuait d'occuper le devant des médias sans que l'Union européenne se montrât capable de le gérer correctement. En France, l'accueil de 24 000 réfugiés n'avait pas été suivi d'effets puisque, fin octobre, à peine quelques dizaines de personnes étaient arrivées. Parce que, si la conjoncture économique s'améliorait, la Commission européenne continuait à douter de la solidité de nos engagements, renâclait même devant nos prévisions. Parce que le débat fiscal continuait, de son côté, à traîner, et que nous avions connu, à ce sujet, plein de couacs. Sur la fiscalité locale pour les plus modestes avec le report de la réforme relative à la dotation globale de fonctionnement. Sur l'allocation pour les adultes handicapés. Parce que le débat budgétaire donnait toujours lieu à des échauffourées et critiques ne venant plus uniquement des frondeurs : Jean-Marc Ayrault et Pierre-Alain Muet avaient, ainsi, déposé un amendement sur le CICE, la CSG... que près des deux tiers du groupe avaient signé et qui nécessitait des discussions au plus haut niveau, entre le Président et son ancien Premier ministre ! D'où des tensions entre l'Élysée et Matignon. Parce que, pour couronner le tout, d'autres crispations se faisaient jour. Notamment dans la stratégie électorale vis-à-vis du Front national. Manuel Valls avait évoqué une possible fusion entre les listes de droite et de gauche pour éviter le FN, et ce n'était pas notre position. Enfin parce que les relations conflictuelles entre Emmanuel Macron et le même Manuel Valls apparaissaient sur la place publique. Début novembre, le ministre de l'Économie avait présenté sa nouvelle loi, dite NOÉ, non pas à cause de l'arche, mais de Nouvelles Opportunités Économiques, texte accompagné d'une offensive politique en bonne et due forme du jeune locataire de Bercy. Une association, un comité de soutien, des financements avaient été évoqués dans les médias, volonté d'émancipation qui crispait Manuel Valls et une grande partie du gouvernement, dont nombre de membres, en partie à juste titre, reprochaient au chef de l'État de ne pas suffisamment recadrer celui qui apparaissait comme son protégé.

À n'en pas douter, si l'on n'y prenait garde, le clapot risquait de se transformer en gros temps avec tant de vents contraires.

La nécessité du renouvellement obsédait le Président. Qui en devinait la demande au sein de la société française mais sentait aussi que lui-même ne pouvait l'incarner. À ses yeux, il devait donc être entouré d'une nouvelle génération, bien plus jeune que la sienne et celle d'après qui, estimait-il, avait failli. Les politiques ayant atteint quarante ans au moment du 21 avril 2002 et qui se voyaient alors ministres n'avaient pas tenu la distance depuis. Âgés de cinquante ans en mai 2012, trois ans plus tard, ils avaient tous plus ou moins disparu. Seul rescapé ? Manuel Valls. Le chef de l'État estimait donc nécessaire, indispensable, de donner voix et parole aux plus jeunes.

Nous travaillions aussi beaucoup, entre nous, à élaborer une nouvelle grille de clivage. Qui ne se contentait pas juste du droite/gauche traditionnel, de l'ouvert/fermé classique, mais intégrait aussi l'idée ancien monde/nouveau monde. Pas très originale, elle pouvait cependant fonctionner. D'ailleurs, elle fonctionnera. Mais pas exactement comme on le souhaitait.

Les dossiers internationaux occupaient toujours autant l'Élysée et le Président. La COP21 approchait à grands pas. Des réunions de travail se tenaient plusieurs fois par semaine à ce sujet. François Hollande avait effectué un déplacement important en Chine pour consolider l'appui du pays-continent. Début novembre, plus d'une soixantaine de ministres de l'Environnement étaient venus en France, dans une sorte de grande répétition de la conférence de décembre. Ces discussions, nous les menions avec nos propres difficultés internes, y compris écologiques, dont les travaux annoncés sur le site controversé de Notre-Dame-des-Landes. Mais peu importait : le chef de l'État mettait toute son énergie à obtenir un accord international pour la COP. Que le sommet du G20, en Turquie, le week-end du 14 novembre, devait permettre de voir progresser encore.

Vendredi 13 novembre au soir. Une promesse de détente possible. François Hollande assiste à un match de football au Stade de France. L'Élysée se relâche un peu. En vue du week-end, les uns et les autres partent plus tôt que d'ordinaire. Vers 19 heures, pot dans l'appartement dit de permanence. J'y passe puis me rends dans mon studio. Pour une fois, je vais y rester tranquille, sans grand-chose à faire. Certes, je ne suis pas chez moi, à Bordeaux, mais j'ai envie de calme. Alors je lis, foot en fond à la télévision. Ni grand fan ni vrai expert, je suis quand même les matchs. Et, à un moment, des alertes parlant de bruits d'explosions au Stade de France se mettent à défiler. J'envoie un SMS à Gaspard et Nathalie sur place avec le Président. Par retour, Gaspard m'explique ne pas en savoir tellement plus, mais constate que la tension monte. À ma question : « Faut-il que je retourne à l'Élysée ? », il textote : « Oui. Mieux. » Dans ces situations-là, on ne communique pas directement avec le chef de l'État : surtout ne pas l'encombrer, sauf si un arbitrage est à obtenir ou une urgence à mentionner. Je commande un chauffeur. Entre-temps, je suis averti de fusillades répétées dans le XIe arrondissement. Dans la voiture de régulation, le chauffeur est silencieux. Il fait nuit. Mes deux téléphones portables vibrent de plus en plus : je commence à mesurer l'horreur.

Le vendredi soir n'est pas un mercredi midi et le Bataclan n'est pas *Charlie*. À mon arrivée, l'Élysée est quasi vide. Et François Hollande pas encore rentré du Stade de France. Comme il a prévu de passer par le ministère de l'Intérieur, rien que de normal. Et puis, la déflagration, la prise de conscience de l'ampleur des attaques terroristes, le nombre effarant de victimes s'imposent à nous. Quand le chef de l'État apparaît, tout devient plus dense encore, dur, terrible, intense.

Convocation du Conseil des ministres. Annonce d'une allocution du Président. Un Conseil exceptionnel se tient. Les nouvelles déferlent. La prise d'otages au Bataclan se poursuit. François Hollande s'exprimera juste un peu après minuit, discours rédigé avec Manuel Valls et Bernard Cazeneuve. On le sent très secoué, touché, cela se voit même physiquement.

Dans la salle de spectacle, le massacre continue, les premiers chiffres de victimes, terribles, effroyables, tombent. Les informations arrivent, les faits se confirment : il s'agissait bien de kamikazes au Stade de France. Le match a pu continuer comme si de rien n'était, mais maintenant plus personne ne peut ignorer ce qui est en train d'arriver. Toute la France est rivée à ses écrans de télévision, de téléphone. Des images de guerre apparaissent, qui ne concernent pas un ailleurs lointain, mais chez nous.

À l'Élysée, toute la garde rapprochée est rentrée. Quelques conseillers de Matignon sont aussi là. Les ministres, déjà présents le matin parce que la date rituelle du Conseil du mercredi a été déplacée au vendredi pour cause de 11 novembre, reviennent. Le matin, un ordre du jour habituel, terriblement banal, si merveilleusement banal. Le soir, juste un point à l'ordre du jour : la situation et la proclamation de l'état d'urgence. Les huissiers accueillent chacun au pied du perron comme d'habitude, mais les visages des uns et des autres attestent que rien n'est comme d'habitude. Tandis que les ministres pénètrent dans la salle pour ce Conseil convoqué d'urgence, le chef de l'État entame son allocution. Alors que le massacre est toujours en cours, il a reçu quelques instants plus tôt le dernier bilan : déjà trente-cinq morts. Antenne : le Président est en direct, nous à quelques mètres de lui. Effarés. Stupéfaits. Ayant le réflexe de couper le son de nos propres téléphones. L'image apparaît ; François Hollande met quelques secondes avant d'entamer son allocution ; des secondes qui paraissent incroyablement longues.

« Mes chers compatriotes, au moment où je m'exprime, des attaques terroristes d'une ampleur sans précédent sont en cours dans l'agglomération parisienne. » Le chef de l'État s'interrompt quelques instants, comme si les images défilaient dans sa tête. Puis reprend : « Il y a plusieurs dizaines de tués, il y a beaucoup de blessés, c'est une horreur. Nous avons, sur ma décision, mobilisé toutes les forces possibles pour qu'il puisse y avoir la neutralisation des terroristes et la mise en sécurité de tous les quartiers qui peuvent être concernés. J'ai également demandé qu'il y ait des renforts militaires. Ils sont en ce moment sur l'agglomération parisienne, pour être sûr qu'aucune attaque ne puisse de nouveau avoir lieu. J'ai également convoqué le Conseil des ministres, il va se tenir dans quelques minutes. »

Le Président annonce ensuite l'instauration de l'état d'urgence, la fermeture des frontières. Et bientôt la fin : après avoir parlé de peur, d'effroi et aussi d'une « nation qui sait mobiliser ses défenses » et « saura vaincre les terroristes », il révèle l'assaut du Bataclan… À peine plus de quatre minutes de solennité, de résistance, de défense, d'émotion.

Le Président part au Conseil des ministres. La plupart d'entre eux sont présents. Pas tous. Jean-Yves Le Drian n'a pu revenir de Bretagne, où il se trouvait pour la campagne des régionales. Le nombre de victimes ne cesse de croître. Un Conseil très bref, formel et indispensable. Le chef de l'État repart.

Sur le perron de l'Élysée, Emmanuel Macron, Stéphane Le Foll, Jean-Pierre Jouyet, peut-être Michel Sapin et moi échangeons nos points de vue. Nous avons le sentiment que, cette fois, le pays peut basculer. Nous évoquons les élections régionales qui se tiennent dans moins d'un mois, et l'opportunité que ce terrorisme fou va représenter pour le Front national. Jean-Pierre Jouyet me demande s'il est encore possible que Jean-Yves Le Drian, ministre de la Défense, se retire de la tête de liste. « Non, c'est trop tard. La date limite était le 6 novembre », lui dis-je.

Nous continuons à recevoir les informations. Les autres ministres sont repartis en véhicule officiel. La nuit est à la fois noire et blafarde. Nous restons encore un peu. Chacun de nous, au fond, a très peur. La mort est palpable. On l'entendrait presque.

Le Président est parti lui aussi. Depuis quelques minutes, le plan blanc a été déclenché. Avec mobilisation de tous les hôpitaux et SAMU. Par un hasard assez extraordinaire, un exercice de simulation s'était déroulé le matin même autour du thème « Comment faire en cas d'attaques simultanées ». Au même moment, ou presque, l'assaut est donc donné au Bataclan. Il dure longtemps. La nuit s'étire. J'ai probablement dû faire envoyer, comme après chaque intervention du chef de l'État, son allocution aux parlementaires par SMS.

Le samedi matin, nouveau Conseil de défense. L'occasion de dresser un premier bilan, de faire le point sur la traque des assaillants, les mesures de sécurité décidées. Depuis la fin de la Seconde Guerre mondiale, notre pays n'a jamais connu autant de morts sur son territoire par actes de violence… Le 14 au matin, sont dénombrés 129 tués. Et 354 blessés dans les hôpitaux.

Le 14, je vois peu François Hollande. L'ambiance est fort différente de janvier : il est bien plus avec le Premier ministre et le ministre de l'Intérieur. « Une prise d'otage psychologique », dira l'un de nous plus tard. Je ne sais, en tout cas l'esprit diffère. Nous préparons une série de rendez-vous avec les représentants des partis politiques, demande, souci, obsession même du chef de l'État : sa vision de la démocratie consiste à impliquer tout le monde. J'y passe une partie de la journée. Cela m'évite de trop penser.

Le dimanche, je revois le Président. Longuement. Il s'agit de commencer à préparer son discours devant le Congrès, convoqué le samedi. En présence de Thierry Lataste, Boris Vallaud, Constance Rivière, Pierre-Yves Bocquet, plume du chef de l'État, et Philippe Burin des Roziers, celle de Bernard Cazeneuve, il nous donne ses premières indications, la trame voulue. Premièrement : nous sommes en guerre. Deuxièmement : ce qui s'est produit. Troisièmement : ce qu'on va faire. À l'intérieur comme à l'extérieur. Ensuite, il détaille, parle d'une guerre qui va durer. Et estime que, comme il s'agit d'une guerre, il y aura des mesures à prendre… Lui qui ne cherche jamais de lyrisme en veut encore moins en ces circonstances. Il se projette ensuite dans les entretiens de sa journée. D'abord celui avec Nicolas Sarkozy. Ensuite, l'après-midi, la rencontre des membres de l'Assemblée nationale et du Sénat, les présidents, les présidents de groupe, de commission. Enfin les partis qui n'ont pas de groupe au Parlement : le Front national, le Parti de gauche, le Modem, Debout la France.

La réunion plénière démarre à 15 heures. Le Président est accompagné du Premier ministre, du ministre de l'Intérieur, de la garde des Sceaux, du ministre de la Défense, de celui des Relations avec le Parlement. Dans la salle, vingt et un représentants du Parlement ou des partis politiques. En bout de table sont installés Thierry Lataste, le général Puga, Jacques Audibert, Bernard Rullier et moi. Le chef de l'État livre quelques indications sur l'attaque, recourt à l'expression « acte de guerre commis par des forces extérieures », mentionne la Belgique comme base arrière. Il rappelle le besoin de rassemblement et d'unité. Et, surtout, indique que cela nécessite des réponses. Au niveau international comme européen. Et, bien sûr, national. Il indique, enfin, le maintien de la COP21. Manuel Valls s'exprime ensuite. Évoque l'état d'urgence. Puis Bernard Cazeneuve et Christiane Taubira donnent des précisions. Les uns et les autres, après, interviennent. Dans une ambiance concentrée, différente de celle de janvier. Chacun a conscience que, cette fois, l'union sacrée ne durera pas et que les polémiques risquent de surgir rapidement. Le Président conclut. Remercie. Se demande à haute voix si cet attentat aurait pu être évité. Parle de la France.

Des Français. Et des terroristes: « Ils font aussi de la politique. Ils connaissent les faits. Ils ont avantage à la division. Ils sont dans le temps long. Ils cherchent la mort. »

Durant les entretiens avec les forces politiques, contrairement à janvier, le Premier ministre est présent. Les premiers reçus sont François Bayrou et Marielle de Sarnez. Pour une discussion fluide, franche, transparente même. Les conséquences politiques des attentats sont examinées, comme le débat sur les fiches S, les réactions de Poutine et Obama. Puis arrive Marine Le Pen, accompagnée de Nicolas Bay et Florian Philippot. Le Président entame le rendez-vous en donnant des informations très précises. Sur les équipes, les différences avec janvier. Marine Le Pen intervient et il lui répond point par point. Sur le contrôle des frontières. Les migrants. Les moyens des renseignements. La politique française par rapport à la Russie et Assad. La discussion se poursuit. Fiches S. Al-Nosra. Le rendez-vous suivant est consacré à Nicolas Dupont-Aignan, qui fait part de son expérience de maire, de son ressenti, et avance ses propres propositions. Enfin apparaît Jean-Luc Mélenchon, venu à l'Élysée avec Éric Coquerel et Danielle Simonnet. Cette fois, la rencontre verse plus dans la géopolitique et voit survenir un long échange sur la Turquie.

19 heures. Je quitte le Président mais le reverrai dans la soirée. Vers 21 heures, sortent de son bureau le général Puga et Jacques Audibert. Tandis que je souhaite lui parler un peu du discours au Congrès, lui revient sur la réunion précédente: il vient de donner son accord à des bombardements sur Raqqa, le siège de Daech. « Il va y avoir des morts. Des femmes. Des enfants aussi », me confie-t-il, pénétré, présidentiel derrière son bureau. Il garde le silence quelques instants et ajoute: « En même temps, il faut que cela fasse mal. »

34

Le sursaut

Lundi matin. Le Président étant enfermé dans son bureau pour peaufiner son intervention au Congrès, la réunion de coordination se déroule sans lui. Point sur l'agenda, les hommages, la tournée internationale qu'il compte entamer en fin de semaine. Évocation aussi des appels à passer, échange sur l'intervention du Congrès des maires. Mais bien sûr nous parlons surtout des victimes. De leur jeunesse. Du fait que plus de cent d'entre elles sont nées dans les années 1980, 1990… et avaient donc vingt, trente ans… D'où le choix du chef de l'État d'être dans la cour de la Sorbonne pour la minute de silence de midi.

Comme François Hollande est inaccessible, je communique avec lui par SMS. Notamment au sujet de la révision constitutionnelle. Je passe la matinée à passer des appels. Aux politiques, aux sondeurs, aux intellectuels. De son côté, Jean-Pierre Jouyet me tient au courant de la rédaction du discours, mais sans en dire beaucoup.

Départ assez tôt pour Versailles dans des Renault Espace pour les conseillers les plus concernés, ceux qui peuvent avoir une utilité sur place. Dans l'habitacle, ambiance lourde. Les passagers sont peu bavards ; quant à moi, je garde le silence. Trajet assez court : Champs-Élysées, La Défense. Je regarde à travers la vitre. Pour voir comment les gens vivent. Revivent. Pour retrouver des bouffées de normalité. À mesure que nous approchons de Versailles, les forces de sécurité se font plus nombreuses. Entrée dans l'immense enceinte du château. C'est assez vide, gris. Le convoi s'égare même à un moment. Puis nous arrivons par une entrée du palais que je ne connaissais pas. On nous guide vers la salle du Congrès, construite à la fin du XIXe siècle pour ce seul usage. Des places nous sont attribuées, sur le côté gauche par rapport au chef de l'État, et à l'étage. Face au Président se déploie la salle remplie de tous les parlementaires, et, plus haut, l'ensemble du gouvernement. Quelques sièges sont dévolus aux parlementaires européens. En attendant l'apparition de François Hollande, je ressors et vais discuter avec les uns et les autres. L'ambiance est à l'abattement, à la stupéfaction, même. Il peut parfois y avoir un côté potache chez des parlementaires, surtout en goguette, cette fois rien de tel. Absente aussi la fierté de la marche du 11 janvier.

L'heure approche. Chacun regagne son siège. Inconfortable. Je reconnais de part et d'autre de la tribune les huissiers de l'Assemblée nationale, vois les parlementaires assis par ordre alphabétique, donc sans tenir compte des appartenances politiques. Claude Bartolone ouvre la séance, prononce quelques mots graves, très brièvement. Le chef de l'État arrive. Tout le monde se lève. Il se dirige vers la tribune, y monte comme tout orateur à l'Assemblée nationale ou au Sénat. Une minute de silence. Puis le discours débute.

« La France est en guerre. » La première phrase du président de la République donne le ton : martial. Très dur. Avec des hommages aux victimes, mais surtout l'affirmation d'une détermination. Des annonces surviennent : sur la coalition internationale, sur les moyens des forces de l'ordre, sur la révision de la Constitution. Sur la déchéance de nationalité pour les terroristes binationaux, sur ce que doit faire l'Europe. Sur la saisine du Conseil d'État afin qu'il donne son avis sur le cas des individus déjà fichés. Sur le temps que ces décisions vont prendre.

Quarante minutes après, François Hollande, en ce 16 novembre 2015, conclut : « Nous éradiquerons le terrorisme parce que les Français veulent continuer à vivre ensemble sans rien craindre de leurs semblables. Nous éradiquerons le terrorisme parce que nous sommes attachés à la liberté et au rayonnement de la France dans le monde. Nous éradiquerons le terrorisme pour que la circulation des personnes, le brassage des cultures demeurent possibles, et que la civilisation humaine s'en trouve enrichie. Nous éradiquerons le terrorisme pour que la France continue à montrer le chemin. Le terrorisme ne détruira pas la République, car c'est la République qui le détruira. Vive la République et vive la France. »

Sans doute cette conclusion est-elle l'un des seuls moments où le chef de l'État a fait un peu de rhétorique, laissé son art oratoire se déployer face au Congrès. Durant le discours je l'ai observé. Je les ai observés. Pour une fois, François Hollande n'a pas joué avec la salle, cherché à laisser aux uns et aux autres le temps de savourer son texte. Il n'a pas même laissé prise à l'émotion. Un peu au début, lorsqu'il parla de la jeunesse, cita des noms de victimes…, mais en vérité son discours est très guerrier. « La France est en guerre. »

L'assistance se lève. Applaudit. À l'exception – probablement la seule – de Marion Maréchal-Le Pen. Puis résonne *La Marseillaise*. La séance est suspendue quelques instants. Le Président s'en va.

Personnellement, je reste. Afin d'écouter les interventions des différents groupes politiques, les demandes des élus Républicains. Plus d'une dizaine de personnes montent à la tribune. Parfois, je sors de la salle pour discuter avec les parlementaires. Et les découvre à la fois graves et enthousiastes suite au discours présidentiel. Vraisemblablement, il s'est passé quelque chose ; de fait, il fallait que quelque chose se passe, une nouvelle marche républicaine n'ayant pu être possible.

Le lendemain matin, durant le petit déjeuner de la majorité, l'ambiance se révèle plutôt bonne. Tout un chacun considère que le chef de l'État s'est montré à la hauteur. Voire plus : de la fierté, du soulagement s'expriment. Un peu de tactique aussi, en vue des échéances électorales à venir. À la réunion de groupe, même ambiance. Quant à celle des chefs de pôle à l'Élysée, dont une partie se consacre à l'organisation de la COP21, même état d'esprit. Seul bémol, Boris Vallaud avoue un certain malaise.

Lors du déjeuner avec le Président, première fois que nous le revoyons dans cette configuration plus tranquille, il nous fait part de son émotion. Raconte les images qu'il a vues, les milliers de fleurs déposées. Il veut et il faut que la vie reprenne, commente-t-il. D'où son désir absolu de sortir, d'aller lui-même dans le quartier, pour s'arrêter, pourquoi pas, à une terrasse de café. L'édition du *Monde* arrive pendant le repas. La une est consacrée au « Virage sécuritaire de François Hollande ». Dont il dit : « Ça m'est indifférent. Si on laisse faire l'opinion, elle ira vers le Front national. Nous sommes le seul rempart. » Le chef de l'État estime ne pas avoir le choix, être là pour faire le job, même si celui-ci est rude. Au fil du repas, il revient aussi sur ses entretiens avec les responsables politiques, les jauge, analyse. Chacun d'entre nous s'exprime sur son champ de compétences. Thierry Lataste parle de l'avancée de l'enquête et des nouvelles mesures de sécurité. Jacques Audibert évoque la tournée internationale que le Président compte entamer d'ici la fin de la semaine, pour constituer une coalition. Jean-Pierre se consacre au Conseil des ministres du lendemain, Boris aux sujets budgétaires, Constance énumère les questions juridiques et donne des informations sur les victimes, dont dix sont encore à identifier. Gaspard intervient sur la presse et moi sur la politique et l'opinion. Le Président alterne blagues et gravité, ayant besoin de bons mots pour expulser la tension. Puis il conclut, gravement : à ses yeux, les terroristes veulent déclencher la guerre civile en France, il ne faut pas leur céder la moindre opportunité d'y parvenir. Il cite aussi une phrase attribuée à Ben Laden : « Vous aimez la vie. Nous, on aime la mort. »

Je passe une partie de l'après-midi avec le politologue Patrick Weil. Qui me parle notamment de la déchéance de nationalité, d'une disposition d'un décret Daladier du 12 novembre 1938 permettant déjà de déchoir et stipulant : « Le Français qui se comporte en fait comme le national d'un pays étranger peut, s'il a la nationalité de ce pays, être déclaré, après avis conforme du Conseil d'État, avoir perdu la qualité de Français. » Or ce décret valait toujours. J'en conclus qu'il était inutile de réviser la Constitution. Que le faire pourrait même se révéler nocif. Mais que la symbolique serait bien sûr aussi différente.

Cet après-midi-là, je consulte les synthèses des événements qui arrivent par mail à quelques-uns d'entre nous. Depuis le 13 novembre, nous en sommes au vingtième rapport. Ces documents indiquent le bilan humain des attentats, avec les décédés, les blessés, mais comptabilisent aussi le nombre d'autopsies, les permis d'inhumer. Le tout de manière précise, administrative, et ce n'en est que plus terrifiant. S'ajoutent le bilan du dispositif de prise en charge médico-psychologique des victimes et de leurs familles, mais encore les réactions de la population – état d'esprit général –, les mouvements de soutien. Les actes antimusulmans sont précisés, comme les incidents survenus durant la minute de silence. Sans oublier les actions engagées… Sur trois, quatre pages très denses, précises, froides donc, mais permettant de savoir ce qui s'est produit avec une certaine distance, tout est synthétisé. Et l'effet n'en est que plus douloureux. Un peu plus tard, nous obtenons de nouvelles informations. Notamment sur la traque de l'un des principaux suspects. Tout le monde le croyait en Syrie, en fait, il se trouve dans la région parisienne.

Le mercredi 18 novembre, à la rituelle réunion d'avant Conseil des ministres, le chef de l'État n'est pas présent mais dans son bureau, avec le Premier ministre, le ministre de l'Intérieur et la garde des Sceaux. Depuis 4 h 45 ce matin, l'assaut a été donné contre la planque des terroristes. Et les tirs ont retenti immédiatement. La matinée se déroule entre le suivi de l'assaut, le Conseil des ministres et une sortie, car, vers midi, le chef de l'État se rend au congrès des maires de France. Où plusieurs discours doivent être prononcés : l'un par André Laignel, un autre par François Baroin et le sien. Qui se révèlent de même tonalité. L'heure est réellement à l'unité, sans arrière-pensées politiciennes visibles. Un beau moment, durant lequel François Hollande apparaît moins martial que le 16 novembre et parle plus de la France. Nouvelle *Marseillaise*.

Nous rentrons et déjeunons avec le Président dans son bureau. Je le trouve en grande forme. Il nous dit, à sa manière, l'affection et l'admiration qu'il éprouve pour son ministre de l'Intérieur : « Cazeneuve ne mange pas, ne dort pas, ne grandit pas. » Celui-ci, d'ailleurs, nous rejoint en cours de repas et, effectivement, n'avale pas une bouchée. Nous, nous mangeons ses paroles, surtout son récit de l'assaut de Saint-Denis. Il reconnaît n'avoir jamais rien vu de tel. Une heure et demie d'échanges de tirs. À un moment, les forces d'assaut ont même cru qu'elles allaient manquer de munitions, confie-t-il. Il y a plusieurs blessés et deux morts, deux terroristes. Avec l'humour pince-sans-rire qui le caractérise, Bernard Cazeneuve ajoute : « Le méchant peut être l'un des deux. » Il dévoile son angoisse de la suite. Le Président fait appeler les patrons du RAID et de la BRI – Jean-Michel Fauvergue et Christophe Molmy –, les remercie, leur exprime son admiration. Plus tard, il rendra visite aux personnes blessées durant l'assaut. Tout au long de ces journées, le Président passera en fait beaucoup de temps dans les hôpitaux. D'autres sujets se greffent au menu en fin de repas : la COP21, les élections régionales, l'état d'esprit de la population. « L'effroi est passé. Que va-t-il arriver maintenant ? », interroge l'un d'entre nous.

Entre son bureau et les hôpitaux, François Hollande passe nombre d'appels à ses homologues internationaux. Dans l'après-midi, il reçoit – discrètement – les présidents des groupes parlementaires et des commissions socialistes : Bruno Le Roux, Didier Guillaume, Catherine Lemorton, Jean-Paul Chanteguet… Et questionne chacun sur le ressenti de la population dans son territoire. Catherine Lemorton s'étend longuement sur Toulouse, ville touchée par les attentats en 2012. Depuis, explique-t-elle, une culture de rassemblement, d'échanges s'est constituée, densifiée. Le chef de l'État évoque alors spontanément le magnifique texte de l'ancien chanteur de Zebda, Magyd Cherfi : « Carnage ». Puis insiste sur le calendrier, qui va très vite. Avec, chaque jour, un état d'esprit différent, une réaction autre. Conscient des risques de stigmatisation des populations musulmanes, heureux de voir les réactions modérées des Françaises et des Français, il déduit : « Ils pensaient blesser la France décadente. Ils ont réveillé la France ardente. »

Vendredi, déjeuner avec lui. Finalement, pas de sortie possible pour prendre un verre dans le quartier du Bataclan, sécurité et prudence obligent. François Hollande fait le point sur la réunion des ministres de la Justice et de l'Intérieur européens, sollicite des précisions sur sa tournée à venir, qui le verra à Washington le mardi, à Moscou le jeudi. D'ici là, ce samedi, hommage aux victimes dans la cour des Invalides, puis départ au sommet du Commonwealth à La Valette. Retour à Paris le même samedi avant d'enchaîner sur le Conseil européen, dimanche. Actif, attentif, sur tous les fronts, le Président ne souhaite rien lâcher, veut être partout à travers le monde afin de montrer que l'État continue, que les grands dossiers ne passent pas à la trappe. C'est aussi se battre que de travailler pour la COP21, pour la coalition. De nombreux dossiers sont étudiés : SNCF, agriculture, accession à la propriété, SNCM – avant de revenir aux attentats et à leurs conséquences. La révision constitutionnelle et la question de la déchéance sont abordées, mais le Président est surtout préoccupé par l'hommage aux victimes qui se déroulera la semaine suivante. C'est aux familles qu'il faut laisser de la place, non aux officiels, pas aux autres chefs d'État. Il désire une réflexion sur la musique à passer, fournit quelques indications pour le discours, suggère de solliciter Erik Orsenna. Et, une fois encore, demande à Constance un point sur les suites de l'attentat. Si toutes les victimes ont été identifiées, il reste un cas douloureux. Une personne dont la famille a mis du temps à récupérer le corps. Constance donne le nom. Je suis décontenancé, car ce nom, je le connais : c'est celui d'une de mes cousines. Comme bien des Parisiens, des Français, à l'Élysée, nous avons tous été touchés. De manière plus ou moins forte, plus ou moins proche. Mais, par une espèce de pudeur, nous en parlions peu. Pour autant, les traces sont là. Profondes. Quelques-uns ont le souffle coupé lorsqu'ils approchent du Bataclan. Au sens propre, dans l'incapacité totale de dire un mot. La nuit du 13 au 14, ceux qui ont accompagné le chef de l'État sur place, qui ont vu les corps, les traces, les regards perdus, entendu les cris, les pleurs, peineront à s'en remettre. Il y en a qui feront tout pour ne pas être à Paris le 13 novembre de l'année suivante, allant jusqu'à couper leurs téléphones. Nous avons bel et bien tous été atteints. Le Président comme les autres. Même s'il ne le montrait pas.

Le 27 novembre, cérémonie d'hommage aux Invalides. Quasiment toutes les familles sont présentes, à l'exception de deux qui ont refusé de venir et considèrent que l'État a une part de responsabilité, n'a pas assez protégé la population. Cette question, nous nous la sommes posée. Honnêtement, durement. Mais nous n'avons pas eu le sentiment d'avoir failli. Pour autant, le Président a compris une telle réaction. Dans son esprit, pas question de blâmer les familles. Mais au moins aurait-il aimé les soutenir.

Les détails de la cérémonie ont été discutés et rediscutés avec lui. La liste des invités, la scénographie, la lecture du nom des 130 victimes, les titres des chansons – « Quand on n'a que l'amour », de Jacques Brel et « Perlimpinpin », de Barbara –, le choix des interprètes – la Bretonne Nolwenn Leroy, la Française d'origine algérienne Camelia Jordana et la Franco-Israélienne Yael Naim, puis la cantatrice Natalie Dessay –, rien ne lui a échappé. Maîtrise de tout, respect pour tous.

Pour l'allocution proprement dite, plusieurs versions ont été établies. J'ai travaillé une mouture avec Constance et Erik Orsenna – que je connais bien. Ensuite, le Président a rédigé une version seul, tant ce discours le touchait particulièrement. La mort. La jeunesse. Autant le texte dit au Congrès avait été martial, autant celui des Invalides a privilégié l'émotion. Sobriété et intensité.

« Vendredi 13 novembre, ce jour que nous n'oublierons jamais, la France a été frappée lâchement, dans un acte de guerre organisé de loin et froidement exécuté, a déclaré François Hollande. Une horde d'assassins a tué 130 des nôtres et en a blessé des centaines, au nom d'une cause folle et d'un dieu trahi. Aujourd'hui, la nation tout entière, ses forces vives pleurent les victimes. Cent trente noms, 130 vies arrachées, 130 destins fauchés, 130 rires que l'on n'entendra plus, 130 voix qui à jamais se sont tues. Ces femmes, ces hommes incarnaient le bonheur de vivre. C'est parce qu'ils étaient la vie qu'ils ont été tués. C'est parce qu'ils étaient la France qu'ils ont été abattus. C'est parce qu'ils étaient la liberté qu'ils ont été massacrés. »

Quarante minutes plus tard, il a conclu par ce qu'il ressentait intensément : « Malgré les larmes, cette génération est aujourd'hui devenue le visage de la France. Vive la République et vive la France. »

35

La déchéance

En cette fin décembre 2015, le président de la République disposait de nombreuses cartes en main. Et même d'atouts. Le pays avait derechef été frappé par des attaques terroristes, mais, une fois encore, Françaises et Français avaient bien réagi. L'unanimité était même apparue plus forte qu'après les exactions de janvier, la gêne de certains par rapport à ce que représentait pour eux *Charlie Hebdo*, le «journal des caricatures», n'étant plus de mise. Les morts avaient aussi été beaucoup plus nombreux, plus divers, à l'image de la France elle-même. À l'image de sa diversité, de sa fraternité. Il était donc possible de construire, de reconstruire, de souder, voire de dépasser.

Et puis patatras… en quelques semaines, nous avons réussi l'exploit de passer à côté de toutes les opportunités. Nous avons évité le pire. Or, celui-ci était possible. Mais nous ne sommes pas parvenus à nous sublimer, nous dépasser. À entraîner le pays vers autre chose. Ce n'était pas évident. Les mesquineries post-*Charlie* – bisbilles Bartolone/Larcher, échec du dialogue social, 49.3 incongru sur la loi Macron – étaient bien dans nos esprits. Mais il y avait une fenêtre d'opportunité. Rare et précieuse. Au contraire, nous avons multiplié les erreurs d'analyses, de décisions, d'actes. Moins de quatre mois après le traumatisme du massacre, tout était quasi fini. Les germes de la suite, à savoir l'espèce d'agonie politique qui a conduit à toutes les surprises de 2017, étaient là. Tous.

Qui se souvient que pendant un mois, du 13 novembre, date des attentats, au 13 décembre, jour du second tour des élections régionales, ce fut la hauteur de vue qui l'emporta ? Celle du Président.

Juste après les attentats, trois autres sujets nous mobilisèrent : primo, la COP21 ; secundo, que faire de cette ouverture créée par l'union nationale dans le mur de nos difficultés ; et, tertio, de manière plus prosaïque, comment gérer et qu'espérer des élections régionales qui allaient se tenir les 6 et 13 décembre ?

Dès le 18 novembre, jour final de la traque des tueurs, le Président repartit au front de la COP21. Il s'entretint avec Ban Ki-moon, le secrétaire général des Nations unies, cette conférence étant une négociation sous l'égide de l'ONU. Ce dont nous nous rendîmes compte de manière très concrète… et tracassière ; l'enceinte du Bourget, où se déroulèrent les deux dernières semaines de négociations, était en fait une sorte de territoire des Nations unies, qui exigeaient presque un visa pour y accéder, accréditation dont l'obtention relevait du combat sans fin. Or, circonstances obligent, COP21 et lutte contre le terrorisme se mêlèrent presque intimement puisque, à partir du week-end du 28 novembre, les chefs d'État arrivèrent pour l'ouverture officielle de la grande conférence écologique, fixée au 30, dont certains souhaitèrent faire un geste envers les victimes des attentats. David Cameron était venu, Angela Merkel avait suivi dans la nuit du dimanche 29 au lundi 30. Anne Hidalgo et François Hollande accueillirent Barack Obama devant le Bataclan meurtri, soit quelques heures à peine avant l'ouverture officielle de la COP21.

Après Ban Ki-moon, François Hollande, avec Laurent Fabius, le président officiel de la COP21, et Ségolène Royal, prononça le discours inaugural de ce grand sommet de concorde pour la planète. Le texte fit, bien sûr, allusion aux attentats… mais surtout énonça les enjeux de ce sommet pour notre globe. Puis les débats débutèrent, les conférences, échanges, négociations s'enchaînèrent, à défaut des manifestations et marches interdites à cause des risques. Avaaz, l'ONG qui devait initialement organiser la grande marche populaire en faveur d'une prise de conscience des enjeux d'un climat en péril, proposa une alternative : le dépôt, sur la place de la République, de milliers de chaussures destinées à symboliser la procession qui ne pourrait avoir lieu. Malgré l'interdit, quelques centaines de personnes se rendirent sur place. Des heurts avec les forces de l'ordre eurent lieu, suivis d'une polémique. Une autre polémique se leva dans la foulée, dénonçant l'utilisation de l'argument de l'état d'urgence pour restreindre le droit de défiler. La place de la République, nouvel épicentre de la contestation.

Quinze jours de conférence. Avec des hauts, des bas. Comme tous les organisateurs et les représentants des pays conviés avaient en tête le fiasco survenu à Copenhague, alors même qu'à l'époque tous annonçaient un accord, les délégations rivalisèrent d'écoute et d'éveil aux enjeux. Quant à Laurent Fabius et la responsable des négociations pour la France, Laurence Tubiana, ils se trouvaient quasi en permanence sur place. François Hollande y multiplia les allers-retours. Un bureau permanent avait même été prévu à son intention.

À l'Élysée, il exerça une diplomatie directe en enchaînant les réunions bilatérales. Le 4 décembre, mettant à profit le sommet des élus locaux à l'hôtel de ville de Paris, avec Anne Hidalgo, il joua même le « coup d'après », rencontrant le président du Comité international olympique, Thomas Bach, faisant ainsi avancer la candidature de la capitale aux JO 2024.

Depuis l'annonce de novembre 2014, les points de vue entre la mairie de Paris et l'Élysée sur la question s'étaient rapprochés. Grâce à des réunions régulières, mais aussi des contacts directs. J'ai moi-même pris l'habitude de faire le point, une fois par mois, avec le directeur de cabinet de l'hôtel de ville pour éviter, ou au moins limiter, les éventuelles anicroches. Nathalie Iannetta était particulièrement active. Une articulation fut même trouvée avec le dossier de l'Exposition universelle !

À la fin de la semaine, les négociations de la COP21 avaient bien avancé, mais personne n'ignorait qu'une remise en cause des progrès et concessions était possible jusqu'au dernier instant. Sur le qui-vive, le Président ne cessa de converser avec Laurent Fabius qui, pourtant, était initialement réservé voire hostile à l'accueil de la COP21 à Paris, avant, une fois convaincu, de s'y consacrer et d'en devenir l'un des principaux artisans. L'intensité des négociations se maintint la seconde semaine, même si les chefs d'État eux-mêmes étaient repartis. Certains reviendront. Comme souvent dans ces longs pourparlers, la tension monta durant les dernières heures. Le vendredi 11 décembre, on envisagea même un échec, probabilité dont la presse se fit largement l'écho. Allait-on trébucher si près du but ? Heureusement non. Un projet d'accord se noua dans la nuit du vendredi au samedi, présenté aux délégués des 195 pays à 11 h 30 le lendemain : les États signataires s'engagèrent – une fois le texte validé par chacun des pouvoirs locaux – à limiter sous le seuil des 2 °C le réchauffement climatique, avec réduction des émissions mondiales de gaz à effet de serre.

Le Président décida de se rendre à la clôture des travaux. Où il retrouva un Laurent Fabius particulièrement ému, ce qui est plutôt rare chez lui. Comme à la fin d'une vente aux enchères, ce dernier tapa avec un marteau pour indiquer que la conférence était close : l'accord avait été finalisé. Le Président prit la parole et conclut par ses mots : « Oui, le 12 décembre 2015 restera une grande date pour la planète. À Paris, il y a eu bien des révolutions depuis des siècles, mais aujourd'hui c'est la plus belle et la plus pacifique des révolutions qui vient d'être accomplie : la révolution sur le changement climatique. »

Une formidable promesse, un moment important pour la planète… et pour le chef de l'État.

Durant les deux semaines de la COP21 se déroulèrent les deux tours des élections régionales. Selon une concomitance totalement incongrue, ce dont tout un chacun convenait mais que personne n'était parvenu à éviter ! L'Élysée est une véritable école de vie pour tout ce qui touche au rapport à l'Administration. Pas d'humilité : parfois, au palais présidentiel, le pouvoir d'agir est réellement important, fort. Presque effrayant, même. Mais à d'autres moments, l'impuissance de la présidence, d'un gouvernement se révèle totale. C'est ce qui était arrivé dans ce cas de figure. Impossible de bouger quoi que ce soit.

La campagne pour les élections s'était vue suspendue quelques jours par les attentats de novembre. Le 13 au soir, je l'ai écrit plus haut, plusieurs d'entre nous pensaient que les actes terroristes profiteraient au Front national, le cocktail choc migratoire-nouvelle vague violente semblant plus que dangereux. Les sondeurs pensaient de même. Avec une telle ambiance et de tels augures, le scrutin ne se présentait pas sous les meilleurs auspices, loin de là. D'autant que s'ajoutait au contexte la désunion presque totale des listes de gauche. Le soir du premier tour, les pessimistes parurent gagner : le Front national arriva largement en tête, obtenant plus de 28 % des voix, devenant, sur ces élections-là aussi, le « premier parti de France » puisque, par rapport à 2010, il avait plus que doublé son score. Les Républicains dépassèrent 26 % et le parti socialiste aboutit autour de 23 %, chiffre plus que raisonnable. La dynamique frontiste persistait donc et signait. Ce qui refit dire à François Hollande que Marine Le Pen pouvait gagner la présidentielle de 2017, véritable hantise pour lui.

Néanmoins, derrière ces chiffres, quelques motifs d'espoir subsistaient. Les Républicains, par exemple, n'allaient pas décrocher le nombre de régions qu'ils espéraient. Contrepartie, le PS en conserverait plus que prévu. Mais que faire du FN ? L'attitude vis-à-vis du mouvement d'extrême droite avait fait l'objet de multiples discussions entre nous, débat renoué le samedi 5 décembre avec le chef de l'État. Une position avait été arrêtée, verrouillée même : en cas de risque de bascule d'une région vers le Front national, le parti socialiste ne déposerait aucune liste au second tour. Une attitude morale, mais complexe à expliquer, et difficile à comprendre et entendre pour les camarades menant, sur le terrain, la bataille contre la droite républicaine (qui ne l'était pas toujours). Une consigne risquée aussi car elle renforçait l'impression d'UMPS que ne cessaient de dénoncer les frontistes.

Le 6 décembre, soir du premier tour, donc, comme chaque dimanche d'élection, je suis à l'Élysée avec le Président. Les sondages tombent. Vite suivis des estimations. Trois régions sont considérées comme d'ores et déjà gagnées (ou conservées) par la gauche : la Bretagne, Aquitaine-Limousin-Poitou-Charentes et Midi-Pyrénées-Languedoc-Roussillon. Cinq sont en revanche tangentes : Centre, Normandie, Bourgogne-Franche-Comté, Île-de-France et Pays de la Loire. Hélas, dans trois autres, le

Front national risque de l'emporter : Nord-Pas-de-Calais-Picardie, Grand Est et Provence-Alpes-Côte d'Azur. Nous échangeons nos impressions. Le Président appelle les uns, les autres, le Premier ministre et le premier secrétaire du parti socialiste. La ligne définie est claire : pas de fusion, mais retrait où s'élève une menace. Mais la situation dans chacune des trois régions est différente, et les réactions des têtes de liste aussi. Plusieurs appels sont passés, notamment par moi. Dans le Nord-Pas-de-Calais-Picardie, les instances locales acceptent la décision de l'Élysée et du parti. C'est un peu plus tendu et compliqué en PACA, mais au final la raison – la morale – l'emporte, ce que le premier secrétaire du PS, Jean-Christophe Cambadélis, annonce dès le dimanche soir. Le sort du Grand Est reste en suspens quelques heures, tranché toutefois le lendemain : Solférino appelle également au retrait. C'est compter sans la tête de liste régionale qui refuse et dépose une liste, sans étiquette PS. Ces retraits ont lieu sans contrepartie, et alors que Nicolas Sarkozy, lui, n'est prêt à bouger sur rien.

Le soir du second tour, le 13 décembre 2015, les « Le Pen » – Marine et Marion Maréchal – sont battues au nord comme au sud. Florian Philippot aussi dans le Grand Est. Aucune présidence de région ne tombe dans l'escarcelle du Front national. Comme pour les élections départementales, le report a évité le pire. C'est certes une défaite électorale pour nous, mais une sorte de victoire, morale, à tout le moins. Mieux, le nombre de régions restant à gauche apparaît non négligeable. Et nous avons même failli – enfin cru – conserver la Normandie, trophée dont j'apprends le passage à droite dans le bureau du Président, vers 22 heures, à cinq mille voix près, ce qui n'est vraiment pas beaucoup à cette échelle. L'Île-de-France, en revanche, constitue une grande déception : face à un Claude Bartolone sûr de lui au soir du premier tour – trop, vraisemblablement –, c'est Valérie Pécresse qui succède à Jean-Paul Huchon.

Mais quand même : avec cinq régions métropolitaines conservées, des listes de gauche unies dans plusieurs endroits au second tour et une défaite relative du Front national, le bilan nous paraît plus qu'honorable. Certains s'enthousiasment : et si on avait enfin repris la main ? Je tempère les optimistes : n'oublions pas qu'avant ces élections toutes les régions étaient à gauche, sauf celles de l'Est.

Cela écrit, en ce début décembre, force est d'admettre qu'un certain nombre de perspectives se dégagent. Soudainement, presque miraculeusement même. Miracle supplémentaire, la popularité du Président fait un nouveau bond en avant. A priori plus solide qu'en janvier. Le bout du tunnel ? L'aube d'une nouvelle ère ?

Si seulement ! Or, à partir de cette date, nous enchaînerons les erreurs et ne saisirons pas les opportunités.

Quelques jours après les attentats, une fois l'« effroi passé », les terroristes neutralisés et le travail de deuil entamé, à l'Élysée les discussions sur l'union nationale constatent combien le contexte a changé, s'est durci. Mais voient aussi des possibilités d'ouverture plus nombreuses. Pas un rendez-vous du week-end où ce thème majeur ne soit évoqué.

Dès le 21 novembre, les sujets politiques et de société civile sont abordés. Le Président envisage même de proposer le ministère des Affaires étrangères à Alain Juppé. Je lui fais part de mon doute, compte tenu des primaires que le maire de Bordeaux compte remporter, mais au moins le débat a-t-il le mérite d'être ouvert. Nous réfléchissons aussi à la possibilité d'appels émanant de la société civile, chefs d'entreprise et syndicalistes. Nous listons l'éventualité d'un agenda républicain allant en ce sens et maintenant l'union du pays et de ses forces vives. Les cogitations progressent le week-end suivant. Plus construites, étayées, appuyées sur quelques études et contacts. Nous avons réfléchi à l'équivalent du couple Juppé-Rocard qu'avait formé Sarkozy pour le grand emprunt. Mais cette fois ce serait pour la République. Plusieurs d'entre nous rédigent des notes, des scénarios. À mon sens, la position prise par le PS le soir du premier tour des régionales peut permettre de construire plus solidement autre chose. Le 10 décembre, nous organisons un déjeuner avec Nicole Notat, l'ancienne responsable de la CFDT, et Pierre Pringuet, président de la très puissante Association française des entreprises privées. Il y a six personnes autour de la table et des invités prêts à bouger, à se mobiliser, à activer leurs réseaux. À s'engager. Sont listés les sujets de travail, les alliés éventuels d'une telle démarche, les modalités opérationnelles, les obstacles aussi… Quelques jours plus tard, Jean-Pierre Raffarin indique qu'on pourrait être unis sur le front de l'emploi. Manuel Valls répond immédiatement qu'il est prêt à saisir cette main tendue. Autant de signes encourageants qui ne nous empêchent pas, en parallèle, de réfléchir à un pacte avec l'ensemble des régions, transpartisan donc.

Le week-end suivant, de nouveau sur le métier, ce bel ouvrage d'ouverture est repris. Plus longuement encore. Le samedi midi, six autres personnes siègent autour de la table. Certaines ont apporté des cadeaux de Noël, qui a lieu dans quelques jours. Nous refaisons le point. Plusieurs chefs d'entreprise se disent prêts à prendre une initiative. La carte politique est étudiée. Et nous essayons de tirer les conséquences de sa nouvelle polarisation avec d'un côté un Front national très fort et un Nicolas Sarkozy qui estime qu'il faut viser cet électorat-là, de l'autre une dispersion à gauche avec poussée d'une sorte de jusqu'auboutisme qui fait penser à l'Espagne… Conclusion logique : il existe un espace central. Une espèce de continuum entre Hollande, Bayrou et Juppé… Nous osons aller un peu plus loin dans les points de convergence possibles : les institutions, la société, l'économie. À ces réflexions, le Président semble sensible, nous parle d'une « responsabilité qui lui incombe » et nous demande de continuer à réfléchir. En ayant en tête que le « système va se refermer sur lui-même. Les partis les premiers ». Il souhaite également des pistes sur la question du renouvellement. « Je suis aussi touché par cette problématique », dit-il dans cette ambiance détendue où l'on voit même – présence rare – Julie Gayet venir au café.

Avec un chef de l'État qui nous paraissait en confiance, ce samedi 22 décembre, nous pensions tous que la révision constitutionnelle, qui comprenait notamment la déchéance de nationalité, ne serait pas inscrite à l'ordre du jour du prochain Conseil des ministres. L'arbitrage semblait d'ailleurs avoir été rendu en ce sens, comme nous le laissa comprendre François Hollande lui-même.

Si, lorsque le président de la République avait annoncé au Congrès une révision de la Constitution pour l'état d'urgence et la déchéance de nationalité, plusieurs parmi nous avaient été étonnés, tant rien ne semblait indiquer cette orientation, depuis nous imaginions donc l'article 2, celui qui fera polémique, abandonné. Erreur.

En toute franchise, mettre en œuvre une déchéance de nationalité pour des terroristes avait peu de sens. Le coup tactique était une pure vue de l'esprit. Même si l'idée pouvait diviser la droite, comment ne pas voir que cela allait, parallèlement, tirailler nos troupes et entraîner des conséquences pour 2017 ? Le Président était bien trop fin politique pour ne pas sentir la vanité, percevoir la grossièreté de cette manœuvre d'apprenti sorcier ! Et les scénarios que nous avions en tête relatifs au dépassement des clivages étaient potentiellement bien plus féconds, et surtout utiles au pays. Non, la seule explication, c'est celle que le Président laissa filtrer : il allait y avoir d'autres chocs, d'autres attentats, auxquels le pays ne réagirait pas aussi bien. Il lui paraissait donc essentiel de sceller une sorte de pacte entre les partis afin d'éviter les dérapages. Une révision de la Constitution pourrait symboliser cela. Notamment avec deux articles, le premier plutôt de gauche – inscrire l'état d'urgence dans la Constitution afin de mieux l'encadrer, notion apparue dans le droit français en 1955 durant la guerre d'Algérie –, le second plutôt de droite, avec cette fameuse déchéance de nationalité pour les terroristes binationaux.

Mais ce raisonnement ne tenait pas. Et, quelques mois plus tard, après l'attentat de Nice, ce seront les Français qui, une nouvelle fois, se montreront dignes, contrairement à une frange de la classe politique. Accorder sa confiance aux partis pour amortir les chocs à venir n'avait donc aucun sens. Et de quoi surprendre, porté par quelqu'un qui, en petit comité, expliquait que la crise hexagonale était d'abord celle de ses élites, classe politique en tête !

Alors notre chemin de croix commença. Tout au long du mois de décembre, des messages d'alerte avaient été envoyés. Par des élus. Des intellectuels. Des juristes. Des amis du Président. Nous crûmes à un moment que le Conseil d'État nous offrirait une échappatoire et retoquerait la déchéance : ce ne fut pas le cas.

En ce week-end du 19 décembre, nous étions donc persuadés que ce point ne figurerait pas à l'ordre du jour du Conseil des ministres. Mais, le lundi après-midi, nous comprîmes que si. Et il était trop tard. Les réactions, à l'annonce, furent très vives. De manière très compréhensible, bien que cela surprît le Président. Il m'appela longuement, le 24 décembre, alors que j'étais redescendu à Bordeaux, voulant connaître les réactions des élus. Elles étaient hostiles, il le savait, je le lui redis. Mais il répondit : « Tu verras, cela leur passera. Ils vont passer les fêtes chez eux. À discuter. À faire les marchés. Cette mesure est largement soutenue par l'opinion et ils s'aligneront sur l'opinion. » Ce ne fut pas le cas. Loin de là, même. Je le revis la semaine suivante. Beaucoup. Comme pour chaque préparation des vœux du 31 décembre, nous échangeâmes intensément. En déjeunant ensemble presque tous les jours, avec d'autres.

Ces vœux auraient pu être parfaits. Graves. À la bonne hauteur. Indiquant les bons enjeux. De fait, le Président évoqua un état d'urgence économique, formule traduisant un plan de relance pour l'emploi sur lequel nous travaillions tous depuis des semaines, avec le gouvernement évidemment, détaillé quelques jours plus tard au Conseil économique et social. Ces vœux auraient pu être parfaits donc… s'il n'y avait eu la déchéance de nationalité. Le Président en parla, nécessairement. En se mettant légèrement en arrière-plan. « Il revient désormais au Parlement de prendre ses responsabilités. Le débat est légitime. Je le respecte. Il doit avoir lieu. Et quand il s'agit de votre protection, la France ne doit pas se désunir. »

Mais ledit débat pourrira littéralement tout le premier trimestre 2016. Tous les amendements, toutes les sous-rédactions seront envisagés… sans calmer les tensions, éteindre le feu. Pire, le 27 janvier, Christiane Taubira démissionna. Nous le savions depuis des jours, plutôt des semaines, et elle s'en alla à cause de cette question de la déchéance. Avec beaucoup de dignité ! Une perte.

Le 10 février, la révision constitutionnelle passe à l'Assemblée nationale. Aux forceps. La majorité des 3/5ᵉ n'est atteinte que grâce à un mélange improbable entre élus socialistes et républicains. Mais 102 socialistes ont voté contre ou se sont abstenus. Des dizaines d'autres n'ont pas pris part au vote. Parmi les bulletins contre, il y a même des très proches du chef de l'État : Kader Arif, Olivier Faure, Marie-Arlette Carlotti, d'autres encore. Le débat est-il éteint, la procédure définitive ? Malheureusement non. Le Sénat trouve, ensuite, tous les prétextes pour ne pas voter le texte. Alors, le 30 mars, François Hollande, seul et défait, annoncera que le projet de révision est abandonné. Dans la salle même où il avait prononcé des discours dignes et mémorables après les attentats de janvier et novembre. Dans un lieu où, l'espace d'un moment, pour beaucoup de Français, il avait été totalement Président.

Comme si cela ne suffisait pas, entre-temps, d'autres erreurs auront été commises.

En janvier 2016, il fut décidé qu'Emmanuel Macron ne porterait pas une autre loi. Sous prétexte que son texte serait trop vide. Les articles le méritant se virent donc inclus dans un projet porté par Myriam El Khomri. Je me heurtai assez durement avec Jean-Pierre et Boris à ce propos, convaincu que venait d'être commise une énorme erreur : ne pas profiter du talent d'Emmanuel et, surtout, ne pas jouer l'équilibre entre un texte social avec le compte personnel d'activité et la généralisation de la Garantie jeunes, puis un autre pour les entreprises relevait, de mon point de vue, du défaut de stratégie. Hélas, ces discussions internes ne servaient pas à grand-chose : le Président avait donné gain de cause à son Premier ministre. Les dés étaient jetés. Avec une loi comprenant deux messages contradictoires, donc illisible, et un ministre de l'Économie libéré de toute obligation de travail gouvernemental.

Pour écrire l'entièreté de mon sentiment, j'estime que cette période janvier-février ressemble à des semaines d'absence du chef de l'État. De non-présence aux choses, plutôt. Lorsque je relis mes notes, je vois plusieurs fois écrit : « J'ai l'impression que tu as disparu. Que tu es sous l'emprise de ton Premier ministre. » Je le lui dis un jour. Pas aussi directement, mais régulièrement. De fait, à l'approche du nouveau remaniement – il doit avoir lieu, être assez ample puisque lié au départ de Laurent Fabius au Conseil constitutionnel… –, nous sommes plusieurs à plaider pour l'audace de nommer un successeur à Manuel Valls. Afin de passer à autre chose. Les visiteurs du soir, du jour, de la semaine, du week-end sont nombreux, et assez sur cette ligne. Le Président nous laisse dérouler nos arguments, mais ne souhaite pas ce choc. Nous lui proposons deux scénarios pour Matignon : Bernard Cazeneuve et – notre préférence – Emmanuel Macron. Mais François Hollande se convainc que les Français ne comprendraient pas le sens d'un changement de Premier ministre, surtout à ce moment-là. « Si c'est Bernard Cazeneuve, vous mettez qui à l'Intérieur ? objecte-t-il, ajoutant : Si c'est Emmanuel Macron, il nous emmènera trop loin dans la réforme du travail. Il a une ligne, je la respecte, mais ce n'est pas la mienne. »

Rien ne se fit, de structurel en tout cas. Et ces hésitations débouchèrent sur le remaniement du 11 février. Probablement le pire des remaniements, même si c'est celui auquel j'ai le plus participé. Pas juste à travers des notes. Pas juste grâce à des discussions avec le Président. Non, plutôt par les dizaines d'appels passés aux uns et aux autres afin de les convaincre dans un sens ou dans un autre. Mais ce changement n'apporta aucune dynamique. Les écologistes revinrent (enfin) au gouvernement, mais ce parti avait éclaté depuis des mois, la COP21 était derrière nous. Pire, le changement général suscita des tensions, des humiliations. Manuel Valls resta Premier ministre mais dut en subir plusieurs, dont le retour de Jean-Marc Ayrault au Quai d'Orsay. Emmanuel Macron, lui, fut rétrogradé. De peu, et cela n'avait aucun sens. Mais les chroniques sont pleines de cela. Et, le 11 février 2016, j'ai constaté que nous avions énormément perdu.

Pendant quelques semaines, nous avons en fait terriblement flotté au palais présidentiel. Nous avons laissé le chef de l'État seul. Bien trop seul. Il avait su protéger le pays, nous n'avons, nous, pas su le protéger.

36

« Un président travaille pour son successeur »

Mardi 16 février 2016. Premier petit déjeuner de la majorité depuis le remaniement. Auquel Jean-Michel Baylet ne participait plus, puisqu'il était devenu ministre de l'Aménagement du territoire. Une nomination qui suscita les critiques de la presse. Parce que cette entrée faisait tambouille politique, signifiait un retour vers le passé, Jean-Michel Baylet ayant été ministre sous François Mitterrand, soit trente ans plus tôt. Autre surprise de la nouvelle équipe, Jean-Marc Ayrault revint, deux ans après avoir été évincé de Matignon par Manuel Valls, cette fois au Quai d'Orsay, et Emmanuelle Cosse quitta la direction d'Europe Écologie Les Verts pour y entrer aussi. Il y avait quelques nouvelles têtes – et symboles –, telle Hélène Geoffroy, maire de Vaulx-en-Velin à la Politique de la ville, des intitulés de postes traduisant les priorités de la fin du mandat : « égalité réelle », « aide aux victimes »... Mais force est d'admettre que les commentaires ne furent globalement pas favorables : l'ensemble ressemblait pour beaucoup à une opération « recyclage », à un mariage de carpes et de lapins, d'amis à choyer et d'ambitions à satisfaire.

De toute façon, le vote récent sur la déchéance de nationalité ambiançait tout. Négativement. Seul un électrochoc aurait pu provoquer une autre tonalité. Là, ce n'était que du rafistolage. Pas de quoi constituer un nouveau pack. Comment espérer ressouder une majorité, traduire une impulsion commune alors que le traité sur la stabilisation, la coordination, la gouvernance en Europe, l'accord national interprofessionnel, la loi Macron, la révision constitutionnelle… avaient, en quatre ans, vu près d'un député socialiste sur deux ne pas suivre la discipline de groupe ? Il existait, certes, un noyau dur de frondeurs, ceux qui polluèrent tout le quinquennat, mais en vérité le trouble se révélait plus large, la faille plus profonde, aussi. Si les réunions de groupe ressemblaient parfois à un théâtre d'ombres, à d'autres moments elles virent surgir des affrontements terribles. Le PS avait une culture du débat, non de l'affrontement. Or ce parti possédait autrefois un sens de la discipline collective fort. Une donnée qui, avec cette mandature, avait disparu alors qu'avant ce quinquennat le PS s'avérait par exemple bien plus soudé que le Rassemblement pour la République, ancêtre des Républicains. Dès lors, la boîte de pandore était ouverte – comme on le verra à la primaire de 2017. Il était encore trop tôt pour savoir si ces tiraillements, si cette rébellion allant jusqu'au refus de suivre le gouvernement issu de ses rangs relevaient de l'accident ou de la tendance irréversible, si l'autonomie croissante de députés ne se ralliant plus aux décisions de leurs instances conduirait à l'implosion du PS lui-même, mais j'en avais l'intuition. En soi, cette perspective n'était pas forcément une mauvaise chose – au moins une clarification s'opérait et obligeait les uns et les autres à se positionner –, mais pour cette mandature, ce fut anarchique et meurtrier. Très vite, on vit à peine une centaine de députés assister aux réunions de groupe ! Et les deux camps extrêmes s'invectiver, les députés « de base », ceux qu'on nomme avec un mépris injuste « le marais », assistant, soupirant, regrettant… se désespérant. Les premiers tremblements du futur séisme auraient dû alerter tout un chacun, mais personne ne les ressentit ou n'envisagea qu'ils pourraient conduire tout le monde vers la catastrophe, voire la disparition.

Ce 16 février, ambiance pas vraiment meilleure au petit déjeuner de la majorité. Bien qu'il n'y ait pas autant de clivages qu'au sein du groupe socialiste, la tension se sentait. Chacun y alla de son commentaire, de son analyse, plus sombres les uns que les autres. Jean-Christophe Cambadélis, en référence au débat sur la déchéance et au départ de Christiane Taubira, parla de situation

« post-traumatique », décrivit la décomposition de l'espace public et conclut par un : « Je ne vois pas. » Claude Bartolone en ajouta une louche, comme souvent : « La révision constitutionnelle a été une catastrophe. Nous nous sommes coupés de toutes les élites urbaines. » Et de renchérir en assenant : « Le remaniement a été incompréhensible », avant de se montrer particulièrement critique sur le passage à la télévision du Président le soir du remaniement. Pour lui, c'était le rôle du Premier ministre, non du chef de l'État. Et d'en venir à s'interroger sur un possible renoncement de François Hollande. Bruno Le Roux, Didier Guillaume et surtout Stéphane Le Foll prirent la défense de ce dernier, mais moins fortement qu'à d'autres occasions. Et pour cause, le ministre de l'Agriculture avait lui-même mal vécu cette journée comme cette période. Terribles bilan et constat : la séquence avait fait valdinguer tout notre travail de reconquête des mois précédents.

À l'Élysée, le jour du remaniement, nous étions censés travailler une partie de l'après-midi avec lui, Guillaume Bachelay et le Président. Sur l'intervention télévisée et la suite. Le rendez-vous, prévu à 16 heures, eut lieu près de deux heures plus tard. Dans le salon d'angle, « celui qui rend fou » et qui, une fois encore, méritait presque son surnom puisque toute la journée l'avait été, folle. Le Président avait multiplié les allées et venues, repartant sans cesse dans son bureau pour passer d'ultimes coups de fil, prévenir ceux qui rentraient ou sortaient du cabinet. Nous, nous voulions expliquer ces changements, mais comment y parvenir dans cette ambiance, ce climat, avec ces incessants va-et-vient ? On n'y arriva pas. Aussi, le lendemain matin, à Matignon, Stéphane défendit la ligne déjà définie. Et insista sur la nécessité de la suivre et d'expliquer coûte que coûte. Mais il regretta le manque de contextualisation, notre incapacité à mettre en avant les mesures de gauche. Dont la prime d'activité, versée depuis le mois de février aux personnes ayant un revenu inférieur à 1 500 euros par mois, véritable aide au pouvoir d'achat destinée à tous, dont les jeunes, nouveauté et aboutissement d'une revendication ancienne de toute une partie de la gauche.

Jean-Marie Le Guen intervint à son tour. Si Stéphane Le Foll avait le titre de porte-parole du gouvernement, Jean-Marie jouait très souvent celui, sans titre, de porte-parole du Premier ministre.

Sans titre, mais particulièrement présent dans les médias, l'homme a le verbe haut, aime cela, atteint parfois les limites de la provocation et ne se caractérise pas par un sens inné de l'apaisement, rôle pourtant du ministre des Relations avec le Parlement – à tel point que tous le nomment le « ministre des Tensions avec le Parlement ». Mais, au cours de ces petits déjeuners, il se montrait bien différent, beaucoup plus fin qu'à l'écran, et conscient de l'urgence à maintenir l'union même si, pour lui, il y avait deux PS depuis des années et qu'il fallait l'acter. Ce matin-là, il était dans le regret. Regret que le Président ne se soit pas exprimé plus tôt, notamment sur le sens de la révision constitutionnelle. De fait, nous avions été plusieurs à le lui suggérer, à l'enjoindre même d'entreprendre un véritable exercice de pédagogie et non de se contenter de phrases, aussi ciselées soient-elles. Le Guen regrettait aussi qu'on n'ait pas saisi la main tendue par Jean-Pierre Raffarin.

Le Premier ministre prit alors longuement la parole. Il évoqua lui aussi la décomposition, indiqua sa détermination à aller jusqu'au bout du processus de la révision constitutionnelle. Et osa demander à haute voix si les Français avaient, selon nous, un problème personnel avec le Président. Il indiqua qu'à ses yeux « le toboggan [était] là » et admit que lui-même « ne [voyait] pas » – sous-entendu comment s'en sortir ! Enfin, il parla de la possibilité d'engager la responsabilité du gouvernement sur le projet de loi de Myriam El Khomri… qui n'était pourtant pas encore passé en Conseil des ministres.

Jean-Christophe Cambadélis releva le problème de l'incarnation de la fonction par le chef de l'État, allant jusqu'à penser à son tour possible que ce dernier ne se présente pas : « Il est candidat. On le prépare. Il ne l'est pas. On se prépare », dit-il. Une phrase surprenante dans sa bouche quand on sait la suite, puisque, jusqu'à la fin, le premier secrétaire du PS œuvrera afin que François Hollande soit candidat. Avec un intérêt objectif : si celui-ci ne se lançait pas dans la campagne, le parti socialiste risquait d'exploser. La primaire et sa suite montreront combien son analyse était juste.

En somme, tous les ténors se perdaient en conjectures, voyaient le piège dans lequel nous nous étions mis, n'imaginaient pas comment en sortir et redoutaient l'avenir. Triste tableau.

Mon rôle était bien particulier dans ce genre de réunions. Surtout lorsque des propos aussi pessimistes étaient tenus. Mais, comme la directrice de cabinet du Premier ministre ou le conseiller spécial Yves Colmou, je n'intervenais pas dans ces discussions. Ou seulement pour délivrer quelques informations techniques. Les discussions que j'avais avec les uns et les autres se déroulaient en d'autres lieux et plutôt de manière bilatérale. Je ne parlais pas, mais rapportais scrupuleusement tout au Président. Sans filtre. Les uns et les autres le savaient. Et en jouaient. Moi de même. Ma charge était donc à la hauteur de l'énervement du moment : dense. Aux aguets, aussi.

Nous avions par exemple perçu, quelques jours avant, la mauvaise humeur du Premier ministre. Le 13 février, en visite à Munich, en Allemagne, il avait tenu des propos très durs, sur les réfugiés comme à l'égard de la chancelière. Concernant les premiers, il avait totalement fermé la porte à une nouvelle répartition de migrants à travers les pays européens. La France avait pris des engagements – minimes – en septembre, ils seraient respectés, mais pas question d'aller au-delà. Ces déclarations avaient suscité beaucoup d'émotion. Y compris à l'Élysée. Et d'agacement. Surtout chez le Président. Le duo connaissait des tiraillements grandissants.

En vérité, la politique du chef de l'État se voyait chaque jour un peu plus contestée. Par la droite, les frondeurs, mais aussi au sein de son propre camp ! Chaque contestation était particulière, certes ; les terrains divers ; les manières de le faire savoir aussi ; mais nous avions désormais à gérer la gauche du PS, le ministre de l'Économie et… le Premier ministre lui-même !

Le 17 février au matin, la tension monta encore d'un cran. Le projet de loi El Khomri entama son parcours chaotique. Depuis des semaines, le texte avait été travaillé. Il mariait dorénavant plusieurs choses : quelques mesures issues de feu le projet de loi Macron sur les nouvelles opportunités économiques, des avancées sociales – comme l'extension de la Garantie jeunes à tous les 18-25 ans, laquelle visait les jeunes qui n'avaient pas d'emploi ni de formation et leur accordait un niveau de ressources et un accompagnement personnalisé –, et surtout le compte personnel d'activité, qui se voulait la grande avancée sociale du quinquennat. L'idée ? Mettre au point des droits rechargeables pour tous intégrant ceux à la formation, à la compensation pour la pénibilité au travail, compte plus ou moins abondé en fonction des situations individuelles. Et il y avait, enfin, la réforme proprement dite du droit du travail. Qui focalisa toutes les attentions.

Les semaines d'élaboration ayant conduit à cet ensemble hétéroclite avaient provoqué nombre de débats et de prises de position internes. Personnellement, je ne voyais pas l'intérêt d'aller se faire massacrer en réformant le travail de cette manière. Surtout alors que les espoirs d'union nationale avaient disparu, en grande partie du fait du Président qui n'y avait jamais vraiment cru : pas de suites concrètes à la rencontre Notat-Pringuet ; pas de réponse réelle à la main tendue de Jean-Pierre Raffarin ; plus de travail sur l'agenda républicain… Nous étions seuls. Et ce texte allait, à coup sûr, une nouvelle fois, faire imploser la gauche ! Surtout, je ne voyais pas de quelle manière il aurait un impact, à court terme, sur l'accélération de la croissance et la baisse du nombre de chômeurs, puisque, notamment, aucune application n'était prévue avant janvier 2017. Comme le chef de l'État avait annoncé un plan d'aide aux PME – un soutien financier contre une embauche –, aux premiers chiffres encourageants, quel besoin d'agiter ce chiffon rouge ? Si, souvent, François Hollande disait : « On ne travaille pas pour soi, mais pour son successeur » – ce en quoi il avait définitivement raison compte tenu des temps d'adoption des lois et de leur appropriation par la suite –, en l'espèce je trouvais que s'embarquer dans la loi Travail serait contre-productif. Je le dis et le redis. L'un de mes leitmotive dans toutes les réunions était d'ailleurs : « Nous faisons n'importe quoi. » Je me fendis même d'une note au titre évocateur et on ne peut plus clair : « Le masochisme a ses limites ».

Mais la vague était trop forte. L'obsession du Président à réformer jusqu'à la fin, la volonté du Premier ministre de toucher à l'un des tabous de la gauche et le tropisme idéologique du ministre de l'Économie se conjuguèrent pour aller jusqu'au bout. En fait, au bord du précipice.

Au pouvoir, les fuites sont une hantise autant qu'une faiblesse. Nous en avons maintes fois été victimes. « Qui a parlé ? », rageait le Président. Pour autant, à toutes les époques elles ont existé, parfois instrumentalisées par les gouvernants eux-mêmes. Avec l'accélération médiatique, ce petit jeu perd de sa saveur puisque cela crée plus de crises qu'autre chose. Si bien qu'on les traque au lieu de les organiser. Or, à l'Élysée, elles ne manquaient pas. Parce que, dans cette maison de toutes les fascinations, tout est scruté, chaque anecdote peut donner lieu à un article. Je l'avais personnellement appris peu après mon arrivée. Un journaliste cherchait à me joindre pour vérifier que je buvais seulement des grands crus de Bordeaux lors de mes repas au palais présidentiel. Ce qui était faux, puisque j'applique le principe : « Jamais de bordeaux en dehors de Bordeaux » au nom de ma curiosité naturelle. Même si j'adore les vins de ma région, je suis trop avide de connaître d'autres choses pour m'en priver. La question, surprenante, me mit la puce à l'oreille. Que cherchait-on vraiment ? À créer une polémique. Comme après les dîners d'État, il reste toujours des bouteilles de vin entamées et que celles-ci sont servies, ouvertes, pour d'autres repas, il y avait matière – ah bon ! – à controverse. À l'Élysée, le moindre geste se voyait donc observé. On surveillait ceux du Président, de ses conseillers, des services de sécurité même.

Corollaire de cet intérêt – pas toujours sain –, il fallait sinon alimenter du moins corroborer, confirmer aux journalistes curieux leurs infos. En donner représentait l'assurance d'être plutôt bien traité. Malheur en revanche aux silencieux. Ce qui ne nous empêcha pas d'être quelques-uns à le rester.

Bref, la fuite relevait de l'inquiétude permanente. Ici comme dans les ministères. Comment bien présenter, expliquer une réforme, un texte, s'il sortait en version non définitive et contraignait le pouvoir à réagir au lieu de maîtriser ? Comment, par ailleurs, ne pas trouver saugrenu de voir des sujets futiles mis en avant tandis que le plus important était gardé secret ? Mais pas cette fois : une version quasi définitive du projet de loi se retrouva sur la place publique. La fuite fut lourde de conséquences. Et ne venait vraisemblablement pas de l'Élysée.

La découverte du texte provoqua des réactions très vives de tous les syndicats, y compris la CFDT. Myriam El Khomri fut envoyée au feu. À travers une interview qui lui permit une longue explication du sens même de la loi, mais qui vira au piège – dans lequel elle tomba – lorsqu'on l'interrogea sur un éventuel recours au 49.3 pour faire passer le projet. Ayant répondu oui, seule cette partie de son entretien fut retenue. Rien pour apaiser les esprits.

Le Président tempéra les choses dans une interview à la radio en fin de semaine avant de quitter l'Hexagone pour plusieurs jours. S'enchaînaient en effet un Conseil européen et un très long déplacement en Polynésie française, à Wallis-et-Futuna, au Pérou, en Argentine et en Uruguay. Un périple prévu de longue date mais qui n'arrivait pas au meilleur des moments. Mais existe-t-il jamais un « bon » moment pour ces voyages lointains ? Au moins, durant ceux-ci, un chef de l'État peut digérer, réfléchir, malgré le décalage horaire et les programmes surchargés – sans oublier la météo jamais clémente avec François Hollande. L'ailleurs permet de prendre un peu de recul. Ce que fit le Président.

Pendant ce temps-là, nous travaillâmes. Nous en avions l'habitude à vrai dire. Terriblement l'habitude même. Après chaque embellie, une rechute. Toujours plus forte. Toujours plus rude. Nous étions parvenus à ne jamais nous lasser. À toujours affronter. Avancer aussi, même si nous étions de moins en moins nombreux. Avec le Président en premier, nous en cordée à sa suite. Chacun avec son caractère, ses doutes, ses oppositions, ses fiertés. Mais avancer, il le fallait, et nous nous y efforcions.

Avancer sur les dossiers, nous n'avons jamais cessé. Il y eut EDF, Notre-Dame-des-Landes – avec la tenue du référendum annoncé par le Président –, le projet de loi Égalité et Citoyenneté, l'éventuelle recentralisation du RSA à faire passer des départements à l'État. Nous avons aussi travaillé d'arrache-pied sur le projet de loi Sapin 2 consacré à la corruption, sur les jeux Olympiques et l'Exposition universelle. Concernant les premiers, les relations avec Anne Hidalgo s'étaient fluidifiées. Ce qui n'était, hélas, pas le cas avec Jean-Christophe Fromantin, qui portait de son côté l'Exposition universelle. Sans oublier le numérique, la réforme du statut de Paris, le maintien d'une vigilance extrême sur le terrorisme, la crise migratoire et aussi les problèmes de l'Europe – le 20 février, David Cameron annonça un référendum sur une éventuelle sortie de l'Union de son pays, fixé au 23 juin… On le voit, les sujets ne manquaient pas. Même si la presse et l'opinion semblaient se focaliser sur la loi El Khomri.

Comment avancions-nous ? En multipliant réunions et dîners. Entre nous ou avec des convives extérieurs. En abordant des sujets politiques ou plus techniques. Avec ou sans le Président.

Le 25 février 2016, Jean-Pierre Jouyet organisa par exemple un dîner avec Pascal Lamy, Stéphane Le Foll, Philippe Léglise-Costa et moi sur les questions européennes, cruciales. Nous parlâmes terrorisme, migrants et conséquences d'un éventuel Brexit. Le chef de l'État, au retour de son périple, présida plusieurs rencontres. Des déjeuners avec quelques ministres, des réunions plus conceptuelles avec Guillaume Bachelay, Stéphane Le Foll et moi, au cours desquelles nous avons évoqué de Gaulle, son histoire avec Pétain, l'éternel procès en trahison fait à la gauche lorsqu'elle se trouve au pouvoir, envisagé de nouvelles protections à proposer aux Français. Pas seulement face au terrorisme, non, mais aussi pour affronter la mondialisation, s'adapter au numérique, répondre aux parcours de vie hachés, aux inquiétudes de notre base électorale, celles des syndicats réformistes. Dans les conversations, s'est immiscée la rivalité Valls/Macron, de plus en plus évidente, le ministre de l'Économie revenant dans presque tous les échanges, d'ailleurs, au petit déjeuner de la majorité, en marge du bureau national, dans nos réunions internes comme à l'occasion de ces dîners à l'Élysée.

Le 4 mars au soir, quatre hommes s'entretiennent dans le Salon des portraits. Le Président, Julien Dray, Gaspard et moi, selon une configuration qui se renouvellera les mois suivants. Nous parlons de la situation politique. De notre capacité à nous tirer des balles dans le pied. Alors que la droite commence à avancer des propositions en vue de sa primaire, le contraste avec ce que nous faisons est fort : tous les programmes des candidats Républicains se révèlent économiquement très libéraux. De quoi ressouder la gauche ? Douce illusion : la loi Travail, au contraire, augmenta la fracture un peu mieux… Nous parlons aussi d'Emmanuel Macron. Julien Dray, proche de lui, l'aime bien. L'accompagne beaucoup. Ou l'accompagnait beaucoup. Il met en garde François Hollande : « Méfie-toi, il est en train de t'échapper. Comme Ségolène en 2006. » Le Président relativise. Il conserve une confiance presque totale envers son ministre. Il voit l'atout qu'il représente, ou plutôt les atouts : popularité, boîte à idées, capacité à dynamiter, rivalité avec le Premier ministre… Nous évoquons aussi l'organisation de la pré-campagne. Nous osons des paris sur les primaires à droite. Quelques sondeurs indiquent qu'Alain Juppé, grand favori, a des points de faiblesse. Plus que ce que l'on croit. Mais aucun de nous ne cite François Fillon.

En ce mois de mars, a aussi lieu un dîner avec quelques ministres hollandais. Petit à petit, nous finissons par dessiner un canevas, envisager des jalons. Pour la suite.

Samedi 2 avril, séminaire à l'Élysée pour parler de la présidentielle.

Lundi 4 avril, dîner à l'Élysée pour commencer à se mettre en ordre de marche. Avec tous les responsables de la majorité et quelques ministres.

14 avril, une émission à la télévision : « Face aux Français ».

25 avril, lancement d'une initiative politique par Stéphane Le Foll « Hé oh la gauche ».

3 mai, un grand discours du Président sur « La gauche et le pouvoir ».

On démultiplie les étapes.

37

L'étau

Pendant des années, nous avions donc appris à avancer. Malgré le (les) contexte(s). Or, entre mars et juillet 2016, s'accumulent les embûches, les pièges, les obstacles aussi nombreux et variés qu'énormes : nouveaux attentats, manifestations dégénérant, grèves menaçant le pays de paralysie, dissensions au sein de la majorité, tiraillements au cœur du gouvernement, poursuite de la crise migratoire, Brexit… En vérité, dans cette courte période, rien n'aura été épargné à la planète, à l'Europe, à la France, à ceux chargés de l'administrer.

Après la fuite d'une première version du projet de loi Travail, le passage du texte final en Conseil des ministres fut décalé de quelques semaines. Parce que les fronts que la révélation inopinée avait ouverts étaient beaucoup trop nombreux, parce que le projet dévoilé contenait trop de lignes rouges franchies pour les syndicats réformistes comme pour le parti socialiste, mieux valait surseoir et revoir la copie. Durant plusieurs semaines, les articles se virent repensés, corrigés, amendés, des dispositions furent enlevées. Le 3 mars, la CFDT, l'UNSA, la FAGE, la CTC et la CFE-CGC avancèrent de leur côté neuf revendications. Dont une majorité fut satisfaite : sur le barème des prud'hommes, sur les critères de licenciement, sur le renforcement du CPA avec la prise en compte d'un compte épargne temps, nous avons dit OK. À force de rencontres, tant au ministère du Travail, à Matignon, qu'à l'Élysée, on pouvait espérer aboutir à quelque chose. Au palais, Michel Yahiel et Boris Vallaud furent particulièrement efficaces sur ces questions, que le Président surveillait comme le lait sur le feu. Il multipliait par exemple les appels. À Pierre Gattaz, plusieurs fois. À Laurent Berger à maintes reprises. Certains dimanches, il lui arriva d'être en contact et de discuter avec lui trois à quatre fois. Et plus à sa demande qu'à celle du leader de la CFDT. En fait, François Hollande lui accordait une grande confiance. Tant pour sa capacité de jugement, son approche constructive des dossiers que sa volonté de tenir le cap et de permettre à la CFDT de se développer. Malgré cette relation forte entre les deux hommes, durant cette période, les frictions ne manquèrent pourtant pas. Au point d'entendre régulièrement François Hollande émettre des commentaires peu amènes après telle ou telle interview de Laurent Berger. Alors même que celui-ci était juste dans son rôle.

Un autre interlocuteur apparut à cette époque : la Fédération des associations générales étudiantes ! Jusqu'alors, le syndicalisme étudiant était principalement incarné par l'UNEF-ID, dont la proximité avec l'appareil du parti socialiste relevait du secret de Polichinelle puisque Jean-Christophe Cambadélis l'avait présidée, tout comme Christophe Borgel, Pouria Amirshahi, l'un des principaux députés frondeurs, et même Bruno Julliard, premier adjoint d'Anne Hidalgo. Dans les cabinets des ministres de l'Enseignement supérieur de gauche, toujours avaient été représentés ces deux groupes que sont la Conférence des présidents d'université et l'UNEF-ID. Mais, cette fois, un autre syndicat rebattit les cartes habituelles. Alors que la contestation suite aux fuites de la loi Travail atteignait les mouvements étudiants et même l'UNEF-ID – au demeurant de moins en moins un interlocuteur privilégié et conciliant –, la FAGE et son président Alexandre Leroy montèrent en puissance. Comme ce syndicat progressait scrutin après scrutin, le gouvernement se mit à faire attention à ses revendications. Durant cette mandature, la FAGE progressa, dépassa même l'UNEF-ID aux élections du CROUS de novembre 2016. Le même phénomène que pour la CFDT qui devint sous cette mandature le premier syndicat dans le privé. Les syndicats réformistes avaient le vent en poupe. Leur ligne était proche de la nôtre. Mais ni la CFDT ni la FAGE n'avaient leur message brouillé par une contestation intérieure aussi vive que minoritaire. Avec le résultat que l'on sait.

À ces partenaires, très écoutés par le gouvernement – sans doute plus que les responsables socialistes –, vint aussi se greffer un mouvement que personne n'avait anticipé ni vu venir, un acteur aussi indépendant que spontané et lié aux réseaux sociaux : le fameux Nuit debout et ses multiples participants. Avec tant de monde, gérer la contestation n'allait pas être simple.

Ce fut pire que prévu. Le 9 mars 2016 eurent lieu les premières manifestations contre la loi Travail. Lancées par des organisations de jeunesse – anciennes ou tout juste nées. Rapidement rejointes par les syndicats, et particulièrement la CGT. La première journée de mobilisation connut un certain succès. Entre 225 000 et 500 000 personnes défilèrent dans les rues. Contre un texte qui n'était même pas passé en Conseil des ministres ! Le hasard du calendrier fit qu'une grève de la SNCF se tint en même temps. Tous les fronts pris d'assaut, l'étau se resserrait sur nous. S'ajoutèrent bientôt les blocages de lycées. À en croire les médias, le pays allait bientôt être paralysé.

À l'Élysée, tout était surveillé de près. Personnellement, ce 9 mars, j'appris le nombre exact de lycées en France : 4 300. Et le nombre d'établissements bloqués : juste quelques dizaines ! Souvent ceux de quartiers aisés d'ailleurs.

Étions-nous les seuls dirigeants dans la nasse ? À vrai dire, non. Durant le week-end, le Président reçut les leaders sociaux-démocrates européens afin de parler de la crise migratoire, du Brexit et de la nécessaire réorientation de l'Europe. Tous expliquèrent rencontrer le même type de problèmes et contestations. Une similitude déconcertante. Matteo Renzi, Premier ministre italien, déclara : « L'austérité ne nous porte pas chance. » Antonio Costa, son homologue portugais, précisa : « Il faut se réapproprier le terme de réforme. Mais pas toutes les réformes. Le Portugal a suivi les préconisations de la troïka et ça ne marche pas. » Sigmar Gabriel, ministre des Finances allemand, analysa :

« La radicalisation politique est partout. Comme la peur de tout. » Diederik Samsom, leader travailliste aux Pays-Bas, admit : « La réforme du marché du travail est indispensable, mais très impopulaire. » Bien sûr, il existait des divergences entre les discours d'Aléxis Tsípras et Martin Schulz, tout comme entre les pays du nord et ceux du sud de l'Europe, mais l'équation semblait partout la même, les difficultés aussi. Ce qui n'avait rien pour nous réjouir, pas même consoler.

En France, tandis que les esprits s'échauffaient sur la loi dite El Khomri, les négociations et les allers-retours se poursuivirent durant plusieurs jours. Au Conseil des ministres du 17 mars, le Président fit son introduction habituelle. Que Jean-Pierre nota mot pour mot et nous rapporta. « La loi Travail s'inscrit dans le cadre du quinquennat. Il y a une continuité entre le CICE, le pacte de responsabilité, les réformes de la formation professionnelle et des retraites, la loi croissance et activités. C'est tout un ensemble qu'il faut consolider pour appuyer l'économie et donner des droits nouveaux. Plus de compétitivité et de droits dans une économie mobile et mondialisée. Nous devons le faire sans nous détacher des partenaires responsables. Nous sommes à un moment important. Il y a une amélioration des indicateurs : la compétitivité, le pouvoir d'achat. Mais cela prendra du temps avant que les Françaises et Français en prennent conscience. En attendant, il faut défendre et porter la loi Travail. Elle allie souplesse, avec les négociations collectives, sécurité avec le CPA, et solutions pour ceux qui n'en ont pas avec la Garantie jeunes. »

Une semaine plus tard, le texte arriva enfin au Conseil des ministres. Plusieurs dispositions avaient été retirées, d'autres introduites suite aux discussions avec les syndicats réformistes. Mais cela suffirait-il ?

Gouverner un pays, c'est d'abord devoir se battre sur tous les fronts. Gérer, lutter, penser, l'essayer, du moins. Nous n'en avions guère le temps. Au marasme de la loi Travail contestée vint s'ajouter la résurrection de la menace terroriste. Le 22 mars, une série d'attentats se produisit à Bruxelles. Avec attaques suicides à la bombe, deux explosions à l'aéroport, une dans une rame de métro. Trente-deux morts en tout revendiqués par Daech. Très vite, des connexions avec les attentats de novembre à Paris apparurent. Dont le fait que les crimes en Belgique survenaient quelques jours à peine après l'arrestation d'un des complices du massacre du Bataclan, conducteur d'un des véhicules ayant servi aux assassins. L'enquête détermina vite qu'il s'agissait de la même cellule, opérant selon un autre mode opératoire. Le nom d'un quartier de Bruxelles, Molenbeek, où auraient été hébergés les assaillants fut sur toutes les lèvres. Et la question du vivre ensemble, plutôt de la difficulté d'y parvenir, se vit de nouveau posée. Nous essayions d'y répondre par le projet de loi Égalité et Citoyenneté, mais la tension que ces exactions généraient attisait les extrémismes, le racisme, les amalgames. La France pouvait entrer en ébullition, la cocotte-minute sauter. L'explosion eut lieu, pas nécessairement là où nous aurions pu l'envisager.

De la fin mars à la fin juin 2016, ce n'est pas de citoyenneté ou d'égalité qu'il fut question, mais bel et bien de violence. De violences au pluriel, même. Et c'est la loi Travail qui alluma la mèche.

Grâce à un certain nombre de mesures, nous sommes parvenus à désamorcer assez vite la contestation étudiante. Mais les mobilisations de rue, nées de rien, alimentées par les réseaux sociaux, quasi spontanées, montées en puissance au fil des jours, impossible de les modérer ou circonvenir. Et pour cause, nous ne les avions pas senties grandir et n'en connaissions pas les organisateurs, hors partis ou syndicats pour beaucoup. Si bien que, de mars à juin, il y aura presque chaque semaine des manifestations. Animées notamment par le mouvement Nuit debout. On vit la place de la République, celle qui avait accueilli les commémorations après les attentats du Bataclan, devenir un lieu de rassemblements, de débats, de contestation du (des) pouvoir(s). Des milliers de personnes à la sociologie assez uniforme venaient y discuter. On sentit aussi une fascination chez beaucoup de politiques, d'intellectuels. Quand, à partir de mai, le mouvement s'essoufflera, la violence lui succédera. Et elle sévira partout, aussi bien dans les rues qu'au Parlement, les tempéraments étant attisés, à bout.

Le travail à l'Assemblée nationale débuta assez vite. Le 29 mars, la ministre fut auditionnée par la commission des Affaires sociales. Le 5 avril, l'examen même des articles commença. Les heurts et les frictions apparurent. En cette semaine du 4 avril, le gouvernement choisit de lâcher du lest en acceptant quelques revendications des organisations étudiantes. Au grand dam du Président, qui y vit de l'argent dépensé pour rien. Pire, une incitation « à mettre le bordel ». À l'Assemblée, si le travail législatif continuait, contrairement à la loi Macron, les débats – sujet oblige – étaient plus compliqués. Plus clivés, en vérité. En agitant un tel chiffon rouge, on avait mis le feu aux poudres et encore plus braqué frondeurs et socialistes même modérés. Comment s'en sortir ? Assez vite, le gouvernement décida de s'extraire du piège en recourant au 49.3. Le président du groupe ayant constaté l'absence de majorité, ayant compris que nous n'étions même pas dans la marge d'incertitude de la loi croissance et activité – on parlait carrément de plusieurs dizaines de voix manquantes –, il n'y avait, aux yeux de Manuel Valls, aucune autre option. Ce qui n'arrangea pas les relations entre les parlementaires et le pouvoir. Face à une rue agitée, face à une pétition en ligne contre la loi recueillant plus de 1 million de voix, face à la CGT appelant à manifester devant les permanences de chaque élu, contraints, dans plusieurs endroits, d'interrompre leurs manifestations publiques, nombre de députés sous pression se sentirent désarçonnés. « Pourquoi se tirer autant de balles successives dans le pied ? », en venaient à s'interroger les plus fidèles et orthodoxes d'entre eux.

Malgré un tel contexte, se projeter vers 2017 était aussi au programme. Une nouvelle étape en vue de la future campagne présidentielle fut franchie. Depuis l'été 2015, les réunions s'étaient multipliées. Des sources de tension supplémentaire – qui est dedans, qui n'y est pas ? –, mais envisager demain s'imposait. Suite au remaniement, j'avais évoqué avec Stéphane Le Foll et quelques autres la nécessité d'organiser un véritable séminaire de travail sur le sujet. Dont, le 24 mars, après le Conseil des ministres, je proposai le déroulé au chef de l'État, accompagné d'une liste des participants. Comme toujours, je l'avais faite assez large. Parce qu'il rayait des noms, en ajoutait parfois. Après cogitations et allers-retours, la liste fut arrêtée. Volontairement courte pour que de véritables échanges puissent avoir lieu. Elle comprenait : Guillaume Bachelay, Julien Dray, Stéphane Le Foll, Emmanuel Macron, Ségolène Royal, Daniel Vaillant et Robert Zarader. De l'Élysée, juste Gaspard et moi. Jean-Pierre Jouyet n'en faisait pas partie, car il souhaitait se tenir à distance de la campagne, désireux de conserver une neutralité administrative capable de lui permettre de faire tourner l'Élysée et l'appareil d'État une fois le Président dans la mêlée électorale. Le séminaire devait débuter par l'exposé préalable d'un politologue et d'un sondeur, experts habitués à l'exercice pour le pratiquer avec la plupart des partis et candidats. Quelques jours avant le séminaire, petit couac : Stéphane Le Foll décida de ne pas venir, ce qui me contraria, car nous avions monté l'opération ensemble. Il ne me dévoila pas précisément la raison de son absence, mais je sentis qu'elle tenait à une tension avec le Président parce que celui-ci ne l'avait pas averti d'un arbitrage important. Une affaire de vieux couple aux disputes régulières, en somme. Dommage, car sa défection représenta un véritable manque.

Le Président entama la semaine de réflexion par un exposé extrêmement politique. Une description chirurgicale, comme il sait parfaitement le faire, de la situation. Opérationnelle, aussi, partant des 100 % de voix à répartir, à décliner et détailler selon plusieurs hypothèses : Marine Le Pen/Alain Juppé ou Nicolas Sarkozy, etc. Une grande partie du débat porta sur le seuil à franchir afin d'atteindre le second tour. Et vint vite le constat qu'il y avait 4 millions de voix à trouver pour y parvenir par rapport aux projections… À côté de cela, quel positionnement adopter ? Le double thème « Protection et justice » jaillit vite. Accompagné d'une nécessité : parler à ceux que nous avions perdus.

La discussion se poursuivit au déjeuner. Qui nous vit à peu près tous d'accord, à l'exception d'Emmanuel Macron qui incitait à viser davantage le centre. Le chef de l'État conclut. Donna un calendrier. Des orientations. Un début d'organisation et de dispositif aussi – ce qui n'était pourtant pas le plus aisé à obtenir de lui.

Nous reparlâmes du séminaire tous les deux dans son bureau. Il semblait ravi des conclusions, de la méthode, des perspectives. Et, surtout, avoir envie d'y aller. Les difficultés étaient nombreuses, certes, les contradictions aussi, mais il était content. Il le fut beaucoup moins lorsque le *JDD* du lendemain révéla l'existence de ce séminaire et, surtout, sa composition. Le sujet devint même l'un des titres du journal télévisé du soir. La journée du dimanche se perdit donc dans un exercice aussi désagréable que vain : trouver qui avait parlé.

La fuite donna dès lors une connotation particulière au dîner du lundi. À la configuration un peu différente – plus institutionnelle –, mais sur le même sujet. Il y avait ce soir-là, toujours dans le Salon des portraits : Manuel Valls, Jean-Christophe Cambadélis, Bruno Le Roux, Stéphane Le Foll, Ségolène Royal, Najat Vallaud-Belkacem, Guillaume Bachelay, Christophe Borgel et moi.

À l'apéritif, alors que le président de la République n'était pas encore là, j'eus droit à une rafale de remarques. Plus ou moins drôles, acerbes même. Du genre : « On saura dans quel journal le menu va paraître ? » Ou : « Ah bon, il y a plusieurs types de réunions et de personnes concernées ? » J'allais devoir m'habituer : dans les mois à venir, je me retrouverais souvent en porte-à-faux. Pour appliquer les consignes de silence du chef de l'État, qui braquaient parfois ses compagnons de route comme les responsables institutionnels, le Premier ministre ou le premier secrétaire – lequel avait le plus de distance envers ces jeux d'acteurs –, je mentirai souvent par omission. Ferai aussi des réunions en sachant qu'elles ne serviraient à rien. N'assisterai volontairement pas à d'autres. C'était l'émergence étonnante d'un collectif dont tout un chacun n'était pas informé ni partie prenante de la même manière et risquait d'en prendre ombrage. Comme toujours, le Président ouvrit le dîner et, surtout, le conclut longuement. Il parla des sondages et des élections partielles. « Cela n'est pas prédictif, mais donne une ambiance. » Lista les trois procès qui nous étaient faits : « En incompréhension. En impuissance. En trahison. » Revint sur la droite, totalement absente jusque-là, et donc reconnut l'impossibilité de créer un match avec elle. Il s'étendit sur l'extrême droite, estima qu'elle avait compris l'aspiration des Français : être au calme et, pour y parvenir, rester entre nous. Il disserta longuement sur les frondeurs, « sujet que nous n'avons pas su gérer alors que c'est le principal problème de ce quinquennat ». Comme souvent, il rebalaya les campagnes passées, revint sur les raisons données par Valéry Giscard d'Estaing, François Mitterrand, Jacques Chirac, Nicolas Sarkozy pour se représenter aux suffrages des électeurs. Puis dévida les thèmes sur lesquels il pourrait faire campagne. Dont la nécessité de se battre sur les valeurs, nos valeurs. Avant d'en venir – brièvement – sur le dispositif possible. Enfin il clôtura le dîner par ces mots : « Nous devons entrer en campagne. Faire la campagne du quotidien. »

Tout au long des semaines qui suivirent, nous déroulâmes tant bien que mal le plan élaboré. Le samedi 9 avril, un Conseil national du parti socialiste statua sur les primaires, à ce stade censées être celles de l'ensemble de la gauche. Le PS donna son accord sous réserve que tous les autres partis soient d'accord avec cette option, ne voulant pas prendre la responsabilité de l'échec éventuel de celles-ci. Pour autant, personne n'envisageait des primaires socialo-socialistes, qui plus est avec un président sortant. Le 14 avril, ce dernier participa à une nouvelle émission télévisée. Dont le bilan fut mitigé aussi bien en termes d'audience que d'impact. Le 25 avril, Stéphane Le Foll organisa la première réunion de « Hé oh la gauche ». Malgré les moqueries proférées sur le nom, malgré les remarques entendues sur le côté trop clanique des participants, ce « meeting » fut un moment de retrouvailles. Et, le 3 mai, le chef de l'État prononça un grand discours au théâtre du Rond-Point sur « La gauche et le pouvoir ».

Cet événement, nous l'avions imaginé et monté de toutes pièces avec la Fondation Jean-Jaurès et le think tank Terra Nova. Ces deux organismes nous avaient, un jour, proposé un programme réunissant plusieurs intervenants de grande qualité. Titillés, vite intéressés, François Hollande et moi avions alors rencontré à plusieurs reprises Gilles Finchelstein et Thierry Pech, responsables des deux institutions. Une fois le lieu bordé, le déroulé défini, la question d'où mettre cette intervention – sur un éventuel compte de campagne ? – déminée, il y avait un discours à ciseler. Les mêmes que pour ceux de Carcassonne et Nancy se réunirent : Guillaume

Bachelay, Stéphane Le Foll et moi-même. Nous fûmes cette fois aidés par deux autres membres de l'Élysée : Constance Rivière et Olivier Gerstlé. L'événement fut bien vendu aux journalistes. Et le Président ne se déroba point. Il ne pouvait d'ailleurs pas : de nombreux parlementaires et ministres étaient dans la salle.

Le discours fut prononcé un 3 mai. Un jour symbolique, puisque c'était l'anniversaire de la victoire du Front populaire, date évidemment choisie à dessein. Une large partie de l'intervention du chef de l'État porta sur la défense du quinquennat. Le Président énuméra presque une par une les multiples décisions et lois prises afin de montrer en quoi, chaque fois, elles avaient permis des progrès. Expliqua que Léon Blum, François Mitterrand, Lionel Jospin avaient subi les mêmes procès en trahison que lui. Comme dans un meeting, François Hollande redevint lui-même. Il retrouva sa voix rauque, ses gestes, l'osmose qu'il savait autrefois créer avec une salle. Dès lors, le discours fut très bien accueilli. Et maints articles portèrent sur le « Président candidat ». Un résumé que nous étions cette fois prêts à assumer car, pour nous, il s'agissait réellement d'un lancement, de la propulsion d'une fusée dont le premier étage venait de se décrocher. Un peu d'espoir nous gagnait.

Et pour cause, nous pensions le plus dur derrière nous. Que la loi El Khomri une fois adoptée, y compris par le 49.3, verrait la tension diminuer. Que la création d'En Marche ! par Emmanuel Macron était plus pour le ministre de l'Économie une manière de peser dans le débat que de peser face au Président. On connaît la suite.

Une semaine plus tard, le 10 mai, autre jour symbolique pour la gauche, l'article 49.3 de la Constitution fut de nouveau employé. Enfin la période rude pouvait se clore et une autre débuter. Émergea effectivement autre chose. Mais pas ce que nous avions escompté. La violence s'était levée, maintenant elle allait se déchaîner. À tous les niveaux.

38

Chocs et attentats

Mardi 10 mai. Petit déjeuner de la majorité à Matignon. Personne ne parle de l'anniversaire de la victoire de François Mitterrand. Pas même Claude Bartolone, qui évoque pourtant volontiers ses souvenirs, notamment ceux de 1981 lorsqu'il est devenu député. Non, le sujet unique de la discussion est la loi Travail. Myriam El Khomri est présente. Le rapporteur du texte, le député Christophe Sirugue, également. Et la situation totalement bloquée. Notamment à cause de l'article 2, celui sur la hiérarchie des normes qui signifie, concrètement, que les accords d'entreprises l'emporteront sur ceux de branches et nationaux. La décentralisation du dialogue social en somme. Mais les opposants à la loi Travail craignent, notamment en raison de cette disposition, plus de précarité. Ses partisans, eux, y voient en revanche plus de démocratie, de transparence, citant les collectivités locales en exemple. Le Président y est, lui aussi, favorable, estimant que les accords nationaux font trop souvent l'objet de deals contre nature entre partenaires sociaux, genre : « Je te lâche ceci et tu me donnes cela. » La CFDT est favorable à cette évolution, même ne la craint pas, le syndicat ayant mené depuis des années un travail d'implantation minutieux. Ce soutien importe beaucoup au Président. À ses yeux, l'un des intérêts du texte est en effet la possibilité de renforcer les syndicats réformistes, année après année, manière de continuer à faire bouger le pays. Il m'a encore répété la veille cette phrase récurrente : « Un président travaille pour son successeur. » Une belle sentence, même s'il espère, bien sûr, se succéder à lui-même.

Depuis quelques jours, Myriam El Khomri et Christophe Sirugue ont vu tout le monde. À plusieurs reprises. Dans toutes les configurations. Tout un chacun reconnaît le travail effectué, mais les positions sont figées. La CGT et FO demandent depuis le départ le retrait pur et simple du texte, au même titre que certains députés frondeurs. Comme d'habitude, le tour de table à Matignon débute. Il est long. Mono-objet. Tout le monde est d'accord pour recourir au 49.3. Ce qui n'est pas une surprise puisque le Premier ministre en parle de manière explicite depuis la semaine passée. Deux jours plus tôt, Manuel Valls et le Président se sont vus à ce sujet, comme ce dernier l'a évoqué clairement à la réunion du lundi matin. L'option a de nouveau été évoquée lors du déjeuner du lundi, et cette fois c'est Jean-Pierre Jouyet qui nous l'a indiqué. Avec calage des modalités.

Le mardi 10 mai, à 14 h 30, un Conseil des ministres extraordinaire est donc convoqué. Quelques minutes plus tard, Manuel Valls annonce à la tribune de l'Assemblée le recours, une nouvelle fois, à l'article 49.3 de la Constitution. Sans que l'on sente une tension semblable à celle perçue lors du vote de confiance demandé pour la loi Macron. Une partie de l'après-midi est consacrée à la question – surréaliste quand on y songe – d'une motion de censure déposée par la… gauche. Avec le recours au 49.3, il est en effet possible aux parlementaires de refuser la confiance au gouvernement, donc de le faire tomber si une majorité absolue en ce sens l'emportait. Mais cette motion ne peut être déposée que si cinquante-huit élus se fédèrent. Alors que, d'ordinaire, c'est l'opposition qui dépose les motions de censure, cette fois plusieurs frondeurs s'essaient à la manœuvre et cherchent à rassembler les cinquante-huit noms. Toute la soirée du mardi, sous l'œil des caméras des chaînes d'information en continu qui courent dans tous les sens, le feuilleton s'étire et s'éternise. Le lendemain, les frondeurs annoncent finalement qu'il leur manque deux élus. Une explication un peu cousue de fil blanc – accepter cette motion de censure aurait entraîné une exclusion immédiate de chacun des signataires du parti socialiste –, mais qui traduit bien l'ambiance du moment.

La très sale ambiance du moment. Qui a vu, durant ces quelques heures, les prises de position et déclarations se multiplier. Qui a vu Martine Aubry et Henri Emmanuelli peser de tout leur poids pour que ce qui aurait pu passer pour un putsch ne se fasse pas. Même si on n'est pas d'accord, jamais on ne tire contre son propre camp. D'autres socialistes, eux, se montraient beaucoup plus radicaux. Et le resteront.

Nous espérons toutefois que ce 49.3 va nous permettre de passer à autre chose. Bien sûr, il laissera des traces, mais pourquoi ne cicatriseraient-elles pas ? Nous comptons, pour faciliter ce travail, sur les programmes de droite et la surenchère libérale en train d'apparaître entre Alain Juppé, Nicolas Sarkozy et François Fillon. Dans son introduction au Conseil des ministres du 11 mai, le Président parle longuement de ces sujets. De la loi El Khomri, puis des futures primaires des Républicains, qui voient les trois candidats majeurs avancer peu ou prou la même purge drastique : 100 milliards de dépenses publiques rabotées, 250 000 à 500 000 fonctionnaires en moins, décalage de l'âge de la retraite, augmentation de la TVA afin, notamment, de supprimer l'ISF et de réduire les impôts sur les revenus du capital. « Ce sont des mesures de classe qu'il faut dénoncer », déclare le chef de l'État. Et de pointer les incohérences de Nicolas Sarkozy, principalement sur la défense, celles d'Alain Juppé sur le nombre de fonctionnaires et le montant des économies, lui qui envisage de baisser les effectifs sauf dans la défense, l'Éducation nationale, la police, la justice… À ses yeux, cela ne tient pas.

Habitués, à chaque Conseil des ministres, à entendre un mini-topo introductif ressemblant à une mise en perspective, non sur les dossiers à l'ordre du jour, mais plutôt sur le moment, les présents savaient que ces quelques minutes permettaient à François Hollande de passer les messages clés que le gouvernement porterait dans les jours à venir. D'abord à travers le porte-parole lors de son point presse, ensuite par tous les ministres eux-mêmes. Ces petits messages, fort synthétiques, le Président les préparait presque toujours en personne. Une différence de méthode et de fonctionnement entre lui et Manuel Valls en début de réunion importante : au petit déjeuner de la majorité, le Premier ministre avait un conducteur, parfois annoté, tandis que le Président, lui, s'entourait de feuilles blanches noircies de sa petite écriture.

Revenons à ce 11 mai 2016. Si le chef de l'État parle tant de la droite, c'est qu'il espère enfin le moment venu de la confrontation, laquelle n'a pas vraiment eu lieu depuis quatre ans. À son accession au pouvoir, le Président n'a pas voulu faire aux Français le « coup du bilan », considérant que la campagne présidentielle avait été suffisamment dure et qu'il fallait rassembler le pays. Probablement, d'ailleurs, s'agit-il d'une erreur. Puis, la droite avait d'une certaine manière disparu. Pas dans les urnes ni les médias, mais il était quasi impossible d'appliquer avec elle la tactique du programme contre programme : elle n'en avait pas ! Dès lors, le match s'était déroulé entre Hollande candidat et Hollande Président, entre députés loyalistes et députés frondeurs, entre promesses et réformes/résultats. Ce qui n'était pas à notre avantage. François Hollande espérait donc le retour à une confrontation classique, claire, précise. Mais si le temps de la confrontation en effet s'annonçait, ce ne serait pas avec la droite.

L'utilisation du 49.3 pour la loi Macron ayant créé une sorte de dépression, avec des débats calmés malgré l'examen au Sénat qui entraîna une véritable surenchère, nous espérions qu'il en irait de même avec la loi El Khomri. Ce fut tout le contraire. Le 49.3 libéra plutôt une sorte de fureur.

Celle-ci se traduisit d'abord par des manifestations. Qui ne furent pas forcément plus nombreuses que d'habitude à la même période, mais qui, cette fois, dégénérèrent fréquemment. Dès avril, certaines villes avaient connu plus de violences que d'autres, notamment Nantes et Rennes, dans l'Ouest. Le 28, des échauffourées et des exactions se déroulèrent dans la capitale de Bretagne, les forces de l'ordre se trouvant confrontées à quelques centaines de casseurs. À la fois très bien organisés, très violents, très mobiles. Un mode de protestation qui fit tache d'huile, donnant, pendant des semaines, des mois, des images passées en boucle sur les écrans de télé et les ordinateurs, laissant penser à une jeunesse en rébellion. Les CRS durent affronter une nouvelle forme de violence, particulièrement dure, agressive. Et le ministre de l'Intérieur, le gouvernement comme le Président furent – nouveauté – contraints de se positionner autrement face à l'intensité de cette hargne et, d'une certaine manière, à l'inversion des rôles. Un responsable politique de gauche a une culture et une pratique de la manifestation, pas de la répression de celle-ci. Dès lors, comment réagir contre des défilés se finissant en saccages, avec des individus non représentatifs ni encartés nulle part ?

Débuta alors un cycle infernal. Celui de la violence qui entraîne la violence. Avec, d'un côté, des policiers blessés, gravement, et les applaudissements et bravos qui leur avaient été adressés lors de la manifestation du 11 janvier paraissant remonter à une éternité. Et, de l'autre, des manifestants eux aussi blessés – souvent ceux qui défilaient de bonne foi et non les casseurs –, et des scènes proches d'émeutes urbaines. Lors de la manifestation du 14 juin, à Paris, l'hôpital Necker fut saccagé par des casseurs. Un hôpital ! Pour enfants ! Plus rien ne semblait contrôlable.

Durant plusieurs semaines, nous suivîmes chacune de ces manifestations en craignant le pire. Mais nous sommes parvenus à l'éviter. Hélas, l'engrenage infernal, lui, a continué, la violence appelant toujours la violence.

Comme si ces drames ne suffisaient pas, à l'ambiance survoltée de certaines villes, à l'excitation parfois excessive de groupes irresponsables, s'ajouta une tentative de blocage des raffineries, histoire d'essayer de paralyser le pays. Durant ces mois de mai et juin, de nombreuses permanences de députés PS furent prises à partie. Taguées, vandalisées, les façades de plusieurs d'entre elles essuyèrent même – de nuit – des tirs à balles réelles qui, heureusement, ne firent aucun blessé, mais quand même ! Tous les deux ou trois jours, une nouvelle attaque était perpétrée. Rouen, Lille, Valence, Le Havre, Toulouse, Rodez, Caen… furent touchés. Christophe Borgel, Bernard Roman, Catherine Lemorton, Laurent Grandguillaume et tant d'autres… assaillis. Plus d'une trentaine de permanences visées, ce n'était pas rien. Sinon un très mauvais signe de la vision de la démocratie qu'avaient certains. De fait, à cette période, il était quasiment impossible à un élu socialiste d'organiser la moindre réunion publique puisqu'il se voyait systématiquement accueilli par des manifestations avant le début de la rencontre et victime d'interventions dans la salle, plus ou moins violentes, pendant. La présence de la police fut nécessaire dans de nombreux endroits. Vivre avec le sentiment d'être en état de siège permanent n'avait rien de plaisant.

Durant ces semaines agitées, le Président tint bon. Fermement. Parfois très. Au moment des blocages de raffineries, il demanda même immédiatement d'étudier comment faire venir des camions-citernes de l'étranger !

Faire le dos rond, résister, ne pas faiblir. Et attendre, avec espoir, une date clé : le 10 juin, début de l'Euro 2016 !

La France accueillait la compétition sportive. Or cette manifestation populaire, cette occasion pour les footballeurs français de briller et pour le pays de s'y reconnaître, nous paraissait un moyen de remettre l'espoir en avant, qui plus est au moment où de nouveaux indicateurs économiques positifs se profilaient. Et puis, n'était-ce pas aussi, pour le Président, l'occasion de s'adonner à l'une de ses passions ?

La compétition commence. Le Président assiste à plusieurs matchs. Mais, une fois encore, l'actualité, ses heurts, ses drames nous rattrapent. Lundi 13 juin, journée à la fois normale et montrant les tensions du moment. Réunion avec le chef de l'État le matin. Tour de table habituel. Avec déferlante des malheurs du monde comme des tensions du pays. La veille, une tuerie de masse a eu lieu dans une boîte gay d'Orlando, aux États-Unis. Quarante-neuf personnes tuées par balle. Un nouveau massacre. Dont l'auteur se revendique de l'État islamique. S'il est abattu, le choc est énorme. Jacques Audibert a Susan Rice, la conseillère sécurité de Barack Obama, au téléphone. Thierry nous fait, de son côté, un point. Et nous explique la difficulté de prévenir ce genre de drame. Alors que François Hollande a prévu depuis des semaines d'effectuer une visite à Colombey-les-Deux-Églises, comment faire en sorte qu'il puisse aller à l'ambassade des États-Unis afin de rendre hommage aux victimes ? Ensuite, point sur la situation sociale, avec prévision de nouvelles manifestations, discussion autour du colloque sur les trente années de législation antiterroriste, où nous avons appris que Christiane Taubira sera présente, ce qui n'enthousiasma pas son successeur, Jean-Jacques Urvoas. Nous commentons la nouvelle émission politique de TF1, qui, la veille, a accueilli Alain Juppé avec une audience très faible. François Hollande en conclut que les gens ne s'intéressent vraiment plus à la politique. Puis balayage classique de l'ordre du jour du Conseil des ministres – où le ministre de l'Intérieur allemand sera présent – avant de faire un point sur des questions énergétiques : Fessenheim, la PPE. Évidemment, enjeux économiques obligent, le budget 2017 – très compliqué à boucler – est un sujet de conversation.

Après son déjeuner avec Manuel Valls, le Président part donc pour Colombey, avec détour préalable par l'ambassade des États-Unis. Le déplacement, sobre, se déroule plutôt bien.

Ce même lundi, le soir cette fois, nous recevons une alerte : à Magnanville, dans les Yvelines, un policier a été attaqué au couteau et tué. L'agresseur, réfugié dans son pavillon, se revendique de Daech. Il a pris en otages la femme de la victime et leur enfant de trois ans. Quand il poste sur Facebook des images des corps – l'épouse a été égorgée – et du petit garçon, vivant, en menaçant de tout faire sauter, la peur grimpe. L'assaut sera lancé vers 00 h 15, le terroriste tué. Le petit garçon sauf.

Dans l'opinion comme partout, l'émotion est forte. Au sein des forces de l'ordre aussi. Le manque de moyens accordés à la lutte contre ces fanatiques dénoncé. Lors des obsèques, un policier refuse même de serrer la main du Président et du Premier ministre. Un geste rude, qui nous choque. Nous entamons des recherches pour savoir qui il est, s'il est marqué politiquement. Le Président explique qu'il peut le comprendre. Le Premier ministre lui-même le dit à haute voix.

Quelques jours plus tard. Autre choc, d'une autre nature. En Grande-Bretagne, référendum sur le Brexit. Depuis quelques jours, il n'y a pas eu une réunion sans que nous évoquions cette échéance. Dans celles des chefs de pôle avec le Président. Au petit déjeuner de la majorité. Dans les préparatifs de campagne. Même durant les rencontres restreintes avec le chef de l'État. Et ce alors que nous essayions toujours de nous astreindre à ne pas rester dans l'actualité mais à être dans la projection, ce qui demandait une discipline intellectuelle forte. Les deux scénarios du résultat avaient été travaillés : le « in » et le « out ». Mais, parmi nous, la pensée dominante était celle d'un vote des Anglais en faveur du maintien dans l'Europe. De mon côté, j'étais bien plus pessimiste. Le seul, même, parmi les chefs de pôle. Parce que la vague de colère et de dépit me semblait trop forte. Parce que j'avais discuté avec des instituts appartenant à des groupes internationaux disposant de sondages sur la Grande-Bretagne, lesquels m'avaient indiqué un écart très serré. Et ce même après l'émotion suscitée par l'assassinat de la jeune députée travailliste pro « in », Jo Cox.

Les premiers résultats arrivent dans la nuit. Le « out » l'emporte. À partir de ce 24 juin, pendant plusieurs jours, le Président ne se consacre plus qu'à l'Europe. D'abord il fait une intervention brève sur ce sujet à la télévision. Préparée en petite configuration avec – exceptionnellement – Stéphane Le Foll dans la boucle, François Hollande dit en substance : « Je regrette la décision, mais elle est irrémédiable. L'Europe a besoin d'un sursaut. » Manuel Valls arrive à l'Élysée avec sa directrice de cabinet, et tous deux vont rester presque toute la journée. Débute un tunnel de réunions avec les principaux ministres concernés, suivi d'un Conseil des ministres extraordinaire. Chacun évalue les conséquences de ce vote pour son secteur : économie et finances bien sûr, mais aussi défense – loin d'être neutre –, intérieur – avec le sujet épineux des migrants et le point de fixation de Calais… Le Président prend deux décisions : rencontrer les responsables de parti et entamer une tournée européenne. Son obsession dans ce genre de situation ? Prouver qu'il est en mouvement. Avoir quelque chose à raconter et à montrer. Dans les instructions qu'il nous donne, il lâche : « Il faut faire comme avec la Grèce. » Son énergie est concentrée sur ce nouvel enjeu européen. Mais, contrairement à la Grèce, il n'y a pas, ici, de deadline, de victoire symbolique à montrer, rien de réellement tangible. Peu importe, régler le Brexit est devenu l'un des dossiers prioritaires.

Les priorités, il n'en manque pas. Les affaires budgétaires, l'énergie, les nominations, les migrants… Un dernier sujet présent, mais à bas bruit. Sauf lorsque le drame que ces expatriés endurent devient trop visible, comme dans les camps de fortune de Paris et à Calais. Dans la capitale, les regroupements de migrants se multiplient. En juin 2015, une évacuation massive a déjà eu lieu, concernant des personnes rassemblées à proximité de la gare d'Austerlitz. Anne Hidalgo y était très favorable et nous avions suivi le détail à l'Élysée. Thierry Lataste avait même participé à plusieurs réunions. L'évacuation s'était plutôt bien passée. Du moins les premières heures et jours puisque, par la suite, d'autres points de fixation se recréeront. Sisyphe. La mairie cherchait donc de nouvelles solutions, avec notre soutien. Nous parvînmes à reloger plusieurs milliers de migrants en moins d'un an, parfois avec des doutes, des craintes et des réticences. Notamment lorsque la mairie évoqua la création d'un campement sur le modèle de Grande-Synthe dans le Pas-de-Calais.

Cette dernière initiative, l'Élysée n'y était pas vraiment favorable. Portée par le maire écologiste de cette ville et Médecins du monde, elle visait à créer un campement capable de résoudre (en partie) le problème de Calais en reprenant le modèle de certains camps de réfugiés vus dans le monde. Le dialogue entre le préfet local et ce maire, nous en avions été avertis en direct – sur certains dossiers, nous étions à la limite de l'opérationnel. Mais je n'étais pas convaincu par notre gestion. Pas très à l'aise non plus avec notre position et notre manière de faire. Je le dis régulièrement. Sans être forcément écouté.

Le dossier de Calais était de son côté embourbé. Depuis plus d'une vingtaine d'années, sous une forme ou une autre, les camps de migrants dans cette région défrayaient la chronique. Sangatte avait été ouvert en 1999 et rien n'avait vraiment changé. En fait, la situation avait empiré. La recherche de solutions mobilisa à la fois Emmanuelle Cosse, la ministre du Logement, et Bernard Cazeneuve. Qui travaillaient bien ensemble, équilibre essentiel. Le ministre de l'Intérieur signala son manque de moyens, expliqua que les forces de l'ordre ne pouvaient à la fois assurer au quotidien la lutte contre le terrorisme, une importante opération autour de Calais et la sécurité autour de Notre-Dame-des-Landes !

À ce propos, le référendum est prêt à se tenir… Son principe a été annoncé par le Président en février, le vote se déroule le 26 juin.

Le « Oui » l'emporte. Plus largement que ce que les observateurs pensaient. Y compris nous. Cela ne changera malheureusement pas grand-chose à l'attitude des « zadistes », mais au moins nous avions une légitimité pour faire évacuer la zone. Là encore, le Président reçut plusieurs fois les élus.

Durant ces autres mois de tumultes – combien nous en avons vécu ! –, la préparation de la campagne présidentielle progresse. De manière assez éclatée car les initiatives se multiplient, plus ou moins coordonnées et articulées. Le parti socialiste cherche par exemple à lancer la « Belle Alliance populaire », nouveau rassemblement de la gauche. Une première étape en ce sens est franchie le 16 avril 2016, mais l'accueil est mitigé, et l'idée passe pour un rapiéçage quelque peu artificiel. Il n'y a pas assez de têtes nouvelles, pas de réelle mobilisation. N'empêche, une machine se met en place et des forums sont organisés à travers le pays.

Quelques jours plus tard, Stéphane Le Foll active « Hé oh la gauche », dont la fidélité au Président est totale. Avec une volonté de défendre coûte que coûte le bilan du quinquennat et de décliner le slogan lancé par le chef de l'État lors de son émission télévisée du 14 avril : « Ça va mieux ».

La concomitance des deux démarches n'est pas forcément facile à comprendre. Les différences peu lisibles. Surtout quand, au même moment, le Premier ministre occupe l'espace politique, fortement, avec des positions pas toujours exactement en ligne avec celles du parti socialiste, voire de François Hollande. Mais ce n'est rien par rapport à la prise d'indépendance d'un poids lourd du gouvernement : Emmanuel Macron.

Le 2 avril, lors du séminaire à l'Élysée sur la campagne présidentielle, le ministre de l'Économie me glisse entre deux portes : « Je vais lancer un mouvement. » Dont il me parle très brièvement, en minimisant son importance. Il l'a évoqué plus longuement avec le Président, comme je l'appris. Ainsi le 6 avril, alors que les discussions sur la loi Travail débutent en commission et qu'Emmanuel Macron se trouve à Amiens, sa ville natale, celui-ci porte sur les fonts baptismaux En Marche !, EM !. Le matin même, à l'issue du

Conseil des ministres, je l'avais fait venir, ainsi que le Président, dans une salle de réunion où quelques élus souhaitaient une photo d'eux deux. L'image les réunissant avait été prise. Mais était-elle la dernière affichant leur proximité ?

Je regarde, à la télévision, le lancement de ce mouvement. Attentif et un peu surpris quand même. J'en discute avec François Hollande. « Emmanuel me dit qu'il t'en a parlé... », me précise-t-il. Certes. Mais entre deux portes et juste quelques secondes. Le chef de l'État préfère relativiser et banaliser l'initiative. Le lendemain, alors qu'il est interpellé à ce sujet par la presse au cours d'un sommet franco-allemand, il répond par un bon mot : « Moi, je cours. » Il reviendra plus longuement sur cette initiative dans la journée : « Un ministre veut dialoguer avec les citoyens, ça s'appelle faire de la politique et faire en sorte que les convictions puissent être partagées. »

Durant le week-end, la naissance d'En Marche ! revient sur la table. Tous deux, nous l'évoquons longuement, tranquillement, stratégiquement aussi. L'initiative a marqué, les réactions ont été vives. Chez le Premier ministre, mais pas seulement. À ce stade, Emmanuel Macron apparaît comme un allié. On lui voit même la capacité d'aller chercher un électorat que nous n'aurions pas attiré spontanément. Dans la réunion du samedi, le Président établit même un parallèle entre Nuit debout et En Marche !, décelant dans ces deux initiatives une manière de faire de la politique différemment. Homme de parti, François Hollande n'en est pas moins intéressé. Il regarde. Soupèse. Essaie de voir comment utiliser le rassemblement du patron de Bercy. Sans pour autant se projeter lui-même dans quelque chose de réellement nouveau. C'est un peu comme au sujet de l'union nationale, le Président nous avait laissés avancer sans réellement y croire. Vient un échange sur les nouveaux outils politiques, sur la nécessité de dépasser le parti socialiste, d'inventer autre chose. Et là nous retrouvons l'homme qui, à certains moments, à certaines époques, n'osa pas bouger et préféra rester ultraclassique. À coup sûr il était trop attaché à un parti qu'il avait dirigé pendant des années, à ces militants qu'il avait rencontrés des milliers de fois.

Lequel parti a un autre sujet qu'En Marche ! à l'ordre du jour : les primaires. Comme prévu, des primaires réunissant toutes les gauches ne sont pas possibles. Jean-Luc Mélenchon, le premier, les a refusées. Il ne sera pas le seul. Le débat se poursuit néanmoins au sein du PS. Ne faut-il pas, quand même, en organiser ? Apparaissent trois tendances. Ceux qui considèrent des primaires comme un crime de lèse-majesté en cas de Président sortant candidat, position du Premier ministre, de Stéphane Le Foll et de nombreux autres... Ceux qui les réclament coûte que coûte, à savoir les frondeurs, désireux de les transformer en outil d'élimination de François Hollande ou... de Manuel Valls. Et puis ceux qui pensent que ce scrutin pourrait se transformer en moment utile, y compris pour le chef de l'État, puisqu'il permettrait de reparler à la gauche avant de s'adresser à l'ensemble du pays.

Julien Dray est sur cette ligne. Je n'en suis pas loin. Et je sens le Président assez tenté. Bien plus que ce que je pouvais attendre. Quelques jours avant le Conseil national du parti socialiste qui doit aborder la question, je m'entretiens longuement avec Jean-Christophe Cambadélis. Il m'envoie le texte de la résolution. Que je montre à François Hollande. Ce dernier ne fera changer qu'une chose : la période où se clôtureront les candidatures aux primaires. Il souhaite décaler de deux semaines la date limite de dépôt, la passer non du 15 novembre au 1er décembre mais du 1er au 15 décembre. Cette réflexion, je l'ai vécue en direct dans son bureau. Alors qu'il réfléchit, il demande à avoir un calendrier sous les yeux. En regardant celui-ci, il cogite. Je sens, sais, qu'il se projette dans ce que pourraient être ses derniers moments de décembre. Alors il arrête cette date. Quelques jours auparavant, il avait évoqué, pour la première fois, la probabilité d'une défaite à cette élection.

39

Prendre soin de ceux qui nous soignent

10 juillet après-midi. Je suis à l'Élysée, un dimanche. Pour une fois, pas à cause d'une catastrophe, mais afin de regarder la finale de l'Euro 2016. Enfin, nous nous détendons un peu. Les manifestations se sont essoufflées avec les départs en vacances. Il fait beau, pas trop chaud, je suis dans le salon d'attente du premier étage. Sur un autre fauteuil, Julien Dray. Nous discutons. Depuis quelques mois, je le vois beaucoup plus. La campagne présidentielle approche, il adore. Curieux, inventif, il continue d'avoir envie. Jack Lang, que je croise parfois au sortir de ses rendez-vous avec le Président, me donne la même impression. Avec eux, de l'air frais s'engouffre. Il est étonnant d'écrire cela au sujet d'hommes qui ont entamé leur carrière politique voici des décennies, mais je le ressens ainsi. Lorsque le chef de l'État se trouve avec Julien, la « déconnade » redevient possible. Pas seulement, bien sûr, mais l'atmosphère est beaucoup moins compassée.

Comme toujours, Julien demeure en périphérie, appartient à l'un des multiples cercles qui se sont mis en place en vue de la présidentielle. Des cercles où, en revanche, l'ambiance est moins détendue. Parfois elle est même presque étouffante, sans légèreté ni réelle envie ou appétit. Je devine les frictions un peu partout. À l'intérieur de l'Élysée. Entre les soi-disant « politiques » et les « technocrates », frontière qui me semble absurde, artificielle, mais réelle pour beaucoup.

Au palais, les départs commencent à s'accumuler. Laurence Boone s'en est allée au début de l'année. Il y a quelques semaines,

Isabelle Sima nous a annoncé qu'à son tour elle quittait la présidence. Voir une fidèle parmi les fidèles, une gardienne du temple hollandais – plus que du temple présidentiel –, aussi discrète que rugueuse, efficace, politique, excellente connaisseuse du parti, du pays et du chef de l'État prendre du champ traduit l'épuisement de tous. À vrai dire, elle ne souhaite pas débuter une nouvelle campagne. Thierry Lataste désire aussi faire ses bagages. Pour revenir au poste de haut-commissaire en Nouvelle-Calédonie qu'il a occupé il y a des années, mission essentielle. Ce départ non plus n'est pas anodin : il atteste que, au sein de la garde rapprochée, les choses se sont petit à petit effritées. De fait, les réunions avec le Président sont plus erratiques, les déjeuners hebdomadaires sautent régulièrement. Heureusement, le trio Jean-Pierre, Gaspard et moi demeure soudé – même si nous avons nos divergences –, et Nathalie Iannetta n'est jamais loin. Constance Rivière, de son côté, a accru sa présence. Tandis que Jean-Jacques Barbéris est également parti – en avril –, Boris, lui, est là. Avec son étonnant mélange de loyauté, de professionnalisme et de distance envers les mesures prises.

Je ne me sens pas non plus en phase avec nombre de décisions. À tel point qu'une tension entre le Président et moi est apparue. Mes désaccords, je les manifeste. Et je suis souvent de mauvais poil. De méchante humeur même. Y compris avec le chef de l'État. Qui trouve mon irascibilité pénible et me le dit. Il invente même une expression : « La lefollisation est une mauvaise manière. » Parce que Stéphane Le Foll est, lui aussi, particulièrement bougon. Il a du reste été question que je quitte l'Élysée à Pâques. Finalement, j'ai accepté de rester, malgré les divergences, les risques, les coups nombreux que cela m'a fait prendre à Bordeaux. Mais mon côté soldat malgré tout fidèle au président François Hollande a été le plus fort. Alors je râle, tempête, mais reste.

À l'extérieur de l'Élysée, les relations entre les différents cercles œuvrant à une campagne éventuelle ne sont pas meilleures. La question de la responsabilité de notre pré-campagne pollue les esprits. Stéphane Le Foll ne souhaite pas s'y coller, conservant un mauvais souvenir de 2012 où il a tout fait durant les primaires, a beaucoup donné, s'est vu attaqué et remis en cause à de nombreuses reprises – y compris à l'intérieur de la Hollandie – comme toute famille, plus on la connaît, plus on est dedans, plus on en découvre les dissensions. L'homme est robuste, mais Stéphane rechigne à endosser de nouveau ce rôle. L'ennui, c'est qu'il ne permet pas réellement à d'autres de reprendre le flambeau. Il existe donc plusieurs lieux de travail et réflexion, que j'essaie de coordonner et animer… tant bien que mal. Avec les difficultés juridiques que notre position implique, puisque depuis avril les comptes de campagne courent. Extrêmement vigilant, je surveille donc qu'on ne mélange pas les genres. Ainsi, je rédige les mémos les plus politiques chez moi, sur mon ordinateur personnel ! Depuis Pâques, je prépare en effet ce que j'appelle les « devoirs du week-end » : quelques notes blanches pour le Président sur la campagne à venir. Qui rapportent mes entretiens, des idées. Je constate que, sur certains points comme sur les questions relatives au projet, nous avançons. En revanche, sur d'autres nous sommes très faibles – problèmes organisationnels, levée de fonds, mandataire financier, gestion des fichiers… –, et je tire le signal d'alarme.

Alors, en ce dimanche 10 juillet, petite pause. La France étant en finale, le jeu habituel de « qui peut avoir un billet » a eu lieu. Mais le bonheur – celui que le Président va savourer en regardant la rencontre, en appréciant un moment de détente bien trop rare – fait plaisir à voir. Il est vrai qu'à part quelques dîners chez des amis, des sorties souvent culturelles – qui peuvent s'avérer un pensum comme une réelle évasion –, François Hollande bénéficie rarement de moments d'oxygénation pour lutter contre la pression. Ainsi, la rencontre, vieille de plusieurs mois, avec le photographe JR fut pour lui une révélation. Il continue à adorer Jamel Debbouze et d'autres acteurs ou comédiens. Mais le football – d'où ce jour pas comme les autres – demeure l'une de ses principales passions.

Nous discutons donc avec Julien. De futilités. Des événements récents. De la cérémonie d'obsèques de Michel Rocard survenue le 7 juillet, où j'ai trouvé le Président un peu en dedans dans ses propos. Dray m'explique : « C'était compliqué pour François : Rocard, ce n'était pas son histoire à l'intérieur du PS. » Le Président entre.

De bonne humeur. Nous travaillons sur quelques initiatives pour la rentrée et, un peu plus tard, partons assister au match. De manière dispersée. Pendant la rencontre, je suis assis trois rangs en dessous de lui. Très bien placé, j'assiste à un match pas vraiment fluide, un peu fermé même, mais l'ambiance est là. Moins forte, certes, que quelques jours auparavant au stade Vélodrome, où la France avait battu l'Allemagne et où, au deuxième but marqué par Griezmann, François Hollande n'avait tellement pas caché sa joie qu'il avait bousculé Noël Le Graët, le président de la Fédération française du football (les images avaient fait un buzz sympathique). Ce soir-là, rien de tel, mais il y a un espoir, une bouffée d'optimisme. Les Bleus débutent bien. Dominent largement la première mi-temps. Moins la seconde. Et ne parviennent pas à marquer le moindre but face au Portugal. Alors arrivent les prolongations. Toujours rien en première période. Puis, au début de la seconde, nos adversaires envoient le ballon dans nos filets. La déception s'abat sur tous. Le score ne bouge plus : quand résonne le coup de sifflet final, la France est battue. Je regarde attentivement le Président durant ces minutes et décèle chez lui une sorte d'abattement, de fatalité. À coup sûr, il se dit – comme moi – qu'une victoire aurait fait tellement de bien au pays, aurait fermé dignement et joyeusement la parenthèse de ce semestre si terrible. Mais rien de tel. Juste de nouvelles tempêtes qui s'annoncent.

En ce lundi 11 juillet, le pouvoir se révèle terriblement affaibli. Dans les sondages, le chef de l'État est au plus bas. Tous les points gagnés après la gestion des attentats ont été perdus. Pire, il a atteint son niveau de popularité le plus faible depuis le début du quinquennat, autour des chiffres déjà vus à l'automne 2014 après la sortie d'Arnaud Montebourg, la publication du livre de Valérie Trierweiler et l'absence de résultat économique. Dans de tels moments d'extrême fragilité, forcément chaque polémique coûte cher. Un peu comme les grands malades sont fragiles lorsqu'ils n'ont plus assez d'anticorps pour combattre chaque assaut du mal qui les ronge, nous sommes à la merci de tout et de rien. Ce rien surgit avec l'histoire totalement surréaliste du salaire du coiffeur du Président, sortie par *Le Canard enchaîné*. L'anecdote, improbable et une fois encore injuste tant François Hollande est sourcilleux quant à l'utilisation des deniers publics, fait l'actualité et le bonheur des humoristes. Alors que le Président, les ministres, les collaborateurs de cabinet ont tous vu leur salaire baisser, on monte en épingle cette non-affaire. Pour parer le coup, nous retraçons l'historique de ce type de dépense, la comparons aux coûts semblables sous Nicolas Sarkozy, et voyons que ceux-ci, notamment les factures de sa maquilleuse, étaient bien plus élevés. Nous nous battons, faisons circuler les argumentaires… mais savons pertinemment que le mal est fait et notre contre-feu fondé sur la réalité vain.

Le mardi 12 au soir, au moment où *Le Canard enchaîné* arriva dans les différents cabinets, l'actualité politique se logeait ailleurs. Et c'était Emmanuel Macron qui la faisait. Depuis le lancement d'En Marche !, le ministre ne cessait de multiplier les provocations. Si le Président – jusque-là – avait été épargné, l'ensemble du gouvernement, lui, n'échappait pas aux assauts de celui qui, dorénavant, cumulait les sorties sur l'économie, les partis, le ni droite ni gauche… Une liberté de ton et un devoir de réserve écorné que ses collègues prenaient mal. Ils dénonçaient son absence de solidarité, trouvaient des accents populistes à son discours, plusieurs étant en outre blessés. Une déclaration sur la caste politique ne passa particulièrement pas.

Avant les Conseils, j'avais pris l'habitude de venir dans la pièce où les ministres, arrivés vers 9 h 45, attendaient le Président et Manuel Valls en prenant un café et en discutant. Un moment informel et, somme toute, efficace pour obtenir des infos, du ressenti, des confidences. Or plusieurs membres du gouvernement me firent part de leur indignation. Issus pour certains de milieux assez populaires, ayant progressé, souffert, ils pestaient contre ce qu'ils prenaient pour du mépris et une méconnaissance de leur abnégation. Comment Emmanuel Macron pouvait-il leur envoyer une telle contre-vérité à la figure ? Surtout compte tenu de son propre parcours !

Dès lors, depuis mai, plus une réunion sans que le « cas Macron » soit abordé. Personne ne savait en vérité la manière de le gérer. Fallait-il banaliser ses sorties ? Ou, au contraire, lui répondre vertement ? La stratégie à adopter virait au clivage au sein même du groupe des chefs de pôle. Boris, par exemple, mettait particulièrement en garde contre ces aspirations à l'indépendance quand Gaspard et Jean-Pierre les relativisaient en se portant garants de la loyauté d'Emmanuel. Auprès du Président en tout cas. Nous étions tout de même plusieurs à être sceptiques. Personnellement, je ne voyais pas comment la machine Macron allait pouvoir s'arrêter. Et les levées de fonds, réelles ou fantasmées, m'inquiétaient particulièrement. À coup sûr, ses financeurs demanderaient un jour ou l'autre un « retour sur investissement ».

Courant juin, le ministre avait annoncé qu'il tiendrait bientôt une réunion publique. Le 12 juillet, à la Mutualité. Un jour et un lieu qui représentaient à eux seuls une réelle provocation, puisqu'à la veille quasiment de l'intervention présidentielle du 14 et au sein d'une salle emblématique de la gauche. Les jours précédant le meeting, la pression monta. En voyant le professionnalisme de l'organisation, la bienveillance de la couverture médiatique, la plupart des responsables socialistes en vinrent à s'énerver. Au Président, j'exprimais mon désir de m'y rendre. Il se montra d'abord réticent, prétextant que ma présence serait prise pour un signe d'encouragement. En même temps, je vais partout, parle avec tous, lui dis-je. Il me donna alors son accord. Le lundi soir, tard, j'échangeai quelques SMS avec Emmanuel afin de le prévenir de ma venue. Cela sembla le toucher.

Le mardi, aux premières heures, des textos de députés tombent sur mon écran : « C'est vrai que tu y vas ? C'est un go ? » Visiblement, mon message à Emmanuel a circulé. Ce que je trouve moyennement élégant. Le meeting du soir est bien sûr abordé au petit déjeuner de la majorité du matin. Tactique adoptée : banaliser l'événement. Un angle de communication qui n'a pas fonctionné jusque-là… et qui fera tout autant chou blanc.

Hasard des calendriers – ou non –, cette première grande réunion publique du ministre de l'Économie se déroule au même moment que le dîner de la majorité. Si bien que – on me l'a rapporté –, durant tout le repas, les convives ont surtout le regard rivé à leur smartphone…

Le 13 juillet, au Conseil des ministres, l'introduction du Président est moins politique que d'ordinaire. Plus factuelle, elle annonce le séminaire gouvernemental du 23 juillet. Une phrase est cependant glissée à l'impétueux co-patron de Bercy : « La gratitude est toujours importante. »

Nous passâmes une grande partie de l'après-midi à préparer l'interview du 14 juillet. Dans un contexte radicalement différent de l'année précédente. Pas d'accord sur la Grèce ou avec l'Iran à mettre en avant, rien, sinon une pression constante de tout. Celle de l'impopularité. Celle des primaires. Celle de cette polémique ridicule sur le coiffeur. Celle d'Emmanuel Macron. Pour y répondre, il convenait d'affiner les axes. Avec des précisions sur le coiffeur. Avec une banalisation de la prise d'indépendance d'Emmanuel Macron. Avec, surtout, une mise en avant de nos réussites. L'Euro 2016 bien sûr. L'économie aussi, puisque les efforts commençaient à porter leurs fruits, même si c'était trop lentement. L'angle « J'ai eu raison » fut donc retenu. Avec le risque qu'il soit totalement inaudible. Et pourtant…

Le soir, fut organisée une réunion particulière à l'Assemblée nationale. Objectif : faire se rencontrer les équipes Élysée et les Hollandais de toujours afin de travailler sur la campagne. Pour représenter la Hollandie historique, étaient présents Stéphane Le Foll, Didier Guillaume, Bruno Le Roux. De l'Élysée, Isabelle Sima, Gaspard Gantzer, Jean-Pierre Hugues et moi-même. Celui-ci avait remplacé Thierry Lataste quelques jours auparavant, en provenance de la Ligue de football professionnel qu'il dirigeait depuis des années, après avoir œuvré dans la préfectorale et avoir fait l'ENA avec François Hollande, Jean-Pierre Jouyet, Michel Sapin… Au départ de Thierry, deux noms de remplaçant avaient été avancés, tous deux préfets. Personnellement, j'avais un peu tiqué sur le fait que Jean-Pierre Hugues ait quitté la préfectorale depuis quelques années, craignant une plus faible réactivité en cas de nouvel attentat. Il se révéla que j'avais tort, Jean-Pierre se montrant immédiatement opérationnel. De par ses qualités et grâce à la solidité de la superstructure de Beauvau.

Cette première réunion ne se déroula pas trop mal... mais ne fut suivie d'aucune autre. Même si le sujet ne fut pas vraiment abordé, tout un chacun n'avait qu'un nom en tête: Macron. Alors, rapidement, les appels, messages, demandes ne manquèrent pas pour que le Président le pousse à démissionner, fasse acte d'autorité. L'idée jaillit même chez certains de profiter de son interview du 14 juillet pour qu'il exprime son mécontentement et dise stop. Le soir même de la réunion, nous en parlâmes longuement avec le chef de l'État. Il me rappela très tard, puis tôt le lendemain matin. Juste afin d'évoquer cet aspect. J'étais partisan de ne surtout pas pousser Emmanuel Macron à la démission. Je n'entretenais aucune illusion sur la suite et sur la stratégie de ce dernier, mais il me semblait préférable de le laisser commettre lui-même la faute conduisant éventuellement à son départ. Mieux valait qu'il apparaisse comme un traître plutôt qu'une victime. J'eus encore François Hollande au téléphone, quelques minutes avant son départ pour le défilé. Il cherchait toujours la bonne option.

J'y vais aussi. Et je regarde le spectacle comme la pièce de théâtre que nous donnons dans la tribune. J'observe les uns, les autres, les autorités et les ministres qui scrutent l'avenue pendant que le chef de l'État descend les Champs-Élysées. Tous sont là. Affichent un semblant d'unité. De décontraction. Le Président, lui, poursuit sa descente de la plus belle avenue du monde. Avec à ses côtés le chef d'État-Major des armées, le général Pierre de Villiers. Le défilé débute. À la fois traditionnel et adapté aux circonstances. Ainsi les douaniers passent. Comme les membres de la pénitentiaire, ceux de l'opération Sentinelle, des jeunes du service militaire volontaire. En somme, toutes les composantes de la nation unies face au terrorisme!

À la fin, le Président remonte à pied les Champs-Élysées sur quelques mètres. L'accueil est bon. Selfies et applaudissements. La cérémonie a été bien organisée pour le dernier 14 Juillet de cette mandature. Puis le chef de l'État rentre à l'Élysée. Afin de se concentrer quelques minutes sur la traditionnelle interview télévisée.

L'entretien se déroule dans le Salon des portraits. Avec des questions attendues, des réponses un peu convenues. Sur l'Europe.

Le bilan. L'économie. La fierté du pays. Concernant Emmanuel Macron, François Hollande trouve une sorte de synthèse : il doit « respecter les règles du gouvernement » que sont « la solidarité, l'esprit d'équipe, défendre le bilan, être à plein temps dans sa tâche ». Et d'ajouter : « Respecter ces règles, c'est rester au gouvernement, ne pas les respecter, c'est ne pas y rester. » « Chacun est informé maintenant », se contente-t-il de répondre à une interrogation sur des suites possibles.

Bien sûr, apparaissent des questions sur le terrorisme. Tandis que la menace est maximale, le chef de l'État s'exprime sur la lutte contre Daech. Évoque la nouvelle législation adoptée début juin qui vise à lutter contre le terrorisme, sans maintenir indéfiniment l'état d'urgence. Annonce donc sa levée prochaine. Clap de fin à 13 h 40. Un petit cocktail suit et chacun s'égaye pour un week-end prolongé.

22 h 45, alerte, les messages se succèdent sur les portables. Un camion fou a foncé dans la foule lors du feu d'artifice de Nice. Selon les premières informations, le bilan est effroyable.

En ce soir de fête nationale, nous sommes tous dispersés. Le Président, à Avignon, s'apprête à assister à une représentation. Jean-Pierre est en congé. L'autre Jean-Pierre d'astreinte – coutume pour les nouveaux arrivés. De mon côté, j'ai rejoint Bordeaux. Et une nouvelle nuit d'horreur débute.

Le chef de l'État choisit de remonter à Paris, tant il ne sert à rien d'aller sur place à ce stade. Arrivé dans la capitale, il se rend au PC de crise de la place Beauvau, puis à l'Élysée. Vers 4 heures, en pleine nuit, il prend la parole : « La France est éplorée, affligée, mais sera toujours plus forte », dit-il, avant d'annoncer le prolongement de l'état d'urgence, de nouveaux moyens humains et la mobilisation de la réserve opérationnelle. Se met en branle une mécanique que nous commençons à connaître par cœur, tous atteints par un terrifiant sentiment de déjà-vu. Goût de cendre dans la bouche. Conseil de défense. Visite aux victimes. Découverte des images atroces. L'attentat a eu lieu sur la Promenade des Anglais, parsemée de caméras de surveillance. Le Président demandera à visionner les vidéos, quelques jours plus tard au cœur d'une polémique. Samedi matin, Conseil des ministres extraordinaire. Non suivi, cette fois, de rencontres avec les dirigeants politiques, tant celles-ci n'auraient rien donné.

Et pour cause : les déclarations tonitruantes démarrent immédiatement, le délai de décence avant de créer une polémique politicienne se révélant toujours plus court d'un attentat à l'autre. Un mois. Une semaine. Un jour… Cette fois, la controverse est déclenchée par Christian Estrosi, ancien maire de Nice et président de PACA faisant partie de ces présidents de région pour lesquels les socialistes s'étaient désistés au second tour des régionales. Le soir de l'attentat, il a twitté un peu vite sur la présence d'armes lourdes, puis s'est rétracté. Pour reprendre de plus belle son assaut le lendemain. À la radio, à la télévision, puis par le biais d'une interpellation directe, il met en cause le gouvernement et Bernard Cazeneuve. L'attentat a fait quatre-vingt-quatre morts, mais les surenchères explosent. Tous les candidats à la primaire de la droite éprouvent le besoin d'en rajouter. Et de dénoncer le manque d'effectifs, et de mettre en question le nombre de policiers nationaux présents durant l'attentat. Le lundi, lors d'une minute de silence, à Nice, Manuel Valls est hué. Par des contestataires peu nombreux mais bruyants. Ambiance abominable, indigne même.

Le Conseil des ministres a lieu le mardi. Une énième fois nous prolongeons l'état d'urgence. Le débat sur ce sujet s'engage le soir même à l'Assemblée nationale, dans une véritable fournaise et une atmosphère délétère. Une partie de la droite et de l'extrême droite se livrent à une surenchère écœurante. Même des élus modérés, comme Nathalie Kosciusko-Morizet, s'y laissent prendre. Toute la semaine, puis le week-end, la retenue et la pudeur sont bafouées. La cheffe de la police municipale de Nice accuse même, dans *Le Journal du Dimanche*, le ministère de l'Intérieur d'avoir fait pression sur elle pour cacher des vidéos soi-disant peu favorables aux forces de l'ordre. Elle est vite renvoyée dans ses cordes par les hautes instances policières.

Ces jours-là sont extrêmement rudes. Des argumentaires sont rédigés, envoyés, les uns et les autres dépêchés sur les plateaux télé et radio. Tout le monde est ulcéré. Nous cherchons à comprendre l'attentat, le parcours du terroriste, ses connexions. Et ce qui nous revient le concernant se révèle encore plus inquiétant que ce qu'on avait imaginé : il s'agit d'une action on ne peut plus artisanale, faite par un individu presque seul. Au parcours personnel particulier. Par un homme compliqué à repérer. Dès lors, son crime était presque impossible à déjouer. Notre tension, notre indignation, le Président les sent et intime à chacun l'ordre de se battre et de tenir.

Entre deux déclarations tonitruantes, nous continuons à gérer les dossiers. C'est la période où les arbitrages sur le projet de centrale de Hinkley Point sont rendus, celle aussi où le chef de l'État poursuit sa tournée européenne suite au Brexit. Portugal. République tchèque. Irlande…

Mardi 26 juillet. Beau soleil sur Paris. François Hollande a transféré ses affaires dans le Salon des portraits. Son bureau doré est en réfection, la pluie s'immisçant quasiment à l'intérieur lorsque les orages sont violents. La pièce qu'il occupe donne sur la terrasse, qui ouvre sur l'immense jardin. L'endroit préféré du Président à l'Élysée, j'en suis sûr. À cause de la tranquillité. De la vue. Sans doute est-ce même le seul endroit qu'il aime dans ce palais mal foutu. Lorsqu'il était à l'étage, souvent il regardait le jardin. Là, il peut faire mieux : sortir de son bureau et profiter du ciel, de l'air ! Pour espérer arriver à se laver l'esprit des miasmes du monde et de ce que le terrorisme fait endurer au pays, aux Français comme à ceux qui les gouvernent.

Le Président a reçu le matin le ministre des Affaires étrangères. Puis les syndicats pénitentiaires. Il voit plus fréquemment ceux des professions en première ligne dans la lutte contre les attentats. Tous sont épuisés. Tous souhaitent plus de moyens. Tous s'avouent effarés par la violence croissante qu'ils constatent. Jean-Paul Huchon, ancien président de la région Île-de-France qui mène une mission interministérielle sur le tourisme et aurait bien voulu s'occuper des jeux Olympiques ou de l'Exposition universelle, vient à l'Élysée. Et là, on apprend qu'une nouvelle prise d'otages est en train de se dérouler. Dans une église. Je vais dans le bureau du Président. Doit-il y aller ou pas ? demande ce dernier. Oui, bien sûr. Lorsqu'il arrive sur place à Saint-Étienne-du-Rouvray, en Normandie, l'assaut a été donné. Les deux preneurs d'otages ont été abattus, un prêtre, le père Jacques Hamel, âgé de quatre-vingt-cinq ans, retrouvé égorgé. L'horreur, encore et toujours ! Bizarrement, cette fois la polémique ne croîtra pas. Pourtant, des éléments objectifs auraient pu l'alimenter. Dont le fait que l'un des deux assassins se trouvait sous surveillance électronique. Mais les premières réactions de l'Église, très dignes, donnent de la hauteur au drame. Un fait que le chef de l'État et moi-même avions noté : le lieu d'un attentat, la nature et le statut des victimes colorent différemment les réactions. La tragédie demeure, mais la manière dont le débat se noue dans les jours suivants diffère. *Charlie* avait fait émerger des questions sur la laïcité, le Bataclan des propos sur la jeunesse, Nice avait été pollué par les surenchères de son ancien maire. Eh bien, ce qui est arrivé à Saint-Étienne-du-Rouvray a provoqué une sorte d'apaisement dans la douleur. Le Président nous parla ainsi de la dignité du maire de la ville, un communiste qui deviendra député en 2017. Comme quoi, se comporter avec honneur vaut les honneurs.

Juillet avance. Avec les hommages et les cérémonies. Début août, le Président doit se rendre aux jeux Olympiques de Rio. Pour un séjour très bref, essentiellement destiné à faire du lobbying en faveur de la candidature de Paris. Pendant ce temps, je rencontre énormément d'interlocuteurs et j'avance sur la suite : l'organisation, la communication, l'agenda, les alliances possibles. Sur les idées, ce qui me plaît le plus. Fin juillet, je dîne une nouvelle fois avec l'historien Patrick Boucheron dans mon bureau. Avec Pierre Rosanvallon, il fait partie de ceux avec lesquels j'ai échangé régulièrement sur la France, la démocratie, la lutte contre le terrorisme. Je me souviens d'un long entretien avec Rosanvallon sur la manière dont l'Allemagne et l'Italie avait réagi à la vague d'attentats dans les années 1970 et 1980. Contexte différent bien sûr, mais tout de même. Sur ses conseils, je lirai et relirai l'ouvrage dirigé par François Furet, Antoine Liniers et Philippe Raynaud, publié en 1985, *Terrorisme et Démocratie*. Ce soir d'été, au cours de la discussion, il prononce une phrase qui me frappe : « Prendre soin de ceux qui nous soignent. » Alors je me demande qui ils sont et si nous en faisons partie… nous, à la présidence ?

40

#NoussommeslaFrance

Malgré le triptyque infernal terrorisme-implosion de la gauche-questions économiques, il faut bien gérer, penser, envisager, espérer, donc avancer. Pour nous extraire du bourbier, nous tentons de faire venir le Président sur de nouveaux terrains. Notamment les questions numériques, thème majeur dont ce quinquennat a permis la prise de conscience par les élites. Uber, Amazon et autres géants du genre sont passés par là, et leur impact concret dans la vie réelle, les heurts constatés lors des manifestations de taxis visant à dénoncer la concurrence biaisée des plateformes de chauffeurs privés… ont marqué les esprits. Y compris celui du chef de l'État.

Ce genre de sujets, lors de nos déjeuners élyséens, montrait un réel clivage générationnel. Mais, peu à peu, le Président a appris, compris, appréhendé et perçu les enjeux majeurs de cette révolution. Alors, petit caillou par petit caillou, un chemin s'est tracé. Il aurait probablement fallu une autoroute, mais au moins une voie commençait-elle à apparaître grâce aux repères French Tech, Grande École du Numérique, loi pour une République numérique, visite régulière de start-up… Dans les derniers mois, un hackathon a même été organisé au sein du palais de l'Élysée. Certes, j'avais dû expliquer au chef de l'État et au secrétaire général l'origine du mot, mélange de marathon et de hacking, mais j'eus la satisfaction, lorsque François Hollande vint assister au rendu des travaux, de le voir prendre un réel plaisir à la découverte de ces nouveaux processus de création. Sa curiosité naturelle, alliée au bonheur de savoir des jeunes à l'origine d'un tel changement, l'avait emporté sur le fossé des générations.

Autre terrain sur lequel nous poussons le chef de l'État à aller, la culture. Il valide l'idée. Et multiplie les déplacements, accepte de passer du temps sur le projet de nouvelle île de la Cité, se passionne pour la reconstruction – réelle ou virtuelle – du patrimoine détruit, notamment par les djihadistes.

On s'en doute, les sujets économiques et environnementaux demeuraient évidemment essentiels. Chaque indicateur, nous le regardions, étudiions, attendions, analysions dans l'espoir de le voir traduire une reprise, montrer que les mesures décidées fonctionnaient. Deux nouveaux indices étaient apparus : les embauches dans les PME et les formations destinées aux chômeurs, les premiers nettement plus regardés que les seconds. Or tout ce qui touchait au chômage s'avérait ultrasensible, sésame et juge de paix de la possibilité pour François Hollande de se représenter ou non. Forcément, en fonction des tendances enregistrées dans l'un de ces domaines, l'humeur de ce dernier changeait. À vrai dire, elle était souvent mauvaise. Pôle emploi était particulièrement dans son viseur. Car pas assez précis, pas assez réactif, pas assez souple. Si bien que le chef de l'État devenait de plus en plus favorable à sa décentralisation. Ce type de réflexion, cet agacement face aux lourdeurs et pesanteurs, il les étendait à d'autres domaines. La simplification administrative avait ainsi été l'une de ses vraies intuitions. Le dossier avait bien démarré, avec une mission confiée à un chef d'entreprise et à un parlementaire, Guillaume Poitrinal et Thierry Mandon, lequel était ensuite devenu secrétaire d'État afin de mettre en œuvre les conclusions de ce travail. Après des premiers mois prometteurs – Thierry Mandon avait bien communiqué sur les économies réalisées grâce à l'allègement des normes –, les choses s'étaient délitées. Comme on constate rarement d'effets cliquets en matière d'action publique, il faut sans cesse reprendre, peaufiner, pousser, insister. Ce que François Hollande ne cessait de dire et redire.

Des credo, il en avait. Dont un typique : « Les grands soirs n'existent pas, pas plus que les Big Bang. » Et un autre, non exprimé ouvertement mais que je devinais : « Pour réformer heureux, réformons caché », ce qui se traduisait encore par : pas de déclarations tonitruantes, mais creusons un sillon, inlassablement.

Dans certains domaines, le Président pouvait alterner lassitude et pusillanimité. Ainsi il ne pensait pas que l'État parviendrait réellement à se réformer : « La réforme de l'État, ça fait trente ans qu'on en parle. Depuis Rocard », disait-il. À d'autres moments, il se montrait toutefois plus incisif. Dans les mots en tout cas. De manière régulière, c'est-à-dire une fois par an, revenait par exemple la question du nombre de places par grand corps à la sortie de l'ENA, occasion pour François Hollande et Jean-Pierre Jouyet de raconter leurs années dans cette école, dont le premier était sorti très bien classé, position qui lui avait permis de choisir le corps qu'il souhaitait. À savoir la Cour des comptes plutôt que l'Inspection des finances, parce qu'elle offrait plus de libertés – du moins à l'époque. Ce système et ce choix avaient permis à Jean-Pierre Jouyet, un peu moins bien classé, de rentrer, lui, à l'Inspection des finances. « Vous voyez comment ma carrière a débuté », soupirait en souriant ce dernier. Le Président avait pourtant un rapport ambivalent avec les grands corps. Il en était issu, s'était volontairement entouré de personnalités qui en sortaient, mais s'en méfiait ! D'où la question rituelle sur le nombre de places… qu'il espérait diminuer. Nous avions des discussions sur l'ENA, sa suppression…, durant lesquelles il se laissait tenter, osait même évoquer la fin de l'école avant de revenir en arrière. Tout en usant de termes violents au sujet des fameux grands corps !

Contrairement à ce qu'on pourrait penser, la perspective de la future présidentielle n'était pas une obsession chez François Hollande. En cette matière comme en tout, tenant à sa liberté, il continuait à rendre des arbitrages sans rapport avec ses propres intérêts. Ainsi, dans les nominations au Conseil économique et social, bien peu furent politiques. Il tomba même des nues lorsque je lui dis que le nouveau directeur de cabinet du nouveau président du CESER était un proche d'Alain Juppé. Un très proche, même, puisque membre assez actif de la campagne des primaires du maire de Bordeaux. Et lorsqu'il fut question de proroger le mandat du directeur général de la

Caisse des dépôts et consignations, il se montra plus que réservé. Et ce alors que l'intérêt de ce prolongement était évident et qu'il existait un consensus politique en ce sens. Il regardait attentivement ce qui se passait dans la presse en vue de 2017, sans pour autant intervenir. Et s'il avait suivi le feuilleton du processus de nomination à la présidence de France Télévisions, il avait pris garde de n'influencer personne. Chez lui, il y avait plus de curiosité que d'injonction, et aucune envie de se transformer en faiseur de roi – de reine, en l'occurrence. Il souriait même à la lecture de chroniques soi-disant bien informées relevant ses prétendues préférences.

Néanmoins, il nous laissait avancer. Sans prononcer devant nous le mot 2017, comme si cette date brûlait. Les journalistes avaient beau rapporter que les politiques ne parlaient que de cette échéance, à l'Élysée le sujet ne surgit vraiment qu'à partir de l'été 2015. Et encore, dans un cercle ultrarestreint. Un an après, nous avions donc pris pas mal de retard. À cause des attentats, des manifestations, des dissensions à gauche, du Président lui-même, qui ne cessait de recommander une prudence extrême. Surtout ne pas se sentir engagé : « Ma candidature n'est pas une certitude », répétait-il. Et la formule ne cachait aucune fausse pudeur. À partir du printemps 2016, le processus s'était cependant accéléré. Tout en refusant un organigramme d'équipe de campagne clair et précis, le Président me laissa poser plusieurs briques destinées à créer les fondations de l'édifice.

Le parti socialiste devait être la base logistique, le réceptacle de l'organisation, s'occuper des finances, des fichiers, des réservations de salles… En tout cas, dans un premier temps. Puisque Stéphane Le Foll avait lancé « Hé oh la gauche » et réactivé une structure datant de la primaire précédente, « Répondre à gauche », une certaine souplesse d'action apparaissait, autorisant à voir plus loin dans la défense du bilan. Stéphane, qui conservait un rôle à part, voyait le Président seul. De mon côté, je rencontrais Le Foll en tête à tête régulièrement. Et nous échangions souvent avec Guillaume Bachelay. Julien Dray et Gaspard commençaient, pour leur part, à travailler la communication. Une agence avait même été choisie, et des réunions régulières organisées entre le Président et ses responsables, plus Julien, Gaspard et moi.

Autre processus engagé, le lancement d'un mouvement avec Julien Dray, baptisé « Les AG », comme « les assemblées générales ». La structure se voulait ouverte, un peu à la manière de Nuit debout. Le Nuit debout d'un Président sortant, nous n'étions pas à un oxymore près !

Un petit groupe spécifique avait, en outre, été mis en place afin de travailler sur le financement de la campagne. Le ou les mandataires financiers n'avai(en)t pas encore été choisis, mais nous n'en étions pas loin, plusieurs contacts ayant été pris, des personnes s'étant proposées. Mais il y avait un problème : la plupart des financeurs de la primaire de 2011 et de la campagne de 2012 aidaient désormais… En Marche !.

Pour répliquer à l'opposition – qui a toujours été l'un des points faibles du quinquennat –, il avait été décidé de puiser dans le réservoir des élus de bonne volonté, même s'ils n'étaient pas tous députés. Sébastien Denaja et Frédérique Espagnac devinrent porte-parole de la pré-campagne !

Quant à la partie programmatique, un petit groupe s'en chargeait depuis quelques mois. Composé de Guillaume Bachelay, Constance Rivière, Olivier Gerstlé et moi. Boris Vallaud envoyait également un certain nombre de propositions. Dans cette perspective, je rencontrai énormément de gens afin de m'oxygéner, me nourrir et, surtout, de transmettre des pistes, des concepts, des suggestions au Président. Je vis donc nombre d'intellectuels, de chercheurs, ainsi que des associatifs, des chefs d'entreprise, qu'ils viennent du CAC 40 ou de sociétés émergentes. Je profitai aussi de cette mission pour discuter avec plusieurs ministres en tête à tête, ainsi que les élus.

L'ensemble, à vrai dire, était quelque peu brinquebalant car, d'autres circuits existant, les rivalités et la mauvaise humeur des uns et des autres s'exacerbaient. Mais au moins se passait-il quelque chose. Si bien que, fin juillet, nous avions un calendrier de rentrée précis à suivre en parallèle du travail gouvernemental, de l'examen des textes au Parlement et des initiatives du parti socialiste dans le cadre des forums régionaux de la Belle Alliance populaire. Un calendrier plus spécifiquement centré sur le Président. Avec, comme étape forte, fin août 2016, une manifestation de rassemblement et de soutien à François Hollande. Comme Jean-Christophe Cambadélis avait décidé, de manière assez solitaire, la suppression de l'université d'été de La Rochelle, pourquoi ne pas occuper le terrain, dépasser le seul cadre du PS, mettre en avant la Belle Alliance populaire dans un meeting fédérateur ? Il y avait un symbole à saisir et un message à transmettre. Hélas, je ne suis pas sûr que le symbole ait été bien compris. En tout cas, le vide laissé par l'absence de la traditionnelle université d'été apparut. Jaillit l'idée d'organiser le meeting prévu à Nantes, mais, vite, la proximité de la ZAD de Notre-Dame-des-Landes et la présence récurrente de casseurs incitèrent à laisser de côté cette option. Un lieu plus fédérateur fut envisagé : Colomiers dans la banlieue de Toulouse. Une mairie socialiste, un département socialiste au président plutôt proche de Martine Aubry, beaucoup de militants dans les fédérations proches, il y avait tout pour séduire. Et y organiser notre manifestation militante transcourants et partis.

Après cette réunion, un grand discours du Président, donné dans le cadre d'un colloque, était envisagé. Organisé par la Fondation Jean-Jaurès et le think tank Terra Nova. Nous en avions même choisi le thème avec François Hollande, Gilles Finchelstein, Thierry Pech, Stéphane Le Foll et moi : « La France face au terrorisme ». Une occasion de travailler sur la tension entre État de droit et état d'exception, clivage apparu au moment des polémiques ayant suivi le drame de Nice.

Autre étape du processus pré-campagne, la défense du bilan gouvernemental à travers une déclinaison de thèmes, ce qui aurait donné des informations concrètes à l'opinion comme aux élus et aux militants. Et, par là même, permis de remobiliser, espérions-nous, ces derniers. Un projet de livre avait même germé, un éditeur avait été trouvé, ainsi qu'un journaliste capable de challenger le chef de l'État. Nous avions en outre dans les tuyaux un grand entretien dans la revue *Le Débat*. Et d'autres longues interviews papier.

La philosophie de tout ce mécanisme, au final, était assez simple. Faire en sorte que le Président reste Président jusqu'au bout. Parce que le contexte l'imposait, parce que les Français ne comprendraient pas que le premier magistrat du pays soit en campagne alors que la menace terroriste pesait plus que jamais, que l'Europe se disloquait et que l'économie repartait tout juste. François Hollande devait continuer à présider. Pour autant, des jalons devaient être posés. Qui n'étaient pas appelés à obtenir d'emblée un écho important, mais à dessiner un cadre. D'où le processus, d'où des discours voulus charpentés, des interviews volontairement longues et structurées. D'où la stratégie, aussi, de nous adresser en priorité aux nôtres, le peuple de gauche… Du moins de gauche réformiste, au sens large du terme.

En ce début août 2016, tandis que ce plan ambitieux se composait, nous bercions-nous d'illusions quant à l'avenir, avec un président largement en dessous de 20 % de popularité ? Non, évidemment. Mais nous étions convaincus que ces 20 % représentaient un plancher. Que s'il sombrait en dessous, il serait en revanche très difficile d'espérer pouvoir rattraper un tel retard. Nous avions par ailleurs parfaitement conscience que ce calendrier risquait d'être bouleversé, étant bien placés pour savoir que rien ne se passait jamais comme prévu. Et aussi qu'Emmanuel Macron allait se lancer, tant les rumeurs de sa démission avaient filtré fin juin, enflé en juillet et en août. À tel point que, puisque parmi les très proches du ministre de l'Économie, il y avait aussi des très proches du chef de l'État – et pas seulement Jean-Pierre Jouyet –, nous les avions rencontrés vers le 20 août, avec le Président. Ceux-ci conseillaient à ce dernier une discussion franche avec Emmanuel Macron : « Dis-lui que tu comptes être candidat. Réellement. Il n'ira pas contre toi », osèrent-ils. Mais François Hollande ne s'y est jamais résolu, il n'a jamais abordé « réellement » ce sujet avec l'homme de Bercy. Considérait-il qu'un point de non-retour était franchi ? Refusait-il de dire à qui que ce soit que, oui, sa propre décision était prise et que, oui, lui-même allait se représenter ? Je le pense. Il s'était fixé un calendrier et comptait s'y tenir.

Dans sa stratégie personnelle, il désirait aussi s'appuyer, pour faire passer des messages, sur des outils dont nous ne maîtrisions ni le fond ni la forme. Et cela, c'était plus hasardeux. Le Président m'avait ainsi glissé, à plusieurs reprises, des phrases dont je n'avais pas tout à fait saisi la teneur ni l'enjeu : « Tu verras, il y aura plusieurs livres. Ils occuperont l'espace. Et permettront d'expliquer. » De projets d'ouvrages, j'en connaissais certains, Gaspard en avait décliné la liste dans une note dont j'avais été en copie. Une dizaine de textes consacrés au Président et au quinquennat devaient en effet être publiés à la rentrée. Mais je voyais mal comment ils pouvaient constituer un point d'appui solide. D'abord parce qu'ils éparpillaient le propos présidentiel. Ensuite parce que, jusqu'ici, tous les livres édités, y compris de journalistes dits proches, avaient été à charge, se transformant quasiment sans exception en pièges. J'ai beau aimer les livres, quand ils concernaient François Hollande je les recevais comme autant de balles contre nous. J'étais loin d'imaginer à quel point ce serait le cas.

Bref, nous étions déterminés à monter au combat. Nous savions que celui-ci serait rude, peut-être perdu d'avance, mais il fallait y aller et nous nous préparions à sortir du bois. Malgré la mitraille, l'envie, le plan, l'organisation étaient là. Ne manquait que le feu vert du principal intéressé.

En attendant, nous fîmes ce que nous n'avions pas fait depuis des années : prendre plus d'une semaine de vacances. Le Président comme les autres.

41

« Je suis prêt »

Fin de la semaine du 22 août. Réunions de débriefing et de projection. Déjeuner du vendredi. Autour de la table, le Président, Jean-Pierre Hugues, Isabelle Sima, Jean-Pierre Jouyet, Nathalie Iannetta, Gaspard et moi. Ordre du jour multiple : les arbitrages budgétaires, la question des débits de tabac, la renégociation de la convention UNEDIC, la nomination du prochain commissaire général à l'investissement, l'avancée des projets de loi Égalité réelle d'une part, outre-mer d'autre part, la garde nationale, Calais, la venue du Dalaï-Lama en Europe et les réactions inévitables de la Chine, le débat sur le burkini, la présidence de l'Office national des forêts… Sans oublier des sujets plus politiques. Comme la prochaine réunion publique de Colomiers et la primaire de la droite. Voir Alain Juppé caracoler en tête dans les sondages à la sortie de l'été, pour François Hollande, revêt un sens important. Selon lui, les militants et électeurs ont envie d'une victoire, donc ils vont se ranger naturellement derrière le mieux placé. Cette vision constitue une constante dans les analyses politiques du Président : à l'en croire, le désir de victoire transcende la plupart des clivages et réticences, fait tout oublier. Et de souvent déclarer, plaisantant à moitié : « Sinon, comment expliquez-vous celle de Ségolène à la primaire de 2006 ? Elle allait à l'encontre de tous les canons du PS, mais elle pouvait gagner. » Reste que le contexte, cette fois, me semble pour le moins différent. Et qu'à mon sens tout le monde, dans la primaire des Républicains, paraît être en position de l'emporter.

Quant à nous, depuis peu, rien n'est moins sûr. Car un coup de massue s'est abattu sur nos têtes. Des articles publiés par *Le Monde* depuis le début de la semaine. Dont le contenu relève du « traumatisme », terme que j'ai écrit dans mon cahier. Et pour cause, le quotidien du soir distille chaque jour la teneur de certains passages du futur livre de Gérard Davet et Fabrice Lhomme, ouvrage dont les conditions de rédaction – indiquées dans chacun des articles – nous effarent : le chef de l'État a accordé plus de soixante entretiens aux auteurs, rencontres entourées de règles très strictes que le Président a acceptées sans réserve : présence d'aucun collaborateur, pas de relecture des pages par le principal intéressé. La date de publication est indiquée : 12 octobre. Si les passages évoqués par *Le Monde* ne déclenchent pas dans l'immédiat le séisme qui surviendra à la découverte de l'ouvrage complet, en interne, les articles publiés, qui portent sur la loi Travail, le lâchage d'Obama au moment de l'intervention en Syrie à l'été 2013, une rencontre avec Merkel, Porochenko, Poutine au château de Bénouville, le limogeage de Jean-Marc Ayrault et la manière dont le Président prépare sa réélection nous secouent. Car trois des cinq articles se voient accompagnés de documents élyséens ou riches de révélations ultraprécises. Concernant la loi Travail, apparaît une note de Boris. Sur l'intervention en Syrie, est diffusé le détail des plans de l'armée française. Quant au remplacement de Jean-Marc Ayrault, il contient une chronologie précise de la séquence, bien trop précise, même. C'est la vie intérieure du pouvoir qui se diffuse ainsi. Et qui nous stupéfie.

Jean-Pierre Jouyet me fait d'ailleurs part de la colère de Jean-Yves Le Drian, le ministre des Armées, et du dépit, pour ne pas dire plus, de Jean-Marc Ayrault. Boris, quant à lui, n'en revient pas de retrouver ses écrits confidentiels dans les médias. Mais ce n'est rien – si je puis écrire – comparé à l'article sur l'intervention avortée en Syrie, papier qui nous pose vite le plus gros problème. Des journaux s'interrogent en effet sur la violation du secret-défense qu'il pourrait caractériser. Plusieurs snipers de la droite attaquent. Comme toujours, nous préparons des argumentaires. Retrouvons d'anciens articles de presse qui donnaient bien plus de détails. Mais, déjà, nous voilà sur la défensive.

Dans cette ambiance crispée, l'après-midi, nous enchaînons sur une séance de travail avec le Président, Gilles Finchelstein, Thierry Pech et moi. Le lieu du colloque que nous avons envisagé a été choisi : la salle Wagram, endroit déterminé après différentes hésitations, validé par le chef de l'État, toujours attentif à ces détails. À chaque proposition, nous avions eu droit à un « Oui, je connais », tic de langage chez lui lors des réunions internes. Cette fois, plus que l'adresse, il s'agit de bien caler le discours et les propos liminaires de Gilles et Thierry. Échanges, réflexions. Puis je pars au parti socialiste assister à une autre réunion visant, elle, à stabiliser les outils pour la gestion des bases de données.

Le samedi, diverses réunions internes élyséennes, avant lesquelles j'ai vu le Président pour faire un point sur celle du 29 août. Quelques jours auparavant, lors d'une rencontre avec Stéphane Le Foll et François Hollande, j'avais entendu ce dernier dire, à propos du meeting visant à « rassembler derrière François Hollande » : « Cela doit être ta réunion, pas celle du Premier ministre », avant que se confrontent idées, concepts..., ce à quoi Stéphane Le Foll s'employait de plus en plus. Cette implication, le Président ne s'en rendait pas forcément compte. Je lui ai d'ailleurs dit durant l'une de nos conversations que son porte-parole continuait à prendre de la surface, y compris intellectuelle, et qu'il devrait y être plus attentif.

Mais, ce samedi matin-là, c'est surtout d'Emmanuel Macron qu'on parlait à l'Élysée. Une discussion entre le Président et lui nous semblait absolument nécessaire. Les deux hommes se connaissaient assez, s'appréciaient suffisamment pour que l'échange soit possible et sans fioriture. La rencontre est enfin fixée, au lundi, même si nous aurions préféré plus tôt.

Durant le week-end, déjeuner avec le Président, Julien Dray, Gaspard, l'agence de communication retenue pour la pré-campagne et moi. Depuis quelques semaines, ce groupe travaillait autour du slogan : « Nous sommes la France », l'idée étant de permettre au Président de mettre en avant tous les talents. Pas juste les siens, tous ceux du pays, de son entourage, de la gauche, etc. Une manière de valoriser chacun et, aussi, de le protéger. En outre, ce slogan, nous l'avions tous entendu à un moment ou un autre après les attentats de janvier et novembre. Une journaliste en avait fait le titre d'un de ses livres, et même si celle-ci n'était pas sur notre positionnement, lui reprendre le concept nous faisait plutôt sourire.

Le lundi après-midi, je suis donc parti au meeting de Colomiers. Des consignes strictes de vigilance ayant été données aux ministres et à leurs collaborateurs concernant les comptes de campagne – pas question de mélanger les genres –, j'ai posé un jour de congé et me suis payé mon billet d'avion. À mon arrivée sur place, surprise. Des manifestants sont là. D'emblée, j'ai pensé : quelle mauvaise image de voir, plusieurs centaines de mètres avant l'entrée de la salle et les contrôles de sécurité, tant de CRS, de véhicules de police, de grilles de protection et de contestataires. En découvrant la scène, immédiatement je me projette dans la suite de la campagne : indéniablement, celle-ci ne sera pas simple. Nous avions conscience qu'il serait impossible de reproduire le modèle de 2012, avec déambulations en ville, grands meetings… à cause de la menace terroriste et des manifestations, nous avions réfléchi à des petits formats, retransmis en direct sur le Net, à la manière de la campagne américaine… mais quand même !

La salle, heureusement, était pleine. La réunion débuta. Avec beaucoup, beaucoup d'interventions. Stéphane Le Foll devait s'exprimer en avant-dernier, juste avant le Premier ministre. Mais puisque les orateurs avaient pris du retard, ce qui n'était pas une bonne chose pour les heures de grande écoute des médias, il choisit de réduire son propos. Beaucoup trop.

Ce qui ne va pas être le cas du Premier ministre. Manuel Valls entame son discours. Toujours aussi bon orateur, il défend le bilan du gouvernement… un peu. Et revient, surtout, sur la controverse du burkini. Les femmes couvertes sur des plages. Les arrêtés municipaux pour interdire cette tenue. La police municipale intervenue à Nice. L'affaire a nourri le feuilleton médiatique de l'été, le Premier ministre n'a pas été en reste, qui a beaucoup fait pour alimenter la polémique. Si ce positionnement correspond en partie à ses convictions, à ses combats, il correspond surtout à sa manière de faire : créer tensions et clivages pour exister. Et aussi, d'une certaine manière, neutraliser les positions intermédiaires, raisonnables. Comme cela avait été le cas avec les frondeurs.

En revenant sur ce sujet chaud au seuil de la rentrée, il agissait de même. Si bien que je fus saisi d'un sentiment étrange et dérangeant en l'entendant : cette réunion devait être un meeting pour le Président, non pour le Premier ministre !

Au long des interventions, j'ai bien sûr envoyé des SMS au Président. Nous nous parlons plus tard, dans la soirée, tandis que je suis en voiture avec Frédérique Espagnac et que nous rentrons à Bordeaux. Tous deux lui faisons part de nos sentiments mitigés. Et lui demandons comment s'est déroulée sa conversation avec Emmanuel. « Il va partir », nous répond-il sobrement, sans préciser à quelle date.

Le 30 août 2016 au matin. Séminaire des élus régionaux socialistes de la Nouvelle-Aquitaine. Frédérique Espagnac s'y trouve comme moi, puisqu'elle a été élue aux dernières régionales sur la liste des Pyrénées-Atlantiques. Nous recoupons les informations. Elle surtout, qui a gardé des contacts étroits avec Emmanuel Macron. Ils se sont même vus durant l'été. Nous sommes persuadés que le ministre de l'Économie va annoncer sa démission le jour même, soit vingt-quatre heures après sa rencontre avec le chef de l'État. J'appelle Jean-Pierre Jouyet et Gaspard ; aucun n'est au courant. Alors qu'ils font partie de ses proches encore en poste à l'Élysée. En fait, ils doutent. Emmanuel ne ferait pas cela au Président, pensent-ils. Il ne leur ferait pas cela à eux non plus ! Ils me recontactent quelques minutes plus tard. Attristés : l'information est juste. Elle sera rendue publique en milieu de matinée. Un nouveau rendez-vous à l'Élysée a même été fixé. À 15 heures.

Je remonte dare-dare sur Paris. En train. Un peu plus de trois heures à faire des conjectures dans tous les sens. Dans la soirée, je vois le Président. Nous envisageons différents scénarios. Y compris celui qui serait de changer de Premier ministre. L'option offrirait un double avantage : banaliser la sortie d'Emmanuel Macron et favoriser un duel entre Valls et lui, mais à l'extérieur du gouvernement, les deux hommes se trouvant sur un créneau proche. Le Président rejette d'emblée ce scénario. Il faut échafauder autre chose.

La ministre de l'Outre-Mer, George Pau-Langevin, démissionne le même jour. Pour raisons de santé. Voilà des mois que nous le savons. Le Président l'apprécie beaucoup. Au moment de la déchéance de nationalité, elle fut la seule à protester contre cette mesure, solennellement, en Conseil des ministres. Christiane Taubira ne l'avait pas fait, Emmanuel Macron non plus. Le Président a d'autant plus apprécié cette attitude qu'elle n'a, en revanche, exprimé son avis nulle part ailleurs. Pas une seule brève dans la presse ne l'a évoqué.

Recommence le jeu du Rubik's Cube. Profiter du choc pour faire monter quelques nouveaux députés. Rajeunir. Récompenser le cercle des fidèles, qui ne sont plus si nombreux. À chaque idée, nous butons sur un obstacle ou la réticence d'Untel ou Untel. Finalement, nous aboutissons à une formule classique : Michel Sapin devient ministre de l'Économie et des Finances. Il aura, un peu plus tard, un nouveau secrétaire d'État.

Le soir, au dîner de la majorité décalé pour cause de meeting de Colomiers, une partie de la conversation porte sur Emmanuel Macron. Le Président a eu une expression assassine, immédiatement répétée : « Il m'a trahi avec méthode. » Un peu plus tôt, je me suis entretenu longuement avec lui dans son bureau. En tête à tête. Je lui ai demandé comment il allait. Et j'ai découvert un chef de l'État fataliste. Pas de colère chez lui. Même pas froide. Pas de dépit. Pas de regret non plus, a priori.

La sortie du gouvernement d'Emmanuel Macron ne nous arrangeait pas, car nous avons vite compris ce qu'elle allait signifier. Avec un autre ancien ministre probable candidat à la présidentielle, en moins de deux ans Manuel Valls avait terriblement rétréci la base politique du gouvernement : les écologistes, Montebourg et ses proches, Taubira, Macron… tous étaient partis. La relation entre le Premier ministre et François Hollande était vraiment particulière. Le premier comprenait parfaitement la psychologie du second, percevait ses ressorts et l'étouffait petit à petit. Mais, en même temps, il manifestait aussi une sorte de loyauté envers le chef de l'État. À la fois institutionnelle et personnelle. Au final, ces deux personnalités si différentes ne se seront pas complétées, mais plutôt neutralisées.

Juste après son entretien avec Emmanuel Macron, le Président délivra son discours annuel à la Conférence des ambassadeurs. Le lendemain, nouvelle intervention. Cette fois devant les lauréats de « La France s'engage », initiative qui lui tenait à cœur. Déplacement, ensuite, dans le cadre de la rentrée scolaire. Elle se déroula bien. De fait, les nouveaux enseignants commençaient à arriver dans les classes, formés ; et la modification du calendrier scolaire semblait derrière nous, ainsi que la polémique sur la réforme du collège et la nouvelle carte des zones d'éducation prioritaires. Celle-ci avait fait mal, tout comme la nouvelle carte de la politique de la ville. Pourtant, ces deux mutations répondaient à une même logique : concentrer les moyens sur ceux en ayant le plus besoin.

En ce jour de rentrée, entretien téléphonique avec le roi du Maroc. Après la période de gel ayant duré des années suite à la fouille d'un des responsables du contre-espionnage marocain à la douane française, les relations entre nos pays étaient redevenues fluides. Rencontre aussi avec le Comité paralympique et sportif français : les JO sont, plus que jamais, en ligne de mire !

Lendemain, long travail sur l'intervention du chef de l'État salle Wagram. Puis départ pour le sommet franco-allemand de Vittel, avant un long séjour en Chine et au Viêtnam. Le Président ne reviendra que le 7 septembre au soir, veille du Conseil des ministres et du colloque Jean-Jaurès-Terra Nova.

Il va sans dire que nous avons communiqué durant son voyage, même si le décalage horaire ne facilitait pas les choses. À l'occasion d'une intervention devant la communauté française du Viêtnam, François Hollande essaya de roder son discours. Il reprit la thématique du 14 juillet 2015, celle de l'opposition entre une France ouverte et une France fermée. Une manière d'accepter le débat sur l'identité du pays, mais aussi de mener une offensive idéologique.

Le 7 au soir, nous étions quelques-uns à attendre son retour à l'Élysée. Guillaume Bachelay, Olivier Gerstlé, Constance Rivière et moi avons peaufiné la dernière version du discours de Wagram, ce colloque consacré à « La République face au terrorisme ». Le Président, de son côté, a retravaillé le texte dans l'avion. À peine arrivé, il nous a donné ses ultimes indications. Comme nous souhaitions qu'il se dévoile plus sur un thème aussi essentiel, nous l'avons poussé dans ses retranchements afin qu'il exprime officiellement sa vision de la laïcité. Il accepta. Nous fournit d'autres éléments. Nous y passâmes presque la nuit. Le lendemain matin, je lui remis la dernière version. Et là, surprise : il souhaita la faire relire par le Premier ministre lors de leur entretien pré-Conseil des ministres. Une mauvaise idée à mes yeux, tant leurs appréhensions de la laïcité étaient divergentes. À plusieurs reprises, Matignon avait par exemple demandé le départ de Jean-Louis Bianco, le président de l'Observatoire de la laïcité, sous prétexte qu'il n'aurait pas été assez ferme. Et chaque fois, l'Élysée avait refusé, fermement et justement.

Après le Conseil des ministres, le Président enchaîna directement sur Wagram. Une salle pleine, avec le gouvernement quasiment au grand complet, nombre de responsables socialistes aussi. Le discours passa bien. Très bien même. Les échos dans la presse furent étonnamment bons. François Hollande avait au passage posé un cadre sur cette thématique essentielle à la République et en même temps visé Nicolas Sarkozy et le Front national.

Une autre intervention était d'ores et déjà prévue, sur les questions économiques et sociales cette fois, afin de cibler plus particulièrement Alain Juppé autour de l'angle : « Alain Juppé, ce n'est pas l'identité heureuse, mais la solidarité malheureuse. » Se positionner ainsi, mettre en joue le favori des sondages était important pour le Président et les membres de sa garde rapprochée. À mes yeux aussi. Car depuis août et singulièrement la sortie du gouvernement d'Emmanuel Macron, les pressions étaient fortes pour qu'il accélère son entrée en campagne. Or nous avions décidé, au contraire, de jouer la guerre des nerfs et de tenir cette tactique des propos subtils ou subliminaux, des escarmouches voilées, jusqu'à début décembre. Afin de voir comment les autres offres politiques se structuraient. En attendant, il convenait de s'appuyer sur trois leviers : la défense du bilan, l'action gouvernementale et la semaison de ces « petits cailloux ». Une stratégie risquée, qui nous paraissait la seule possible tant entrer dans la mêlée trop tôt aurait fait perdre au chef de l'État son principal atout : être Président. À partir de janvier, viendrait le temps de la campagne, mais pas avant. Si nous subissions également, dans cette guerre des nerfs, des sondages catastrophiques, il fallait tenir et, tout septembre, décliner vaille que vaille nos trois principes.

Par chance, quelques bonnes nouvelles – pas très nombreuses ni intenses, mais nous avions appris à nous contenter de peu – nous mirent du baume au cœur.

Début septembre, l'OFCE publia une note optimiste sur l'amélioration de la conjoncture économique. Quelques jours plus tard, François Hollande reçut à New York le prix d'« homme d'État de l'année », attestant combien on n'est pas forcément prophète en son propre pays. À vrai dire, nous avions espéré mieux. Quelques mois plus tôt, Jacques Audibert était venu dans mon bureau, l'air mystérieux. Et m'avait annoncé, sous le couvert du secret, qu'il travaillait à l'obtention du prix Nobel de la paix pour le Président. Seul ou avec Angela Merkel. En tout cas pour l'action effectuée en Ukraine. M'expliquant le fonctionnement de cette institution, l'hypothèse semblait, à l'époque, jouable. Quand le Nobel fut attribué au Président colombien pour sa négociation avec les FARC, nous savions que la candidature du chef de l'État était hors jeu, mais au moins avait-il été pressenti. Cela écrit, si le prix remis à New York était moins prestigieux, il eut son petit impact. Quarante-huit heures après, la Sécurité sociale annonçait l'équilibre – programmé – de ses comptes pour 2017. Et 2016 était sa meilleure année depuis plus de quinze ans ! Sortions-nous du tunnel ?

Le Président continua d'investir le registre régalien. Le 19 septembre, il rendit, dans la cour des Invalides, un hommage à toutes les victimes des attentats. Le 24, il visita un centre d'accueil pour réfugiés en banlieue de Tours. Et le 27, nous parvînmes à le faire aller à Calais.

La machine gouvernementale continuait elle aussi à fonctionner. Au début du mois, une nouvelle baisse d'impôts avait été annoncée. Suivie d'une réforme des minima sociaux. Fin septembre, le dernier budget de la mandature fut présenté. Naturellement contesté, mais avec un objectif de baisse des déficits de 2,7 %. Les dossiers chauds restaient présents, comme on s'en doute, tout le monde se convainquant de l'imminence d'un nouvel attentat, Alstom se rappelant à notre souvenir, comme les opposants à Notre-Dame-des-Landes qui ne désarmaient pas malgré le large « oui » ressorti du référendum.

Parallèlement, le jeu politique pré-présidentielle se mettait en place.

À droite, le duel Sarkozy/Juppé occupait les médias. Avec un avantage net pour le second. Un troisième homme tentait de s'immiscer dans ce duo : François Fillon. Mais, hormis une bonne intervention à l'université du MEDEF, l'élu de la Sarthe paraissait inexistant. Au fil des jours, commentateurs, militants et citoyens virent le programme de la droite se dévoiler. Sur les déficits, l'environnement, les fonctionnaires… les promesses avancées annonçaient des lendemains pas vraiment chantants.

L'offre, à gauche, se structurait aussi. Arnaud Montebourg décida de passer par la case primaires. Où, sur la ligne de départ, se trouvaient déjà Benoît Hamon et Marie-Noëlle Lienemann. Une multiplicité de candidatures qui n'était pas pour nous déplaire. J'essayais, quant à moi, de continuer à recoudre ce qui pouvait l'être. Je conversais ainsi régulièrement avec Christiane Taubira, prête à jouer le rôle d'ambassadrice du chef de l'État auprès du reste de la gauche. Martine Aubry, de son côté, s'adoucissait un peu. Je vis aussi longuement Nicolas Hulot, qui m'expliqua les raisons de sa non-candidature à la présidentielle : « Je ne me sentais pas capable. » Une sincérité qui me fit sourire à une époque où, chaque jour, une nouvelle personne déclarait sa volonté de briguer les suffrages des électeurs. Hulot était en tout cas plutôt dans de bonnes dispositions envers le Président. Il se disait prêt à aider, notamment sur le projet.

Celui-ci avançait. François Hollande s'était mis en mouvement intellectuellement. Nous livrait des indications sur la forme, les grandes approches – « Après un quinquennat macro, un quinquennat micro, proche des gens, dans le quotidien » –, les thèmes qu'il sentait poindre. Il ne parlait pas d'un projet, mais d'une dizaine d'angles de propositions parlantes. Nous y consacrions pas mal de temps. Quant à l'organisation concrète du processus, elle demeurait un peu cauchemardesque, mais avançait cahin-caha. J'œuvrais ainsi avec ceux que je trouvais constructifs : Julien Dray, Stéphane Le Foll, Jean-Christophe Cambadélis, François Rebsamen et pas mal de jeunes. Avec beaucoup d'autres, je jouais – non sans une certaine délectation, je l'avoue – le rôle du « con à la vue basse » qui ne sent rien venir. Une position qui ne me gênait pas trop dans la mesure où j'avançais de manière étroite avec le Président. Comme j'avais beaucoup appris à son contact, dont la capacité de résister à tout, j'essayais d'avoir une humeur aussi égale que la sienne. Alors que dans le paysage politique tout est un problème, voir les choses ainsi calmait l'esprit.

Deux personnes m'inquiétaient cependant. D'abord Emmanuel Macron, qui poursuivait son inexorable ascension. Ce n'était pas encore un envol, mais tout de même. Ensuite Manuel Valls, à propos duquel je faisais preuve d'une vigilance particulière. Plusieurs signaux venus de lui ou de son entourage me troublaient, mais je me refusais à sombrer dans la paranoïa. Aucune naïveté de ma part, juste que celle-ci aurait été à la fois chronophage et paralysante.

Les sondages catastrophiques et les indices officiels guère réjouissants nous interdisaient le moindre optimisme, mais il nous fallait y croire. Presque avec une sorte de dédoublement de la personnalité, nous nous doutions que le combat était perdu d'avance, que l'humiliation était plus que probable, mais il fallait rester actifs. À travers, notamment, nos fameux petits cailloux blancs.

Le 15 septembre, la grande interview du chef de l'État par Pierre Nora et Marcel Gauchet parut dans *Le Débat*. Qui permit à François Hollande de s'exprimer sur la gauche, la social-démocratie, l'exercice du pouvoir. Sous-titre de l'entretien : « La gauche est toujours plus belle dans l'opposition ». Début octobre, le Président s'exprima de nouveau sur la République. À l'hôtel de Lassay cette fois. Hélas, il se montra volontairement en dedans, car aller plus loin lui paraissait hors de propos et prématuré. Claude Bartolone apprécia modérément. Sans doute parce que c'était lui qui avait fixé cette date et non le Président, lequel avait son planning en tête. Son désir ? Monter peu à peu en puissance, quadriller méticuleusement tous les secteurs de la société. Une fois les magistrats, une autre les auteurs. Pour ce faire, il rencontra énormément de journalistes. Non pour des papiers immédiats, mais afin que son – notre – offensive soit la plus fluide possible une fois sa déclaration de candidature faite.

Courant septembre, nous décidâmes de nous inviter dans la primaire de la droite. Le premier débat télévisé entre candidats des

Républicains – hormis Jean-Frédéric Poisson – était annoncé pour le 13 octobre. Alors, ce jour-là, il fut convenu que *L'Obs* publierait une grande interview du Président dans laquelle celui-ci reviendrait sur l'ensemble du quinquennat. Un entretien fort où, pour la première fois, il reconnaîtrait l'erreur de la déchéance de nationalité. *L'Obs* ferait sa couverture avec une photo en gros plan du visage du chef de l'État. Agrémentée d'un titre explicite : «Je suis prêt».

Mais, ce même 13 octobre, sortirent de nouveaux extraits du livre de Gérard Davet et Fabrice Lhomme : *« Un président ne devrait pas dire ça… »*.

42

L'asphyxie

Ce fut comme un coup de couteau dans un corps convalescent. Un rétablissement inachevé mais en bonne voie après un ou plusieurs accidents graves, anéanti par un coup de poignard profond. Qui ne fut pas fatal mais vit plusieurs organes lourdement touchés. Et le sang s'écouler durant plusieurs jours et semaines.

L'interview de *L'Obs* fut mise en ligne le mardi 11 octobre au soir. Pratiquement au moment même où de larges extraits de l'ouvrage de Davet et Lhomme étaient diffusés. Ce soir-là, il y avait dîner de la majorité. Qui, d'un coup, devint très particulier. Le livre écrasa toutes les conversations. Pas un mot ou presque ne put être prononcé sur le processus de lancement de la pré-campagne. Et, très vite, hors de notre cercle, le scandale enfla, s'attisa.

Deux sujets polémiques surgirent d'abord. À cause de propos rapportés du Président consacrés à l'immigration et l'islam en France, mais aussi de paroles tenues sur les juges. Sur ces deux thèmes, ceux qui connaissaient François Hollande le savaient irréprochable. Mais son affaiblissement dans l'opinion et son image brouillée firent que les charges contre ses avis rapportés par le livre firent tout de suite mal. Nous fûmes une nouvelle fois victimes du : « Mais qui est réellement François Hollande ? » On vit aussi les plus hauts magistrats monter au créneau, parce que, dans *« Un président ne devrait pas dire ça… »*, ce dernier avait évoqué la « lâcheté » des juges. De mon côté, je voyais dans quel contexte il pouvait avoir prononcé une telle phrase, pour avoir discuté avec lui à plusieurs reprises de la magistrature. Notamment autour de l'octroi ou non d'une grâce à Jacqueline Sauvage, femme violentée par son mari pendant des années, aux enfants victimes d'inceste – l'un d'entre eux s'était suicidé – qui, un jour, avait abattu son époux d'un coup de fusil. Parce qu'elle avait été condamnée à dix ans de prison ferme, l'affaire avait ému la population française, une pétition pour obtenir une grâce présidentielle ayant même recueilli des centaines de milliers de signatures. Le chef de l'État devait-il accorder sa grâce ou pas ? On avait vu apparaître un rapport de force entre l'Élysée et une partie de la magistrature à ce propos. À l'intérieur même du palais présidentiel, les avis divergeaient. Gaspard, Boris et moi étions vivement pour, Constance et Thierry se montraient plus réservés, jugeant peu prudent d'aller à l'encontre de plusieurs décisions de justice. Jean-Pierre, lui, partageait grosso modo ce point de vue. Durant nos échanges à ce sujet, le Président avait pu oser quelques critiques à l'égard de la justice qui ne prenait pas assez ses responsabilités. Tout en demeurant extrêmement soucieux de son indépendance ! L'épisode du livre concernait certes un autre conflit, celui entre Christiane Taubira et quelques très hauts magistrats, indépendant donc de l'affaire Sauvage, durant lequel le chef de l'État avait vivement pris la défense de sa garde des Sceaux, mais l'avis était valable et ne remettait pas du tout en cause son propre respect de la justice.

Forcément, le rendez-vous du mercredi matin pré-Conseil se transforma en mini-réunion de crise. Le Président devait-il ou non s'excuser des propos rapportés ? Finalement, une lettre fut envoyée et les plus hauts représentants de la magistrature reçus.

L'enfer ne faisait que commencer. Au point presse post-Conseil, Stéphane Le Foll ne fut interrogé par les journalistes que sur l'ouvrage, les propos, etc. Sur les chaînes d'info et les réseaux sociaux, les réactions des députés et élus, vives, négatives, hostiles, se multipliaient. Au mieux, le chef de l'État avait juste droit à de l'incompréhension. À midi, Jean-Christophe Cambadélis devait déjeuner avec l'ensemble de la presse parlementaire. Et, comme convenu initialement, y faire passer quelques messages. Dans son compte rendu de l'après-midi, il admit n'avoir rien pu faire d'autre que se mettre sur la défensive. Quant à la réunion de coordination de la pré-campagne qui suivit, elle fut particulièrement désagréable pour moi.

La suite fut pire encore. C'est presque tétanisés et en même temps que les journalistes que nous avons découvert, au fil des jours, le sens, l'ampleur et la nature des propos tenus dans cet ouvrage de plusieurs centaines de pages. Le Président eut beau, comme premier réflexe, vouloir banaliser l'affaire – genre « Circulez, il n'y a rien à voir », un chef de l'État préside et se concentre sur l'essentiel, en l'occurrence un hommage aux victimes de l'attentat de Nice –, une telle ligne de défense ne pouvait tenir. Car dans les premières heures des révélations, personne ou presque ne se leva pour défendre François Hollande. Et les quelques arguments mis en avant furent inaudibles. En vérité, nous avions tous reçu un coup de poing dans l'estomac et étions sous le choc.

Le vendredi, la critique monta d'un cran. Dans une interview accordée à un quotidien de la presse régionale, Claude Bartolone fit part de sa stupéfaction, et reconnut partager les doutes et les colères des députés socialistes. En creux, il s'interrogea même sur l'opportunité de la candidature du président de la République. Le carré des plus fidèles fut également touché. Le dimanche soir, le Président reçut les piliers de la Hollandie : Le Foll, Rebsamen, Sapin, Le Drian… Seul avec eux, ou plutôt seul face à eux, il ne vécut pas un moment agréable.

J'étais dans mon bureau avec Julien Dray. Nous souhaitions voir le Président. À la fois pour le soutenir et pour lui faire part d'idées susceptibles de nous aider à sortir de cette nouvelle crise. Depuis la publication du livre, nous l'avions acheté et lu attentivement. Nous nous étions même procuré une version PDF pour retrouver en quelques secondes les phrases les plus polémiques. En vérité, il y en avait peu. Sur les 672 pages de l'ouvrage, tout juste une dizaine. L'ensemble du document était même plutôt de qualité. Et loin d'être hostile au chef de l'État. Mais tout cela avait disparu, emporté par la vague des incompréhensions, des extraits sortis de leur contexte qui faisaient mal, des réactions des uns comme des autres… Nous fûmes plusieurs à conseiller au Président de contre-attaquer. À lui recommander de revendiquer sa démarche de transparence, reflet de la conception de l'exercice du pouvoir qui est la sienne. De manière indépendante et concomitante, des notes de Stéphane le Foll, Julien Dray, Pierre-Louis Basse ou moi arrivèrent en ce sens. Des notes et des conversations. Mais François Hollande ne fut pas convaincu. Il préféra encaisser et rester silencieux. Du moins sur ce point.

Pour oublier, pour gouverner comme il l'avait toujours fait, malgré la bronca et les reproches, le chef de l'État refusa de modifier son agenda et multiplia ses sorties sur le terrain. Lundi, visite à Florange ; mardi, visite au Salon international de l'alimentation ; mercredi, Conseil des ministres et, à partir du jeudi après-midi, Conseil européen. Cette même semaine avait été prévue, de longue date, une visite de Vladimir Poutine à Paris dans le cadre du baptême de la nouvelle cathédrale orthodoxe, quai Branly. Mais, quelques jours avant, le président de la Russie avait annulé sa venue en raison des tensions liées à la Syrie. Reste que toutes ces sorties furent l'objet d'une préparation au millimètre. Et l'absolue nécessité de tenir la presse à l'écart et de ne pas répondre à ses querelles maintenue coûte que coûte.

La première réaction officielle du Président arriva le 21 octobre, depuis Bruxelles. Après chaque Conseil européen, un point presse se déroule. Les journalistes en profitèrent. Mais François Hollande esquiva. À sa manière. « Des propos placés hors de leur contexte », « Ce qui compte, c'est ce que je fais »..., dit-il.

Ce même vendredi, à l'Élysée, l'ambiance était à l'extrême nervosité. Presque à l'hystérie, attitude rarissime au sein de notre équipe. Hormis Jean-Pierre Jouyet, qui aimait parfois utiliser les mots de manière dramatique, si ce n'est mélodramatique, tous les proches collaborateurs du chef de l'État se caractérisaient plutôt par leur sens de la retenue. Mais pas cette fois. Il faut dire que la semaine avait été sacrément éprouvante. Que prendre des coups de toutes parts, y compris de l'intérieur du cabinet – « Comment avez-vous pu lui laisser faire cela ? » –, finissait par crisper chacun. Car nous-mêmes, nous nous interrogions sur ce livre. Sur ses conditions de réalisation. Sur les dizaines d'entretiens cachés, occultés de l'agenda. Comment un François Hollande, prudent d'ordinaire, avait-il pu devenir un Président si bavard et négligent ? Comment lui, qui pesait chaque mot, avait-il pu laisser un tel torrent se déverser ? Nous en arrivions à nous demander si nous l'avions assez entouré, accompagné… Si un autre scénario aurait été possible. Avant de conclure que cela aurait été difficile avec une personne aussi secrète, insaisissable, compartimentant, morcelant tout.

Dans le livre de Valérie Trierweiler, il y avait bien sûr de l'excès, de l'insupportable, mais aussi des passages intéressants. Comme le fait qu'au final François Hollande soit resté un mystère pour elle. Cette fois, à nous d'y être confronté. À nous qui pourtant le voyions chaque jour ou presque et nous entretenions en permanence avec lui.

Le 21 octobre enfla une rumeur : une pétition de parlementaires socialistes se préparerait pour appeler François Hollande à ne pas se présenter. Des copies de textos de journalistes demandant à des élus s'ils avaient signé cette future tribune nous étaient parvenues. Toute la journée, nous avons cherché le texte et les potentiels signataires. Cette fois, le Président fut inquiet. Presque fébrile même, puisqu'il nous appelait les uns après les autres pour en savoir plus. Il redoutait aussi une réunion du PS se tenant le lendemain à Tours, où le Premier ministre devait s'exprimer, craignant que celui-ci ne dévoile son intention de se présenter aux primaires.

Pendant des heures, nous passâmes d'innombrables coups de fil. En fait, cette pétition ne sortit jamais. Il n'est pas même sûr qu'elle ait réellement existé. La rédaction d'un journal avait-elle essayé de monter un coup ? Plusieurs appels furent passés aux responsables d'une rédaction pour dénoncer une telle méthode. Contrairement à nos habitudes.

Le mal continuait à se répandre, le poison à progresser, la paralysie à se développer. Le Président était incontestablement touché. Ce livre lui avait échappé, lui l'homme au contrôle de lui-même permanent, l'homme qui n'aime pas l'introspection mais s'inspecte sans cesse. Comme m'avait dit un jour un intime : « Chez lui, même sa propre émotion est une information. Il l'analyse, la dissèque. » Et, cette fois, il y avait indéniablement eu un dérèglement.

Le 26 octobre était prévu un événement célébrant le centième anniversaire de la naissance de François Mitterrand. Il s'agissait d'une des dates symboliques que nous avions repérées pour traduire la montée en puissance de la pré-candidature du chef de l'État. Celui-ci devait intervenir à la fin des débats, avec un bon discours, mais il appréhendait ce moment. Pas facile, en effet, de se comparer à François Mitterrand. Surtout lesté d'une impopularité record et d'une contestation aussi forte dans son propre camp. Les journalistes notèrent le fait que Claude Bartolone, président de l'Assemblée nationale, était sorti volontairement de la salle avant l'arrivée du chef de l'État, et se contentèrent d'un compte rendu factuel du discours, plus spécifiquement du parallèle fait par François Hollande entre le premier Président socialiste et lui-même. Moi, ce n'est pas ce rapprochement qui me marqua, mais la lourdeur avec laquelle il fit des références à la ténacité, au rassemblement de la gauche, à la dureté des critiques… Une pesanteur surprenante chez un François Hollande doté d'un humour fin, orateur précis sachant utiliser les mots en les respectant. Alors que sa langue est très châtiée, précieuse parfois, là, il y avait presque de la grossièreté dans le procédé. Un côté gros sabots pour le moins inhabituel.

28 octobre 2016, une autre date du quinquennat à marquer d'une pierre noire. Ce vendredi, le Premier ministre lança sa première charge publique contre le chef de l'État. Tous deux avaient déjà eu des échanges vifs, mais ceux-ci s'étaient déroulés en privé. Là, un nouveau pas fut franchi. En revenant d'un meeting en Gironde, Manuel Valls parla longuement avec des journalistes du *Monde*. Longuement et franchement. Des propos bien sûr retranscrits, à la fois sévères sur le Président et clairs sur l'ambition qu'ils révélaient. Qui signaient aussi le début d'une sorte de cohabitation officieuse au plus haut sommet de l'État.

Durant cinq semaines, les phases de chaud et de froid entre eux alterneront. Dès le week-end, Stéphane Le Foll monta au créneau. Fortement et fermement, comme il savait le faire. Les choses se recalèrent un peu en début de semaine, puis dérapèrent de nouveau. Et pour nous débuta une période aussi particulière que compliquée : lorsque les tensions sont vives entre l'Élysée et Matignon, alors qu'il n'y a pas un jour sans réunions, échanges, appels…, tout prend une saveur particulière, amère, et la suspicion se déploie.

Dans ce climat, le dispositif de pré-campagne ne pouvait que se déliter. L'appel des parlementaires en faveur de la candidature de François Hollande fut repoussé *sine die*. *Idem* pour le discours consacré au modèle économique et social. Les réunions sur le budget s'espacèrent quant à elles de plus en plus. Comme les réunions de coordination à Solférino.

D'autres sujets continuaient cependant d'avancer. Et, étonnamment, le projet lui-même. Le Président ne manquait pas d'idées pour le pays et pour la suite. Les AG avec Julien Dray se réunissaient toujours, même si l'élan était décroissant. Hélas, à cause de l'ambiance et des événements, les points d'appui se raréfièrent. Les poids lourds se mirent peu à peu en retrait : certains attendaient Valls, d'autres Macron. Jean-Yves Le Drian et Michel Sapin, à quelques jours d'écart, évoquèrent même publiquement la possibilité d'une non-candidature du chef de l'État. Si les proches des proches flanchaient, comment tenir ?

Les alliés devenaient donc de plus en plus rares. Bizarrement, Martine Aubry en fit partie. Elle m'appelait régulièrement. Parfois très longuement. Et disait : « Le Président doit y aller. On sera derrière lui. » Elle craignait, à juste titre, d'autres scénarios qui risqueraient de tout faire éclater.

En apparence, François Hollande n'avait de son côté renoncé à rien. Ni à se présenter ni à tenir son calendrier. Une annonce entre le 1er et le 15 décembre. Il se remit donc à sortir sur le terrain. À voir les élus. De manière impromptue. Le 29 octobre, après une cérémonie en l'honneur des tsiganes déportés, il déjeuna au domicile de Luc Belot, jeune député socialiste appartenant à la poignée de parlementaires qui continuaient à le défendre coûte que coûte. Ces spécimens en voie de disparition, je décidai de les réunir tous les mercredis à l'Assemblée. Comme le Président n'avait plus l'appui des cadors, nous avions choisi de jouer la base, la proximité.

Dans les médias, Julien Dray établit le parallèle avec la campagne victorieuse de Jacques Chirac en 1995. Le 1er novembre, François Hollande fit de même à Lens… Puis le 3 en Normandie. Histoire de revoir, renouer, évaluer…

Le 7 novembre, réunion d'équipe de quasi-campagne. Avec, comme toujours, le casse-tête des participants. Ce soir-là, outre le Président, Stéphane Le Foll, Najat Vallaud-Belkacem, François Rebsamen, Guillaume Bachelay et moi étions présents. Le Premier ministre n'a pas été convié. Le chef de l'État lança la réunion, en lui trouvant une bonne configuration. Il revint sur les attaques de la droite, le matin même, qui avaient vu plusieurs élus s'offusquer du livre de Davet et Lhomme, et spécifiquement des passages relatant l'intervention en Syrie. Dès lors, ils avaient déposé une plainte pour violation du « secret-défense ». François Hollande expliqua avoir lu le texte, du moins cette partie, et donna des éléments de langage, des angles de contre-attaque, des formules… Puis passa rapidement à la présidentielle. En admettant d'emblée qu'il n'avait pas pris sa décision. Il voyait bien l'opération menée contre lui de tous côtés, mais ne devinait pas d'autres hypothèses électorales. Il indiqua également s'être expliqué avec le Premier ministre.

Ensuite les uns et les autres détaillèrent leur analyse de la situation et formulèrent des propositions. Il fut convenu de se revoir chaque semaine, tout en travaillant entre-temps.

En ce début d'hiver 2016, l'ensemble du paysage politique est bouleversé. Partout.

Quelques jours auparavant, Cécile Duflot n'est pas même parvenue à se qualifier pour le second tour de la primaire d'Europe Écologie Les Verts. François Fillon, de son côté, commence à bouleverser la donne des primaires de droite en décollant dans les enquêtes d'opinion. Un des sondeurs dont les avis m'importaient le plus m'avait dit, quelques jours auparavant : « Tous les ingrédients sont là pour qu'ils gagnent ! » « Ils », entendre la droite ; « gagnent », sous-entendu la présidentielle.

Le 4 novembre, un samedi, déjeuner à trois avec le Président et Gaspard. Le chef de l'État appelle Jacques Audibert et met son téléphone sur haut-parleur. Jacques vient d'achever une tournée des principaux responsables américains à quelques jours de leur présidentielle. Il annonce que personne ne s'y prépare, mais que Donald Trump peut l'emporter. Ce qui est « drôle », c'est que, dans une sorte de nouvel acte manqué, un seul communiqué de presse avait été préparé à l'Élysée pour publication le jour des résultats : celui de félicitations à Hillary Clinton !

Le compte à rebours vers la déclaration de candidature et notre campagne électorale était désormais enclenché, mais les dossiers toujours là : Notre-Dame-des-Landes, Calais, la polémique sur le fichier unique de renseignements… Le vote sur le budget se déroula plus tranquillement qu'à l'accoutumée. Il est vrai que l'affrontement ne se situait plus là, mais dans la tentative d'*impeachement* à la française entamée par la droite pour contester la légitimité du chef de l'État. Une opération indigne qui resserra quelque peu les rangs. Le Premier ministre, le ministre de la Défense montèrent au créneau pour défendre le Président contre l'accusation d'une éventuelle transmission de documents classés « secret-défense » aux journalistes du *Monde*. Une information judiciaire fut tout de même ouverte quelques jours plus tard. Au-delà des dossiers, proliféraient aussi les rumeurs, les sondages. Avec Valls et même Royal à la place du Président sortant…

Le 8 novembre au soir, Stéphane Le Foll réunit quelques dizaines de parlementaires au ministère de l'Agriculture. Objectif : que le chef de l'État vienne s'expliquer. Mais, jusqu'au dernier moment, celui-ci chercha des échappatoires. Une liste d'invités trop large. Pas possible d'y voir des proches de Valls. La presse a été prévenue… Vraiment impensable de s'y rendre. Je me battis pied à pied pour qu'il y aille et fasse un discours. Prudent, pour une fois, je ne partis pas en avance de l'Élysée, préférant rester avec lui, l'accompagnant dans sa voiture. Pas question qu'il recule, seuls des amis seraient là. À coup sûr, les voir et entendre lui ferait du bien.

Il y alla, mais se déroba tout de même. En prononçant à peine quelques phrases sur le livre, son pourquoi… Dès lors, il ne parvint pas à emporter l'adhésion. Et la soirée fut triste. Terriblement triste. Quelques proches de Manuel Valls partirent avant la fin, attitude classique : ils voulaient être les premiers à parler aux journalistes. Afin d'« ambiancer ».

Aux cérémonies du 11 Novembre, nous avons trouvé étranges les images du Président à côté de son Premier ministre. Lors du déjeuner partagé avec le premier à l'issue de celles-ci, lui-même nous sembla un peu ailleurs. Plus tard, il a sa première conversation téléphonique avec Donald Trump, nouvellement élu 45e président des États-Unis. Le week-end ont lieu les commémorations d'une tragédie plus récente : les attentats du Bataclan et du Stade de France. Et nous nous sommes demandé quelle allait être la une du *Journal du Dimanche*, par où, souvent, surgissaient les mauvais coups. Dans la grande réorganisation des rédactions entamée en vue de la présidentielle, un dispositif particulier semblait avoir été mis en place au sein de celle-ci. Et pas nécessairement en notre faveur.

À la sobre cérémonie en hommage aux victimes des attentats, tout le monde fut là. Y compris Claude Bartolone qui, depuis la parution du livre de Davet et Lhomme, boycottait les dîners de la majorité. Et manœuvrait en coulisses. Le dimanche dans l'après-midi, comme souvent, le Président et le Premier ministre se sont rencontrés.

14 novembre, lundi habituel. Avec tumulte, fatigue, suspicion. Depuis quelques jours, j'avais l'impression de porter à bout de bras le Président. Et nous étions quelques-uns dans le même état d'esprit, prêts à lui insuffler notre énergie afin qu'il en ait plus. Pour qu'il tienne, résiste à l'ambiance, aux propos désagréables. Et même aux dîners de la majorité, devenus une sorte de calvaire.

Nous avions pris l'habitude, avec Julien Dray, de dîner tous les deux le mardi soir. En parallèle des autres rendez-vous. À l'issue de ces repas, le Président nous rejoignait ou nous invitait dans son bureau. Pour profiter d'un moment où il pouvait abaisser – un peu plus – la garde. Le 14, donc, réunion des chefs de pôle avec lui. Pas mal de rendez-vous internationaux étaient programmés ainsi qu'un déplacement aux Mureaux en vue du lancement d'Ariane 6, la fierté française devant être un axe de notre projet. Mais plus grand-chose n'imprimait. Les petits cailloux faisaient chou… blanc.

Une seule question nous hantait en vérité. Y allait-il ou pas ? Dans l'après-midi, à quatre nous retravaillâmes sur le projet avec lui. En relisant ses soixante engagements de la campagne 2012, il dit : « On ne s'est pas trop trompé. » Les orientations pour la suite furent envisagées. Sans catégoriel, car nous devions nous adresser à tous.

Dans la soirée, nouvelle réunion de l'équipe de pré-campagne. Avec les mêmes que la semaine passée, Bruno Le Roux en plus. Le Président nous interrogea sur un appel soi-disant en préparation en faveur du Premier ministre. Étude des sondages. Qui montra que l'élimination de François Hollande dès le premier tour était inévitable. Même une troisième place n'avait rien d'acquis. Parce que la campagne de Mélenchon s'envolait. Parce que la perspective Macron se précisait, le Président nous indiquant que ce dernier allait annoncer sa candidature le mercredi ou jeudi suivant.

Lorsque celui-ci franchit le Rubicon, le chef de l'État ne se trouvait pas en France, mais à Marrakech pour la COP22. Beaucoup de personnes l'avaient accompagné. Des ministres, des députés. Mais il préféra dîner en tête à tête avec Stéphane Le Foll. Qui me débriefa par la suite, et s'avoua incapable de dire ce que François Hollande allait faire. Même après toutes leurs années de combats communs, il ne sentait rien de précis. En revanche, il l'avait trouvé las.

Je vis moi-même le chef de l'État à son retour. Point et commentaires sur la déclaration de l'ancien ministre de l'Économie. « Tu as entendu ? Emmanuel a dit que sa candidature était irrémédiable. Noël Mamère avait utilisé le même mot avant de finalement renoncer », nota-t-il. Oui, j'avais entendu. Mais je n'étais pas sûr que le nouveau postulant à l'Élysée ait les mêmes références que nous.

Le 18 novembre, le Président se rendit à Berlin pour une réunion du Quint, c'est-à-dire les cinq pays que sont la Grande-Bretagne, l'Allemagne, l'Italie, les États-Unis et la France. Une conférence à la liste de participants pour le moins improbable : Barack Obama allait quitter la présidence quelques semaines plus tard ; Theresa May était à la tête d'un pays qui venait de choisir de sortir de l'Union européenne ; Matteo Renzi était très fragilisé et François

Hollande encore plus affaibli. Le crépuscule des dirigeants. Même Angela Merkel à cette époque baissait dans les sondages.

Ce week-end vit une ultime tentative de relance de la machine. Grâce à la styliste de mode Agnès b., qui avait pris l'initiative d'un appel de soutien à François Hollande. Derrière elle, Catherine Deneuve, Benjamin Biolay, Denis Podalydès, Rachid Benzine, Fethi Benslama… Nous avions plus ou moins aidé cette entreprise, mais si l'opération obtint de l'écho, elle n'entraîna rien. Pis, l'appel suscita quelques moqueries. Le même week-end, le Président se déplaça dans l'Aude et la Haute-Garonne, visites que Kader Arif avait organisées malgré sa démission – poussée – du gouvernement, malgré aussi la déchéance de nationalité qui l'avait blessé. Ce fidèle restait fidèle. Comme pour l'opération *Obs*, ce voyage visait à faire parler le chef de l'État juste avant une nouvelle étape de la primaire de la droite.

Le 20 novembre 2016 eut lieu le premier tour de celle-ci. Qui réserva son lot de surprises, avec un Nicolas Sarkozy éliminé, un Alain Juppé affaibli et un François Fillon triomphant. J'étais à l'Élysée ce soir-là. Un constat apparut immédiatement : la victoire de l'élu de la Sarthe pourrait nous offrir une petite ouverture. Avec son programme ultralibéral, un créneau de protection de la spécificité française apparaissait. Dans les jours qui suivirent, on sentit presque de l'euphorie chez les socialistes. Pour la première fois depuis des semaines, le petit déjeuner de la majorité se déroula même dans une bonne ambiance.

À l'Élysée, en revanche, je sentis une atmosphère lourde. Durant l'une des réunions des chefs de pôle avec le Président, j'ai noté dans mon carnet : « PR énervé ». À la fin de la semaine, celui-ci partit plusieurs jours à Madagascar. Je l'avais vu assez longuement avant, afin notamment de lui remettre le dossier de ses « devoirs du week-end », à savoir sa campagne présidentielle. Dans le bleu, une note intitulée « Quand déclarer sa candidature ? » avait été glissée. Qui suggérait trois dates : le 28 novembre, le 4 décembre et le 8 décembre, toute autre se révélant impossible. Ces trois jours permettaient d'enchaîner déclaration en province – notre souhait –, présence au journal télévisé du soir et déplacements le lendemain. Se voyaient aussi indiqués des lieux possibles. Avec, chaque fois, un bulletin météo, des images permettant de visualiser l'endroit et un mini-topo sur les questions de sécurité, les manifestations éventuelles. Tout cela était lapidaire, puisque nous n'avions pas le droit d'utiliser les moyens de l'Élysée, mais précis. Nous étions face à face. Lui dans son fauteuil, moi dans le mien. Et il m'avait paru plus détendu qu'en début de semaine.

43
Le renoncement

À l'Élysée, instinctivement, nous craignions le week-end du 26 novembre… et nous ne fûmes pas déçus.

Le samedi, Martine Aubry avait organisé une journée de réflexion comme elle aime en faire. Cette initiative, elle m'en avait parlé longuement et à plusieurs reprises. Il s'agissait d'ateliers de travail avec des représentants de toutes les gauches, sans prise de parole des « stars », à l'exception de Christiane Taubira et d'elle-même. « Tu verras, Vincent, m'avait-elle annoncé, l'objectif est de travailler sur le fond, de montrer que nous pouvons, ainsi, rassembler… La journée ne sera en rien hostile à François. Bien au contraire. Les gens comprendront vers qui je penche. » J'avais toutefois un peu tiqué lorsqu'elle m'avait indiqué le lieu, Bondy, en Seine-Saint-Denis. Car, nécessairement, à un moment ou un autre, Claude Bartolone, qui avait présidé le département durant plusieurs années et dont l'un des proches se trouvait à la tête, s'y rendrait. Or, comme je l'ai dit plus haut, depuis la sortie du « livre », le président de l'Assemblée nationale cherchait toutes les combinaisons possibles pour qu'un autre que François Hollande se présente. Sans succès réel, mais si son credo de toujours était le rassemblement de la gauche, on le savait proche de Manuel Valls.

De fait, j'avais eu raison de me méfier. Bartolone apparut tôt à la journée. Et fit d'emblée une déclaration qui mit le feu aux poudres : « Que le Président et le Premier ministre se présentent tous les deux à la primaire. » Le quatrième personnage de l'État proposait ni plus ni moins que les premier et second s'affrontent durant deux mois. Et ce quelques mois à peine après les derniers attentats, et alors que le pays se trouvait en état d'urgence ! Bien sûr, cette sortie aussi tonitruante qu'irréaliste eut un impact énorme. Et Martine Aubry m'appela le lendemain, furax comme elle peut l'être, car sa journée avait été totalement polluée. Claude Bartolone, lui, avait réussi son coup. Une réussite dans la destruction, ce lot commun de tous les socialistes depuis le début du quinquennat !

La proposition du président de l'Assemblée n'était que la première lame du raz-de-marée qui allait se déclencher ce week-end-là. La seconde se déversa dans *Le Journal du Dimanche*. Où le Premier ministre déclara explicitement être prêt à se présenter à la primaire. Une fois encore, le téléphone chauffa. J'eus tous les protagonistes et conseillers de cette cacophonie et course de vitesse au téléphone un nombre incalculable de fois, chef de l'État compris. Le dimanche soir, il atterrit très tard. Un peu avant minuit. La mine sombre.

Le lundi matin, réunion rituelle des chefs de pôle. Autour de la table le Président, les deux Jean-Pierre, Constance, Dominique Ceaux – nouveau chef de cabinet depuis le départ d'Isabelle Sima –, Michel Yahiel, conseiller social qui remplaçait ce matin Boris, absent, et moi-même. François Hollande ouvrit vite la discussion. Et se fit assez dur. « C'est une situation inédite qui nous déconsidère, assena-t-il. Il faut distinguer l'État de la politique. » Et revint à une de ses marottes : ceux qui parlent à la presse, les conseillers, les autres. « Même aux SMS, personne ne doit répondre », ordonna-t-il. Il faut dire que la pression était énorme. Tout le monde guettait la moindre humeur du Président. Chaque geste, chaque phrase se voyait interprété. Nous recevions des dizaines de sollicitations par jour. Particulièrement moi, qui me trouvais au cœur de la pré-campagne… ou de la non-campagne.

Le Président poursuivit la réunion par une de ses autres obsessions : les discours. Ce matin-là, nous avions à peaufiner une intervention sur l'esclavage. Il fit aussi preuve d'un certain fatalisme : « Face à la folie, on ne peut pas faire grand-chose… », dit-il à un moment, avant de clore la rencontre par un trait d'humour.

Comme depuis quelques heures circulait sur le Net une vidéo contenant des menaces de mort contre Manuel Valls, il sourit en lançant : « Je vous jure que ce n'est pas moi. » Un concentré de François Hollande.

Puis, nous passâmes en revue les dossiers de l'actualité, dont le résultat de la primaire à droite – qui avait vu François Fillon plébiscité – et d'autres thèmes habituels.

Je ne revis pas le Président de la matinée. Son agenda était rempli de rendez-vous, plus ou moins importants ou opportuns : le Premier ministre de Malte, le président de la Namibie, notre ministre de l'Intérieur et Jean-Michel Baylet. À 13 heures, il eut son déjeuner coutumier avec le Premier ministre, celui-là même qui, d'une certaine manière, l'avait officiellement défié. Tous les journalistes étaient évidemment à l'affût. Et ils n'étaient pas les seuls ! Après le repas, le Président demanda à Jean-Pierre Jouyet, Gaspard et moi de monter dans son bureau, une convocation inhabituelle puisqu'en général c'était Jean-Pierre qui nous faisait le compte rendu de ce rendez-vous hebdomadaire. « Ce n'est pas un Premier ministre belliqueux que j'ai eu face à moi, raconta François Hollande. Il a même essayé de se justifier. Surtout, nous avons travaillé. Comme chaque lundi. Parce qu'il faut montrer que l'État continue à fonctionner, que les dossiers avancent. » Tel était le message que Gaspard devait transmettre aux journalistes et moi passer aux élus et cadres politiques. J'osais tout de même un : « Et toi ? Tu en es où de ta décision ? » Le Président sourit et répondit « que l'on verrait bientôt ».

Nous sortîmes, Gaspard et moi, particulièrement perplexes de cette brève entrevue. Alors que nous pensions avoir appris à décrypter un peu le Président, là… nous restions dans le brouillard. Pendant ce temps, le calendrier accentuait les contraintes. Les fenêtres de tir disparaissaient les unes après les autres.

La journée s'éternisa. Les supputations aussi. Innombrables coups de fil. Dray. Le Foll. Rebsamen… Nous faisions circuler l'information entre nous en permanence. Cette synergie n'avait pas toujours été de mise, mais, enfin, la communication fonctionnait. Le soir, je dînai à Matignon avec Yves Colmou et Christophe

Borgel. Un repas plutôt surréaliste compte tenu des derniers événements, mais nous nous connaissions de longue date et étions plus des « apaisants » que des « irritants ». La rencontre conserva toutefois un côté irréel. D'autant que, à quelques dizaines de mètres, Stéphane Le Foll organisait un autre dîner. À trois, aussi : Julien Dray, François Rebsamen et lui, porte-parole du gouvernement. Objectif : bosser dans le détail sur le lancement de la campagne. À leur table, ils avaient aussi convié le Président. Qui les rejoignit au dessert. Dans la soirée, Julien me téléphona et dit : « Il avait l'air plutôt bien. Pour lui, c'était important de voir que tout le monde pouvait travailler ensemble. »

Mardi 29 novembre. Pas de petit déjeuner de la majorité… dans mon souvenir ni mes notes. Juste une réunion interne avec les deux Jean-Pierre, Constance Rivière et Dominique Ceaux. Fut rapidement évoqué l'ordre du jour du Conseil restreint de défense du lendemain. Et une nomination au Conseil d'État, qui posait des difficultés. L'Élysée aurait aimé promouvoir une personne « issue de la diversité », comme on dit pudiquement, mais l'appareil d'État coinçait. Pourtant, on ne pouvait pas dire que nous étions très allants sur ce sujet. Enfin, examen de textes législatifs, réflexions autour de la prise de position de la Conférence des évêques sur le délit d'entrave numérique à l'IVG.

Plus tard dans la journée, ma secrétaire Aurélie, quasiment au bord de l'apoplexie, débarque dans mon bureau : « M. Jouyet est là ! » Elle qui travaille à l'Élysée depuis 2007 n'a jamais vu un secrétaire général ailleurs que dans son bureau, celui du Président, voire, à la rigueur, les salles de réunion. Mais Jean-Pierre aime de temps en temps se promener dans le palais. Du reste, il est déjà venu dans mon bureau à une ou deux reprises. Aurélie s'enquiert de ce que nous souhaitons boire. Du café (comme toujours) pour moi ; du thé pour Jean-Pierre (comme toujours aussi). Qui se montre avenant, comme à son habitude. Il s'assied. Et annonce tout de go : « Le Président ne va pas se représenter. »

Jean-Pierre Jouyet est probablement l'homme qui connaît le mieux François Hollande. Et depuis le plus longtemps. Aussi bien dans la sphère publique que privée. Mais, à l'Élysée, il n'emploie jamais le prénom du chef de l'État, comme il le tutoie rarement en public, contrairement à beaucoup. D'où le côté solennel et « froid » de sa phrase.

Je lui réponds que c'est ce que j'ai moi-même compris. Toute la journée de la veille j'y ai réfléchi et suis arrivé à cette conclusion, hélas, logique. Bien sûr, secret absolu. À l'extérieur du palais, seule la famille du Président est avertie. En interne, uniquement Jean-Pierre, Gaspard et, maintenant, moi. Le secrétaire général n'évoque personne d'autre dans la confidence, pas même Bernard Cazeneuve, dont le Président est devenu extrêmement proche. Plus tard, après avoir recoupé des informations, j'aurais quand même le sentiment que le ministre de l'Intérieur avait été mis dans la boucle. Peut-être quelques jours avant, mais sans certitude. Le Président aimait à constituer des labyrinthes, à créer des anamorphoses.

Les heures et les jours suivants furent des plus particuliers. Car il fallut faire comme si de rien n'était.

Le soir même, Julien Dray organisa une réunion des AG à la Bellevilloise. Le Président aurait préféré que personne de l'Élysée n'y aille, mais je m'y rendis quand même. Incognito, avec une casquette de base-ball enfoncée jusqu'aux yeux. Aussi cocasse qu'un peu ridicule – j'admets –, ce petit stratagème fonctionna parfaitement puisque plein de SMS arrivèrent pour me demander où j'étais. Y compris de ma fille aînée, pourtant dans la salle. Durant la soirée, je fus à la fois heureux et gêné – vu ce que je savais – d'entendre nombre d'intervenants et de présents mettre toute leur énergie dans le combat, vouloir coûte que coûte montrer que gagner était encore possible, que François Hollande méritait qu'on monte au créneau pour lui. Avant la fin, je filai à l'anglaise afin d'éviter les quelques journalistes patientant devant la salle.

Mercredi 30 novembre. Le Président avança tous ses rendez-vous de la journée parce qu'il devait partir vers 13 heures pour Prague. Il vit Manuel Valls à 8 h 30, puis présida le Conseil restreint de défense, le Conseil des ministres et assura un rendez-vous avec Jean-Yves Le Drian. Comme chaque semaine. Il demanda aussi que je passe le voir. « Jean-Pierre t'a parlé ? », interrogea-t-il. Et au fond de moi j'en vins à penser que c'était même lui qui l'avait envoyé. Commença alors une longue conversation. Mariant à la fois les propos à tenir aux uns et aux autres le lendemain et un retour sur le quinquennat. Il évoqua le « bordel » depuis le début, la responsabilité ou plutôt l'irresponsabilité des frondeurs, revint sur ce qui nous avait fait mal : la déchéance, l'attitude de Macron, les surenchères du Premier ministre. Mais, ce jour-là, c'était plus après son ancien conseiller et ministre de l'Économie qu'il en avait. « Il a joué contre nous », dit-il. Nous avons parlé aussi de l'avenir. De Bordeaux. Je lui ai demandé depuis quand il avait pris sa décision. « Une dizaine de jours », confia-t-il. Il me recommanda de ne rien dire, rien montrer. Et prononça cette phrase étrange : « Fais attention à ton corps. Parfois, il parle pour nous. »

Il me fit revenir un peu plus tard. En présence de Jean-Pierre et Gaspard. Et nous fit le compte rendu du Conseil des ministres, des points à mettre en avant, des enjeux de la visite de l'après-midi à Prague. Puis en vint au seul sujet qui comptait pour nous : son renoncement. Il nous dit : le 1er décembre au plus tard. Soit le lendemain, premier jour du dépôt officiel des candidatures à la primaire de la Belle Alliance populaire. Après, il se rendrait trois jours à Abou Dabi pour le lancement du Louvre et participer à une conférence sur le patrimoine en danger.

Nous avons vécu la journée du lendemain comme si rien n'avait changé. Et rien ne devait être modifié dans son agenda, aucun signe avant-coureur de quoi que ce soit ne devait trahir la vérité. L'effet de surprise devait être total. C'était ce que nous avions depuis des semaines en tête… mais pas sur un tel scénario, ni un tel dénouement. L'intervention ne serait pas même annoncée avant 18 heures. Gaspard suggéra de la faire depuis le studio de l'Élysée, solution pratique n'exigeant pas de mettre d'autres personnes dans la boucle. Se posa la question du dîner. Jean-Pierre suggéra que le Président le passât avec ses enfants. François Hollande acquiesça.

Nous sortons tous les trois. Retournons à nos réunions. Et aux mensonges à dire pour ne pas dire. Un peu après, Jean-Pierre m'envoie ses belles notes manuscrites du Conseil des ministres. Je lis attentivement le propos introductif du Président. Son dernier, avant l'annonce : « Les primaires de droite ont désigné François Fillon avec un programme libéral. Il faut bien montrer ses conséquences pour les Français : retraite, santé, éducation, écologie, services publics, politique étrangère. Ce travail de dénonciation doit être fait de manière coordonnée. Cela définit une vision de la France à la fois nostalgique et très libérale. Il y aura un changement de politique étrangère avec la sympathie affichée pour Poutine qui incarne un nouvel empire. De même, il y aura un changement au Moyen-Orient. L'extrême droite l'a compris en critiquant la dérive libérale et mondialisée. Notre action doit se faire dans le respect de l'État, de nos institutions et de notre sécurité. L'exécutif doit montrer cohésion, force et rassurer les Français. Il y aura une campagne électorale dans laquelle il est important de montrer que l'État est dirigé. Quand on n'est pas au gouvernement, c'est autre chose. »

Le mercredi soir, je suis en réunion de coordination à Solférino. Nous l'animons chaque semaine avec Jean-Christophe Cambadélis. Je commence, mais très vite les présents cherchent à savoir, à connaître la date du départ en campagne. J'indique juste que l'attente a assez duré et que le chef de l'État parlera prochainement. Je confirme que le Président n'est pas là jusqu'au 4 décembre et donc ne se rendra pas à la réunion de la Belle Alliance populaire du 3. Jean-Christophe Cambadélis prend ensuite la parole pour les derniers calages de cette réunion. Qu'il a en tête depuis des mois, ayant choisi cette date afin de commencer à taper immédiatement sur le candidat désigné de la droite. Il en espérait une rampe de lancement pour la campagne présidentielle de François Hollande, visait même 20 000 participants. Mais, petit à petit, tout s'était effiloché.

J'enchaîne ensuite sur une réunion à Terra Nova. Qui, depuis quelques semaines, organise des séminaires fermés consacrés à la présidentielle. Avec, chaque fois, un seul intervenant face à un public constitué d'une quarantaine de responsables du think tank. Ce jour-là, l'invité, c'est moi. Thierry Pech fait l'exposé introductif, puis je prends la parole. Et parle de la situation politique comme de la campagne que devrait faire François Hollande. Plutôt en forme, il me semble arriver à mobiliser l'attention des uns et des autres. Je réponds aux questions sans langue de bois, mais toujours en défense et en projection. J'arrive même à faire illusion. La réunion, qui dure un peu plus longtemps que prévu, se conclut sous les applaudissements. Une réaction inespérée, surtout au vu des questions posées. Celles-ci allaient toutes dans le même sens : « Comment en est-on arrivés là ? » Comment expliquer ce contraste entre des résultats commençant à arriver, des mesures concrètes prises – généralisation de la complémentaire santé, compte pénibilité, retraite à soixante ans pour les longues carrières, non cumul des mandats, modulation des allocations familiales, bien sûr Mariage pour tous… – et une famille socialiste totalement déchirée ?

Dans la soirée, le Président m'appelle. Très longuement de nouveau. Il s'inquiète de savoir si quelque chose a filtré. Non, absolument rien. Puis il parle – beaucoup –, tandis que je suis encore dans la rue, sur mon portable, à faire les cent pas sur le trottoir. Je croise des gens. Fais en sorte qu'ils ne puissent entendre. Et continue à converser avec l'homme qui va annoncer qu'il ne se représente pas. Une première dans l'histoire de la Ve République.

Jeudi 1er décembre. L'agenda du Président est assez dégagé. Volontairement puisque, durant les deux premières semaines de décembre, nous avions éliminé tout ce qui était secondaire afin de laisser du temps au lancement de sa campagne. Je commence, quant à moi, par un petit déjeuner avec la secrétaire d'État à la Politique de la ville. Nous échangeons nos points de vue sur le bilan des politiques menées dans ce domaine. Les réussites. Les manques. Les attentes. Les déceptions. Les mobilisations possibles durant la campagne présidentielle.

Je vois le chef de l'État à trois reprises avant l'annonce officielle de son renoncement. Nous sommes quatre, dans cet immense palais, à partager ce secret. À la première rencontre, je suis seul avec lui. Il me relit son discours, me le fait chronométrer – habitude chez lui, lui qui veut toujours faire court afin d'être percutant, manière aussi de se mettre les mots en bouche. Nous analysons le texte. Je lui conseille juste d'ajouter un mot sur les plus précaires. Je le vois aussi une deuxième fois en compagnie de Jean-Pierre et Gaspard, moment où François Hollande nous donne ses éléments de langage : c'est une décision qui a mûri, confortée par trois éléments. Le départ d'Emmanuel Macron. La manière dont se profilent les primaires, qui seront des primaires de dispersion, d'élimination, non de construction et de rassemblement. Enfin, l'attitude du Premier ministre et de ceux qui le poussent. Sa décision répond à deux exigences : l'intérêt du pays et celui de la gauche.

Je le revois une troisième fois. Où je lui explique qu'il me semble indispensable qu'il prévienne un certain nombre de personnes. Je me bats pied à pied pour le convaincre et sur chaque nom de ceux à avertir car il les rejette tous. À la fin, je suis seulement parvenu à lui faire accepter de téléphoner à Stéphane Le Foll et Julien Dray. Il les appellera, me dit-il. Quant à moi, j'ai le droit de passer quelques rares appels, mais pas avant 19 h 30. Et encore… Donc un à Jean-Christophe Cambadélis.

Comme toujours dans les moments historiques, c'est l'AFP qui a la primeur de l'information. Une dépêche d'alerte est faite : « Le président de la République va s'exprimer à 20 heures. » Tous les médias embraient, toutes les chaînes d'information se mettent en mode édition spéciale. Moi, je suis seul dans mon bureau. Mon téléphone ne cesse de vibrer, appels ou SMS. Je ne réponds à personne. Plus envie de mentir quelques minutes à peine avant la déclaration du Président. J'ai suggéré à Jean-Pierre de réunir les conseillers dans son bureau pour qu'ils voient l'allocution ensemble.

À partir de 19 h 30, je passe mes appels autorisés. Impossible de joindre Cambadélis. Il est dans un avion. Je lui demande de me contacter de toute urgence.

Vers 19 h 45, je monte au secrétariat du chef de l'État. Il me semble qu'Isabelle Sima y est, ainsi que Samia, Yakobina et Ludy. « Tiens, Vincent, on vient de voir passer le Président. Il a l'air en forme. » Même à elles, qui sont d'une fidélité sans faille, prêtes à faire rempart de leur corps au sens premier du terme, et d'une discrétion totale, il n'a rien dit. Même à elles que tout le monde, à l'Élysée, a maudites à un moment ou un autre, que chacun aurait voulu voir plus accommodantes ou faire une exception… il n'a rien annoncé. Alors je leur dévoile ce que François Hollande va déclarer. Chacune réagit à sa manière. Si Yakobina bondit – elle voudrait tuer tous ceux qui ont « empêché » le chef de l'État –, elles qui n'ont pas toujours été tendres avec le Président, elles qui ont souffert – notamment au moment du débat sur la déchéance de nationalité – sont sous le choc. Je choisis de regarder l'allocution avec elles, dans leur bureau qui jouxte celui du Président, pièce où elles sont quatre à se relayer, bureau où s'entassent dossiers, souvenirs, photos, machine à parapher, presse, livres dédicacés envoyés au président de la République…

Accrochée au-dessus de la porte qui communique avec le bureau de François Hollande, il y a une télévision. Toujours allumée, avec ou sans le son. Je suis assis en dessous, dans un recoin où, souvent, les uns et les autres avons attendu. Non pour voir le Président – dans ces cas-là, on arrive plutôt de l'autre côté –, mais afin d'avoir le retour de ses discours. Cette fois – et probablement est-ce la seule du quinquennat –, il n'a pas fait taper son allocution par le SP, le secrétariat particulier.

L'intervention commence : « Mes chers compatriotes, je m'adresse à vous ce soir pour vous faire connaître la décision que j'ai prise, dans la perspective de la prochaine élection présidentielle.

» Depuis mai 2012, c'est-à-dire la date à partir de laquelle je suis devenu président de la République, j'ai agi avec les gouvernements de Jean-Marc Ayrault et de Manuel Valls pour redresser la France et la rendre plus juste.

» Aujourd'hui, au moment où je m'exprime, les comptes publics sont assainis, la Sécurité sociale est à l'équilibre et la dette du pays a été préservée.

» J'ai également voulu que notre modèle social puisse être conforté parce que c'est notre bien commun. Je l'ai même élargi pour permettre à ces travailleurs qui avaient commencé très tôt leur vie professionnelle de partir plus précocement à la retraite. J'ai fait en sorte qu'à chacune et à chacun puisse être accordée une complémentaire santé.

» Dans ce contexte, j'ai aussi voulu placer la France au premier rang. Au premier rang de la lutte contre le réchauffement climatique, et c'est à Paris, oui, à Paris, que l'accord historique a pu être signé et qui a engagé le monde entier.

» J'ai voulu aussi que l'école dispose des moyens indispensables, ceux-là mêmes qui lui avaient été ôtés dans la période précédente parce que l'école, c'est le pilier de la République.

» J'ai fait avancer les libertés : le mariage a été ouvert à tous les couples, l'égalité entre les femmes et les hommes a été renforcée, et la lutte contre les discriminations, celles qui blessent, a été amplifiée.

» J'ai également modernisé notre démocratie avec la réforme territoriale, celle dont on parlait régulièrement et qui n'était jamais faite, avec la fin du cumul des mandats et avec également la transparence que j'ai imposée à tous les élus, à commencer par moi-même, pour être dans l'exemplarité.

» Mais l'engagement majeur que j'avais pris devant vous, c'était de faire baisser le chômage. J'y ai consacré, avec les gouvernements, toute mon énergie, j'ai pris tous les risques : j'ai allégé les charges des entreprises parce que c'est la condition pour qu'il y ait davantage d'emplois. J'ai également aidé les embauches, j'ai fait en sorte que la formation professionnelle puisse être une grande priorité, j'ai aussi soutenu l'innovation et l'industrie de demain et j'ai pris la responsabilité de réformer le marché du travail.

» Les résultats arrivent plus tard que je ne les avais annoncés, j'en conviens, mais ils sont là : l'investissement, la consommation, la construction repartent, et, depuis le début de l'année, le chômage enfin diminue mais il reste à un niveau trop élevé, et je mesure ce que cette situation peut avoir d'insupportable pour nos concitoyens qui vivent dans la précarité.

» Mes chers compatriotes, le monde, l'Europe, la France ont traversé pendant tout mon mandat des épreuves particulièrement graves. J'ai engagé nos forces armées au Mali, en Centrafrique, en Irak, en Syrie pour défendre nos valeurs et pour combattre le terrorisme islamiste qui nous avait frappés et qui nous menace encore, frappés à Paris, à Saint-Denis, à Nice et dans tant d'autres lieux ensanglantés.

» Dans ces circonstances particulièrement éprouvantes, terribles même, j'ai voulu que soit maintenue la cohésion nationale, que nous puissions éviter les divisions, les surenchères, les stigmatisations et donc les amalgames.

» Mais en même temps nous avons tenu bon, et j'ai pris les mesures qui étaient nécessaires. Notre arsenal pénal a été durci sans mettre en cause à aucun moment nos libertés. J'ai également procédé à des recrutements massifs dans nos armées, dans la gendarmerie, dans la police, parce que nous en avons besoin et qu'il y a encore beaucoup à faire. Sur les réfugiés j'ai tenu à ce que la France puisse prendre sa part parce que nous sommes la France, dans l'accueil de ceux qui fuyaient la guerre et qu'en même temps nous puissions toujours maîtriser nos frontières. Sur tous ces sujets, je n'ai qu'un seul regret, et je veux ici l'exprimer : c'est d'avoir proposé la déchéance de nationalité parce que je pensais qu'elle pouvait nous unir alors qu'elle nous a divisés.

» Au niveau européen, j'ai agi en votre nom pour que l'austérité puisse être enfin terminée pour beaucoup de peuples, et j'ai fait en sorte que la Grèce puisse rester dans la zone euro parce que, sinon, elle aurait éclaté, cette zone euro, tellement elle était traversée de tensions et de crises. J'ai également régulé la finance, oui, la finance, et le système bancaire, parce que ce que j'avais trouvé en 2012 était source de tous les risques.

» Voilà ce que j'ai fait. Voilà ce que j'assume devant vous en revendiquant les avancées, en reconnaissant les retards et même en admettant certaines erreurs, parce que je porte un bilan et j'en assume toute la responsabilité.

» Dans cinq mois, vous aurez, mes chers compatriotes, à faire un choix pour notre pays. La droite vient de désigner son candidat après une large consultation. Je respecte la personne, le parcours de François Fillon, mais j'estime que le projet qu'il porte met en cause notre modèle social et nos services publics sans aucun bénéfice, au contraire, pour notre économie et avec un risque d'aggravation des inégalités.

» Quant à l'extrême droite, elle nous appelle au repli, à la sortie de l'Europe et du monde. Elle prend comme référence ce qui vient de se produire aux États-Unis. Je vous le dis nettement, franchement : le plus grand danger, c'est le protectionnisme, c'est l'enfermement, et ce serait d'abord un désastre pour les travailleurs français. Or, comme président de la République, je tiens d'abord à ce que le travail en France puisse être soutenu et valorisé.

» Plus que quiconque, mes chers compatriotes, je mesure l'enjeu de la période qui s'ouvre. Comme président de la République, je dois diriger l'État, j'ai la responsabilité d'assurer le fonctionnement régulier de nos institutions jusqu'au terme de mon mandat et dans un contexte où la menace terroriste n'a jamais été aussi élevée.

» Comme socialiste, parce que c'est l'engagement de toute ma vie, je ne peux accepter, je ne peux me résoudre même à la dispersion de la gauche, à son éclatement, parce qu'elle priverait de tout espoir de l'emporter face au conservatisme et, pire encore, face à l'extrémisme.

» Pour ma part, je ne suis animé que par l'intérêt supérieur du pays. Le pays, depuis plus de quatre ans et demi, je l'ai servi avec sincérité, avec honnêteté. L'expérience m'a apporté l'humilité qui est indispensable à l'action publique.

» Face aux épreuves, j'ai pu avoir une capacité inépuisable de résistance devant l'adversité. Mais le pouvoir, l'exercice du pouvoir, les lieux du pouvoir et les rites du pouvoir ne m'ont jamais fait perdre ma lucidité, ni sur moi-même ni sur la situation, car je dois agir. Aujourd'hui, je suis conscient des risques que ferait courir une démarche, la mienne, qui ne rassemblerait pas largement autour d'elle.

» Aussi, j'ai décidé de ne pas être candidat à l'élection présidentielle, au renouvellement donc de mon mandat.

» Je tenais ici à vous en faire part directement, comme je m'y étais engagé, au début du mois de décembre, tel que je l'avais moi-même annoncé. Je le fais en prenant toute ma responsabilité, mais aussi en en appelant à un sursaut collectif et qui engage tous les progressistes qui doivent s'unir dans ces circonstances parce que ce qui est en cause, ce n'est pas une personne, c'est l'avenir du pays. Je ne veux pas que la France soit exposée à des aventures qui seraient coûteuses et même dangereuses pour son unité, pour sa cohésion, pour ses équilibres sociaux.

» Voilà le message que j'étais venu ici vous adresser. Dans les mois qui viennent, mon devoir, mon seul devoir sera de continuer à diriger le pays, celui que vous m'avez confié en 2012, en m'y consacrant pleinement et dans le dévouement le plus total à la République.

» Vive la République et vive la France. »

À la fin de l'allocution, je vais dans le bureau de Jean-Pierre. Il y a du monde. De l'agitation. Surtout de l'émotion et des larmes. Mon téléphone s'est remis à vibrer. Non-stop. Cette fois, je prends chacun. Quelques minutes plus tard, le Président remonte. Il passe de son secrétariat à son bureau, au Salon vert, au bureau de Jean-Pierre Jouyet. Il parle à tous. Console tout le monde. Attentif. Présent. Il me demande qui j'ai eu. Les réactions. Cela dure de longues minutes.

Puis nous sommes trois dans son bureau. Lui, Jean-Pierre et moi. Gaspard est encore à faire les briefs presse dans la rue. Nous nous entretenons avec François Hollande. Plusieurs fois, Samia passe la tête. Bernard Poignant veut voir le Président. Celui-ci n'a pas envie. Souhaite souffler. Au bout de la quatrième relance, il accepte. Le chef de l'État se lève pour l'accueillir. Bernard entre. Hésite. Puis l'embrasse. Ils échangent quelques mots. Poignant part. Plus tard dans la soirée, nous le verrons sur les plateaux télé. Il en dira plus qu'il n'en sait, mais peu importe, c'est ainsi. Nous continuons à discuter. Gaspard nous a rejoints. Boris vient aussi à un moment, je crois.

Il est près de 21 heures. Le séisme, une fois encore, a été total. Un de plus, dans ce quinquennat incroyable. Un peu plus tard, nous nous séparons. Le président de la République s'en va dîner avec ses enfants. Moi, je consulte mon smartphone. J'y cherche les horaires du premier train ou avion pour Bordeaux.

Épilogue

Déjeuner en tête à tête avec le Président. Du poisson comme plat principal. Nous sommes de nouveau en période où il faut faire attention. Diététiquement, cette fois. Nous parlons. Comme souvent. Non, pas du passé, ni du renoncement, des « Et si… ». François Hollande n'est pas ainsi.

Le week-end du 3 décembre, il m'a appelé à plusieurs reprises. Pour savoir. Pour dire, surtout. Alors, cette fois, nous discutons de l'avenir. Des chances de succès des uns et des autres. Nous balayons presque toutes les circonscriptions de France. Il a plus de temps, en main des notes rédigées de sa petite écriture bleue.

Et nous entamons une de nos discussions rituelles autour des questions suivantes : existe-t-il encore un espace pour le parti socialiste ? Faut-il passer à autre chose ? Cette conversation, nous l'avons depuis des mois, des années. Je lui fais part de mon scepticisme, même si je vois assez bien ce que pourrait être la pensée sociale-démocrate du XXIe siècle. Mais il y a probablement des années de travail, d'échanges, avant d'y parvenir. Pourtant la matrice intellectuelle existe. Il faudra être exigeant sur la dimension européenne. Bien échanger avec tous les autres responsables, cadres, passés, présents ou à venir. L'internationalisme a été l'une des marques de fabrique du socialisme lors de son émergence intellectuelle à la fin du XIXe siècle, il serait donc paradoxal, dans un univers mondialisé, que la pensée socialiste perde ce marqueur. Je suis en revanche bien plus sceptique sur l'outil du parti. Inquiet sur la relève aussi. La droite me semble dans une position inverse à la nôtre : un peu plus de talents identifiés, connus, mais un corpus idéologique compliqué à exposer. Le Président a fluctué là-dessus. Beaucoup. Il a été tenté par le grand saut en avant, mais ne l'a pas fait. Et se montre de nouveau attaché au parti, même si les primaires ont été catastrophiques : « Sept candidats. Et à la fin quatre qui décident de ne pas soutenir le vainqueur. Pire, aucun des deux finalistes ne reste au PS », dit-il. Nous revenons aussi sur les bons indicateurs économiques. Plus longuement. Je me remémore cette fameuse phrase : « Un président travaille pour son successeur. »

À un moment, Jean-Pierre Hugues passe la tête. Préparation d'une réunion sur le numérique dans quelques minutes. Quelques instants après, l'autre Jean-Pierre entre à son tour. Le Président l'invite à prendre le café avec nous. La scène fait presque pension de famille. D'ailleurs, Philae n'est pas loin. Allongée sous une table, la chienne se repose après sa promenade. C'est au tour de Frédérique Espagnac de nous rejoindre. Nous parlons. Discutons. Sourions. Le Président est maintenant sur un canapé étroit. Frédérique et moi sommes en face sur des fauteuils. Le Président a sa jambe droite repliée sur le canapé. Comme on fait chez soi pour être à l'aise. À un moment, le Président rit à gorge déployée, la tête en arrière. Cela a été si rare ces dernières années.

Dehors, il fait beau. La vue est magnifique. L'espace du jardin. Pas celui du palais de l'Élysée mais celui du parc des Tuileries. Si on lève la tête, on aperçoit la rue de Solférino. Si on la tourne un peu vers la droite, on découvre l'Assemblée nationale. Être ici, au quatrième étage, permet de voir plus loin, mais il faut sortir sur le balcon pour apercevoir l'endroit d'où, pendant un quinquennat, François Hollande a présidé aux destinées de la France : l'Élysée. Il est beaucoup plus à droite. À quelques centaines de mètres. Nous sommes bien dans le bureau du Président. Ou plutôt d'un ancien président. La passation de pouvoirs a eu lieu il y a quelques semaines. François Hollande et moi nous trouvons dans ses nouveaux locaux. Oui, quelle drôle d'histoire.

Livre achevé à Capri, le 30 août 2017.

Remerciements

À ces 239 personnes qui aimaient la vie et dont je n'oublierai le nom.

À François Hollande.

À celles et ceux qui ont été là pendant ces trois années si particulières.

À celles et ceux qui m'ont autorisé à ne pas être plus ailleurs et qui en ont souffert.

À Ariane, Philippe et Zoé, relecteurs attentifs, critiques, enthousiastes, et surtout patients et stimulants.

Table

Imprimé en France par CPI
en octobre 2017

pour le compte des Éditions Plon
12, Avenue d'Italie 75013 Paris

N° d'impression : 144114